Richard v. Weizsäcker

Die deutsche Geschichte
geht weiter

Richard v. Weizsäcker

Die deutsche Geschichte geht weiter

im
Siedler Verlag

Inhalt

Einleitung

Im Mai 1983 gab es einen Kongreß europäischer Friedensgruppen in Berlin. Über das Ziel war man sich einig, nämlich den Frieden in Europa durch Abrüstung zu erreichen. Großen Streit aber gab es darüber, welche Rolle die deutsche Frage für die Friedensbewegung spielen könne.

Auf der einen Seite standen linke »Nationale«. Von einer Anstiftung zum Frieden verlangten sie den Anstoß für einen deutschen Friedensvertrag. Ausländer könnten von Deutschen keinen Verzicht auf eine Wiedervereinigung erwarten. Die deutsche Frage sei für die Ziele der Friedensbewegung einzusetzen.

Ihnen erwiderten die »Europäer« mit unverhohlenem Mißtrauen. Für die beiden deutschen Staaten gäbe es keinen eigenen Frieden. Dies gelte auch für eine atomwaffenfreie Zone. So nötig diese sei, so dürften dennoch nicht die Deutschen auf dem Territorium ihrer beiden Staaten damit anfangen. Hintergedanken nach dem *einen* Deutschland störten auch hier, wo es um die wachsende Einigung der europäischen Friedensbewegung gehe.

Dies ist nur die jüngste Variation im Nachdenken über das Thema Deutschland. Ratschläge gibt es die Fülle, Ratschlüsse wenig. »Die anderen sind Nationen. Wir haben da eine Frage: die nationale Frage«, so schrieb ein ungenannter Autor in der linken alternativen »taz« zum 17. Juni 1983. Zu jenem Friedenskongreß fügte er gleich hinzu, es wäre eine absurde Notlösung, die nationale Frage als strategisches Konzept für die Friedensbewegung einzusetzen.

Das glaube ich auch. Wieder einmal wäre es, wie so oft bei jungen politischen Bewegungen, die falsche Antwort auf eine richtige Frage. Der Frieden würde dadurch nicht sicherer. Die deutsche Frage würde eher belastet als gefördert.

Eine eigentümliche Ambivalenz kennzeichnet diese deutsche Frage. Einerseits weiß niemand eine Antwort auf sie. Andererseits lebte sie mit immer neuer Vitalität. Es gibt kaum eine ernsthafte politische Kontroverse, in deren Zusammenhang sie nicht früher oder später auftaucht.

Niemand kennt heute einen politisch gangbaren Weg, um dem Auftrag der Präambel des Grundgesetzes zur Vollendung der Einheit und Freiheit der Deutschen zu entsprechen. Viele schließen daraus, daß es für alle Beteiligten das beste wäre, keinen künstlichen Schein aufrechtzuerhalten. Schon existieren die beiden deutschen Staaten, jeder für sich, fast ebensolange wie das von Bismarck gegründete Kaiserreich im ganzen gedauert hat. Für die Bundesrepublik Deutschland empfinden ihre Bürger zwar keine gefühlsstarke, aber doch eine nüchtern-eindeutige Zustimmung, erstaunlich deutlich im Vergleich etwa zur Weimarer Republik. In der DDR ist dies aus naheliegenden Gründen anders. Aber dort steht die Frage nach Selbstbestimmung im Vordergrund, weniger die deutsche Frage im ganzen.

Kaum ein Nachbar der Deutschen will von ihrer offenen Frage etwas wissen. Europa im ganzen ist nicht mehr wie vor einhundert Jahren ein kompliziertes politisches Mobile von fünf bis sechs europäischen Großmächten. Vielmehr ist es zwei Lagern zugeordnet, deren Führungsmächte global orientiert sind, nicht europa-regional. Sie beziehen ihre Horizonte und Konflikte mitunter schon mehr aus dem Weltall als aus unserem Kontinent.

Wie nahe liegt da die schlichte Schlußfolgerung von Sebastian Haffner, daß die deutsche Geschichte – ohnehin bis zum Anfang des 19. Jahrhunderts niemals Nationalgeschichte – das Kapitel eines deutschen Nationalstaates in der Mitte Europas nun endgültig geschlossen habe. Er und viele andere werten 1945 nicht als den Eintritt in eine mehr oder minder kurze Übergangsperiode mit späterer Rückkehr zur traditionellen Nationalgeschichte, sondern als den historischen Endpunkt einer rund 130jährigen national-staatlichen Episode.

Die Erfahrung lehrt aber, daß eine Frage nicht einfach deshalb aufhört zu bestehen, weil niemand eine Antwort auf sie weiß, zumal dann nicht, wenn es eine Natur der Sache gibt, die die Frage immer von neuem hervorbringt.

Diese Natur der Sache ist zunächst die Natur des Menschen selbst. Reiner Kunze schreibt: »Ich bin ein Deutscher. Die Grenze, die Deutschland teilt, ging und geht durch mich hindurch . . . Ich habe den Staat gewechselt, nicht die Nation. Und erst recht nicht meine Identität.« Manche werden dies anders ausdrücken wollen. Gemeint ist, daß Menschen sich zugehörig fühlen. Willkürliche Grenzziehungen können das kaum auslöschen. Die Deutschen in der DDR empfinden sich nicht nur als Bürger dieses Staates, sondern als Deutsche. Diesen Deutschen treten wir in der Bundesrepublik zu nahe, wenn wir uns allein Deutschland nennen. Ähnliches gilt für Europa. Die Völker der Europäischen Gemeinschaft sind nicht Europa. Sie gehören zu Europa, wie die Polen, die Ungarn und andere auch.

Zur Natur der Sache gehört es, was die Menschen in aller Welt über die Mauer denken. Mit dem Beschluß der Führungen in Ostberlin und Moskau, eine Mauer mitten durch Berlin zu ziehen, hatten sie – von ihrem Standpunkt aus verständlich – die Notbremse gezogen. Mag sie auch zunächst zur inneren Konsolidierung der politischen Herrschaftsverhältnisse in der DDR beigetragen haben, in der längeren Frist verfehlt sie gerade das, was sie leisten soll. Sie schafft es nicht, die Menschen an Dauertrennung zu gewöhnen. Im Gegenteil, je länger sie steht, desto nachhaltiger beweist sie die Zusammengehörigkeit derer, die sie einander entfremden soll. Sie ist ein politisches Schwächezeichen deshalb, weil sie ein fortdauernder menschlicher Irrsinn ist. In der langfristigen Perspektive ist sie wider Willen für alle Welt der überzeugendste und täglich frische Beweis, daß die Frage offen ist, die sie eigentlich abschließend beantworten sollte.

Die Teilung zu überwinden, steht im Vordergrund. Teilung überwinden heißt, nicht künstlich und gewaltsam voneinander getrennt zu halten, was sich zusammengehörig fühlt. Es bedeutet weiter, die Gründe für die Teilung zu vermindern. Gegenüber dem, der unter humanen Bedingungen an seinem Wohnort kräftig verwurzelt lebt, würde die Beseitigung der Mauer nur ein vergleichsweise kleines Risiko bedeuten. Wenn er weiß, daß er ausreisen kann, sofern er will, ist er freier, es zu unterlassen.

Teilung zu überwinden bedeutet noch nicht politische Vereinigung. Der Unterschied ist wichtig genug. Denn für das eine finden wir fast überall Verständnis, für das andere fast nirgends. Die meisten Europäer halten von der Mauer so wenig wie von einem neuen großen Zentralstaat der Deutschen in Europa. Damit ist der weitere Gang der Geschichte noch nicht festgelegt. Die Politbüros in Moskau und Ostberlin werden deshalb noch nicht die Mauer abtragen. Die Deutschen verlieren dadurch nicht das Recht, ihre nationalen Interessen zu verfolgen, so wie es alle anderen tun. Aber wir müssen mit der Stimmungslage, die uns umgibt, rechnen und arbeiten.

Zehn Jahre nach der Unterzeichnung des Moskauer Vertrages sagte sein politischer Architekt Egon Bahr, die neue Ostpolitik der Regierung Brandt habe den Weg zur Nation nicht versperrt, sondern eher belebt. Keiner der beiden deutschen Staaten habe die Nation begraben. Die Integration der westeuropäischen Partner und die Ostintegration im sozialistischen Vaterland – beides sei schwächer als die Nationen in Ost und West. Diese Äußerung ist nicht leichthin abzutun. Problematisch an ihr ist die Parallelisierung der Entwicklungsprozesse in Ost und West. Die Ostintegration der Länder des Warschauer Paktes in das sozialistische Vaterland war durch Macht und Ideologie anbefohlen. Schon deshalb hatte sie keine Chance, im Herzen der betroffenen Völker stärker zu werden als die Nation. Im Westen Europas hatten Erfolg ebenso wie Mißerfolg von supra-nationalen Bemühungen ganz andere Ursachen.

Was die Wirkung der Ost- und Deutschlandpolitik auf die Stimmung in der DDR anbetrifft, so teile ich die Meinung Bahrs. Anders sieht es dagegen in der Bundesrepublik aus. Hier war schon in den 60er Jahren das Interesse für die DDR geringer als umgekehrt. Die neue Ostpolitik der Regierung Brandt wirkte auf die eigene Bevölkerung zunächst als Anerkennung der Teilung und daher als Abschluß. Viele fanden sich damit ab.

Inzwischen ist aber die Entwicklung weitergegangen. Neuerdings tut die friedenspolitische Auseinandersetzung, wie eingangs schon erwähnt, ihre Wirkung. Neutralismus wird angeboten als eine gelungene Verbindung von Friedenspolitik und nationalem Ziel. Nun muß Bahr sich sogar schon gegen den naheliegenden Verdacht wehren, als sei dies die logische Folge seiner neuen Ostpolitik.

So bewegt sich die deutsche Frage zwischen alter Ausweglosigkeit und neuer Vitalität hin und her. In unregelmäßigen Abständen, die sich wieder verkürzen, beschäftigt sie die

Gemüter. Durch wohlfeile Beteuerungen oder zweideutige Aufmunterungen von politischer Seite sind Leerräume entstanden. Jeder kann sie für seine Zwecke und nach seinem Horizont besetzen.

Die politische Führung muß parteiübergreifend nun deutliche Signale geben. Das Ausland mit seiner instinktiven Unruhe, die Deutschen in der DDR mit ihrer latenten Hoffnung, die Deutschen bei uns mit ihrer oft diffusen Beziehung zum Thema, nicht zuletzt die Tagespolitik selbst – sie alle bedürfen der klaren Orientierung. Es ist möglich und nötig, genauer zu beschreiben, was sich an der deutschen Lage geändert hat, was unverändert ist, und welcher spezifische Kurs für die deutsche Politik daraus folgt. Es gibt Beunruhigungen über Deutschland, die man sich und anderen ersparen kann. Es gibt aber auch unbequeme Fragen der Deutschen, die man sich und anderen nicht ersparen darf. Es gilt zu lernen, das eine vom anderen zu unterscheiden und politische Folgerungen daraus zu ziehen.

Bis in die Weimarer Zeit hinein hatte es die deutsche Politik vermieden, zwischen dem Westen und dem Osten zu optieren. Die Lage in der Mitte war nicht nur ein geopolitisches Faktum. Sie wurde auch als politische Richtschnur verstanden.

Der Griff nach der Weltmacht durch Hitler endete mit der Teilung. Sie hat für unseren Teil Deutschlands die alte Mittellage in ein Spannungsverhältnis zwischen zwei Grunddaten verwandelt.

Das erste ist die Westbindung, die wir vollzogen haben. Sie betrifft unsere innere Ordnung. Wir haben eine Verfassung nach westlichem Vorbild. Wir gehören in den Kreis der westlichen Demokratien. In den Grundwerten für die Rechte und Pflichten des Menschen und für das Zusammenleben in der Gesellschaft stimmen wir mit unseren westlichen Partnern überein. Mögen sich unsere regionalpolitischen und wirtschaftlichen Interessen gelegentlich auch widersprechen, es ist dieser politisch-geistige Boden, auf dem in Wahrheit die Partnerschaft mit denen beruht, die wir zum Schutz unserer inneren Ordnung nach außen brauchen. Diese Westbindung unserer freiheitlichen, rechtsstaatlichen Ordnung ist endgültig und unwiderruflich.

Das zweite Grunddatum steht im Spannungsverhältnis zum ersten. Es ist unsere geopolitische Lage. Die Teilung hat unseren perspektivischen Standort verschoben; aber aus der Mittellage sind wir nicht entlassen. Unser geographischer Platz in Europa, unsere Menschen, unsere politische Verantwortung – alles bezieht uns in die Aufgaben und Interessen Zentraleuropas ein. Dies ist nicht nur deshalb so, weil es die Deutschen im anderen deutschen Staat und weil es die Berliner so sehen. Es entspricht in Wahrheit auch der objektiven Lage und den Interessen der Westdeutschen selbst.

Vor der Teilung war die Mitte weder Osten noch Westen, sondern nur Mitte. Dadurch, daß am Ende des Zweiten Weltkrieges durch die Mitte Europas, Deutschlands und der Stadt Berlin ein Trennungsstrich gezogen wurde, ist aber die Mitte nicht ausgelöscht worden. Die Mitte ist geteilt, aber nach wie vor Mitte. Sie hat ihren geopolitischen Charakter modifiziert, aber nicht verloren. Was heute unmittelbar westlich oder östlich von der Grenzmittellinie liegt, hat eine geopolitische Doppelrolle. Für die Bundesrepublik bedeutet dies im politischen Domino: Wir sind nicht nur der Osten des Westens, sondern auch der Westen der Mitte.

Einfach und bequem ist dies für niemanden, auch nicht für unsere Bündnispartner, und schon gar nicht für uns selbst. Aber jedermann tut gut daran, die Augen davor nicht zu verschließen.

Aus dieser Lage ergeben sich die Prioritäten des westlichen deutschen Staates in der Außen- und Deutschlandpolitik. Auf der Grundlage unserer im Bündnis geschützten Freiheit müssen wir unsere Anstrengungen auf ein gutes Verhältnis zur östlichen Führungsmacht konzentrieren. Dies ist unsere wichtigste Aufgabe.

Auf dieses Ziel hatte schon Adenauer hingearbeitet. Geradezu programmatisch hatte er Anfang der 60er Jahre erklärt, das Wichtigste für den Rest seines Lebens sei, unser Verhältnis zur Sowjetunion in eine bessere Ordnung zu bringen. Es ging ihm um einen neuen, breit angelegten Versuch der Verständigung. Auch Kiesinger arbeitete in dieser Richtung. Brandt gab dem Gedanken einen vertraglich verbindlichen Rahmen. Aber die Aufgabe selbst ist noch nicht gelöst. Sie steht auf der außenpolitischen Tagesordnung obenan.

Die sozial-liberale Koalition hatte richtigerweise die Verständigung mit der Sowjetunion gesucht, sie jedoch mit zwei Hypotheken belastet. Es waren eine pazifistische Verführbarkeit und ein missionarischer, gesellschaftspolitischer Impuls der Außenpolitik. Beide Hypotheken hängen mit einer Tradition des Sozialismus zusammen, die idealistisch motiviert ist, aber sich vom notwendigen Realismus zu weit entfernt. Dieser aber ist Bedingung für den Erfolg in der Außenpolitik.

Allzufrüh wurde nach 1969 verkündet, nun sei der Frieden sicherer geworden. In der eigenen Gesellschaft wurde die Vorstellung verbreitet, als könnten wir unsere Kräfte jetzt gänzlich den inneren Reformen zuwenden, ohne durch die Aufgabe des Schutzes nach außen allzuviel Zeit und Kraft verlieren zu müssen. Gleichzeitig setzte aber Moskau in verstärktem Maß seine Rüstungen fort. Amerika, das sich Anfang der 70er Jahre rüstungspolitisch zurückgehalten hatte, entdeckte dies spät und reagierte dann um so gründlicher. Heute steht das deutsche öffentliche Bewußtsein der Sicherheitslage zwischen Ost und West verunsichert gegenüber. Man bangt um alles gleichzeitig, vor allem um den Frieden. Das Ziel einer Verbesserung der Beziehungen zur Sowjetunion leidet darunter.

Das Stichwort vom Wandel durch Annäherung kennzeichnet die andere Hypothek. Es ist die gesellschaftspolitische Definition von Außenpolitik par excellence. Kreisky, ein sonst so erfahrener Außenpolitiker, hatte noch Anfang der 70er Jahre prophezeit, die letzten Jahrzehnte des Jahrhunderts seien in unserem Teil der Welt nur noch von einem Thema geprägt: der Auseinandersetzung zwischen dem freiheitlich-demokratischen und dem östlichen »real-existierenden« Sozialismus.

Solche Deutungen zielen auf Weltverbesserung ab, und zwar mit dem Mittel der Außenpolitik. Außenpolitiker werden zu Missionaren. Auch wenn sie damit hochstehende Ziele verfolgen, beschwören sie dennoch nur neue schwere Konflikte herauf.

Gewiß hat der Übergang von Absolutismus und Feudalherrschaft zur Demokratie seine Spuren mit Recht auch in der Außenpolitik hinterlassen. Die demokratischen Grundwerte, mit denen wir die Würde des Menschen und seine Rechte schützen, verlangen unsere Aufmerksamkeit auch in den Außenbeziehungen. Die Selbstbestimmung, die den Kern unserer nationalen Frage ausmacht, ist dafür ein Beispiel. Andererseits bleibt die Beherrschung der Kunst des Möglichen entscheidend für außenpolitischen Erfolg. Wir wollen und wir brauchen gute Beziehungen zur Sowjetunion. Damit dürfen wir nicht warten, bis die Sowjetunion sich in eine freie Gesellschaft verwandelt hat und Menschenrechte so schützt, wie wir es verstehen. Wahrscheinlich dienen wir damit am Ende auch diesen Menschenrechten am besten.

Wir müssen uns also auf eine positive Politik gegenüber der Sowjetunion konzentrieren. Dies kann gelingen, wenn wir uns von den genannten Belastungen befreien. Es heißt einerseits, daß wir Moskau nicht dazu verführen dürfen, unsere Verteidigungsfähigkeit als etwas zu betrachten, über das wir mit uns reden ließen. Auch um der guten Atmosphäre willen darf es hier keine Unklarheiten geben. Unsere Freiheit, die wir im Bündnis schützen, ist nicht verhandlungsfähig.

Das Entscheidende aber ist, unsere Unabhängigkeit von der Sowjetunion zu einem guten Verhältnis mit ihr einzusetzen, nicht aber zu einer Abgrenzung gegen sie. Die Sowjetunion muß spüren, daß es uns damit sehr ernst ist.

Über konkrete Schritte zu diesem Ziel wird es manchmal im Bündnis Konflikte geben können. Auch hier wäre niemandem genützt, nur um der guten Atmosphäre im Bündnis willen solchen Konflikten aus dem Weg zu gehen.

Das Ost-West-Verhältnis ist heute nahezu vollständig auf Abrüstung, Nachrüstung oder Rüstungskontrolle konzentriert. Je ausschließlicher uns die Sorge um den Frieden beherrscht, desto einseitiger wird die Tendenz, nur noch von Rüstungsfragen zu sprechen. Das ist verständlich, aber kaum erfolgversprechend. Ein zentraler Gedanke der Friedenspolitik wird nämlich auf diese Weise eher verborgen als aufgedeckt. Die Erfahrung lehrt, daß nicht die Abrüstung den Weg zum Frieden weist, sondern daß friedliche Beziehungen den Weg zur Abrüstung bereiten.

Staaten rüsten gegeneinander, wenn keine Beziehungen bestehen, gemeinsame Interessen fehlen oder ungenutzt bleiben, Zusammenarbeit verweigert oder gar nicht gesucht wird. Dort aber, wo sich konkrete Felder der Kooperation bilden, bleiben am Ende auch die Rüstungsprobleme kein Friedenshemmnis mehr. Den Frieden bringen weder Aufrüstung noch Abrüstung, weder Abgrenzung noch Friedensbewegungen, weder Falken noch Tauben. Frieden ist die Folge praktischer Zusammenarbeit.

Die Schlußakte von Helsinki gliedern die möglichen Felder der Ost-West-Beziehungen in drei Körbe. Es wurde vereinbart, daß alle drei Körbe gleichwertig und nur im Zusammenhang zu betrachten seien. Meine Überzeugung aber ist es, daß Korb 1, also die Sicherheitsthemen, welche zur Zeit die Ost-West-Beziehungen ausschließlich beherrschen, für sich allein genommen ebensowenig eine Erfolgschance haben wie eine isolierte Politik des Korbes 3, also die menschliche Freizügigkeit. Entscheidend ist vielmehr zunächst Korb 2, die Zusammenarbeit. Wenn es uns gelingt, auf den Gebieten von Wissenschaft, Technologie, Ernährung, Umwelt, Verkehr, Wirtschaft, Energie und Entwicklungspolitik Schritt für Schritt die Zusammenarbeit auszubauen, dann werden am Ende auch Rüstungskontrolle und sogar Freizügigkeit in den Bereich des Möglichen rücken. Versagen wir uns aber der Zusammenarbeit mit der Sowjetunion auf allen diesen Gebieten, auf denen sie immer wieder hinter dem Westen zurückbleibt, und verlangen statt dessen ihre Kompromißbereitschaft auf dem einzigen Gebiet, auf dem sie dem Westen ebenbürtig oder überlegen ist, nämlich in der Rüstung, dann werden wir auf Sicherheit, Menschenrechte und gar auf Frieden lange warten können.

Uns Deutschen fällt die Aufgabe zu, den Korb 2 zum Schwerpunkt in den Ost-West-Beziehungen zu machen. Die deutsche Frage können wir damit noch nicht beantworten. Aber wir können unserer Lage gerecht werden, der Osten des Westens und der Westen der Mitte zu sein. Zugleich entgehen wir dadurch verführerischen Irrtümern, die sich im Zusammenhang mit Friedenssehnsucht und Neutralisierungswünschen einstellen. Wir können nicht aussteigen. Eine Schule in Berlin-Kreuzberg, die sich zur atomwaffenfreien Zone erklärt, hört damit nicht auf, das Schicksal ihrer Umgebung zu teilen. Eine deutsche Politik, welche sich damit empfiehlt, wir sollten die Decke der Neutralität über den Kopf ziehen, hat nur zur Folge, daß wir unsere Lage nicht mehr sehen, nicht aber daß wir sie ändern.

Wir müssen aus unserer Lage Konsequenzen ziehen und dafür ebenso im Bündnis wie in der Ost- und Deutschlandpolitik eintreten. Aber ausklammern können wir uns nicht. Die deutsche Teilung ist das Mittelstück der Teilung Europas. Nur was Europa im ganzen positiv zu leisten vermag, wird sich auch positiv auf die Deutschen auswirken können. Daher müssen wir unser Interesse und unsere Anstrengungen darauf konzentrieren, Beiträge für das ganze Europa zu leisten. Damit werden wir auch der deutschen Frage den besten Dienst erweisen.

Die deutsche Geschichte hat noch nie den Deutschen allein gehört. Das ist die Folge unserer Lage im Zentrum des Kontinents. Alle Nachbarn, alle auf Europa bezogenen Mächte suchen Einfluß auf die politische Struktur Zentraleuropas. Diese Region kann Ausgleich oder Spannung verbreiten, je nach dem Maß des Verständnisses, welches die Deutschen und ihre Nachbarn für gegenseitige Rücksicht und gemeinsame Verantwortung entwickeln.

Geschichtliche Erfahrung und Geographie erlauben uns Deutschen nicht, nach oben oder unten auszusteigen. Wir dürfen nicht versuchen, Vormacht zu sein oder auf dem Weg einer Neutralisierung unsichtbar zu werden. Wir können es nicht ändern, daß die anderen Einfluß auf die Mitte des Kontinents suchen. Aber wir wollen sie dabei nicht allein lassen.

Die Nachbarn und Mächte können eine friedliche politische Struktur Zentraleuropas auf die Dauer nur unter maßgeblicher Mitwirkung von uns Deutschen erreichen. Wir Deutschen haben keine anderen Merkmale als andere Völker auch. Wegen unserer Lage mögen unser Wesen und unsere Geschichte kompliziert sein. Aber es ist unsere Geschichte, so wie es unsere Sprache gibt, unsere kulturelle Entwicklung, unser Bewußtsein der Zusammengehörigkeit, unsere Haftung für die Vergangenheit und unsere Aufgaben in der Zukunft, kurz: unsere Identität als Deutsche.

Die Geschichte führte zu Hitler. Sie führt auch über ihn hinaus. Die Teilung war die Antwort auf ihn. Wir haben uns darüber nicht bei anderen zu beklagen. Es war eine konsequente Antwort, aber nicht die letzte, die die Geschichte auf die Frage nach der künftigen politischen Architektur in der

Mitte Europas geben wird. Das Vorbild des 19. Jahrhunderts tritt in den Hintergrund. Eine isolierte nationale Antwort auf die deutsche Frage wird es nicht sein. Nur im europäischen Rahmen werden sich Antworten finden. In diesem europäischen Rahmen aber wird es eine deutsche Geschichte geben, die weitergeht. In dem Maß, in welchem sie zum Ausgleich unter den Völkern beiträgt, darf und soll sie eine deutsche Geschichte sein.

Den Aufgaben, die diese Geschichte stellt, sind die Beiträge dieses Buches gewidmet. Sie stammen aus über zwanzig Jahren. Die Beiträge sind nicht nach einer einheitlichen Leitlinie entworfen worden. Jeder ist in einer konkreten Situation entstanden und wird hier praktisch unverändert vorgelegt. Dennoch beziehen sie sich alle auf die beiden Schwerpunkte, nämlich die innere Gestalt der offenen freiheitlichen Demokratie und die Außenpolitik mit dem Ziel des Ausgleichs in unserem Teil der Welt.

Den Fortgang der deutschen Geschiche, den wir erwarten dürfen, können wir maßgeblich mitbeeinflussen. In einer Rede bekannte sich Martin Walser 1979 dazu, er könne aus seinem historischen Bewußtsein Deutschland nicht tilgen. Damit drückt er nicht nur ein Gefühl aus. Hier äußert sich auch ein auf die Zukunft bezogener kritischer Verstand. Martin Walser meint, wir müßten uns mit dem Gang der Geschichte verbünden, » . . ., fähig werden, den historischen Prozeß für uns arbeiten zu lassen. Dazu müsen wir uns ihm fügen, ihm dabei aber unser Interesse gewissermaßen einflößen.« Das kann eine fruchtbare Wechselwirkung zwischen uns und unserer Geschichte werden.

Teil I

Der Grund der Politik

Der 20. Juli 1944 –
Attentat aus Gewissen

1964 veranstaltete die Evangelische Akademie in Ostberlin eine Tagung unter dem Titel »Jubiläen ohne Jubel«. Referenten und Teilnehmer kamen, was ganz ungewöhnlich war, aus Ost und West. Zum damals fünfzig Jahre zurückliegenden Ausbruch des Ersten Weltkrieges sprach Professor Immanuel Geiss, Universität Hamburg. Über den Zweiten Weltkrieg, fünfundzwanzig Jahre nach seinem Beginn, referierte Dr. Klein von der Akademie der Wissenschaften in Ostberlin. Mir fiel die Aufgabe zu, über das Attentat auf Hitler am 20. Juli 1944 aus dem Rückblick von zwanzig Jahren zu sprechen.

Die Aufgabe übernahm ich gern. Am 20. Juli 1944 befand ich mich als Reserveoffizier im Norden der Ostfront. Von den Attentatsplänen hatte ich nur indirekt Kenntnis. Aber durch persönliche Kontakte und Freunde und durch ihre Gedanken und Taten war ich mit den Ereignissen in einer Weise verbunden, die meinen Lebensweg bestimmt hat. Dies verdanke ich einerseits dem persönlichen Umgang in meinem Potsdamer Infanterie-Regiment, bei dem ich 1938 als Rekrut eingetreten war und dem ich bis zum Kriegsende, zuletzt als Regimentsadjutant, angehört hatte.

Zum anderen, noch wesentlicheren Teil geht es auf meinen Vater zurück. Er war Diplomat, entschied sich nach langen Beratungen mit Beck, Canaris, Dohnanyi und anderen später hingerichteten Verschwörern, im Dienst zu bleiben und in verantwortlicher Stellung kriegsverhütend auf den Kurs des Dritten Reiches einzuwirken. Niemand wußte am Ende genauer als mein Vater, daß und warum er gescheitert war. Daß er dann aber nach dem Krieg vor ein amerikanisches Militärgericht in Nürnberg wegen angeblicher Vorbereitung von Angriffskriegen und Verfolgung von Juden gestellt wurde, war ein Irrsinn oder, wie Churchill sich vor dem Unterhaus ausdrückte, »ein tödlicher Irrtum der amerikanischen Anklagebehörde«. Aber im Angesicht aller geschehenen Verbrechen hielt mein Vater selbst solche Irrtümer für nur allzu verständlich.

Während der Prozeßzeit arbeitete ich als Hilfsverteidiger meines Vaters in Nürnberg. Dort lernte ich unter den Zeugen einen weiteren Teil der Überlebenden aus dem Kreis der Verschwörer

gegen Hitler kennen. Die Zielrichtung des 20. Juli 1944 wurde
und blieb prägende Grundlage im Reifeprozeß meiner Genera-
tion und des Freundeskreises, in dem ich seither gelebt habe.
Deshalb steht das lang zurückliegende Referat am Anfang.

Wir haben von Jubliäen gehört, die nicht nur keinen Jubel
auslösen, sondern Schmerz, Scham und Zorn. Böse Kräfte
waren am Werk, und manche Schichten unseres Volkes hatten
ihren Auftrag durch Mangel an Einsicht und Gewissen vertan.

Das mir gestellte Thema heißt »Attentat aus Gewissen, der
20. Juli 1944«. Es ist demnach meine Aufgabe, der Frage
nachzuspüren: Bringen uns die Gedanken an die zwanzigjäh-
rige Wiederkehr dieses Tages neben der Erinnerung an den
Verlust und Mißerfolg doch wenigstens die Erkenntnis, daß
hier einmal in der Geschichte des Dritten Reiches aus Einsicht und Gewissen verantwortlich gehandelt wurde?

Zur Beantwortung sollten wir wie folgt vorgehen: Zunächst
sind die Ereignisse und Folgen des Attentats mit wenigen
Namen und Daten kurz zu schildern. Es schließt sich die
Wiedergabe kritischer Urteile über das Attentat an, und zwar
in ihren beiden Hauptrichtungen. Die eine sagt, es habe sich
um ein Attentat einer kleinen Gruppe von Landesverrätern
gehandelt. Die andere meint, hier verspätete Nationalisten
am Werke zu sehen.

Wir werden durch diese Kritiken gezwungen sein, die Entstehung, Zusammensetzung und Zielsetzung der Verschwörergruppe zu untersuchen. Dies wird uns notwendig bis an
den Beginn des Dritten Reiches zurückführen. Es wird uns in
einer keineswegs vollständigen, sondern nur beispielhaften
Weise zur Frage führen, wie sich die politischen und gesellschaftlichen Gruppen in ihrer Unterstützung oder Ablehnung
des aktiven Widerstandes gegen Hitler verhalten haben. Wir
kommen dabei auf die Erörterung
  – der politischen Gruppen,
  – der Kirchen,
  – der Hochschulen und der Studenten,
  – der Beamten und Offiziere und schließlich speziell
  – des Kreisauer Kreises.

I. Was geschah am 20. Juli 1944 und in welcher Lage geschah es? Die politische und militärische Lage Deutschlands war hoffnungslos. Im Osten war einige Wochen vorher die Heeresgruppe Mitte, also das mittlere Drittel der gesamten Ostfront, praktisch zusammengebrochen. Die Spitzen der russischen Armee befanden sich nur noch rund einhundert Kilometer vom Hauptquartier Hitlers, welches in der Nähe von Rastenburg in Ostpreußen lag. Dem Nordabschnitt drohte die Abschnürung.

Im südlichen Drittel hatte eine Woche vor dem 20. Juli ebenfalls die lang erwartete große russische Offensive begonnen und auf Anhieb zu tiefen Fronteinbrüchen geführt. In Frankreich war die Invasion der westlichen Alliierten, die mit größter Materialüberlegenheit geführt wurde, soweit erfolgreich, daß sie Feldmarschall Rommel als den zuständigen Befehlshaber veranlaßt hatte, am 15. Juli Hitler beinahe ultimativ aufzufordern, die Front in Frankreich bis in die Nähe der deutschen Grenze zurückzunehmen. – Politisch bestand Einigkeit unter den Alliierten, bis zur bedingungslosen Kapitulation Deutschlands zu kämpfen, also keiner wie auch immer gearteten deutschen Regierung eine Aussicht auf bessere Behandlung als einem Hitler-Regime einzuräumen.

In dieser Lage gedieh der einzige von vielen Gedanken und konkreten Plänen des Widerstandes, Hitler zu beseitigen und die Regierung zu übernehmen, zum handgreiflichen Versuch. Es ist der einzige Tag, an dem Vorhandensein und Aktion eines Widerstandes unter Hitler offen sichtbar wurde.

Oberst im Generalstab Graf Stauffenberg, siebenunddreißig Jahre alt, Stabschef des Heimatheeres in Berlin, selbst seit 1943 schwer verwundet (er hatte ein Auge, die rechte Hand und zwei Finger der linken Hand verloren), begab sich zum Lagevortrag bei Hitler in dessen ostpreußisches Waldquartier. Es war eine große Holzbaracke, etwa fünfundzwanzig Teilnehmer waren dabei, und zwar vorwiegend aus dem üblichen Kreis der Wehrmachtsteile. Stauffenberg zündete mit seinen drei Fingern eine Bombe aus englischem Sprengstoff, verstaute sie in einer Aktentasche unter dem Lagebesprechungstisch, drei bis vier Meter vom Platz Hitlers entfernt. Dann ließ er sich ans Telefon hinausrufen. Ein anderer anwesender Generalstabsoberst, ein guter Bekannter von Stauffenberg, der aber nicht eingeweiht war, schob die Aktentasche zufällig um einige Meter von Hitler weg. Kurz darauf explodierte die Bombe. Sie tötete vier Teilnehmer, darunter den zuletzt genannten Oberst, zerstörte die Baracke fast vollständig, verletzte aber Hitler und die Mehrzahl der Anwesenden nur leicht oder gar nicht. Stauffenberg fuhr außen an der Baracke in einem Wagen vorbei, meinte, das Attentat wäre geglückt, gelangte mit knapper Not aus den drei Absperrungen des Hauptquartiers hinaus auf den Flugplatz und flog in sein Büro nach Berlin, dem Zentrum der Widerstandsgruppe, zurück.

Zweieinhalb Stunden vergingen, ohne daß wesentliches geschah. Der Chef des Nachrichtenwesens im Hauptquartier, ein Mitverschwörer, hatte die Nachrichtenverbindung unterbrochen, aber während des Fluges von Stauffenberg nach Berlin dorthin Nachricht gegeben, die Bombe wäre explodiert, Hitler sei aber am Leben geblieben. Durch diese Nachricht waren die in Berlin tätigen Verschwörer unsicher, ob sie den vorbereiteten Plan zur Übernahme der vollziehenden Gewalt in Berlin und anderen Zentren, die sogenannte Aktion »Walküre«, auslösen sollten. Stauffenberg kam gegen siebzehn Uhr nach Berlin in die Bendlerstraße, sein Büro, traf dort die Unschlüssigen, glaubte die Nachricht vom Mißlingen des Attentats nicht und veranlaßte die sofortige Auslösung der Operation »Walküre«.

In Wien, München und vor allem in Paris handelten die mitverschworenen Befehlshaber sofort prompt und zuverlässig, besetzten Befehlszentren, Nachrichtenverbindungen und setzten die verantwortlichen SS-Führer fest. Auch in Berlin traten der Stadtkommandant, der Polizeipräsident und andere Mitverschwörer in Aktion. Aber es war wertvolle Zeit verloren. Bis das Wachbataillon von Berlin seinen Befehl erhielt, war die Nachricht vom Attentat bereits bis Goebbels durchgesickert. Ihm gelang es schneller als den Attentätern in der Bendlerstraße, den Kommandeur des Wachbataillons zu sich zu holen, ihn durch ein direktes Telefongespräch mit Hitler vom Mißlingen zu überzeugen und sich dann, zwar »Walküre« -gemäß, aber mit dem entgegengesetzten Auftrag, zur Bendlerstraße in Marsch zu setzen. Am Abend desselben Tages wurden Stauffenberg und einige seiner Mitverschworenen im Hof der Bendlerstraße standrechtlich erschossen und

Generaloberst Beck das Leben genommen. Auch in den anderen Städten kam die Aktion nach einer am Abend erfolgten Rundfunkansprache Hitlers zum Erliegen.

In der darauffolgenden Zeit wurden insgesamt rund siebentausend Verhaftungen vorgenommen und nicht ganz fünftausend Menschen hingerichtet, soweit sie sich nicht selbst das Leben nahmen. Unter ihnen befanden sich fast alle Mitverschworenen, darunter auch nahezu alle Mitglieder der durch die Gruppe für den Übergang in Aussicht genommenen Reichsregierung. Diese sollte aus etwa fünf konservativen Politikern, zwei bis drei Mitgliedern des katholischen Zentrums, vier Sozialdemokraten und Fachleuten ohne politische Bindung bestehen.

II. Soweit die äußeren Daten. Wir wollen nun den Versuch unternehmen, uns ihrer Vorgeschichte und Bewertung anzunähern, indem wir uns die beiden hauptsächlichen Kritikrichtungen gegen die Attentäter vergegenwärtigen.

1. Die Attentäter wurden damals als »Verräter« öffentlich verdammt und gerichtet. Ein Nachhall dieses Wortes ist lange in der Nachkriegszeit erhalten geblieben. Sie wären Landesverräter gewesen, hieß es. Sie hätten nur den Kriegsgegnern geholfen, ja teilweise in ihrem Auftrage gearbeitet. Wie auch immer die Taten Hitlers zu verurteilen gewesen wären, so hätten die Verschwörer doch Eid und Gesetz gebrochen.

Ich glaube, wir sollten und brauchen uns nicht zu lang bei dieser Seite der Sache aufhalten. Der Krieg war 1944 für Deutschland längst verloren. Es ging nicht darum, die Niederlage herbeizuführen, allenfalls sie zu steuern, d. h. es ging um die Verhinderung sinnloser riesiger weiterer Blut- und Substanzverluste, wie sie gerade nach dem 20. 7. noch eintraten. Die Ausrottungsaktionen gegen völlig unschuldige Menschen in den Konzentrationslagern, die Zerstörung von Menschenleben durch Kriegshandlungen in den Städten und an den Fronten sind in keiner Phase des Krieges so schrecklich und nachhaltig gewesen wie in seinen letzten zehn Monaten. Der Eid aber – wie alle menschliche Gehorsamspflicht gegenüber Sitte und Gesetz – verpflichtet zum Gehorsam im Rahmen der Loyalität, die die Führung des Landes dem eigenen Volk und dem Recht schuldig ist. Wird diese Loyalität durch die Staatsführung permanent gebrochen, dann ist nicht nur der Eid hinfällig, dann ist es die Pflicht des Gehorsams, Sitte und Gesetz gegen die Führung zu verteidigen.

Nun zu einem anderen Kritikansatz. Hitler sagte am Abend des 20. Juli über den Rundfunk: »Eine ganz kleine Clique ehrgeiziger, gewissenloser und zugleich verbrecherisch dummer Offiziere hat ein Komplott geschmiedet, um mich zu beseitigen. Er hat mit der deutschen Wehrmacht und dem deutschen Heer nichts zu tun. Es ist ein ganz kleiner Klüngel verbrecherischer Elemente.«

Die Reaktion der Weltpresse der Alliierten war nicht viel anders. Die größte amerikanische Zeitung schrieb, daß das Attentat eher an die Atmosphäre der finsteren Verbrecherwelt erinnere als an die in einem Offizierscorps eines Kulturstaates. Es hieß weiter, man könne nicht bedauern, daß die Bombe Hitler verschont habe. »Mögen die Generale den Gefreiten töten oder umgekehrt, am liebsten beides.«

Lassen wir vielleicht diese alliierten Stellungnahmen, die jahrelang vorherrschend blieben, aus dem Spiel. Für sie war nach allem, was geschehen war, was sie aber auch selbst militärisch und politisch zur Unterwerfung Deutschlands schon vollbracht hatten, ein anderes Deutschland, ein friedenswürdiger und zur Wiedergutmachung bereiter Kriegsgegner nicht denkbar und nicht brauchbar. Auch das Urteil Hitlers mag auf sich beruhen, weil wir ja wissen, daß Hitler etwas anderes dachte, als er sagte. Die Vernehmungsprotokolle der Staatspolizei ließ er sich laufend vorlegen. Eine eigene Sonderkommission »20. Juli« war eingesetzt worden, in der vierhundert Beamte in elf Abteilungen arbeiteten. Neben der grauenhaften und massenweisen Verfolgung aller Beteiligten und Verdächtigen stehen die ausführlichen Berichte der Sonderkommission, in denen über die Motive, Zusammensetzung und die konkreten Pläne der Verschwörer weit mehr zutage trat als durch irgendeine andere Erkenntnisquelle. Die Wirkung dieses Materials auf Hitler in den letzten Kriegsmonaten war tiefgehend, wie vielfach verbürgt ist. Er richtete nach dem 20. Juli 1944 keine freie Rede mehr an die Deutschen. Damals entstand der Ausspruch im Volksmund, Hitler lebe nur noch dreißig Meter unter der Erde. Kaltenbrunner aber, der Chef des SD, sprach aufgrund der Eindrücke durch die Vernehmungsprotokolle aus: »Der 20. Juli wächst uns über den Kopf. Wir werden der Sache nicht mehr Herr.«

Haben wir so also nachhaltig Zeugnis von der breiten und tiefen Verwurzelung der Verschwörergruppe in den Augen der damaligen Machthaber, so bleibt doch die Frage: War es eine Verzweiflungstat deutscher Nationalisten, die sich zum Widerstand erst zusammenfanden, als auch sie sich von der Endgültigkeit des verlorenen Krieges überzeugt hatten? Zur Beantwortung ist es notwendig, Entstehung, Zusammensetzung und Ziele der Verschwörer zu untersuchen.

III. Wie und seit wann waren die Männer und Frauen des 20. Juli zusammengekommen? Welches waren ihre Motive? Wir müssen zur Beantwortung dieser Fragen bis an den Anfang des Dritten Reiches zurückgehen. Sicher ist zunächst, es war keine staatliche oder gesellschaftliche Institution, keine Schicht als Ganzes, die den Widerstand und das Attentat getragen hat. Es gab im Dritten Reich überhaupt keine Institution des öffentlichen Lebens, die durch ihre Amtsträger grundsätzlichen Widerstand geleistet oder gar Aktionen zum Umsturz der Regierung in die Wege geleitet hat. Dies gilt für Parlament, öffentliche Verwaltung, Wehrmacht, Universitäten, katholische Kirche und evangelische Landeskirchen gleichermaßen. Das Attentat war geplant und getragen nicht von Institutionen, sondern von Personen, die gegen die freiwillige, widerwillige oder erzwungene Haltung der Institution oder Schicht, der sie angehörten, sich zur Einsicht durchrangen, es müsse gehandelt werden.

Wir müssen den Versuch machen, kurz und beispielhaft die Institutionen und Schichten zu behandeln.

1. Zunächst geht es um die politischen Gegner der Nazis, vor allem also die politischen Parteien, deren Überwindung und Ausschaltung Voraussetzung für die Machtübernahme Hitlers war:

a) Gegen die KPD richtete sich der Schlag der neuen Gewalt als erstes. Die einundachtzig Reichstagsmitglieder der KPD wurden noch vor dem Ermächtigungsgesetz im März 1933 verhaftet, die Partei aufgelöst. Ihren Führern blieb das KZ, der Untergrund oder die Emigration als Schicksal. Ihre maßgeblichen Kräfte waren von der Verschwörung in Deutschland gegen die Regierung dadurch ausgeschlossen. In der Untergrundarbeit in den Fabriken ist viel geschehen, obwohl sie vor fast unüberwindlichen Schwierigkeiten stand: Die Arbeit der Gestapo in den Anfangsjahren, aber auch einfach der Rückgang der Arbeitslosigkeit, der allgemeine Stimmungsumschwung und in einer späteren Intervallzeit von 1939–41 der Hitler-Stalin-Pakt. Es gibt historische Belege für den bedingungslosen Einsatz des Lebens im Widerstand gegen die Staatsgewalt, vor allem die sogenannte »Rote Kapelle« unter Schulze-Boysen, die wahrscheinlich die beste Tarnorganisation im Dritten Reich überhaupt hatte und vielen Verfolgten Schutz bot. Zu einer Kooperation mit den Widerstandsgruppen anderer Herkunft ist es aber nur ansatzweise gekommen.

b) Auch der SPD galt von Anfang an der entschlossene Kampf Hitlers. Sie hatte noch mit dem größten Teil ihrer Abgeordneten die Möglichkeit der Teilnahme an der Reichstagssitzung, in der das Ermächtigungsgesetz beschlossen wurde. Die Rede, die ihr Sprecher Otto Wels an diesem 23. März 1933 hielt, gehört zu den eindrucksvollsten öffentlichen Bekenntnissen für Recht, Freiheit und Sozialismus unter dem Dritten Reich. Im ganzen aber hatte die SPD mit Schwierigkeiten zu kämpfen – teilweise auch intern –, derer sie nicht Herr wurde. Im Mai 1933 wurde sie aufgelöst.

Viele Politiker auch der SPD kamen jahrelang in Haft oder konnten sich nur durch Emigration retten. Am Ende der Weimarer Zeit bestand diese Partei, von mehreren großen und ruhmvollen Ausnahmen abgesehen, aus wohlmeinenden, mittelmäßigen, resignierten Politikern. Sie hatten resigniert aufgrund ihres nicht geglückten Versuches, in der Weimarer Demokratie ihre politische Chance zu nutzen. Sie waren in den Augen weiter Teile der Bevölkerung belastet durch das Odium, den Versailler Vertrag angenommen und die sogenannte »Erfüllungspolitik« durchgesetzt zu haben.

Unter den Mitgliedern der Sozialdemokraten, die sich im Dritten Reich durch den Kampf gegen das Unrecht bewährten, ist nach Otto Wels vor allem Carl von Ossietzki zu nennen, der wegen der unerschrockenen Verkündung seiner pazifistischen Überzeugung ins KZ kam und, als er 1935 mit dem Friedensnobelpreis ausgezeichnet wurde, die ihm durch Göring gebotene Chance ausschlug, die Freiheit gegen das Versprechen zu erhalten, nicht mehr gegen das Unrecht aufzutreten.

Neben anderen sind Leuschner, Haubach, Mierendorf und Reichwein zu nennen. Vor allen aber Julius Leber, der Lübekker SPD-Führer, der entgegen dem Widerspruch Goerdelers und anderer Rechtsstehender den Anschluß an die zum 20. Juli führende Widerstandsgruppe fand und in ihr eine der treibenden Kräfte zum Handeln wurde. Denn bei allem Haß auf jede Reaktion war er doch bereit, Gegensätze zurückzustellen und auch mit der Armee zusammenzuarbeiten, um Hitler zu beseitigen. Er war darin repräsentativ für die im Lande verbliebenen Sozialisten. In den Kriegsjahren wurde er einer der wichtigsten Partner, ja sogar ein Freund Stauffenbergs. Zwei Wochen vor dem 20. Juli 1944 wurde Leber durch einen Spitzel entdeckt und verhaftet. Es ist überliefert, daß Stauffenberg in den darauffolgenden Tagen der Meinung war, erst müsse Leber gewaltsam aus dem Moabiter Gefängnis befreit werden, bevor das Attentat auf Hitler ausgeführt werden könne. Für so wichtig hielt er ihn in der Durchführung aller Pläne nach geglücktem Attentat.

c) Über die politischen Kräfte der Mitte, das katholische Zentrum einerseits und die liberalen Kräfte eines aufgeschlossenen politischen Humanismus andererseits, wie er etwa in Großbritannien oder den Vereinigten Staaten die politische Organisation der industrialisierten Massengesellschaft bestimmt hat, ist wenig Rühmliches zu berichten. Das Zentrum stimmte im März 1933 für das Ermächtigungsgesetz. Im Juli 1933 wurde die Partei aufgelöst. Von einzelnen wenigen aktiven Persönlichkeiten abgesehen, trat es als eigene Kraft in den Reihen des Widerstandes praktisch bis zuletzt nicht hervor. Es ging ihm wie den liberalen Humanisten. Sie waren enttäuscht und geprägt vom Versagen der Wilhelminischen Schicht in der Weimarer Demokratie. Nun im Dritten Reich waren sie auch durchdrungen von der Unmöglichkeit und Sinnlosigkeit einer Maßnahme gegen Hitler. Viele von ihnen meinten, selbst ein geglücktes Attentat würde angesichts des unbußfertigen Volkes nichts nützen.

2. Ein weiterer Blick gilt nun dem Verhalten der Kirchen und der Universitäten:

a) Die katholische Kirche gehörte zu den Gruppen im deutschen Gemeinwesen, die sich als Ganzes weder in der Lage sahen noch bereit waren, Gewalt anzuwenden, sondern sich auf passiven Widerstand beschränkten. Hier wie bei den anderen Institutionen müssen wir uns hüten, voreilig moralische Vorurteile über Individuen auszusprechen. Es hat in der katholischen Kirche wie in den anderen Institutionen Personen gegeben, die ein Höchstmaß persönlichen Mutes und Opfers aufbrachten, aber oft auf dem Hintergrund von politischen Meinungen, die ganz durch den herkömmlichen beschränkten Nationalismus geprägt waren. Umgekehrt hat es Beispiele weltoffener politischer Einsichten, gepaart mit völliger Weichheit, ja Versagen, in den Situationen gegeben, in denen es galt, zu bekennen und sichtbar zu widerstehen.

Es gibt gewiß auch andere Beispiele. Aber wir müssen uns, wenn wir die Zeit des Dritten Reichs unter dem Aspekt des Widerstandes betrachten, zwar durch soziologische und politische Überlegungen die Haltungen vergegenwärtigen, welche die Institutionen und Schichten in ihrer Gesamtheit einnahmen, aber uns in der Zumessung von Schuld bewußt bleiben, daß der Widerstand in erster Linie eine ganz persönliche Entscheidung war, daß aber Einsicht und Mut nur selten gepaart sind.

Die katholische Kirche begann ihre Beziehungen zum Dritten Reich im Juli 1933 durch den Abschluß des Konkordats und bekam nur zu bald zu spüren, wie sehr sie auf Sand gebaut hatte. Sie hatte einen wirkungslosen, ja schädlichen Vertrauensvorschuß gegeben. Aber das Eintreten Kardinal Faulhabers in München gegen das Unrecht ist ebenso unvergessen wie die nachhaltige Wirkung der Enzyklika Pius' XII. »Mit brennender Sorge.« Der Kampf der Münsteraner Bevölkerung gegen die Entfernung der Kreuze aus den Klassenzimmern war eine der wenigen erfolgreichen partiellen Widerstandsleistungen gegen Maßnahmen des Staates. Wir wissen, daß tausende von katholischen und evangelischen Geistlichen inhaftiert waren und daß allein im KZ in Dachau achthundert katholische Priester und vierhundert evangelische Geistliche ums Leben kamen. Aus den Kriegsjahren leuchtet die Gestalt des Kardinals Galen hervor, der in seinen berühmt gewordenen drei Predigten 1941 in Münster sich gegen das Unrecht schlechthin in aller Schärfe wandte. Es waren vielleicht die größten Predigten, die von einer Kirchenkanzel in Deutschland gegen die moralische Wurzel des Übels gehalten wurden, und doch ist gerade Galen ein Beispiel des konservativen, national eingestellten Priesters, der gegen Versailles kämpfte wie ein Deutsch-Nationaler und der für Ritterlichkeit im Krieg, aber doch zugleich für Krieg gegen Polen wegen des Korridors eintrat.

Zwei andere Namen müssen genannt werden: Pater Lichtenberg in Berlin, der für seine pazifistische Einstellung bekannt war und als einer der ganz wenigen im Krieg öffentlich für die Juden eintrat. Er verlor auf dem Weg in das KZ Dachau das Leben. Und Pater Delp, ein Mitglied des Kreisauer Kreises, Jesuit, Philosoph und Moraltheologe, einer der wenigen Geistlichen, die sich bewußt und konsequent für die gewaltsame Beseitigung Hitlers als die einzig wirksame Form des Widerstandes einsetzten. Daher besteht auch eine unmittelbare Verbindung zwischen Delp und den Attentätern des 20. Juli.

Trotz dieses Engagements einzelner – aus vielfältigen Motiven gespeist – bleibt zu sagen, daß der von der katholischen Kirche ausgehende Widerstand nicht zentralisiert war, obwohl dies möglich gewesen wäre. Seine Vertreter waren vielfach in konservativen nationalen Vorstellungen verhaftet, die sie am Handeln hinderten. Der Vatikan wie die Kirche im Ganzen unterschätzten ihre Möglichkeiten der Einwirkung und des Widerstandes. Doch führt dies stärker in die Frage nach dem Unterbleiben offener Protestschritte, weniger in die Pläne der gewaltsamen Beseitigung der Regierung.

b) Taten und Unterlassungen der evangelischen Kirche im Rahmen des Widerstandes im Dritten Reich sind vielfach beschrieben worden. Auch hier gilt, wenn wir die Vorsicht in der Zumessung persönlicher Schuld im Auge behalten, daß der Kampf der Kirchen zuerst und zumeist um der Kirchen selbst willen, aber erst spät und unzulänglich schlechthin um der Menschen und kaum um des ganzen politischen Gemeinwesens willen geführt worden ist. Der deutsche Protestantismus war in seinem Widerstand gehemmt durch die Tradition des Landeskirchentums, durch die herkömmliche Auffassung der sogenannten christlichen Obrigkeit und durch Eigenheiten seiner sozialen Zusammensetzung. Der überwiegende Teil des deutschen Protestantismus ging auf eine Lehre zurück, die mehr interessiert war an Seelsorge als an der christlichen Gestaltung gesellschaftlichen Lebens.

So hat Hitler auch von der Kirche oder jedenfalls von den evangelischen Christen ein gutes Stück Hilfe erfahren. Auch die protestantische Kirche trug von je her sozial und politisch ein bürgerlich-konservatives Gesicht. Gewiß ist Widerstand geleistet worden nicht nur durch einzelne Personen, sondern auch durch neu sich bildende Gruppen im Ganzen, so vor allem in der »Bekennenden Kirche«. Aber auch hier gilt, daß bei weitem nicht alle, ja vermutlich nur die Minderheit der »Bekennenden Kirche« von vornherein klarsehende politische Gegner des Nationalsozialismus gewesen waren, auch wenn sie alle zusammen ihre Entschlossenheit im Kampf gegen den weltanschaulichen Teil des Regimes bekundeten. Es ging also primär um die Wahrung der Eigenständigkeit des kirchlichen Lebens, um die Aufrechterhaltung des kirchlichen Bekenntnisses, also um die Kirche als Kirche. Das blieb der Mittelpunkt des Kampfes, soweit er überhaupt geführt wurde.

Gleichwohl gab es in der Abwendung vom theologischen Liberalismus, das heißt vom Kultur-Protestantismus positiv eine neue Hinwendung zur reformatorischen Theologie. Sie gebot, auch die Politik der Kritik des Wortes Gottes auszusetzen. Dies schlug sich nieder in der Barmer Erklärung 1934, in der der Totalitätsanspruch aller irdischen Größen scharf abgewiesen wurde. Das größte Beispiel aber ist die berühmt gewordene Denkschrift der Vorläufigen Kirchenleitung vom 18. Mai 1936. Es war keine öffentliche, aber vielleicht die offenste Erklärung, die Hitler je von einer Institution erhalten hat. In dieser hieß es: »Wenn hier Blut, Rasse, Volkstum, Ehre den Rang von Ewigkeitswerten erhalten, so wird der evangelische Christ durch das Erste Gebot gezwungen, diese Bewertung abzulehnen. Wenn der arische Mensch verherrlicht wird, so bezeugt Gottes Wort die Sündhaftigkeit aller Menschen. Wenn den Christen im Rahmen der NS-Weltanschauung ein Antisemitismus aufgedrängt wird, der zum Judenhaß verpflichtet, so steht für ihn dagegen das christliche Gebot der Nächstenliebe.«

Wenn sie sich auch als soziologische Größe der Gleichschaltung entzogen hat, so hat die Kirche doch eines nicht getan: alle, die Christen sein wollten, öffentlich aufzurufen, sich gegen die elementare Verletzung der einfachsten Gebote zu erheben. Sie hat dies weder nach der Kristallnacht noch zur Euthanasie, weder zur Judenfrage noch zu anderem Unrecht getan. Ob sie Erfolg gehabt und ob sie sich und ihre Amtsträger gefährdet hätte, ist kirchlich keine ausreichend legitime Frage.

Die Zahl derer, die zur geistigen Begründung und praktischen Vorbereitung von Gewaltplänen gegen Hitler beigetragen hat, ist klein. Ihr wichtigster Name ist Dietrich Bonhoeffer. Es ist nicht möglich, die Theologie Bonhoeffers und ihre politisch-gesellschaftlichen Konsequenzen an dieser Stelle zu entfalten. Von keinem anderen evangelischen Theologen wie von ihm erfuhren die aktiven Umsturzpläne so nachhaltige Förderung. Im Kreisauer Kreis wie in dem von ihm viel bereisten Ausland wirkte er überzeugt und kräftig für gewaltsames Handeln. Er überwand die Bedenken des 5. Gebotes, verließ den geraden und engen menschlichen Pfad christlicher Orthodoxie und versicherte, einen Weg durch das Labyrinth zu finden, das er aus eigenem freien Entschluß betreten hatte. Durch einen Zufall wurde er schon im April 1943 verraten und verhaftet. Er wurde aber erst im April 1945 hingerichtet, als nachträglich seine Verbindung zu den Attentatsplänen der letzten Vorkriegsjahre bekannt wurde.

3. Wenig, fast am wenigsten überhaupt, ist von den Einrichtungen der Erziehung und Wissenschaft im Zusammenhang mit dem Widerstand zu berichten. Gewiß gilt auch hier ein anderer Maßstab für viele individuelle Schicksale als für die Einrichtungen und Schichten in ihrer Gesamtheit. Fast ein Drittel der deutschen Ordinarien wurde im Dritten Reich von ihren Lehrstühlen entfernt, viele inhaftiert, zur Emigration gezwungen, manche verloren ihr Leben. Aber Lehrerschaft und Universität als Ganzes blieben stumm oder mindestens passiv.

Um so leuchtender hebt sich von diesem Hintergrund die Tat einiger Münchener Studenten ab, deren Kern die Geschwister Scholl bildeten und die unter dem Namen »Weiße Rose« arbeiteten. Sie hat keinen Zusammenhang mit dem

20. Juli. Die Studenten wollten nicht den Umsturz herbeiführen, sie wollten nur persönlich und ohne Schutzvorkehrungen
für ihre Überzeugungen eintreten. Hierfür entwickelten sie
im Jahre 1942/43 eine Aktion zur Aufklärung ihrer Mitstuden-
ten über die menschlichen Untaten des Regimes. Sie be-
währte sich im Vorrecht der Jugend, das Unmögliche zu
versuchen und keine Gefahr zu scheuen. Mit beispiellosem
Mut und Idealismus verteilten sie ihre Flugblätter in der
Universität, ohne sich durch Flucht zu entziehen, als die
Gefahr heranrückte. Über hundert Studenten wurden verhaftet. Vom Zentrum München aus war die Wirkung bis nach
Österreich und Hamburg hinübergegangen. Es wird berichtet, wie selbst die Gestapo durch die Haltung und Klarheit
dieser Studenten beeindruckt war.

Diese Studenten waren nicht typisch für die Jugend. Bei
ihrer Hinrichtung gingen sie den einsamen Weg des Verräter-
Todes. Aber dies, und nicht der bewunderte und die Mitwelt
ergreifende Tod, ist wohl der Weg eines wirklichen Opfers.
Dennoch ist ihr späterer Einfluß groß gewesen. In ihrer Tat
und Haltung fand sich für die spätere, nicht festgelegte, in
ihrer Meinung unabhängige und skeptische junge Generation
mehr Antwort auf ihre Fragen gegenüber der Zeit des Dritten
Reiches als im hartnäckigen Schweigen vieler Eltern und
Erzieher.

4. Wir haben nun noch das vielleicht wichtigste und kom-
plizierteste Element in der Zusammensetzung des Widerstandes zu betrachten, die Konservativen. Ich meine damit sowohl die, die ihrer ausdrücklichen politischen Überzeugung
nach hierzu zählen, als auch die Angehörigen jener Berufs-
schichten, in denen sie vorzugsweise zu finden waren: Beamte, Offiziere, Gutsbesitzer. Wir alle kennen die Ungenauig-
keit, ja Ungerechtigkeit solcher pauschalen soziologischen
Einordnungen und wissen also, daß wir uns ihrer nur um der
Kürze der Darstellung willen so kollektiv bedienen dürfen.

Aber auch das konservative Element in seiner bewußten
politischen Gestaltung wies verschiedene Schattierungen und
Richtungen auf, die für den Widerstand von großer prakti-
scher Bedeutung wurden. Die Konservativen sind unter dem
Schrecken, den sie durch ihre herkömmliche, vor allem in
Weimar gezeigte Haltung mit heraufbeschworen, wenn auch

so nicht gewollt hatten, mannigfaltige Wege gegangen. Zunächst waren sie durch die Symbolik von Potsdam zwischen Hindenburg und Hitler, durch die Teilnahme der Deutsch-Nationalen am ersten Kabinett Hitlers und die Politik der Wiederaufrüstung sowie des Kampfes gegen Versailles innerlich gebunden. Betrachten wir die Situation im militärischen Sektor.

Das Verhältnis zwischen Armee und Partei bildete eines der Hauptprobleme in der Geschichte des Dritten Reiches. Es läßt sich mit keiner einfachen Formel erledigen. Weder stimmt die Erklärung von Goebbels, daß hier zwei Eliten zusammengestoßen seien, noch die während des Krieges von den Alliierten verbreitete Theorie, die von der natürlichen Allianz zwischen preußischem Militärismus und Nazismus sprach. In Wirklichkeit hatte das Verhältnis vielfältige Aspekte und Stadien. Ein Zwiespalt bestand von Anfang an. Aber er wurde überdeckt. Denn unbestreitbar hat Hitler durch die Reichswehr Hilfe zur Machtergreifung bekommen. Es macht diese Hilfe kaum besser, daß sie nicht der Ideenwelt des Nazismus, sondern seiner Nützlichkeit für die Wiederaufrüstungsziele der Wehrmacht diente. In politischen und moralischen Fragen setzte das Heer in den ersten Jahren des NS-Regimes die Maxime des »Sich-Heraushaltens« fort, die es aus der Weimarer Zeit übernommen hatte. Dies führte zu schweren Unterlassungssünden, zu Korrumpierungen der oberen Führung, die später nicht mehr zu reparieren waren. Bei jeder der Maßnahmen Hitlers, selbst bei der Einführung der Wehrpflicht, bei der Rheinlandbesetzung 1936, beim Anschluß Österreichs, bei der Sudetenkrise und bei der Besetzung Prags warnten militärische Führer Adolf Hitler vor den Folgen. Immer schlug dieser die Warnungen in den Wind, und allemal schien er in der Beurteilung der Gegner den Militärs überlegen. Immer mehr schwächte dies das Rückgrat des Militärs, immer stärker wuchs das Selbstgefühl Hitlers gegenüber den Soldaten. Das Versagen des Militärs gipfelte dann in der weichen Haltung der Oberbefehlshaber der Armeen und Heeresgruppen im Krieg. Selbst wo sie keine eigenen ethisch-politischen Anschauungen dem Vorgehen Hitlers entgegenzusetzen hatten, erkannten sie zumeist den Vabanque-Charakter und später den Wahnsinn der Hitler'schen

Kriegsführung. Aber Klagen, Zögern und Ausweichen zusammen ergaben das Bild ihrer Schwäche, bei dem im Einzelfall schwer zu entscheiden ist, ob ihre Haltung auf herkömmlicher Loyalität, auf mißverstandener Vaterlandsliebe oder auf Schwäche des Charakters beruhte. Ihren schlimmsten Rückgratsverlust erlebten sie durch die materielle Korrumpierung, durch die Geld- und Landgeschenke, mit denen sich manche Marschälle für ihre Haltung durch Hitler belohnen ließen.

Dies ist das Hauptbild, das uns die Geschichte des Dritten Reiches über das Militär überliefert, ein Bild des Versagens und der Schuld. Daneben aber gab es von Anfang an Ansätze in anderer Richtung. Es gab hohe Offiziere, die nicht militärische Opportunisten, sondern von Beginn an bewußte Gegner des Regimes waren. Zu ihnen gehörte in erster Linie der Chef der Heeresleitung von 1930–34, Generaloberst von Hammerstein, der damals schon der »Rote General« genannt wurde. Es gab aber auch viele junge Menschen, die in dem »Sich-Heraushalten« des Heeres die Chance sahen, sich von der Partei freizuhalten. Unter der wachsenden Zahl von Abiturienten, die sich für die Offizierslaufbahn meldeten, waren manche, deren Motiv Hammerstein richtig beschrieb, als er erklärte, er wisse, daß dies eine Form der inneren Emigration junger Menschen darstelle.

Der nächste Name, der uns nun wieder mitten in die Ereignisse des 20. Juli zurückbringt, ist der des Chef des Generalstabes bis 1938, Ludwig Beck. Auch seine Motive, seine politische Haltung und sein Charakter sind im Zusammenhang mit dem Widerstand oft in Frage gestellt worden. Zu Unrecht. Beck war ein militärischer Denker, verband einen weltoffenen mit einem streng wissenschaftlichen Geist und war im Glauben tief verwurzelt. Seine Proteste gegen Maßnahmen Hitlers, solange er noch im Amt war, mögen sich vorzugsweise rationaler militärischer Argumente bedient haben. Aber nicht nur. Er ist in der deutschen Wehrmacht der einzige gewesen, der es wagte, als Generalstabschef eine amtliche Denkschrift an Hitler mit den Worten zu beenden:

»Der soldatische Gehorsam der militärischen Führer hat dort eine Grenze, wo ihr Wissen, ihr Gewissen und ihre Verantwortung die Ausführung eines Befehls verbietet.«

Es war eine Denkschrift als Antwort auf eine der berühm-

ten geheimen Besprechungen, in denen Hitler seine Angriffs-
pläne gegenüber seinem engsten Beraterkreis bekanntgab.
Beck war 1938 von sich aus zurückgetreten und war seither
der militärische Mittelpunkt der Widerstandskreise, als Charakter und Geist gleichermaßen geachtet. Mit einer größeren
Zahl Jüngerer unterzog er sich der Sisyphos-Arbeit der Opposition in den Jahren 1938–44. Denn die Haltung der Oberbefehlshaber der Armeen, der Luftwaffe und der Marine brachte
den Kreis um Beck immer wieder um die erfolgreiche Durchführung geplanter Ansätze und führte sie oft an den Rand der
Verzweiflung. Überliefert ist Becks Ausspruch: »Diese Feig-
linge machen aus mir, einem alten Soldaten, einen Anti-Mili-
taristen.«

Nicht weniger ungewöhnlich waren zwei andere Gestalten
im militärischen Bereich, die Hauptträger der Attentatspläne,
der Generalmajor von Tresckow und Oberst Graf Stauffenberg. Auf die Attentatspläne der Jahre 1938, 1939 und dann
wieder 1943 kann im einzelnen nicht eingegangen werden.

An ihnen waren vor allem Tresckow, daneben Witzleben,
Stülpnagel und andere beteiligt.

Stauffenberg, der Jüngste unter ihnen und der Attentäter
des 20. Juli, stützte sich in seinem Urteil und seinen Plänen
unter den militärischen Freunden auf kaum jemanden so wie
auf das Urteil Tresckows. In den Monaten vor dem Attentat
suchte Stauffenberg noch einmal seinen Rat, ob das Attentat
auch ausgeführt werden sollte, wenn nicht alle Vorbereitungen für die Übernahme der vollziehenden Gewalt fertig seien.
Tresckow's Meinung war:

»Das Attentat auf Hitler muß erfolgen, koste es, was es
wolle. Sollte es nicht gelingen, so muß trotzdem der Staatsstreich versucht werden. Denn es kommt nicht mehr auf den
praktischen Zweck, sondern darauf an, daß die Widerstands-
bewegung vor der Welt und vor der Geschichte unter Einsatz
des Lebens den entscheidenden Wurf gewagt hat. Alles andere ist daneben gleichgültig.«

Dies gab bei Stauffenberg die letzte Entscheidung. Dies
veranlaßte ihn auch in den Stunden nach dem Attentat, in
Berlin, ungeachtet der Ungewißheit, ob Hitler noch lebe, den
Staatsstreich einzuleiten und damit sein Leben und das seiner Freunde in die Schanze zu schlagen.

Stauffenberg war damit zum Zentrum der Verschwörung als eines Aufstandes des Gewissens geworden. Ihn den geistigen Mittelpunkt zu nennen, wäre nicht ganz richtig. Sein Wesen aber hatte ihm die maßgebliche Ausstrahlungskraft und die entscheidende Fähigkeit zum Entschluß gegeben. Wer ihm begegnete, war beeindruckt von seiner mutvollen, geweckten Männlichkeit. Er war heiter, nüchtern und unpathetisch. Wenn er sich zu einem Wert bekannte, dann wirkte er ansteckend. Skepsis und Skrupel zerfielen in seiner Gegenwart. So habe ich ihn gekannt. Politisch und geistig war er schwer nach herkömmlichen Kategorien von rechts oder links einzuordnen. Gerade dies zeichnete ihn aus und trug dazu bei, daß er zur Schlüsselperson wurde.

5. Die scharfe Schneide der Verschwörer, die Vorhut sozusagen, war die militärische Aktion, wie es in einem Anschlag auf ein totalitäres System nicht anders sein konnte. Aber ihr Geist war von politischen Zwecken und ethischen Zielen bestimmt. In der Widerstandsgruppe der Jahre 1938 und 1939 hatte die ältere Generation überwogen, bestimmt durch Männer wie Hassel, Goerdeler, Popitz und andere. Für die Umsturzpläne im Krieg, das Flugzeugattentat Tresckows, den vorgesehenen Anschlag durch Axel von dem Bussche und den 20. Juli selbst wurde von großer Bedeutung der sogenannte Kreisauer Kreis, genannt nach dem schlesischen Gut des Grafen Moltke, auf dem er sich mehrfach traf.

Dem Kreisauer Kreis gehörten vor allem jüngere Menschen an, die sich teilweise im Gegensatz zu den konservativen und national orientierten älteren politischen Führern des Widerstandes zusammengefunden hatten. Sie trafen sich nicht, um den Staatsstreich zu planen, sondern um die Zeit danach vorzubereiten. Ihr Feld war der Gedanke, ihre Aufgabe der Entwurf einer neuen Ordnung, und ihr Ziel, Deutschland in einem vereinten Europa aufgehen zu lassen. In ihm fanden sich Konservative und Sozialisten, Gutsbesitzer und Gewerkschaftler, Protestanten und Katholiken zusammen. Fast alle sind sie nach dem 20. Juli 1944 hingerichtet worden, obwohl noch im Gerichtsverfahren Moltke durch Freisler selber bestätigt wurde, sie würden nur gehenkt, weil sie zusammen gedacht hätten, nicht wegen aktiver Konspiration.

Ihre Gedanken kreisten um das Problem des Friedens zwischen den Völkern als der Grundlage des Friedens zwischen den Staaten. Eines ihrer hervorstechendsten Mitglieder, Adam von Trott zu Solz, Beamter des Auswärtigen Dienstes, war sich einig mit Moltke in der Erkenntnis, daß die entscheidende Entwicklung in Europa auf sozialem, nicht auf militärisch-politischem Gebiet stattfinden werde. Moltke formulierte es in einem seiner Abschiedsbriefe aus dem Gefängnis noch so: »Für uns ist Europa nach dem Krieg weniger ein Problem von Grenzen und Soldaten, von wasserkopfartigen Organisationen und Planungen. Die eigentliche Frage ist die, wie das Bild des Menschen im Herzen unserer Mitbürger wiederhergestellt werden kann. Dies aber ist eine Frage der Erziehung und der Religion, der organischen Verbundenheit mit Beruf und Familie, des rechten Verhältnisses zwischen Verantwortung und Anspruch.« Auf wissenschaftlichem Gebiet liefen die Gedanken der Kreisauer darauf hinaus, ein starkes Ausmaß wirtschaftlicher Selbstverwaltung durchzusetzen sowie eine Entflechtung der monopolistischen Kartelle und Konzerne, eine Landreform, die Nationalisierung von Bergwerken und Schlüsselindustrien und den Aufbau von Betriebsgemeinschaften mit Teilnahme der Belegschaft an der Betriebsführung wie am Betriebsergebnis herbeizuführen. – Es hätte wohl in der Konsequenz des Kreisauer Kreises gelegen, nach einem geglückten Staatsstreich und nach Kriegsende auch andere Akzente der Außenpolitik zu suchen, die friedlichen Beziehungen zum Osten und Westen jedenfalls für ein untrennbares Problem anzusehen.

Es war – wie gesagt – nicht Zweck des Kreisauer Kreises, den Umsturz vorzubereiten. Moltke selbst bekannte sich gegen das Attentat und sprach noch in seinem Abschiedsbrief aus dem Gefängnis von dem »Goerdeler-Mist«, aus dem er sich immer herausgehalten habe. Aber ohne die geistige Wirkung und Zielsetzung aus Kreisau wäre das Attentat des 20. Juli 1944 nicht denkbar. Über Yorck und Stauffenberg, Schulenburg, Trott und andere liefen Impuls, Zielsetzung und innere Kraft. Und eine weitere Brücke schlägt der evangelische Pfarrer Pölchau, der dem Kreisauer Kreis angehört hatte, nach dem 20. Juli fast alle Gefangenen im Gefängnis betreute und bis zu ihrem Ende begleitete.

IV. Wir sind wieder bei unserer Eingangsfrage angelangt: Ist in der allerletzten Phase der dunklen Phase deutscher Geschichte, ist am 20. Juli 1944 und in seinem Umkreis aus Einsicht und Gewissen verantwortlich gehandelt worden? Wie sah der Gewissensentscheid der Beteiligten aus? Wie ist das Wesen des Gewissens und der Aufgaben der Menschen bedingt? Gab es unterschiedliche Gewissensentscheidungen?

Moltke wollte dem Bösen nicht wehren, es vielmehr vollständig sich entwickeln, sich selbst widerlegen lassen, damit ein neuer Anfang gesetzt werden könne. Er fühlte sich durch seine religiösen Überzeugungen an einem Attentat gehindert. Bei anderen, die sich zur aktiven Teilnahme an der Verschwörung durchgerungen hatten, so etwa bei General Stieff, sehen wir, wie das politische Handeln nach der Tat in ein religiöses Motiv quasi zurückgenommen wird. Am Tage seiner Hinrichtung schrieb Stieff: »Es war falsch, Gott in seinem Wirken als kleiner Mensch hochmütig in den Arm fallen zu wollen.« Aber Tresckow, der sich nach dem 20. Juli das Leben nahm, um der Verhaftung zu entgehen, interpretierte das Handeln als Stellvertretung des Volkes vor Gott. Und viele, auch evangelische Christen, sahen gerade ihr politisches Handeln, die Teilnahme an der Verschwörung, unter der Verordnung Gottes als geboten an.

Die Widersprüchlichkeit der Antwort ist sachgemäß und verständlich. Es gab für niemanden, der sich in den Umkreis der Gedanken und Entscheidungen des Widerstandes hineinbegab, bloß durch dieses Hinzutreten den Ausweg schuldlosen Davonkommens gegenüber all den anderen, die weiter mitmachten, wissend oder nicht wissend. Was zu lernen und zu vollziehen war, das war, aus der Bindung des Gewissens heraus für den anderen einzutreten. Und was den Widerstand zusammenhielt, war nicht die soziale Herkunft oder die politische Überzeugung, sondern die Gemeinsamkeit, das Gewissen an der richtigen Stelle einzusetzen, sich ihm in seiner ganzen Last zu stellen und von daher sich der Verantwortungskraft für die Zukunft bewußt zu werden.

Waren es also Nationalisten, die am 20. Juli handelten? Ich glaube nein. Es war der Ausdruck und das Ergebnis einer in die Tiefe gehenden Wandlung des deutschen Nationalbewußtseins. Jahrzehnte waren wir in einen Nationalismus hineingeraten, der uns in die Hände des Tyrannen fallen ließ, uns halb um den Verstand, ganz um unseren Namen, um Millionen von Menschen, um die Einheit unseres Landes und die Hälfte unseres Territoriums gebracht hat. Historisch gesehen wiegt die Schuld, die wir auf uns geladen oder ererbt haben, stärker als die Läuterung, durch die viele Mitglieder des Widerstandes, wo immer ihr Ausgangspunkt auch war, gegangen sind.

So sind der Widerstand und der 20. Juli 1944 kein mildernder Umstand für Deutschland geworden, auch wenn viele Männer des Widerstandes lebten und starben im Gedanken der Sühne. Was wir in ihrem Handeln und ihrer Zeit an Schuld erkennen, betrifft nicht sie, sondern die Überlebenden. Aber sie haben uns nicht nur Lücken, sondern auch Vermächtnisse hinterlassen. Ich kann mir keinen unter uns denken, dem es in der Beschäftigung mit den Ereignissen und Männern des 20. Juli nicht immer wieder geht wie mir: Der 20. Juli ist Mahnung und Hilfe, die man fürs eigene Leben empfängt, wenn man sich mit den Gedanken und Handlungen dieser Menschen befaßt, die so aufs Wesentliche bezogen lebten. Wir sind dankbar für Zeugnisse, die wir aus solchen Entscheidungssituationen ihres Lebens besitzen.

Was vom 20. Juli 1944 fortwirkt, sind nicht historische Zusammenhänge oder politische Berechnungen bei den Verschwörern, sondern ihr Charakter, ihr Gewissen und ihre Tat. Als der Staatsstreich stattfand, waren alle günstigen Zeitpunkte dafür schon verstrichen. Auch waren tiefere Zweifel empfunden worden. Mußte sich das Böse nicht selbst widerlegen, anstatt gewaltsam beseitigt zu werden, damit danach ein neuer Anfang gemacht werden könne? Würde etwas anderes als die unbeschönigte totale Niederlage in der Lage sein, uns alle aus der mehr oder minder bewußten Selbstbelügung moralisch zu befreien?

Das alles war bedacht worden. Und dennoch entschlossen sich die Verschwörer, den Wurf zu wagen. Wichtiger als alle Bedenken war es ihnen, unter Einsatz des Lebens ein Zeichen aufzurichten. Sie wollten nicht länger fatalistisch zusehen, auf daß das Unrecht und Unglück bis zur Neige ausgekostet werde. Sie wußten, daß jeder neue Tag immer mehr unschuldige Leben forderte. Es galt, der ständig fortschreitenden Zerstörung der menschlichen Substanz Einhalt zu gebieten.

So setzten einige Menschen ihr Leben dafür ein, um das Böse zu bekämpfen, welches so vielen Mitmenschen unaufhörlich widerfuhr. Schon 1942 hatte Dietrich Bonhoeffer in seinem Fragment über das verantwortliche Leben Maßstäbe genannt, die nun die Attentäter kennzeichneten:

- Sie ließen das Warten, Analysieren oder Träumen hinter sich und stellten sich nüchtern der Wirklichkeit.
- In Freiheit entschieden sie sich: nicht zum bloßen Denken, zum klugen Wissen, warum das Verhängnis seinen ganzen Lauf nehmen müsse, sondern zum eigenen Handeln mit allen Folgen.
- Sie handelten stellvertretend; sie traten ein für andere, deren Zuständigkeit es gewesen wäre einzugreifen.
- Sie nahmen damit Schuld auf sich, Schuld für alle Versäumnisse der Vergangenheit, in die man verflochten ist, und ohne den Versuch, sich für die eigene Tat selbst zu rechtfertigen.

Sie handelten in Verantwortung vor ihrem Gewissen, vor Gott.

Aus allen Landschaften waren sie zusammengekommen, aus allen Schichten der Bevölkerung, aus allen Traditionen. Es hatte tiefe politische Gräben unter ihnen gegeben. Aber sie hatten erkannt, wie unwichtig dies gegenüber ihren gemeinsamen und nun lebensgefährlich bedrohten Überzeugungen der Humanität geworden war.

Sie hatten die Kraft zu sehen. Sie hatten den leidenden Menschen erkannt. Das gab ihnen den Willen zur Veränderung und die Kraft zum Handeln. Weil sie bereit waren, bewußt und verantwortlich zu leben, waren sie bereit, ihr Leben einzusetzen.

Ihr Leben und ihre Liebe sprechen über ihren Tod hinaus. »Jeden Tag zu nehmen, als wäre er der letzte, und doch im Glauben und der Verantwortung einer großen Zukunft«, wie Bonhoeffer sagt, das ist ihr Vorbild für uns Heutige, für die Alten und die Jungen.

In der Freiheit bestehen

In den ersten zwei Jahrzehnten der Nachkriegszeit war ich nach Abschluß meiner Ausbildung in der Wirtschaft tätig. Zunächst arbeitete ich in der Kohle- und Stahlindustrie. Mitte der sechziger Jahre war ich Mitglied der Geschäftsleitung eines großen deutschen pharmazeutischen Unternehmens.

Mehrfach hatte ich an den Laientreffen der Evangelischen Kirche, dem damals noch alljährlich stattfindenden Deutschen Evangelischen Kirchentag, teilgenommen. Zu meiner völligen Überraschung trug man mir 1964 die Bestellung zum Präsidenten des Kirchentages an. Nach längerer Bedenkzeit nahm ich sie an. Es war eine ehrenamtliche, aber sowohl inhaltlich wie zeitlich so anspruchsvolle Tätigkeit, daß sie zunächst zur Verringerung und später zur Beendigung meines Berufs in der Wirtschaft führte. Ich habe diese Entwicklung, je klarer sie sich anbot, um so eindeutiger begrüßt.

Der erste von mir als Präsident zu verantwortende Kirchentag fand 1965 in Köln statt. Bei seiner Schlußveranstaltung am 1. August 1965 sprach ich vor zirka 150000 Teilnehmern zur Losung des Kirchentages »In der Freiheit bestehen«.

I.

Vier Tage sind wir hier in Köln zusammengewesen und haben unter der Losung »In der Freiheit bestehen« miteinander gearbeitet. Zwei Erfahrungen, die untrennbar zusammengehören, hat uns dieses Pauluswort nahegebracht: Das Evangelium gewährt uns die Hoffnung auf die Zukunft. Aber wir erfassen die lebendige Kraft dieser Hoffnung überhaupt nur im vollen Einsatz für unsere gegenwärtigen Aufgaben. Wir erfahren die Freiheit, in der wir getrost bestehen können, nur, wenn wir unsere Lebenskraft mit leidenschaftlicher Beharrlichkeit den heutigen Nöten widmen.

Daher wollen wir uns, bevor wir wieder auseinandergehen, noch einmal unseren gegenwärtigen Tagen zuwenden. Wir wollen zunächst von der Welt sprechen, die uns rings umgibt und deren Teil wir sind. Das soll uns helfen, die Aufgaben zu verstehen, die unserer Kirche, unserem geteilten Land und unserer eigenen Gesellschaft zufallen.

II.

Zunächst also: Wodurch ist die Welt bestimmt, in der wir leben?

Die Menschheit wächst zusammen wie nie zuvor. Wissenschaft und Technik, Nachrichten und Waffen, Produktion und Konsum überschreiten die herkömmlichen Grenzen. Was wir hören und wissen, was wir können und sollen, das alles umspannt den Erdball.

Darum werden auch die Bestrebungen der Menschen einheitlich. Alle sollen frei und gleich und alle wollen versorgt sein. Aber alle wollen auch vor denselben Ängsten geschützt und gegen dieselben Gefahren versichert werden. Alle Menschen wünschen den Frieden. Aber weil nur wenige die Dinge tun, die den Frieden schaffen, fragen wir uns: Welche Aufgaben stellen uns diese vereinigenden Entwicklungen? Nicht Einheit im politischen Sinne, aber Notwendigkeit zum Zusammenleben. Nicht Waffenlosigkeit, aber Rüstungskontrolle. Nicht Verzicht auf die Verpflichtung, für Recht und Ordnung zu kämpfen, aber die Erkenntnis, daß alles verloren ist, wenn wir entschlossen sind, auf nichts zu verzichten. Nicht Einheit der Sitten und Gebräuche, aber ihre Verträglichkeit. Nicht Einheit in der Glaubenslehre, aber die Bereitschaft der Kirchen, der Welt in der Einheit ihrer Gefahren und Chancen ökumenisch zu begegnen.

Dies alles ist nicht ferne Theorie oder Moral, sondern unser handfestes Interesse. Die Zukunft unserer Kinder, unsere soziale Sicherheit, unser geistiges und wirtschaftliches Wachstum, Selbstbestimmung und Frieden – sie hängen ganz direkt von der Lösung des Bevölkerungsproblems, von der Herrschaft über die atomare und biologische Vernichtungskraft, von der Verteilung der Güter und von der Überwindung der Not und des Zwangs ab, unter denen der größere Teil der Menschheit lebt. Alle Menschen müssen dies wissen. Wir wollen uns nun fragen, ob wir diese Erkenntnis in die Bereiche hineintragen, für die wir mitverantwortlich sind.

III.

Unsere erste Frage gilt der Beziehung zur katholischen Kirche. Wie sie uns hier in Köln als Gastgeber betreut und wie sie mit uns denkt und arbeitet, empfinden wir mit tiefer Dankbarkeit. Wir haben gemeinsam über das Konzil gesprochen. Hier wird uns der Weg einer Erneuerung von innen heraus sichtbar und bewegt uns mit lebhafter Freude. Gewiß heißt ökumenisch denken nicht, dogmatische Unterschiede verwischen. Auch wir Laien sollten die tiefe Kraft dessen erkennen, was in Jahrhunderten gewachsen ist. Wir sollten nicht den Versuch machen, sie durch Ungeduld und Demonstration zu überspielen.

Dennoch ist unsere Aufgabe nicht warten und schweigen. Denn wir können es nicht verstehen, wenn Kraftaufwand für gegenseitige Absicherung getrieben wird. Auseinandersetzungen über Glaubenssätze sind nur zu verantworten, wenn sie der Überwindung der Zerrissenheit dienen. Vor allem dürfen wir Laien in unserem Denken und Tun nicht mißtrauisch sein. Im Gegenteil, an uns ist die Frage gerichtet: Was tragen wir selbst im täglichen Leben zur Überwindung der Gegensätze bei? Tauglich sind wir nur dort, wo es uns gelingt, praktisch zusammenzuwirken. In einer Welt, die unter Leid und Kampf die gemeinsamen Aufgaben der Menschen sucht, ist die gespaltene Christenheit unglaubwürdig.

IV.

Auch innerhalb unserer eigenen Kirche geht es für uns Laien darum, zu erkennen, wo unser Beitrag gebraucht wird. Wir hegen die wachsende Hoffnung, daß er hier nicht die Bekenntnisfragen betrifft. Viele von uns – mich eingeschlossen – sind herangewachsen, ohne zu merken, ob sie Lutheraner, Reformierte oder Unierte sind. Später haben wir dann von Unterschieden gehört. Wir lernen den Respekt vor der Ernsthaftigkeit, mit der sie einmal historisch entstanden sind. Aber wir finden die Bedeutung solcher Unterschiede bei den Aufgaben unseres Lebens nicht vor.

Statt dessen begegnen wir tiefen Fragen, bei denen wir es

mit uns selbst und untereinander oft so schwer haben. Es ist nur natürlich, daß Menschen sich sammeln und nach außen abschirmen, die sich durch das Bekenntnis der Väter verbunden und durch die Welt gefährdet fühlen. Aber wir müssen untereinander alles aufbieten, um dabei nicht stehen zu bleiben. Denn die Kirche ist nicht für sich selbst, sondern eben für diese uns gefährdende Welt da und teilt ihre Fragestellungen. Kirche soll Zeugnis geben. Dazu müssen wir unseren Glauben und Unglauben miteinander tragen. Unsere Sache ist nicht die eigene Verteidigung und der Kampf gegen das, was andere Gläubige für wahr halten. Sondern unsere Sache ist der Versuch, wahrhaftig miteinander zu leben. Wir haben die Mitverantwortung für den Kampf, den jede Gruppe mit sich selbst um Klarheit und Geborgenheit führt. Geborgenheit aber bietet nur der Glaube, den wir in der Wirklichkeit der Welt leidend und handelnd erfahren. In dieser Wirklichkeit sollten wir Laien helfen, Kirche und Welt einander zu öffnen.

V.

Wir fragen weiter: Was bedeutet die Entwicklung der Welt, in der wir leben, für unser geteiltes Land? Was können wir in der Ratlosigkeit darüber, daß die äußere Zerrissenheit unaufgehoben anhält, gemeinsam tun? Auf beiden Seiten gibt es nun schon so etwas wie eine eigene Geschichte und Entwicklung der Gesellschaft. Aber der tiefe Wunsch, wieder zusammenzukommen, ist hüben und drüben lebendig und unterscheidet unsere Grenze von jeder anderen in Europa. Dieser Wille ist bei uns eher wieder gewachsen. Es gilt, seinen Gefahren vorzubeugen und seine Chancen zu nutzen.

Zu den Gefahren gehört das Mißtrauen, sowohl unser Mißtrauen gegen die Verbündeten, daß sie unsere Sache um ihrer Sorgen willen vernachlässigen, wie auch ihr Mißtrauen gegen uns, daß wir geschichtlich unbelehrbar wären und ihre Probleme nicht verstehen wollten. Mißtrauen beseitigt ja nie, sondern fördert die Entwicklungen, die man fürchtet. Eine Gefahr ist auch die Versteifung auf Maximalforderungen. Sie verhärten die gegenwärtige Unlösbarkeit und steigern die Reizbarkeit.

Gute Lösungen können nur aus der gemeinsamen Friedensaufgabe der Deutschen erwachsen. Wir haben die Chance, durch unsere Zusammengehörigkeit zum Abbau des Mißtrauens über den Eisernen Vorhang hinweg und zu Überwindung der europäischen Spaltung beizutragen. Da es langfristige Aufgaben sind, werden sie vor allem den Jüngeren unter uns zufallen. Von ihnen wird es abhängen, ob sie zusammenfügen können, was zusammengehört. Von ihnen und nicht von uns wird zu bestimmen sein, wie es zusammengehört. Dabei werden sie die Erfahrung machen, daß sie nur dann in eigener Sache Gehör finden werden, wenn sie sich in die Probleme der Welt einordnen und zur Beteiligung an ihnen bereit sind.

VI.

Aber nun müssen wir uns fragen: Wie steht es mit der Kraft der eigenen Gesellschaft?

Zwanzig Jahre eines fast ununterbrochenen Aufschwungs liegen hinter uns. In Gedanken an sie erfüllen uns Dankbarkeit und Unruhe. Durch die Gunst der Verhältnisse in unserem Teil Deutschlands, durch die hochherzige Hilfe anderer Völker, durch die konzentrierte Arbeit des eigenen Volkes und durch zielstrebige Politik der Verantwortlichen ist es aufwärtsgegangen. Verpflichtet sind wir vor allem denen, die es in diesen Jahren schwerer als ihre Nachbarn hatten; denen, die ihre Männer und Söhne, ihre Familien und Heimat, ihr Hab und Gut verloren hatten.

Der Aufstieg führte zu Wohlstand. Sind wir ihm gewachsen? Nun, ich glaube, es ist Romantik oder Schlimmeres, wenn wir gegen Sicherheit und Besitz in der Meinung zu Felde ziehen, sie wären vom Teufel. Wer hungert und aus dem Elend herausstrebt, will Brot, Sicherung des Brotes und eine bessere Zukunft der Kinder. Sowenig Kriege noch ein sinnreiches Mittel zur Durchsetzung politischer Ziele sind, sowenig ist Armut ein sinnreiches Ziel für unsere Gesellschaft, nur weil wir Angst vor unserer Verführbarkeit haben. Nicht der Wohlstand ist böse, sondern der Wohlstand um seiner selbst willen, derjenige also, der nicht die Entfaltung von Friede, Recht und Hilfe für die Nöte der Menschen bringt.

Aber nun kommt unüberhörbar die Unruhe. Bringt unser Wohlstand irgend etwas hiervon? Droht der Wohlstand bei uns nicht wirklich zum Selbstzweck zu werden? Was müssen wir lernen, um ihm gewachsen zu sein?

a) Wenn Wohlstand die Entfaltung von Frieden bringen soll, dann müssen wir zunächst lernen, was Wettbewerb heißt. Höher streben ist gut und nötig. Aber wer immer nur an Vorsprung und Überholen denkt, wer auf der Autobahn immer links fährt, ist früher am Ziel seiner Kräfte und betrogen um den Gebrauch seiner Gaben. Wir können oft mehr, als wir dürfen. Das gilt nicht nur für die Benutzung der Bombe und für die Geschwindigkeit unserer Fahrzeuge. Das gilt auch für die Beherrschung der eigenen Lebenskraft. Wenn einer durch Leistungen einen hervorragenden Platz errungen hat, wie leicht wird er plötzlich untauglich, weil er mit letzter Kraft noch etwas höher strebt und dort überfordert ist. Wir beherrschen die beflügelnde Kraft des Wettbewerbs nicht, solange uns die ständige Angst im Nacken sitzt, überholt zu werden, und solange wir nicht auch die Kraft des Verzichts lernen, – auf der Straße wie im Beruf, unter Nachbarn wie unter Nationen, unter Ideologien wie unter Bekenntnissen.

b) Wohlstand muß helfen, das Recht zu sichern. Aber nicht das Vorrecht des Stärkeren, sondern die Achtung vor den Machtlosen und die Ordnung für alle.

c) Wohlstand muß Hilfe für die Nöte der Menschen bringen. Wie bewältigen wir das Alleinsein, das Altwerden und die Krankheit?

Wir haben rationelle Methoden und Geld zur Lösung dieser Probleme. Es wäre unsinnig, wollten wir unsere Gemeinschaftsaufgaben ohne sie erfüllen. Es wäre unvernünftig, die Pflege allein dem persönlichen Opfersinn und karitativer Dienstbereitschaft anzuvertrauen. Sie wären machtlos ohne planmäßige Organisation und vernünftige Bezahlung. Aber Technik und Geld für sich allein sind eben machtlos. Wir brauchen das Ineinandergreifen beider Seiten. Nüchterne Zweckmäßigkeit und Hilfsbereitschaft müssen zusammenwirken.

Die Gesellschaft als Ganzes muß sich und der Jugend den Blick für die Pflege- und Erziehungsberufe öffnen. Sie muß ihnen Anerkennung und Fortkommen sichern, wie sie der

Auslese einer Generation gebühren. Es ist ein riesiges Feld, das durch freiwillige Hilfe und Helfer bestellt werden muß. Es ist ein Glück, wie viele junge Menschen bereit sind, helfende Aufgaben zu übernehmen. Benötigt werden aber auch die Älteren, die den Aufbau der eigenen Existenz und Familie hinter sich haben.

Bei den Jüngeren dürfen wir nicht einfach an ihre Bereitschaft appellieren und sie dann mit unseren karitativen Erwartungen allein lassen. Wie soll es ihnen dort sonst anders ergehen, als daß sie sich mit ihren guten Vorsätzen im Labyrinth einer Gesellschaft verfangen, die gespalten denkt? Eben dieses gespaltene Denken müssen wir überwinden. Es ist nicht angebracht, sich über Krankenschwestern zu ärgern, die nach acht Stunden angestrengter Arbeit genießen wollen, was wir anderen alle auch genießen. Wir dürfen nicht zwei Berufsklassen haben; die Wohlstandsberufe für die, die verdienen, und die Pflege- und Erziehungsberufe für die, die Nächstenliebe üben. Sondern beide haben an beidem Anteil. Wer hilft, muß verdienen dürfen, wer verdient, muß helfen lernen.

d) Aber es gehört noch mehr dazu, damit der gute Wille nicht versandet. Als einzelne sind wir der Massenhaftigkeit der Probleme und der Macht der organisierten Strukturen unterlegen. Freiwillige Hilfe der einzelnen kann nur in Gruppen wirksam zur Geltung kommen. Und diese Gruppen bedürfen untereinander der Verständigung. Sie brauchen die Waffen, die in der Welt vorherrschen, sie brauchen die organisierte und geplante Struktur.

Unter uns gibt es schon viele solche sehr aktiven Minderheiten. Es sind Menschen, die sich gemeinsam der Notstände in ihrem Umkreis annehmen, sie analysieren, Ziele stecken und zur Aktion schreiten. Ein Kreis kümmert sich um die Verantwortung der Wissenschaft, ein anderer um die Überwindung verhärteter beruflicher Standesauffassungen, ein dritter um persönliche Sauberkeit einer Partei, ein vierter um Fragen der Wirtschaft, ein fünfter um die kommunalpolitischen Voraussetzungen für den größten Pflegenotstand unserer Gesellschaft, das Aufgabegebiet der Gemeindeschwestern. Diese Arbeit kann vervielfältigt und verstärkt werden, wenn die Gruppen untereinander Verbindung haben, Erfahrungen austauschen und sich arbeitsteilig unterstützen. Das soll jetzt *unsere* Aufgabe sein. Denn wir brauchen viele freiwillige Gruppen, um Friede, Recht und Hilfe für die Nöte der Menschen in unserer Gesellschaft zu entfalten. Der Staat allein kann es nicht. Er kann Solidarität proklamieren, Steuergelder liefern, in allgemeinen Formeln von Gemeinschaftswerken sprechen. Am Ende aber hat er im Wohlstand wie in politischen Krisen auch in unseren Demokratien nur das Mittel des Zwanges.

Die Gebiete, von denen ich sprach, sind nur Beispiele. Jeder übertrage sie auf seinen Lebenskreis und prüfe und handele dort. Der Kirchentag in Köln hat uns geholfen, die Aufgaben unserer gegenwärtigen Tage neu zu sehen. Unsere Freiheit darf nicht ihren äußeren Bedingungen verhaftet bleiben. Wir können die Gaben, die wir empfangen haben, uns nicht erhalten, wenn wir nicht lernen, sie weiterzugeben. Wir müssen heraus aus der Beschäftigung mit uns selbst. Sonst öffnen wir uns nicht der Hoffnung auf die Zukunft. Es ist Zeit, gemeinsam an die Arbeit zu gehen.

Chance der Krise

Die Regierungszeit des Bundeskanzlers Brandt hatte zunächst ganz im Zeichen der Ost- und Deutschlandpolitik gestanden. Die Bundestagswahlen 1972 fanden zwischen Paraphierung und Ratifizierung des Grundlagenvertrages mit der DDR statt. Sie brachten Brandt und der SPD einen eindeutigen Wahlsieg.

Brandt hatte das Kanzleramt bei guter Beschäftigungs- und Finanzlage übernommen. Er hatte eine Reihe von Reformen für die Innenpolitik angekündigt. »Wir fangen mit der Demokratie erst richtig an«, so hatte er es in seiner Regierungserklärung 1969 genannt. Seine Pläne und Maßnahmen waren teils ideologisch heftig umstritten, teils finanziell außerordentlich aufwendig. Allenthalben nahm die Anspruchshaltung zu. Schließlich kam es 1974 zum Sturz von Brandt. Äußerer Anlaß war der Spionagefall Guillaume. Der eigentliche Grund aber lag darin, daß Brandt mit der überzogenen Forderung der ÖTV nach einer zweistelligen Erhöhung der Löhne und Gehälter im öffentlichen Dienst nicht fertig wurde und überhaupt den Eindruck erweckte, dem von allen Seiten steigenden Anspruchsdruck nicht mehr gewachsen zu sein. Schmidt wurde im Frühsommer 1974 Bundeskanzler.

Aber die Probleme blieben und wuchsen. Die OPEC-Länder trieben den Ölpreis in die Höhe und leiteten eine hartnäckige Wirtschaftskrise ein. Der Club of Rome erhob seine warnende Stimme mit einer Studie über die »Grenzen des Wachstums«. Das Besitzdenken war indessen ungebrochen. Immer deutlicher wurde, daß wir über unsere Verhältnisse leben und umdenken müssen. Eine gewisse Ernüchterung begann das politische und gesellschaftliche Klima zu befallen, das noch zu Beginn der siebziger Jahre von Fortschrittsoptimismus gekennzeichnet war. Eine Krisenstimmung machte sich breit.

In dieser Lage schrieb ich im Winter 1974/75 den folgenden Aufsatz.

Von außen gesehen geht es uns besser als einer Reihe vergleichbarer Länder. Von innen sieht es anders aus. Wirtschaftlich fahren wir schneller bergab, als seit einem Vierteljahrhundert. Die Polarisierung wächst. Die Zahl der Wechselwähler steigt. Die Gesellschaft gerät in Unordnung. Den Menschen fehlt die Orientierung.

Man muß einen Schritt weitergehen: Auch in unserem, von außen stabil erscheinenden Land gibt es keine Garantie dafür, daß uns die freiheitliche Demokratie erhalten bleibt. Mit kurzfristigem Krisenmanagement werden wir einer ernsten Zuspitzung der Probleme nicht Herr. Was wir brauchen, sind Konzepte und Ziele, welche nicht nur die Marschroute der Politik erkennbar machen, sondern auch die Einstellung der Menschen spürbar beeinflussen. Seit Jahren zeichnet sich eine wechselseitige negative Beeinflussung von Gesellschaft und Bürger ab. Das Gemeinwesen gerät aus den Fugen, weil es zuviel leisten soll, ohne Anforderungen zu stellen. Das politische Lebensmotto ist die nächste Wahl. Der Bürger seinerseits verliert Sinn und Ziel aus den Augen. Das Gemeinwesen trägt er nicht aktiv. Der bröckelnden Legitimation der politischen Führung entspricht die mangelnde Motivierung des Bürgers.

Diese Wechselwirkung zwischen dem Zustand der Gesellschaft und dem Zustand des Bürgers wird – im Guten wie im Bösen – über das Schicksal unserer Demokratie entscheiden. Sie kann rasch auf eine gefährliche Krise zutreiben. Aber sie bietet auch die Chance zur Erneuerung unserer demokratischen Kraft, wenn sie konstruktiv genutzt wird. Die Signale müssen von der Politik ausgehen. Aber sie müssen beides betreffen, die Aufgaben des Gemeinwesens und das Bewußtsein und Verhalten des Bürgers.

Wer sind die künftigen Wahlsieger?

Die Probleme, vor denen wir stehen, treten gleichzeitig auf nationaler und internationaler Ebene auf und wirken langfristig zusammen. Die außenpolitischen Krisen sind bekannt und im wesentlichen unbestritten. Es sind die katastrophale Lage der Welternährung, die Kriegsgefahr im Nahen Osten, die Gefährdung des Währungssystems und damit des Welthandels, der Stillstand der europäischen Integration und seine Rückwirkung auf die Ost-West-Beziehungen. Niemand in der Bundesrepublik Deutschland darf die Auswirkungen jedes dieser internationalen Probleme auf unser eigenes Leben unterschätzen. Die deutsche Politik muß negative Einflüsse abwehren. Darüber hinaus aber hat sie aktiv an der Lösung der Probleme mitzuwirken. Gerade weil die außenpolitische Szenerie mehr als bisher durch außenwirtschaftliche Aufgaben gekennzeichnet ist, kommt dem deutschen Beitrag eine wachsende Bedeutung zu. Wir sind die stärkste Wirtschaftsmacht in der europäischen Gemeinschaft und einer der führenden Partner im Welthandel. Die deutschen Interessen werden wir deshalb nur schützen, wenn wir sie frei von jedem Provinzialismus und im Zeichen der internationalen Mitverantwortung wahrnehmen.

Aktive Beiträge zur internationalen Politik sind mit Zumutungen an die Adresse der eigenen Bürger verbunden. Es werden von ihnen aber keine moralisch begründeten Opfer gegen die eigenen materiellen Interessen verlangt. Vielmehr können wir langfristig unsere Interessen gar nicht sichern, ohne uns um die Lösung der internationalen Probleme zu bemühen. Wenn Italien unsere Exportgüter nicht mehr bezahlen kann, verlieren wir zu Hause Arbeitsplätze. Wenn Entwicklungsländer ohne Rohstoffe und Energiebasis ihr Vieh und damit ihre Menschen nicht mehr ernähren können, wird eine beschleunigte weltweite Radikalisierung die Folge sein. Sie wird vor unserer Tür nicht haltmachen.

Das heißt mit anderen Worten: Wir werden unsere internationale Rolle nur dann spielen können, wenn wir lernen, unsere eigenen Interessen besser zu verstehen. Das beginnt aber nicht in der weiten Welt, sondern zu Hause. Eine Regierung, die den Schwerpunkt ihres Befähigungsnachweises in der Außenpolitik sucht, drückt sich um die entscheidende Bewährungsprobe herum. International sind wir nur handlungsfähig, wenn wir mit den Strukturproblemen der eigenen Gesellschaft fertig werden. Ihr Kern liegt im immer gefährlicheren Ungleichgewicht von Ansprüchen und Leistungsvermögen. Die Folgen sind gigantische Defizite der öffentlichen Kassen, entfesselte Kämpfe um die Verteilung eines kleiner werdenden Kuchens, zunehmende Entfremdung zwischen Wählern und Gewählten und vor allem eine wachsende Orientierungskrise der Menschen auf ihrer Suche nach Werten und Zielen für ihr Leben in einem hochtechnisierten Gemeinwesen.

Dennis Meadows, Hauptverfasser der Computer-Studie »Grenzen des Wachstums«, sagte: »Zwingend nötig ist heute die Fähigkeit der Politiker, die langfristigen Ziele zu beschreiben. Aber kein Politiker kann es sich heute erlauben, über den nächsten Wahltermin hinauszudenken.« Diese Aussage kommt einer unannehmbaren Resignation gleich. Denn wäre sie richtig, so hätte unser demokratisches System keine Überlebenschance. Meadows bestätigt nur, daß ein kurzatmiges Krisenmanagement ohne Klärung von Konzept und Ziel unsere freiheitliche Staatsform über kurz oder lang zum Scheitern verurteilt. Entscheidungsfreudige Macher sind besser als ideologische Spinner. Aber es müssen die richtigen Entscheidungen sein, und dazu bedarf es einer Festlegung der Prioritäten auf Grund von sorgfältigen Analysen. Macher, welche die bloße Existenz eines wachsenden Problemdrucks bestreiten und als »philosophisch-politisches Klischee« (so H. Ehrenberg, stellv. Vorsitzender der SPD-Langzeit-Kommission in »Neue Gesellschaft« 74, S. 764) abtun, erzeugen nur Ideologen, anstatt sie überflüssig zu machen. Denn Ideologen fallen nicht vom Himmel. Einfluß gewinnen sie immer dann, wenn sich zeigt, daß der Wahlopportunismus einer politischen Führung – gleich welcher Partei – mit den Problemen nicht mehr fertig wird.

Demokratische Politiker müssen den nächsten Wahltermin im Auge haben. Was von ihnen verlangt wird, ist nicht eine Uneigennützigkeit, die darin besteht, unpopuläre langfristige Programme zu machen, aber den nächsten Wahlsieg dem Gegner zu überlassen. Vielmehr wird sehr bald nur noch diejenige Partei eine Chance im nächsten Wahltermin haben, welche erkennbar über ihn hinausdenkt und handelt. Die Aufgabe einer politischen Führung ist es heute, nicht liebgewordenen Gewohnheiten und weitergehenden Forderungen von Wählern nachzulaufen, sondern wo es nottut, verändernd auf sie einzuwirken. Nur wenn die demokratischen Parteien dies schaffen, werden sie verhindern können, daß Gegner der freiheitlichen Demokratie in absehbarer Zukunft die Wahlsieger sein werden. Um den Beweis dieser Behauptung geht es.

Tabuisierte Besitzstände in einer Welt des Wandels?

Als erstes Beispiel für langfristige Probleme nenne ich die Struktur der Bevölkerung und Beschäftigung. Sie ändert sich in raschem Tempo:

a) Die Zahl der Geburten sinkt. Vor zehn Jahren hatten wir eine Geburtenrate von achtzehn auf eintausend Einwohner pro Jahr. Heute ist es nur noch die Hälfte. Unsere Bevölkerung wird ständig kleiner. Die Bundesrepublik Deutschland hat heute die niedrigste Geburtenrate in der Welt.

b) Die Ausbildungszeit verlängert sich. Im Vergleich zu früher ist der junge Mensch heute im Durchschnitt um Jahre älter, wenn er beginnt, seinen Unterhalt durch eigene Arbeit zu verdienen.

c) Die Arbeitszeiten werden ständig verkürzt. Die letzten Etappen sind die Einführung der Vierzig-Stunden-Woche im öffentlichen Dienst und die Forderungen einzelner Gewerkschaften nach der Fünfunddreißig- oder gar Dreißig-Stunden-Woche.

d) Die Urlaubszeiten werden länger. Bezahlter Bildungsurlaub soll hinzutreten. Die Frühinvalidität nimmt zu. Zahlreiche Arbeitnehmer machen gemäß der flexiblen Altersgrenze von der Möglichkeit Gebrauch, früher in Pension zu gehen.

e) Die Lebenserwartung vieler Menschen, vor allem der Frauen, steigt.

Das Ergebnis dieser Daten ist unschwer zu erkennen. Wenn sie wirksam bleiben, sollen also immer weniger Erwerbstätige mit einer immer kürzeren Arbeitszeit immer mehr Menschen auf dem heutigen Niveau ernähren. Das ist natürlich ganz unmöglich. Irgendetwas muß sich verändern, und zwar bald. Wir müssen entweder mehr leisten oder weniger beanspruchen, vielleicht gar beides zugleich.

Man denke nur an den empfindlichsten Punkt, die Rentenversicherung. Soeben hat die Regierung mit Nachdruck bekräftigt, daß es hier keine Probleme gebe. Die dynamische Rente sei langfristig ebenso gesichert, wie die Befürchtung unbegründet sei, daß die heutigen Beitragssätze von achtzehn Prozent erhöht werden müßten. Mit dieser Behauptung wird die Öffentlichkeit irregeführt. Denn in Wahrheit können schon heute die verbrieften Rechte der Rentner nur dadurch befriedigt werden, daß die Regierung gewisse Rentnerlasten immer stärker auf andere öffentliche Kassen verlagert, zum Beispiel auf die Krankenkasse.

Damit soll ganz und gar nicht vorgeschlagen werden, daß wir demnächst unser Rentenversicherungssystem zu ändern hätten. Gerade dieser Teil der Sozialversicherung ist ein Kernstück der notwendigen und erfolgreichen Anstrengung gewesen, ein menschenwürdiges Leben gemeinschaftlich zu sichern. Aber eben wegen dieser seiner zentralen Bedeutung bedürfen wir der Klarheit über seine Auswirkungen auf andere Gebiete und über das Ganze unseres sozialpolitischen Leistungsvermögens. Die Bundestagsdebatte über das Sozialbudget im Januar 1975, die erste ihrer Art, zeigte dies nur allzu deutlich. Denn an die Stelle einer gemeinsamen nüchternen Analyse von ernsten Gefahren trat der Streit. Wer Sorgen äußerte, wurde alsbald der sozialen Demontage verdächtigt. Nun gilt soziale Demontage mit Recht als politischer Selbstmord. Die Frage ist nur, ob auf die Dauer soziale Demontage nicht gerade darin besteht, alle einmal eingeführten Besitzstände zu tabuisieren, anstatt sie der laufenden Kontrolle zu unterwerfen. Denn wenn sich die Bevölkerung und Beschäftigung, der Ausbildungsstand und das Leistungsvermögen, die Technik und die Wirtschaft unaufhörlich verändern, dann bedürfen auch manche Besitzstände der Überprüfung, ob sie noch sozial gerecht und wirtschaftlich verantwortbar sind.

Krankes Gesundheitswesen

Deutlich zeigt sich dies am nächsten Beispiel, der Gesundheitspolitik. Hier steigen die Kosten und Ansprüche gleichzeitig besonders scharf an. Der Ausblick auf ein Chaos in einer gar nicht sehr fernen Zukunft ist unvermeidlich, wenn wir Erwartungen, Leistungsvermögen und Leistungsbereitschaft nicht bald besser in Einklang miteinander bringen.

a) Die Krankenversicherungskosten wachsen zur Zeit doppelt so schnell wie das Bruttosozialprodukt und die Einkommen. Zwischen 1960 und 1978 werden sie sich verzehnfacht haben (vgl. Kranken-Versicherungs-Budget vom 23. 9. 1974, Hrsg. vom Ministerium für Soziales, Gesundheit und Sport, Rheinland-Pfalz; ebenso Spiegel 43/74, S. 106 ff). Immer höhere Abzüge vom Einkommen des einzelnen werden notwendig sein, um sie zu finanzieren. 1970 lag der Beitragssatz bei acht Prozent. Die Ortskrankenkassen erwarten schon für 1978 einen Durchschnittssatz von vierzehn Prozent (vgl. Sitzungs-Protokoll des Deutschen Bundestages, 141. Sitzung, S 9727 B).

Zu den Ursachen zählt vor allem die explosionsartige Entwicklung der medizinischen Wissenschaft und Technologie. Immer neue Verfahren der Diagnose und der Heilung werden möglich. Das ist an sich erfreulich. Aber sie steigern vor allem die Krankenhauskosten ins Gigantische. Der Pflegesatz je Bett und Tag im Krankenhaus betrug 1960 noch 17,- DM. Die Schätzungen für 1978 aber bewegen sich bereits zwischen 200,- und 300,- DM (vgl. Kranken-Versicherungs-Budget a. a. O., S. 64).

b) Es ist vernünftig und notwendig, das Gesundheitswesen nicht einfach dem Marktmechanismus zu unterwerfen. Gesundheit darf nicht eine Ware sein, die sich nur die Reichen leisten können.

Dennoch kann das öffentliche Interesse an der Gesundheitspolitik, wenn wir ihm langfristig wirklich dienen wollen, auf den Gedanken der Wirtschaftlichkeit nicht verzichten. Tatsächlich ist aber bei unserem heutigen System niemand gezwungen, wirtschaftlich zu handeln. Auch das ist eine der wesentlichen Ursachen der Kostenexplosion.

Die Krankenhäuser bekommen bekanntlich von den Krankenkassen die Kosten ersetzt. Dabei fehlen wirksame Kontrollen über sparsames Wirtschaften. Wieweit zum Beispiel teure Medikamente, ausführliche Untersuchungen und kostspielige Behandlungen in allen Fällen auch notwendig sind, ist eine offene Frage. Die Mehrzahl der Patienten braucht keine Supermedizin. - Die Aufenthaltsdauer im Krankenhaus richtet sich oft nach der Belegzahl. Wer überprüft das? - Die Arzneimittelkosten wachsen noch immer besonders schnell. - Die Honorare der Kassenärzte werden nach Durchschnittstarifen berechnet. Je mehr Untersuchungen und je aufwendiger die Behandlungsmethode, desto höher das Einkommen, die Kasse bezahlt. – Der Patient ist in die Frage, was ihm teure Behandlungen nutzen, nicht eingeschaltet. Gewiß, in der Mehrzahl der Fälle kann er es nicht beurteilen. Aber er hat nach unserem System auch gar kein Interesse an dieser Frage. Ein Zuviel trifft wirtschaftlich gesprochen nicht ihn, sondern alle Beitragszahler zusammen.

c) Die Kostensteigerung der Ansprüche wird aber auch durch Versprechungen hervorgerufen, die von manchen politischen Ideologen und Sozialingenieuren ausgehen. Wer möchte nicht gesund sein? Wer möchte nicht mehr als das – sich wohlfühlen? Es ist leicht, diese stärkste menschliche Sehnsucht vor den Wagen einer Sozialpolitik oder Ideologie zu spannen und damit Wahlsiege anzusteuern, wenn man verantwortungslos genug ist, die gefährliche Grenze zur Utopie zu übersehen.

Damit wende ich mich nicht gegen die Diskussion über das Wesen von Gesundheit und Krankheit. Sie muß im Gegenteil viel aktiver als bisher geführt werden. Wir leben nicht mehr im Zeitalter des Hausarztpatienten, denn nicht jeder könnte sich leisten, das zu sein. Mehr als in anderen Bereichen gilt es in der Gesundheitspolitik, die größtmögliche Chancengerechtigkeit zu erreichen. Heute bewegen wir uns auf den Sozialpatienten zu. Aber das ist ein verschwommener Begriff. In der Theoriezeitschrift der SPD fand sich neulich neben sehr ernsthaften Gedanken auch die Meinung, daß das, was »wir als gesund und krank gegeneinander abzugrenzen trachten, gesellschaftsproduziert in jeder Hinsicht« sei (»Neue Gesellschaft« Nr. 11/73, S. 834). Das heißt auf Deutsch: Wenn ich krank bin, dann liegt das daran, daß wir die falsche Gesellschaft haben. Wenn die Gesellschaft schuld an meiner Krankheit ist, dann kann ich von ihr auch erwarten, nicht nur daß sie mich kostenlos heilt, sondern daß sie in Zukunft für meine Gesundheit und mein Wohlbefinden garantiert.

Kein vernünftiger Mensch bestreitet, daß alle Lebensverhältnisse eines Bürgers und folglich vor allem auch die gesellschaftlichen Bedingungen für seine Gesundheit wichtig seien. Wer unter unhygienischen Bedingungen leben muß oder sich keinen Sport leisten kann, wird leichter krank. Wer dem psychosozialen Streß unterworfen ist, wird infarktanfällig. Dennoch ist es leichtfertig und unverantwortlich, so zu tun, als besäße die Gesellschaft schlechthin die Macht über die Gesundheit des Menschen. Anderenfalls würden Politiker sich mit Wundertätern verwechseln und Heilung versprechen, über die sie nicht verfügen.

Segensreiche Fortschritte sind erzielt worden, um die Gesundheit zu erhalten oder wiederherzustellen. Das sollte keinen Augenblick geleugnet werden. Aber unser System hat auch große Schwächen. Es wäre gemeingefährlich, sie zu beschönigen oder zu verdrängen. Alle Beteiligten müssen verantwortlich zusammenwirken, um dem rapide wachsenden Abstand zwischen Ansprüchen und Möglichkeiten entgegenzuwirken, bevor aus dem Problem eine Katastrophe wird.

Weit zielstrebiger als bisher muß die Bundesregierung hierzu die Ärzte und die pharmazeutische Industrie, die Kassen und die Krankenhausträger, die Verbände der Arbeitgeber und der Arbeitnehmer einladen, an der Bestandsaufnahme und an Lösungsvorschlägen mitzuwirken. Es wird viel Widerstand dabei geben, umso mehr, als die Regierung sich bisher selbst öffentlich daran beteiligt, das Ausmaß der Probleme herunterzuspielen.

Lösungen werden letzten Endes aber nur zu erwarten sein, wenn es gelingt, neben den interessierten Gruppen und Organisationen auch das Eigeninteresse der um ihre Gesundheit besorgten Bürger selbst zu aktivieren. Denn so einflußreich gesellschaftliche Bedingungen und gesundheitspolitische Gruppeninteressen auch sind, so bleibt doch für die Gesundheit des Menschen seine eigene Anstrengung ausschlaggebend. Eigeninteresse heißt sehr oft nicht nur Steigerung der eigenen Ansprüche an das gemeinschaftliche System, sondern auch Selbstbeteiligung, wo immer sie möglich und zumutbar ist. Vornan steht die Information, die Gesundheitsbildung. Kein System kann Patienten heilen, die gegenüber den Ursachen ihrer Krankheiten ohne Kenntnisse und disziplinlos sind. Neben der körperlichen und geistigen Selbstbeteiligung steht aber auch, in den Grenzen der Zumutbarkeit, die finanzielle. Denn wer die Kosten vernachlässigen darf, der wird zur Passivität verführt. Das ist gefährlich, weil Gesundheit primär eine Sache der aktiven persönlichen Lebensführung ist.

In ähnliche Richtung deutet mein drittes Beispiel, die Bildungspolitik. Auch hier werden die Finanzierungsdefizite immer größer. Ob man aber – Finanzierbarkeit vorausgesetzt – für viele der in Aussicht genommenen Ziele auf dem richtigen Weg ist, wird gleichzeitig immer ungewisser. Man höre sich heute dazu nur die selbstkritischen Äußerungen profilierter Vorreiter der Bildungsreform an.

a) Zunächst die Finanzen. Der Anteil der Bildungsausgaben am Bruttosozialprodukt ist beträchtlich gestiegen, in acht Jahren von 3,4 auf 4,9 Prozent (vgl.»Grunddaten«, Hrsg. vom Bundesminister für Wissenschaft und Bildung, 1974, S. 34). Die im Bildungsgesamtplan vorgesehenen weiteren Steigerungsraten aber sind nach heutiger Erkenntnis nicht finanzierbar. Die Defizite werden bald auf 25 Prozent der vorgesehenen Gesamtbildungsausgaben gestiegen sein.

b) Mit der Steigerung der eingesetzten Mittel konnten Mängel behoben werden. Zugleich aber sind neue und schwere Mißstände entstanden.

Der Numerus clausus an den Hochschulen wächst von Jahr zu Jahr. Nach heutiger Voraussicht wird schon 1978 auf jeden zugelassenen Studenten ein abgewiesener kommen.

Vermehrte Bildungsausgaben sollten vor allem der Vermehrung und Verbesserung der Bildungschancen dienen. Ein besonders großer Anteil der Mittel aber wurde nicht auf die Auszubildenden, sondern auf die Ausbilder verwendet. 60 Prozent der Ausgaben bei den Schulen und 50 Prozent bei den Hochschulen gehen in die Besoldung der Lehrkräfte (vgl. »Grunddaten«, Hrsg. vom Bundesministerium für Wissenschaft und Bildung, 1974, S. 48). Damit konnte zwar die Zahl des Ausbildungspersonals beträchtlich gesteigert werden, aber mit unbegründeten Nebenwirkungen. Oder nützt es etwa der Chancengerechtigkeit für Kinder, wenn sie heute an den Oberschulen nicht mehr wie früher von Studienräten, sondern zumeist von Oberstudienräten unterrichtet werden? Wäre ich Lehrer, würde ich natürlich auch für meine Höherstufung eintreten und hätte unter Hinweis auf die inflationäre Entwicklung in der Ministerialbürokratie gute Gründe dafür. Aber das darf doch im Zeichen der Bildungsreform nicht unsere Augen vor dem verschließen, was geschehen ist: Die ausgehenden sechziger Jahre waren von dem Ruf erfüllt, der öffentliche Korridor müsse verbreitert werden. Diese Forderung war gerade in bezug auf den Lehrermangel berechtigt. Doch heute stehen wir vor der Tatsache, daß vor allem eine Reform vollzogen wurde: die Vermehrung und Höhereinstufung des öffentlichen Dienstes. Im öffentlichen Dienst wird heute ein höheres Durchschnittseinkommen erzielt als in der gesamten gewerblichen Wirtschaft.

In wichtigen Fällen wurde dabei nicht einmal die Vermehrung der Ausbildungsplätze erreicht. An der Medizinischen Fakultät einer Universität nahm zum Beispiel in acht Jahren die Zahl der ständigen Mitarbeiter von eintausendsechshundert auf zweitausendeinhundert zu. Die Gesamtausgaben wurden von dreißig auf zweiundsiebzig Millionen DM gesteigert. Gleichzeitig aber ging die Studentenzahl von zweitausendsiebenhundert auf eintausendvierhundert zurück (vgl. Spiegel Nr. 44, vom 29. 10. 74).

Diese Entwicklung ist gefährlich. Denn sie erschüttert das Zutrauen des Bürgers zum Staat. Das zeigt sich im benachbarten Dänemark, wo es heute mehr öffentliche Bedienstete als industrielle Arbeitnehmer gibt, oder, wie es dort heißt: »Jeder Arbeiter schleppt rücklings einen Beamten«.

c) Wir haben uns in der Bildungspolitik daran gewöhnt, im Zeichen einer besseren Gerechtigkeit die Leistungen des Staates zum Nulltarif zu erwarten. Wir haben auch hier Besitzstände gegründet. In Wirklichkeit aber haben wir nicht nur alte Privilegien abgeschafft, was notwendig war, sondern auch neue geschaffen, die um so schlimmer werden, je länger wir sie unangetastet lassen.

Das Studium ist eine besonders lange und teure Ausbildung. Ohne etwas dafür zu bezahlen, erwerben damit viele Studenten einen Vorsprung, mit dessen Hilfe sie lebenslang nachhaltig hohe Einkommen erzielen können. Das Studium ist für sie gewissermaßen das Geschenk einer millionenwerten lebenslangen Leibrente.

Warum läßt sich das Studium nicht so organisieren, daß diejenigen, welche dank ihres Studiums überdurchschnittlich verdienen, später im Beruf zur ratenweisen Rückzahlung der Ausbildungskosten an den Staat herangezogen werden? (Vgl.

C. C. von Weizsäcker in Frankfurter Rundschau vom 16. 11. 1974).

Das Bildungswesen an den Hochschulen bedarf einer Überprüfung im Sinne der Wirtschaftlichkeit und der sozialen Gerechtigkeit. Nur diejenigen Vorschläge werden auf die Dauer Bestand haben, die auch das Eigeninteresse der beteiligten Stellen zu mobilisieren vermögen. Die Selbstbeteiligung dort, wo sie sozial gerechtfertigt und möglich ist, wird das Interesse der Studenten an zügiger Abwicklung und Qualität des Studiums stärken. Neue Finanzierungsmittel werden zur Schaffung neuer Studienplätze zur Verfügung stehen. Die Universitäten werden wegen der Studiengebühren zur rationelleren Ausnutzung ihrer Kapazitäten angehalten sein. Die Privilegien vieler Akademiker auf Kosten der Steuerzahler lassen sich besser ausgleichen.

Die Starken und die Schwachen

Das letzte und wichtigste Beispiel betrifft die Ursachen und Folgen der Verteilungskämpfe, die unserer Gesellschaft heute das Gepräge geben. Damit ist die Frage nach Macht und Verantwortung im demokratischen Staat gestellt. Der Staat hat die Aufgabe, das Gemeinwohl zu sichern. Kernstück seiner Tätigkeit sind Maßnahmen ausgleichender Gerechtigkeit zugunsten derer, die sich selbst nicht ausreichend helfen können. Die Verantwortung für eine gerechte Gesellschaft liegt bei ihm. Aber die Macht, dieser Verantwortung gerecht zu werden, entgleitet ihm mehr und mehr. Sie geht auf die starken Gruppen in der Gesellschaft über. Mehr Demokratie ist nötig. Aber sie ist gar nicht möglich ohne einen starken Staat, der die demokratische Verantwortung und Beteiligung der Bürger sichert. Heute erleben wir nicht Demokratisierung des Gemeinwesens, sondern Vergesellschaftung des Staates. Gegen den Staat ist der Bürger geschützt. Dafür wird er aber immer abhängiger von den Gruppen und Verbänden, den großen Unternehmen und Organisationen, welche weit über eine vernünftige Autonomie hinaus die Sozialisierung staatlicher Aufgaben bewirken.

Ohne Reformen kann eine freie Gesellschaft nicht überleben. Reformen setzen zunächst die Kraft voraus, die Wandlungen beim Namen zu nennen, denen die eigene Gesellschaft ständig unterliegt. Zu unserem Schaden befassen sich aber noch immer allzuviele damit, liebgewordene Streitigkeiten der Vergangenheit in einer veränderten Gegenwart fortzusetzen.

Die heutige Regierung hat bei ihrem Amtsantritt erklärt, ihre große Aufgabe sei es, die Arbeitnehmer in den Staat zu integrieren. Zahlreiche Äußerungen des Bundeskanzlers und seiner Partei verweisen immer wieder auf die traditionelle Aufgabe einer Arbeiterpartei, nämlich die vielen Arbeitnehmer gegen die kleine Klasse der Kapitalisten zu schützen.

Im Grunde ist das nur traditionelle Parteirhetorik. Denn die, die so sprechen, wissen zum größten Teil sehr wohl, daß wir längst eine Arbeitnehmergesellschaft sind. Die Arbeitnehmer sind der bei weitem größte und wichtigste Bevölkerungsteil. Natürlich bedürfen sie des Schutzes, vor allem vor Arbeitslosigkeit. Aber sie sind nicht die Außenstehenden in einem von anderen beherrschten System, sondern sie sind selbst seine Träger. Die Kapitalmachttheorie ist zur Erklärung der heutigen Verhältnisse unbrauchbar. Es ist Vulgärmarxismus, das Monopolkapital als beherrschende Kraft unseres Systems zu kennzeichnen. Daher sind Unruhen in Gegenwart und Zukunft auch nicht dort zu erwarten, wo sie der orthodoxe Marxist bis heute theoretisch fordert, nämlich im Spannungsfeld von Kapital und Arbeit.

Die Starken in der Gesellschaft sind heute Kapital und Arbeit zusammen oder richtiger die Gewerkschaften und die großen Arbeitgeber. Gemeinsam sind sie die Anführer der materiell orientierten, gut ausgebildeten und organisierten Männergesellschaft der gewerblichen Wirtschaft und des öffentlichen Dienstes. Natürlich gibt es heftigen Streit unter den Tarifpartnern um Prozente und Rahmenbedingungen. Dennoch siegen am Ende nicht die Kapitalisten gegen die Arbeitnehmer oder umgekehrt. Gewinner sind vielmehr beide zusammen, und zwar in starken Branchen und Regionen zu Lasten der Schwachen. Es siegen die Beschäftigten zu Lasten der Unbeschäftigten. Diese Mächtigen diktieren faktisch gemeinsam dem Rest der Gesellschaft die sozialen und wirtschaftlichen Bedingungen des Lebens. Dieser »Rest«, die

Schwachen in der Gesellschaft, umfaßt eine gewaltige Menschenzahl. Aber er ist ein Mosaik unzusammenhängender Gruppen. Sie lassen sich nicht auf einen Nenner bringen, weder im Alter noch im Geschlecht, weder in ihren Interessen noch in ihren Beschwerden. Man kann sie nicht wie große Tarifparteien organisieren. Ihr sie einendes Band ist nur, daß sie zusammen die Klasse der Abhängigen bilden: Rentner, ältere Arbeitnehmer, Ungelernte und Angelernte, auf Teilzeitarbeit angewiesene Frauen, Hausfrauen, große Teile der Selbständigen im Handwerk, Handel und in der kleinen Industrie, Bewohner zurückbleibender Regionen, Gastarbeiter.

Die Aufgabe, die sich hier stellt, ist letztlich die ausschlaggebende Bewährungsprobe des freien Gemeinwesens. Wie gewinnt die verfassungsmäßig verantwortliche politische Führung für den Staat die Handlungsfähigkeit und Manövriermasse zurück, um den Auftrag der Gemeinwohlpolitik zu lösen?

Diese Herausforderung ist nicht auf die Bundesrepublik Deutschland beschränkt. Fast alle westlichen Länder haben damit zu kämpfen. In manchen Ländern erscheint die Krise im Verhältnis zwischen Staat, gesellschaftlichen Gruppen und Bürgern schon nahezu unlösbar. Das Stichwort von der Unregierbarkeit des demokratischen Staates westlicher Prägung macht die Runde.

Einige sozialdemokratische Politiker, wie Schmidt und Kühn, verweisen auf die letzte konservative Regierung in Großbritannien, die ihre Unfähigkeit gezeigt habe, mit den Problemen fertig zu werden (vgl. Helmut Schmidt im Handelsblatt-Interview vom 23. 12. 74). Das soll bei uns als Warnung vor einem Regierungswechsel in Bonn oder Düsseldorf dienen. Aber wer will das ernst nehmen? Großbritannien ist in der Tat ein Musterbeispiel für die gefährliche Entmachtung des demokratischen Staates durch die starken Gruppen der Gesellschaft. Die Unfähigkeit zur wirtschaftlichen und sozialen Erneuerung, die Schwerfälligkeit in der Überwindung von Klassengegensätzen, der Vorrang der Gruppenmacht vor der außenpolitischen Vernunft und Verpflichtung in der Europafrage; das alles hat die englische Krankheit zu einem Gattungsbegriff westlich-freiheitlicher Schwäche werden lassen. Die letzte konservative Regierung hat diesen Tatbestand beim Namen genannt und den Kampf aufgenommen. Sie ist damit zunächst gescheitert, und zwar an der Macht der Verbände. Abgelöst wurde sie durch eine Labour-Regierung, welche die Macht der Verbände und damit die Ohnmacht des Staates akzeptierte und zum eigenen Programm machte.

Es gibt nicht den geringsten Anlaß für uns, diese freiwillige Abdankung einer politischen Staatsführung als Vorbild zu wählen. Die Schwächen des britischen, des skandinavischen oder des italienischen Systems sind keine unausweichlichen Vorzeichen unserer eigenen Zukunft. Wir haben es in der Bundesrepublik Deutschland zu keiner Zeit den anderen nachgemacht. Trotz aller Reibereien und Machtkämpfe war unser Weg letztlich durch eine verantwortungsvollere Zusammenarbeit aller Beteiligten als anderwärts gekennzeichnet. Daran gilt es anzuknüpfen.

Nicht der Kampf gegen die Gruppen mit dem Ziel, sie auszuschalten, steht auf dem Programm. Staat und Bürger sind in der industriellen Massengesellschaft auf die vermittelnde Tätigkeit von Gruppen und Organisationen mit Aufgaben der Selbstverwaltung angewiesen. Aber dieser Tätigkeit ist ein Rahmen gesetzt, und zwar durch die Sozialpflichtigkeit. Dazu gehört nicht nur ihre verantwortliche Einwirkung auf die Erwartungen der eigenen Mitglieder. Sondern es müssen vor allem auch die Grenzen der Autonomie beachtet werden, damit die politische Führung beim Staat bleibt.

Von selbst werden sich freilich keine Erfolge einstellen. Die Führungsschicht der Gruppen, Verbände und Unternehmen ist nicht der Richter darüber, ob sie ihren Rahmen einhalten. Der Staat ist nur handlungsfähig, soweit Parlament und Regierung die ihnen auferlegte politische Gesamtverantwortung gegenüber jedermann entschlossen beanspruchen. Die erforderliche Autorität wächst der politischen Führung aber nur dann zu, wenn sie selbst praktiziert, was Sozialpflichtigkeit verlangt, wenn sie also auch als Parteiführung auf Wählersuche staatliche Gemeinwohlziele über Gruppeninteressen stellt. Entscheidend ist schließlich die Einstellung des Bürgers selbst. Er ist Mitglied der Verbände und er ist Wähler der politischen Führung. Seine Resonanz auf politische Ziele und seine Ansprüche und Beiträge geben den Ausschlag für die Lebenskraft des demokratischen Staates.

Der Bürger sucht neue Wege
– Signale für eine Kurskorrektur

Dem Zusammenhang von der Einstellung des Bürgers und der politischen Führungsaufgabe gilt daher die Schlußüberlegung. Von seiner Entwicklung hängt es ab, wie wir mit Beschäftigungskrise und Stagnation der Realeinkommen, mit entfesselten Verteilungskämpfen und tabuisierten Besitzständen, mit dem Mißverhältnis von Ansprüchen und Leistungen, mit der Krise der politischen Prioritäten und der Orientierung der Menschen fertig werden.

Das herkömmliche Konzept lautet, daß es hier keine neuen Aufgaben im Verhältnis von Politik und Bürger gibt. Wenn es zu Finanz- und Beschäftigungskrisen kommt, müssen die – ohnehin unveränderlichen – Bürgerwünsche eben vorübergehend stillgelegt werden. Sobald solche Moratorien anders nicht mehr durchsetzbar sind, begründen die Staatsmänner sie mit apokalyptischen Visionen. Das ist dann die letzte Nahkampfwaffe des kurzfristigen Krisenmanagements.

Auf die Dauer ist das aber wirkungslos, zumal weder Kraft noch Wille zu neuen Prioritäten dahinterstehen. Hinzu kommt, daß Kassandra kein Erfolgsmodell für einen demokratischen Politiker ist. Die Boten des Unheils werden nicht gehört, sondern erschlagen.

Daß wir weniger beanspruchen dürfen und dafür mehr leisten müssen, drückt Marion Dönhoff einprägsam so aus: »Wir haben vorkonsumiert und müssen jetzt nacharbeiten« (»Die Zeit« Nr. 2/75 vom 3. 1. 1975). Aber auch soweit dies materiell zutrifft, bietet es doch noch kein politisches Programm. Mit der Predigt des Konsumverzichts und der Bescheidung der Wünsche ist es in einem freiheitlichen Gemeinwesen nicht getan. Diktaturen können für ihre staatlichen Prioritäten den privaten Konsumverzicht erzwingen. Für uns dagegen ist der Aufruf zur Askese nicht ausreichend, weil er noch kein verständliches Ziel zeigt und keine motivierende Kraft für das freie Bürgerdasein besitzt. Um diese Motivierung aber geht es. Sie kann durchaus und muß wohl auch eine materielle Bescheidung einschließen, aber nur im Zusammenhang mit und als Folge von den eigentlichen Wünschen und Zielen des Bürgers, die anders als durch bloße Enthaltsamkeit zu beschreiben sind.

Der Bürger unseres Landes ist zunächst an Gesundheit und Sicherheit, an Gerechtigkeit in der Verteilung der Chancen und Güter des Lebens und an Wohlstand interessiert. Materielle Wünsche spielen dabei also eine zentrale Rolle. Seine Einstellung zum Gemeinwesen ist dabei mehrdeutig. Einerseits nimmt er mit, was er bekommt. Warum soll er auch nicht in Anspruch nehmen, was »kostenlos« zu haben ist? Soll er für den Staat sparsam und sorgsam sein, wo es andere auch nicht sind? Andererseits weiß der Bürger natürlich in seinem privaten Haushalt recht gut, daß er nur ausgeben kann, was er einnimmt. Und er kann einsehen, daß auch die Volkswirtschaft denselben Gesetzen unterliegt. Die Erkenntnis, daß wir über unsere Verhältnisse leben, spricht sich herum. Der Bürger ist also durchaus an Maßstäben der Vernunft und Wirtschaftlichkeit in der Politik interessiert, wenn er nur darauf angesprochen wird.

Etwas anderes und Wichtigeres kommt hinzu. Von materiellen Ansprüchen allein kann der Mensch auf die Dauer nicht leben. Er braucht eine weitergehende Orientierung und sucht verständlichere Antworten auf Fragen nach dem Sinn und Ziel seines freien Bürgerdaseins. Der gemeinsame Wiederaufbau nach dem Krieg lieferte eine solche Orientierung. Wir schlossen ihn mit großem materiellen Erfolg ab. Aber weiterführende Aufgaben und Ziele vor allem für die nachfolgende Generation zu entwickeln, damit sind wir nicht fertig geworden.

Selbstverwirklichung – wie macht man das?

Hier steckt der Kern der Frage nach der Motivation, die uns seit Jahren bewegt. Eine nur materiell orientierte und technokratisch organisierte Gesellschaft beantwortet sie nicht. Wir investieren immer mehr Geld und Technik in die Krankheitsbekämpfung, aber die Aufgabe einer Pflege im menschlichen Sinn lösen wir immer schlechter. Wir basteln immer neue Bildungsstrukturen, aber wir wissen immer weniger, was für ein Mensch dabei herauskommt. In den Verteilungskämpfen streiten wir immer verbissener um größere Anteile eines kleiner werdenden Kuchens. Aber die Atmosphäre der Gesellschaft verschlechtert sich, und beim Menschen wächst dabei nur die Zukunftsangst.

Selbstverwirklichung ist zur großen Vokabel unserer Zeit geworden. Aber wie macht man das?

Befreiung von vermeidbaren und menschenunwürdigen Abhängigkeiten ist dafür nötig. In dieser Richtung haben wir große Fortschritte gemacht. Aber das reicht nicht aus. Der auf sich selbst gestellte und befreite Mensch, zum Konflikt erzogen und befähigt, alles in Frage zu stellen, hat damit noch nicht leben gelernt. Auch wenn er dann materielle Ansprüche stellt und durchsetzt, verläßt ihn nicht die Suche nach seinem Wert. Jetzt geht es um die Fragen, die jeden bewegen und die vor allem durch Junge gestellt werden: Wozu bin ich da? Werde ich überhaupt gebraucht und wofür? Der Mensch kann sich nicht selbst und allein verwirklichen, und schon gar nicht allein mit materiellen Ansprüchen. Eine atomisierte Freiheit des Individuums existiert nicht. Es gibt den Bürger nur in Beziehung zum Mitbürger. Es gibt den freien Menschen nur in seinem sozialen Wesen. Dies ist kein moralischer Appell und kein Glaubensbekenntnis, sondern eine Aussage über die menschliche Natur. Sie gewinnt allmählich wachsendes politisches Gewicht. Es gilt, sie in der Arbeitswelt und in der Freizeit zu konkretisieren.

1. Soziale Dienste

Die Wahl von Berufen, die Wünsche für Fortbildung und die Vorstellungen vom Entgelt deuten schon heute oft in diese Richtung. Soziale Dienste sind dafür ein Stichwort. Ihre Aufgabe ist es, den finanziellen und technischen Fortschritten der Versorgung eine Pflege und Betreuung von Mensch zu Mensch an die Seite zu stellen. Nicht nur die Zahl der pflegebedürftigen Menschen wächst, sondern es steigen auch die Angebote jüngerer und älterer Bürger für soziale Dienstleistungen, und zwar mehr, als manche freien Verbände oder der Staat kurzfristig ausbilden und einsetzen können. Hier wartet eine dankbare Aufgabe auf Konzeptionen und ihre Organisation.

2. Aktive Demokraten

Immer wieder haben wir uns über die Demokratisierung gestritten. Manches wurde erreicht, vieles verfehlt. Zum Demokraten wird der freie Bürger jedenfalls nicht, wenn er aus der Abhängigkeit vom Staat in diejenige von Zwangskörperschaften, Interessenverbänden und Autonomie-Eliten gerät. Er wird sonst nur zum passiven Beglückungsobjekt denaturiert.

Auch die Demokratisierung hat mit Selbstverwirklichung und also mit der Frage nach dem Selbstwert zu tun. Dazu gehört es, das Mögliche und Zumutbare selbst zu tun, anstatt es von anderen machen zu lassen. So gehören auch in der Arbeitswelt Selbstbestimmung und Mitverantwortung zusammen. Sie sind der Antrieb, um laufend fortzuentwickeln, was auf den Gebieten der Mitbestimmung und Mitbeteiligung, der Ausgestaltung der Arbeitsplätze und der eigenen Fortbildung geschehen kann. Kein Wunder, daß diejenigen dabei so wenig Echo finden, die ihre Kraft darauf konzentrieren, den Arbeitnehmer aus der Abhängigkeit vom Patron alter Art wie Krupp, in die Abhängigkeit von neuen Patronen, etwa Mommsen und Vetter, zu überführen und dies als die beste paritätische Mitbestimmung zu propagieren. Damit will ich die soziale Gesinnung der neuen Patrone gar nicht in Zweifel ziehen, die es freilich auch bei manchen Vertretern der Familie Krupp gab.

3. Selbstbeteiligung

Zum Selbsttun gehört auch Selbstbeteiligung. Wer immer dieses Wort benutzt, wird alsbald von Vorwürfen überhäuft, er wolle nur individuelle Lasten wiedereinführen, die gerade im Zeichen sozialer Errungenschaften abgeschafft worden seien. In Wahrheit aber gibt es ohne ein zumutbares Maß von Selbstbeteiligung weder soziale noch menschliche Errungenschaften.

a) Der Staat wird finanziell manövrierunfähig, die öffentlichen Dienstleistungssysteme unwirtschaftlich und teilweise ungerecht, wenn aus sozial-ideologischen Gründen prinzipiell jede Selbstbeteiligung ausgeschlossen bleibt.

b) Die öffentlichen Dienste und kollektiven Lösungen bieten keine ausreichende Gewähr für einen reibungslosen Ablauf. Das beweisen nicht nur Fluglotsen, sondern auch das Gesundheitswesen, die Erziehung und die Aufgaben der kommunalen Infrastruktur.

c) Die Frage lautet oft gar nicht: Selbstbeteiligung ja oder nein, sondern spürbare und direkte eigene Beteiligung oder einfach nur anonymes und pauschales Abzugsverfahren. Es geht um den Sinn der Solidarität als eines politischen Grundwertes. Mit ihr soll eine gegenseitige menschliche Haltung ausgedrückt werden. Wer die Risiken des Lebens nicht selbst tragen kann, zählt auf die Hilfe der Gemeinschaft. Wem Beiträge dafür zumutbar sind, der soll sie wissentlich und willentlich erbringen. Auch das hat mit dem Selbstwert zu tun und darf den technischen Notwendigkeiten der Massengesellschaft nicht gänzlich zum Opfer fallen.

d) Schließlich wird die Selbstbeteiligung zum Prüfstein, ob das Ziel der Politik der Mensch oder die Gesellschaft ist. Niemand sollte bestreiten, daß die menschliche Existenz nachhaltig von den gesellschaftlichen Verhältnissen geprägt wird. Unglück, Krankheit oder auch Verbrechen haben nur allzuoft ihre wesentlichen Ursachen in den allgemeinen Bedingungen, unter denen ein Mensch aufwachsen und leben muß. Deshalb gilt das Augenmerk der Politik notwendigerweise diesen gesellschaftlichen Bedingungen.

Aber das darf nicht dazu führen, die Kräfte des Menschen verkümmern zu lassen. Wenn die Gesellschaft ihrem Bürger die Aufmerksamkeit für das Risiko und das Interesse an Wirtschaftlichkeit abgewöhnt, wenn sie ihm allzuviel und also auch das liefert, was er selber machen kann, dann verliert er am Ende jedes Verhältnis zu seiner eigenen Lebensaufgabe. So büßt Selbstverwirklichung ihren menschlichen Sinn ein. Auftrag der Politik bleiben möglichst chancengerechte gesellschaftliche Lebensbedingungen. Das Ziel aber ist der Mensch, nicht die Gesellschaft. Deshalb dürfen die zumutbaren Anforderungen an seine Fähigkeiten und seine Verantwortung nicht vergesellschaftet werden. Die Selbstbeteiligung kann seine materiellen und geistigen Kräfte aktivieren, von deren Gebrauch die Erfüllung seines Lebens wesentlich bestimmt wird, soweit sie überhaupt in menschlicher Hand liegt.

Es ist nicht Aufgabe einer demokratischen Partei, das Wahre, Gute und Schöne für den Menschen zu beschreiben und zu verordnen. Das tun nur totalitäre Systeme. Dennoch kann die Rolle der Politik in der freien Gesellschaft nicht die Neutralität gegenüber der Einstellung des Bürgers sein. Vielmehr gehört es zur politischen Verantwortung, sich um die Ziele der Menschen zu kümmern und im demokratischen Wettbewerb auf sie einzuwirken. Die Motivation des Bürgers ist eine politische Aufgabe. Mißlingt sie, dann kann auf die Dauer ein freies Gemeinwesen nicht bestehen.

Die Staatsführung steht vor gigantischen Aufgaben in der internationalen Politik und in der eigenen Gesellschaft. Die Einsicht der Mehrheit der Bürger, daß ungeschminkte Vorhersagen und langfristige Zielsetzungen notwendig sind, auch wenn sie eingefahrenen Gewohnheiten widersprechen, ist größer als die Sucht der Wähler nach neuen Versprechungen. Immer mehr Menschen sind zur Umorientierung auf Selbsthilfe, Rücksichtnahme und Wirtschaftlichkeit fähig und bereit. Sie empfinden sehr wohl, daß solche Anstrengungen langfristig der Sicherung der eigenen Interessen besser dienen als ein entfesselter Kampf ständig wachsender Ansprüche. Die Chance wächst, eine Anspruchsgesellschaft durch ein Umsteigen auf eine stärkere soziale Orientierung des Bürgers zu korrigieren. Sie entspricht nicht nur dem Zwang der Verhältnisse, sondern vor allem auch den Bedürfnissen des Menschen auf der Suche nach seinem eigenen Wert.

Mit anderen Worten: Es spricht vieles für die Vermutung, daß die Mehrheit der Wähler besser ist, als Politiker sie bisher verdienten. Denn es ist eine politische Aufgabe, für die Kurskorrektur Signale zu setzen, Programme vorzuschlagen und Maßnahmen zu treffen. Wenn wir die Gelegenheit nicht bald nutzen, werden es andere tun. Dann hätte die freiheitliche Demokratie ihre Bewährungsprobe vertan.

Regierung ohne Konzept und Ziel

Redebeitrag
zur Haushaltsdebatte im Deutschen Bundestag 1975

*Zehn Monate war Schmidt im Kanzleramt, als im März 1975
die erste große Bundestagsdebatte über seine bisherigen Regie-
rungsleistungen stattfand. Anlaß war die Verabschiedung des
Bundeshaushaltes 1975. Als einer der beiden Hauptredner der
Opposition hatte ich zum Etat des Kanzleramtes zu sprechen.*

*Meine Kritik hatte zwei Schwerpunkte. Der erste befaßte sich
mit dem Pragmatismus des Bundeskanzlers Schmidt: Krisenmanagement statt Perspektive. Roy Jenkins, allseits angesehener
und damals führender Politiker der Labour Party und persönlicher Freund von Brandt und Schmidt, hatte mir den Unterschied
der beiden sozialdemokratischen Bundeskanzler einmal wie folgt
plastisch geschildert: Man stelle sich auf mittlere Distanz eine
Wand vor. Dann könne man sehen: Brandt befasse sich nur mit
den großen, undeutlichen Fragen hinter der Wand, aber ohne
ausreichenden Kontakt zum Vordergrund. Schmidt operiere souverän im Bereich der kurzen Entfernung bis zur Wand, jedoch
ohne Sinn für die darüber hinausgehende Notwendigkeit einer
langfristigen Perspektive.*

*Der andere Schwerpunkt der Rede bezog sich auf fällige struk-
turelle Korrekturen im Inneren wegen der wachsenden Gefahr,
immer stärker über die eigenen Verhältnisse zu leben.*

*Mein Beitrag war damals nicht nur kritisch an die Adresse
Schmidt und die sozial-liberale Regierung gerichtet. Er führte
auch in den Reihen meiner eigenen Partei zu kritisch-besorgten
Rückfragen. Wenige Wochen später waren Landtagswahlen in
Nordrhein-Westfalen. Da wollte am liebsten keine Partei unange-
nehme Fragen aufwerfen, die an Besitzstände von Wählergruppen
rühren könnten.*

*Der nachstehende Debattenbeitrag enthält zum Teil Überein-
stimmungen mit dem vorhergehenden Aufsatz über die »Chance
der Krise«. Dennoch ist die Rede ungekürzt nach dem Bundes-
tagsprotokoll abgedruckt, um den atmosphärischen Eindruck
aus dem Parlament unverändert wiederzugeben.*

Herr Präsident! Meine Damen und Herren!

Der uns vorliegende Haushalt bezeugt die Finanzkrise unseres Staates. Die Finanzkrise aber ist die Folge langfristiger Strukturprobleme.

(Beifall bei der CDU/CSU)

Diese Strukturprobleme sind es, denen wir uns zuzuwenden haben und die uns zu einer Umstellung zwingen. Die Zeit eines regelmäßigen und auskömmlichen Wachstums ist bis auf weiteres vorbei. Wir können heute schon zufrieden sein, wenn es gelingt, das Erreichte zu erhalten. Die Ansprüche, die an den Staat gestellt werden, und das Leistungsvermögen der öffentlichen Hand geraten in ein immer gefährlicheres Ungleichgewicht zueinander. Mit anderen Worten: Wir leben über unsere Verhältnisse.

Die Verantwortung dafür aber trägt nicht der Bürger, sondern die politische Führung.

(Sehr wahr! bei der CDU/CSU)

Denn sie ist es, die immer wieder Erwartungen erzeugt, immer neue Leistungen in Aussicht stellt, ohne daß sie eine Rechnung über die Kosten und Folgen aufmacht.

(Beifall bei der CDU/CSU)

Das ist eine Politik des Scheinfortschritts. Der Zweck ist der nächste Wahlsieg, das Mittel sind Versprechungen.

(Zustimmung bei der CDU/CSU)

Eine Abhilfe aber ist nur zu erwarten, wenn sich alle miteinander im Denken und Handeln umstellen: Staat, gesellschaftliche Gruppen und die Bürger. Nur, die Signale müssen von der Regierung kommen, Herr Bundeskanzler.

(Möller [Lübeck] [CDU/CSU]: Und die schweigt!)

Der Bürger muß vorbereitet werden auf das, was kommt. Darauf hat er Anspruch. Darauf ist aber auch die politische Führung angewiesen. Denn ohne Verständnis und Hilfe des Bürgers wird sie ihre Aufgabe gar nicht erfüllen können.

(Beifall bei der CDU/CSU)

Nun wollen alle demokratischen Kräfte in diesem Lande mithelfen, die Probleme zu lösen, und zwar ohne Rücksicht darauf, wer sie verursacht hat. Aber Ihrem Haushalt können wir nicht zustimmen; denn Ihre Regierung verweigert der Öffentlichkeit die Wahrheit und Klarheit, die sie ihr schuldet.

(Beifall bei der CDU/CSU)

Sie haben es unterlassen, vor der Öffentlichkeit darzulegen, daß, warum und wo Rechte mit Pflichten, Ansprüche mit Leistungen und also Freiheit mit Verantwortung zusammenhängen.

Die jüngste Drucksache Ihrer Regierung, genannt »Arbeitsbericht '75« und geschmückt mit Ihrem Vorwort und Ihrem Bild, spricht nun wieder vor allem davon, daß alles besser, schöner und größer werde. Mehr Rechte, günstigere Bedingungen, größere Sicherheit, stärkere Vorsorge, neue Hilfen und immer wieder und immer mehr Rechte, das ist der wesentliche Inhalt dieser Schrift. Mir scheint, das ist auch der Grundton Ihrer Politik. Oder, wie neulich in der von Herrn Ehrenberg mit Recht soeben zitierten Zeitung »Die Zeit«, die Ihnen ja durchaus wohlgesonnen ist, zu lesen war – ich zitiere –: »Wir schaffen das moderne Deutschland, koste es, was es wolle.«

(Heiterkeit und Beifall bei der CDU/CSU)

Dem Bürger wird alles geliefert und gemacht. Er selbst braucht nichts mehr zu tun. Probleme gibt es nach dieser Weltschau nicht. Wer Probleme beim Namen nennt, ist ein Panikmacher. Allenfalls gibt es vorübergehende Engpässe. Oder es sind Einflüsse des Auslands, an denen die Regierung unschuldig ist. Im übrigen geht alles weiter bergauf. Wir sind die Spitzenreiter der Welt, obwohl das, was wir alle wissen, gerade in den zentralen Gebieten, der Vollbeschäftigung und dem Wachstum, nicht stimmt.

(Beifall bei der CDU/CSU)

Die Regierung verspricht Angenehmes, verschweigt Unangenehmes. Das Presse- und Informationsamt ist eine Werbeagentur für Volksbeglückung.

(Heiterkeit und Beifall bei der CDU/CSU)

Die Regierung selbst aber betreibt ein Krisenmanagement ohne Konzept und Ziel. Die langfristigen Probleme lassen Sie treiben. Deshalb gilt Ihrem Haushalt unser Nein.

Nun wissen wir, Herr Bundeskanzler, natürlich sehr wohl, daß Regieren schwer ist. Wir wissen, daß niemand Patentrezepte besitzt. Als Opposition stehen wir zur Mitverantwortung für das öffentliche Wohl. Auch wollen wir später in einem Land Regierungsverantwortung übernehmen, das bis dahin nicht vollends unregierbar gemacht worden sein darf.

(Zustimmung bei der CDU/CSU)

Deshalb versagen wir Ihnen, Herr Bundeskanzler, auch nicht die Unterstützung dort, wo Ihre Politik es uns erlaubt. Ich denke dabei an wesentliche Teile Ihrer Ausführungen zur inneren Sicherheit am vergangenen Donnerstagvormittag; freilich nicht an Ihren Beitrag am Donnerstagnachmittag, mit dem Sie Ihrem eigenen Appell zur Sachlichkeit nachträglich den Boden entzogen haben.

(Beifall bei der CDU/CSU)

Sie haben sich voll engagiert. Sie haben manche Fehler vermieden, und – was mehr ist – Sie haben manche Fehler auch offen eingestanden. Das gilt es, positiv zu registrieren.

Die Unterstützung gilt auch wichtigen Teilen der Außenpolitik, etwa im Bereich der Außenwirtschaftspolitik, und, um ein jüngstes Beispiel dafür zu nennen, Ihren Verhandlungen in Dublin für die Europäische Gemeinschaft.

(Dr. Carstens [Fehmarn] [CDU/CSU]: Ja, das ist richtig!)

Gerade weil die außenpolitische Szenerie mehr als bisher durch außenwirtschaftliche Aufgaben gekennzeichnet ist, kommt dem deutschen Beitrag in der Welt eine wachsende Bedeutung zu. Nur wenn wir unsere internationale Mitverantwortung wahrnehmen, werden wir auch in der Lage sein, die deutschen Interessen zu schützen.

Sie haben sich in den ersten zehn Monaten Ihrer Regierung, Herr Bundeskanzler, oft an die deutsche Öffentlichkeit mit Erklärungen über die Ursachen und Folgen der gigantischen internationalen Umverteilung gewandt, die mit der Preis- und Produktionspolitik der ölfördernden Länder zusammenhängt. Kein verantwortlicher Politiker wird auch nur für einen Augenblick die bedeutenden Auswirkungen dieser und anderer weltweiter Probleme auf unsere eigene Gesellschaft unterschätzen. Freilich scheint mir die Attitüde nicht angängig, mit der Sie über allzuviele Probleme zu Hause hinweggehen, und die sich etwa so ausdrücken läßt: »Was geht mich das provinzielle Gerede zu Hause an? Ich mache Weltpolitik!«

(Zustimmung bei der CDU/CSU)

Denn aktive Beiträge zur internationalen Politik sind ja mit Zumutungen an die Adresse der eigenen Bürger verbunden. Nur allzuoft beruht die außenpolitische Schwäche einer Regierung gerade auf ihrer Manövrierunfähigkeit zu Hause. Also müssen wir lernen, unsere eigenen Interessen besser zu verstehen. Nur beginnt das nicht in der weiten Welt, sondern in der eigenen Gesellschaft.

(Beifall bei der CDU/CSU)

Eine Regierung, die heute den Schwerpunkt ihres Befähigungsnachweises in der Außenpolitik sucht, drückt sich um den schwereren Teil der Bewährungsprobe, nämlich den zu Hause, herum.

Nun schätzen Sie es nicht, Herr Bundeskanzler, ein »Macher« genannt zu werden, der ohne Konzept und Ziel und ohne Sinn für Analyse sei; das kann ich gut verstehen. Sie selbst haben ja, wie jeder hier weiß, wesentlich analytische Beiträge etwa zur weltpolitischen und strategischen Lage unseres Vaterlandes vorgelegt. Sie haben sich mehrfach für eine fundierte wissenschaftliche Vorausschau als Führungsnotwendigkeit und gegen pragmatisches Durchwursteln ausgesprochen. Sie gehen ja auch, wie man hört, gern der Analyse meisterlicher Schachpartien nach. Aber seit Sie Regierungschef sind, fallen Sie Ihren früheren Erkenntnissen immer wieder mit Wort und Tat in den Rücken.

(Beifall bei der CDU/CSU)

Man braucht nur Ihr jüngstes Interview im amerikanischen Fernsehen nachzulesen. Dort sprachen Sie sich über den bewußten Wechsel aus, den Sie gegenüber der Regierung Brandt herbeiführen wollten, und Sie sagten dazu, an Stelle derer, die eine Situation gut analysierten, hätten Sie die Leute gewollt, die »gewohnt sind, das Ding zu machen«.

(Hört! Hört! und Heiterkeit bei der CDU/CSU)

Dabei hatten Sie doch selbst noch auf dem SPD-Parteitag 1971 in Bonn gesagt:

»Regierungspolitik kann schon lange nicht mehr von der Hand in den Mund leben. Sie kann nicht ad hoc reagieren. Sie muß analysieren und sich der fundierten Vorausschau bedienen.«

Was nennen Sie eigentlich »das Ding machen«? »To do the thing«, glaube ich, hieß es auf englisch. Das wird man an Hand Ihrer Regierungserklärung und des Arbeitsberichtes Ihrer Regierung konkret überprüfen müssen.

Der erste Schwerpunkt Ihrer Regierungserklärung war bekanntlich die Steuerreform. Über dieses Jahrhundertwerk ist

heute schon genug gesagt worden. Jedenfalls hat Ihr Finanz-
minister Apel hier bewiesen, was er kann, nämlich nicht das
Ding zu machen, sondern das Ding kaputtzumachen.

(Heiterkeit und Beifall bei der CDU/CSU)

Freilich sollte niemand verkennen, daß es Ihr Erbe war, das
er zu übernehmen hatte.

(Beifall der CDU/CSU)

Der zweite Schwerpunkt Ihrer Regierungserklärung war
die Mitbestimmung. Für Anfang dieses Jahres war das Inkrafttreten des neuen Gesetzes ausdrücklich angekündigt. Aber
das einzige, was passierte, war, daß die »Macher« Ihrer Regierung einen Entwurf vorlegten, der das in der Geschichte
dieses Parlaments wohl einmalige Schicksal erlebte, daß er
auf die einhellige Ablehnung aller beteiligten Kreise der Gesellschaft stieß.

*(Beifall bei der CDU/CSU – Abg. Dr. Jenninger [CDU/CSU]:
Einschließlich der Parteien des Deutschen Bundestages!)*

Heute weiß niemand, wie es weitergehen soll. Das ist äußerst bedenklich. Denn die Mitbestimmung ist nun einmal
eine Grundbedingung für Partnerschaft an Stelle von einseitiger Herrschaft oder von Klassenkampf. Mitbestimmung verlangt Arbeitsbedingungen und ein Unternehmensrecht, in
denen der freie Bürger mitverantwortlich beteiligt ist, in denen er also selbst Rechte und Pflichten der Mitbestimmung
erlebt und wahrnimmt.

Die Vermögensbildung, ein weiterer Punkt des Arbeitsbe-
richts Ihrer Regierung, ist von der Bildfläche ganz verschwunden. Es ist gar nicht lange her, daß Sie auf einem Parteitag der
SPD einmal sagten, entweder käme qua Gesetzgebung zum
Thema Steuerreform überhaupt nichts zustande oder es käme
etwas einschließlich Vermögensbildung zustande. Sie bekannten sich dazu, ein ganz leidenschaftlich überzeugter Anhänger einer über die reine Sparförderung hinausgehenden Vermögensbildung zu sein. Zu sehen ist davon weit und breit
nichts. Teils fiel die Vermögensbildung der Inflation zum
Opfer, teils der Uneinigkeit in Ihrer Partei und Koalition.

(Möller [Lübeck] [CDU/CSU]: Nur Nebel, Nebel, Nebel!)

Die jüngste Leistung Ihrer Regierung war die Investitions-
zulage vom Dezember 1974, die, wie wir wissen, einseitig zur
Vermögensbildung bei Großunternehmen beiträgt.

(Beifall bei der CDU/CSU)

Ein weiterer Schwerpunkt Ihres Regierungsprogramms war die berufliche Bildung. Sie haben damals gute Ziele genannt, gezeigt aber hat Ihre Regierung am Beispiel der beruflichen Bildung nur, daß sie nicht einig ist und nicht handeln kann. Dank des endlosen Tauziehens in der Koalition liegt dem Bundestag bis heute noch kein Entwurf vor.

(Dr. Carstens [Fehmarn] [CDU/CSU]: So ist es!)

Wie wenig es Ihrer Regierung gelungen ist, wirklich einen Kompromiß in der Sache zu finden, zeigt allein die Tatsache, daß anläßlich der Vorlage des Gesetzentwurfes die beiden streitenden Minister Ihres Kabinetts – sie sind jetzt beide nicht da –

(Stücklen [CDU/CSU]: Sie streiten gerade!)

unabhängig voneinander – und zwar mit einstündigem Abstand – Pressekonferenzen abhielten und sich dabei in zentralen Punkten widersprachen.

(Beifall bei der CDU/CSU)

Die Bundesländer werden, wenn ich richtig unterrichtet bin, heute überhaupt das erste Mal zum Entwurf gehört. Dabei ist die Jugendarbeitslosigkeit, die mit den Versäumnissen der Koalitionsregierung im beruflichen Bildungswesen unmittelbar zusammenhängt, das dringlichste aktuelle Problem.

Ein besonderes Kapitel in Ihrem Arbeitsbericht nehmen die sozialen Leistungen des Staates ein. Dies ist nun in der Tat ein Thema von schlechthin zentraler Bedeutung. Wir bekennen uns mit Genugtuung dazu, daß es in der Nachkriegszeit gelungen ist, durch gemeinsame Anstrengungen ein vorbildliches System sozialer Sicherheit zu schaffen. Dieses System bietet die entscheidende Voraussetzung für die Freiheit des Bürgers.

(Beifall bei der CDU/CSU)

Darüber hinaus ermöglicht das System eine dynamische Wirtschaft. Unser Arbeits- und Sozialrecht erklärt die vergleichsweise hohe Fähigkeit zu notwendigen Strukturänderungen; es erklärt die Bereitschaft des deutschen Arbeitnehmers zur Zusammenarbeit beim technischen Fortschritt. Deshalb ist jede Anstrengung erforderlich, um dieses System zu erhalten.

Um so ernster können die langfristen Folgen sein, wenn

Sie, Herr Bundeskanzler, die Probleme gerade in diesem Bereich treiben lassen. Denn die Leistungsfähigkeit unserer sozialen Einrichtungen ist schweren Belastungen ausgesetzt. Stagnierendes Wachstum, Arbeitslosigkeit und neue Leistungsverpflichtungen führen zu einer Anspannung ohnegleichen. Die Grenze der Belastbarkeit der Beitragszahler ist erreicht.

Das erste, was jeder Bürger in diesem Land verlangen kann, ist eine ungeschminkte Darstellung der Lage.

(Beifall bei der CDU/CSU)

Aber Ihre Regierung gibt sie nicht. Statt dessen erklärte Ihr Kabinettskollege Arendt zum Beispiel im Januar bei der Debatte über das Sozialbudget hier im Hause, der gegenwärtige Beitragssatz in der Rentenversicherung von achtzehn Prozent sei selbst bei vorsichtiger Schätzung ausreichend, damit sie bis Ende 1988 leistungsfähig bleibt. Das ist – um es noch vorsichtiger auszudrücken – eine Irreführung der Öffentlichkeit.

(Beifall bei der CDU/CSU – Möller [Lübeck] [CDU/CSU]: Bewußte Täuschung!)

Denn schon heute kann die Beitragsgrenze doch nur gehalten werden, wenn die Kosten, die im Rentenbereich anfallen, von der Rentenversicherung teilweise auf andere Kassen verlagert werden, zum Beispiel auf die Krankenkassen.

(Zustimmung bei der CDU/CSU)

Als Bundesregierung erklären Sie einfach: Wir sind es nicht, die den Bürger höher belasten; das überlassen wir den Selbstverwaltungsorganen der Krankenkassen. – Dieses Verfahren ist aber unseriös und gefährlich.

(Beifall bei der CDU/CSU)

Der Bürger wird es auf die Dauer weder Ihnen noch Herrn Arendt abnehmen. Denn er, der Bürger, zahlt ja nun einmal alles aus einer, nämlich aus seiner Kasse. Für ihn sind Steuerbelastungen und Steigerungen der Sozialabgaben Abzüge aus ein und derselben Lohntüte. Und er weiß auch, daß dies auf Grund einer durchaus einheitlichen Verantwortung dieser Ihrer Bundesregierung geschieht.

(Sehr richtig! bei der CDU/CSU)

Auch im Gesundheitswesen lassen Sie die Dinge treiben. Dort steigen – es war hier schon die Rede davon – die Krankenversicherungskosten zur Zeit doppelt so schnell wie das

Bruttosozialprodukt und die Einkommen. Niemand in Ihrer Regierung wagt sich wirklich an alle Beteiligten, Interessenten und Gruppen heran, um rechtzeitig einem Chaos zu steuern. Das aber wird ganz unvermeidlich sein, wenn wir nicht bald Leistungsvermögen und Leistungsfähigkeit besser miteinander in Einklang bringen. Ihre Regierung operiert auch hier ohne Konzept und Ziel, ja sie versagt sich einer nüchternen Bestandsaufnahme, die doch der notwendige Ausgangspunkt zu gemeinsamem Handeln wäre.

(Beifall bei der CDU/CSU)

Ich möchte aber diesen Bereich noch etwas allgemeiner darstellen. Wer Ihrer Regierung gegenüber auf den Anstieg der Sozialabgaben und auf die Notwendigkeit einer Bestandsaufnahme hinweist, dem schallt es alsbald entgegen, er betriebe soziale Demontage. So Ihre Sprecher im Januar im Bundestag hier,

(Seiters [CDU/CSU]: Der Ehrenberg! – Dr. Wagner [Trier] [CDU/CSU]: Der Ehrenberg auch wieder!)

so Herr Apel am vergangenen Freitag im Bundesrat. Eine solche Reaktion ist nicht nur abwegig, sondern sie ist vor allem verantwortungslos.

(Beifall bei der CDU/CSU)

Denn die Frage ist ja doch in Wirklichkeit die, ob auf die Dauer soziale Demontage nicht gerade darin besteht, daß man Gefahren verschweigt, die offenbar auf unser soziales Leistungsvermögen zukommen. Die Frage ist, ob man nicht gerade dadurch neue soziale Ungerechtigkeiten entstehen läßt, daß man einfach alle einmal eingeführten Besitzstände tabuisiert, anstatt sie einer laufenden Kontrolle zu unterwerfen.

(Beifall bei der CDU/CSU)

Wenn wir danach verlangen, dann deshalb, weil wir keinen Augenblick vergessen, daß unser System der sozialen Sicherheit von uns eingeführt wurde, um ein menschenwürdiges Leben gemeinschaftlich zu sichern. In der modernen Massengesellschaft kann dem einzelnen nicht zugemutet werden, die großen Risiken des Lebens selbst zu tragen. Das ist eine Gemeinschaftsaufgabe. Die Sicherung möglichst gleicher Chancen erfordert es. Kein Mensch denkt daran, dies rückgängig zu machen, am allerwenigsten die Unionsparteien, unter deren Führung die wesentlichen sozialpolitischen Entscheidungen in der Nachkriegszeit getroffen worden sind.

Aber wir leben nun einmal in einer Welt des ständigen Wandels. Wenn sich Bevölkerung und Beschäftigung, Ausbildungsstand und Leistungsvermögen, Technik und Wirtschaft unaufhörlich verändern, dann bedürfen eben auch manche Besitzstände der Überprüfung.

(Zuruf von der SPD: Aha!)

Denn wir müssen uns laufend vergewissern, ob das Gemeinwesen sie wirtschaftlich tragen kann, ob sie den heutigen Erfordernissen sozialer Gerechtigkeit entsprechen und welche Auswirkungen sie auf den Menschen haben. Das ist häufig unbequem, ja auf Anhieb sogar zunächst unpopulär, aber es ist ein Gebot der sozialen Gerechtigkeit,

(Beifall bei der CDU/CSU)

was ich dem Sprecher gerne sagen möchte, der hier mit »Aha!« reagiert hat.

Wir haben – dies sei nur als ein Beispiel genannt – um der notwendigen Chancengerechtigkeit willen das kostenfreie Studium eingerichtet. Aber wäre es nicht gerade aus Gründen der sozialen Gerechtigkeit gegenüber der großen Zahl der Steuerzahler geboten, diejenigen, die dieses Nulltarif-Studium in den Stand setzt, lebenslang ein überdurchschnittliches Einkommen zu erzielen, später auch zur Rückzahlung von Studienkosten an die Gemeinschaftskasse der Steuerzahler heranzuziehen?

(Beifall bei der CDU/CSU)

Meine Damen und Herren, je größer die Probleme sind, desto notwendiger ist es, zu wissen, worauf die Regierung langfristig hinaus will. Das eben ist es jedoch, was wir bei Ihnen, Herr Bundeskanzler, nicht wissen. Sie können ja nicht im Ernst glauben, daß die Finanz- und Beschäftigungskrisen und die Gefährdung unseres sozialen Leistungssystems nur so eine kleine Magenverstimmung darstellen, gegen die man kurzfristig Gesundheitstee verordnet, um dann zu den alten Konsumgewohnheiten wieder zurückzukehren.

Wir sind uns vermutlich auch darin einig, daß Kassandra kein Erfolgsmodell für einen demokratischen Politiker ist. Auch mit der bloßen Predigt des Konsumverzichts ist es in einem freiheitlichen Gemeinwesen nicht getan. Der Aufruf zur Askese zeigt ja noch kein verständliches Ziel, er entwik--

kelt noch keine motivierende Kraft für das freie Bürgerdasein. Aber um diese Motivierung geht es doch wohl auch Ihnen – oder nicht? Bescheidung der materiellen Ansprüche ist nötig, aber doch im Zusammenhang mit und als Folge von Werten, von Wünschen und Zielen des Bürgers, die wir eben anders zu beschreiben haben als durch bloße Enthaltsamkeit.

(Zustimmung bei der CDU/CSU)

Was sind diese Werte und Ziele des Bürgers? Welches Gewicht mißt Ihre Regierung dieser Frage überhaupt zu? Wollen Sie einen Beitrag dazu leisten, und wenn ja, welchen?

Sie haben sich, Herr Bundeskanzler, seit Ihrem Regierungsantritt mehrfach gegen den Vorwurf des Pragmatismus gewehrt. Wir müssen uns darüber verständigen, glaube ich, was wir mit diesem Begriff meinen. Pragmatismus hat nach meiner Überzeugung sein volles Recht als Absage an eine innerweltliche menschengeschaffene Heilslehre. Pragmatismus darf freilich nicht zum Deckmantel für Technokratie oder Opportunismus werden.

Nun haben Sie mehrfach Ihren Pragmatismus auf Kant zurückgeführt. Danach – so sagten Sie – sei Politik pragmatisches Handeln zu sittlichen Zwecken. Ihnen gehe es darum, feststehende sittliche Grundsätze auf wechselnde Situationen anzuwenden. Ich habe auch jüngst im »Vorwärts« Ihren dort abgedruckten Beitrag zu diesem Thema mit Vergnügen gelesen – was ich nicht von allen Artikeln des »Vorwärts« sagen möchte.

(Heiterkeit)

Aber die eigentlichen Antworten sind Sie uns doch noch schuldig und erst recht die Anwendung solcher Antworten auf Ihre Politik. Denn Kant, Herr Bundeskanzler, ist ja nun einmal der klassische Vertreter einer Gesinnungsethik. Er ist der ideale Kronzeuge für einen Pragmatismus, der in bezug auf die konkreten Inhalte der Werte noch gar nichts aussagt. Sittlichkeit setzt nach Kant Freiheit voraus, Freiheit als moralische Selbstgesetzgebung des Menschen. Es genügt nicht, sich in dieser Freiheit einfach auf Kant zu berufen, sondern nun müssen die Wertentscheidungen getroffen, nun müssen die Konsequenzen für die Politik sichtbar gemacht werden – von Ihnen!

Sie stellen sich in diesem selben »Vorwärts«-Aufsatz die

Frage, ob Ihre Ideen für eine gerechte Gestaltung der Gesellschaft zu verwirklichen seien oder ob nicht die Hindernisse dagegen, die Interessen des Status quo oder die Denkgewohnheiten der Wähler zu mächtig und gar nicht überwindbar seien.

Ich möchte bezweifeln, daß eine politische Führung berechtigt ist, die politischen Schwierigkeiten, vor denen sie steht, auf die Denkgewohnheiten der Wähler abzuwälzen.

(Beifall bei der CDU/CSU)

Damit weicht die Führung ja doch der eigenen Verantwortung für diese Gewohnheiten aus. Auch unterschätzt sie, wie ich meine, die Vernunft des Wählers. Was sind denn seine Denkgewohnheiten und seine Wünsche?

Der Bürger unseres Landes ist zunächst interessiert an Gesundheit, an Sicherheit, an Gerechtigkeit in der Verteilung der Chancen und Güter des Lebens und an Wohlstand – an einem Wohlstand, der nicht selbst das Glück ist, aber doch die Voraussetzung für ein freies Leben bietet. Es spielen also materielle Wünsche eine große Rolle.

Wie verhält sich dieser Bürger zum Gemeinwesen? Zunächst nimmt er, was er bekommt. Warum soll er auch nicht in Anspruch nehmen, was »kostenlos« zu haben ist, wenn die Regierung ihm das Anspruchsdenken zum *Nulltarif* förmlich anerzieht?

(Beifall bei der CDU/CSU)

Soll er für den Staat sparsam und sorgsam sein, wo andere es nicht sind und wo insbesondere der Staat gar nicht mit gutem Beispiel vorangeht?

(Erneuter Beifall bei der CDU/CSU)

Denken wir nur an die Entwicklung im öffentlichen Dienst seit 1969!

Andererseits weiß der Bürger aus seinem privaten Haushalt doch recht gut, daß er nur das ausgeben kann, was er einnimmt. Er braucht nicht Volkswirtschaft studiert zu haben, um zu wissen, daß dieser Staat unter Ihrer Regierung über seine Verhältnisse zu leben sich angewöhnt hat

(Sehr richtig! bei der CDU/CSU)

und daß über kurz oder lang schwerwiegende Eingriffe bevorstehen.

(Möller [Lübeck] [CDU/CSU]: Wie immer bei den Sozis!)

Nun wartet er darauf, wann Sie ihn darüber zu informieren gedenken, wie Sie die Finanzprobleme lösen werden:

(Beifall bei der CDU/CSU)

durch Ausgabenkürzungen, durch Steuererhöhungen oder durch immer neue und größere Schuldenhaushalte, die nur um den Preis der großen Inflation und damit der fundamentalsten sozialen Ungerechtigkeit zu haben waren.

(Beifall bei der CDU/CSU)

Der Bürger ahnt diese Gefahren. Manches davon hat er in der Vergangenheit schon erfahren. Deshalb ist er daran interessiert, daß in der Politik rechtzeitig Maßstäbe der Vernunft und der Wirtschaftlichkeit angewandt werden.

(Zuruf von der SPD: Tun Sie es doch einmal!)

Er will ungeschminkte Vorhersagen und langfristige Zielsetzungen hören, und zwar von der amtierenden Regierung.

(Beifall bei der CDU/CSU – Zuruf von der SPD: Aber nicht nur von ihr!)

Er will sie auch dann hören, wenn sie eingefahrenen Gewohnheiten widersprechen. Er hat gar nicht die Sucht nach immer neuen Versprechungen. Ein Beweis dafür ist auch, daß immer mehr Menschen zur Umorientierung auf Selbsthilfe, auf Rücksichtnahme und Wirtschaftlichkeit fähig und bereit sind; denn sie spüren ja ganz gut, daß damit langfristig die eigenen Interessen besser zu sichern sind als nur durch den entfesselten Kampf ständig wachsender Ansprüche bei kleinerem oder stagnierendem Wachstum.

(Zuruf des Abg. Dr. von Bülow [SPD])

– Nur, die Initiative dazu kann ja nicht von ihm, sondern muß von Ihnen ausgehen, Herr von Bülow, beziehungsweise von Ihrem Bundeskanzler.

(Zustimmung bei der CDU/CSU – Möller [Lübeck] [CDU/CSU]: Kann man kaum erwarten!)

Etwas anderes und noch Wichtigeres kommt noch hinzu. Von materiellen Ansprüchen allein kann der Mensch auf die Dauer nicht leben; er braucht eine weitergehende Orientierung. Er sucht verständliche Antworten auf Fragen nach dem Sinn und Ziel seines freien Bürgerdaseins. Der gemeinsame Wiederaufbau nach dem Krieg lieferte eine solche Orientierung; wir schlossen ihn mit großem materiellen Erfolg ab. Aber damit, weiterführende Aufgaben und Ziele vor allem für die junge Generation zu entwickeln, sind wir Älteren alle miteinander nicht so gut fertig geworden.

Nun haben Sie, Herr Bundeskanzler, in der Sicherheitsdebatte eine Art von Alleinvertretungsanspruch der Koalitionsparteien für die geistige Auseinandersetzung und für die Aufgabe der Integration der jungen Generation angemeldet. Das ist einfach abwegig.

(*Dr. Carstens [Fehmarn] [CDU/CSU]: Sehr gut!*)

Wir tragen gemeinsam die Verantwortung für die Entstehung der Probleme zwischen den Generationen, und gemeinsam – wenn auch im demokratischen Wettbewerb untereinander – bemühen wir uns, Aufgaben und Ziele für jung und alt über den Tag hinaus verständlich zu machen. Wenn Sie Monopolansprüche anmelden, setzen Sie Ihren Anteil der Jugend mit der ganzen Jugend in Deutschland gleich. Aber die laufenden Wahlen sollten Ihnen Beweis genug dafür sein, daß sich die junge Generation im ganzen dafür nicht hergibt.

(Beifall bei der CDU/CSU – Möller [Lübeck] [CDU/CSU]: Und sie läßt sich nicht mehr verführen!)

Im übrigen: Wer setzt sich denn dort, wo nicht nur Argumente, sondern auch Farbbeutel und Steine durch den Hörsaal fliegen, zum Beispiel im Auditorium Maximum der Freien Universität Berlin, mit diesem Teil der Jugend auseinander? Als ich neulich dort war, wußte mir keiner zu erzählen, daß Sie dort in den letzten Jahren gesichtet worden wären. Wohl aber nutzten Sie, wenn es stimmt, was das »Sonntagsblatt« berichtet hat, die nur allzu verständliche Erregung der Berliner Bevölkerung nach der Ermordung des Kammergerichtspräsidenten von Drenkmann bei einer Rede am Funkturm dazu aus, einfach über die Studenten als solche pauschal und undifferenziert herzufallen, um damit besonderen Beifall zu erringen. Erwarten Sie, daß damit Glaubwürdigkeit der Jugend gegenüber erzielt wird? Wenn die Zeitungsmeldung falsch war, dann bitte ich Sie, sie hier richtigzustellen.

Nein, die Fragen nach den Werten und Zielen für jung und alt, Werten, die jenseits der nur materiellen Ansprüche liegen, bewegen und betreffen uns seit Jahren, und zwar alle miteinander. Die technokratisch organisierte und materiell orientierte Gesellschaft beantwortet sie nicht. Ich möchte dafür drei Beispiele nennen:

Wir investieren immer mehr Geld und Technik in die Krankheitsbekämpfung, aber die Aufgabe einer Pflege im menschlichen Sinn lösen wir immer schlechter. Finanzieller und technischer Fortschritt in der Versorgung genügt eben nicht, vielmehr geht es darüber hinaus um die Pflege und Betreuung von Mensch zu Mensch. Wir brauchen also personale und soziale Dienste, die die materiellen Leistungen ergänzen.

(Beifall bei der CDU/CSU)

Die Zahl der Kranken, der Isolierten, der Einsamen und Hilfsbedürftigen wächst immer mehr. Erfreulicherweise steigen aber auch die Angebote jüngerer und älterer Bürger für solche sozialen Dienstleistungen. Mehr Menschen bieten sich zur Zeit dafür an, als kurzfristig ausgebildet und eingesetzt werden können. Welches Leitbild und welche politischen und organisatorischen Maßnahmen treffen Sie mit Ihrer Regierung dafür?

Ein nächstes Beispiel. Wir basteln immer neue Bildungsstrukturen, aber was für ein Mensch dabei herauskommt, wissen wir immer weniger. Welchen konzeptionellen Beitrag zur Vereinfachung des Bildungssystems, zur Orientierung der Bildung an der späteren Beschäftigung, vor allem aber zur Menschlichkeit und Kinderfreundlichkeit dieses Bildungswesens leistet Ihre politische Führung?

(Beifall bei der CDU/CSU – Zuruf von der SPD)

Chancengerechtigkeit wollen wir alle.

(Erneuter Zuruf von der SPD)

– Warten Sie es nur ab, ich komme noch darauf zurück, und dann werden Sie vielleicht nicht mehr so laut dazwischenrufen.

(Beifall bei der CDU/CSU)

Nirgends, wo der junge Mensch chancengerecht heranwachsen soll, geht es ideal zu, weder in den Schulen und Hochschulen noch in den Betrieben, noch in den Familien. Also müssen diese Lebensbereiche – und das heißt, in allererster Linie die Familie – über ihre Mitwirkungsaufgabe bei der Bildung und Erziehung gründlicher informiert, sie müssen besser dafür instand gesetzt werden.

Wir haben, wie Sie wissen, ein Erziehungsgeld vorgeschlagen. Es soll in der ersten Lebensphase der Kinder denjenigen Müttern zugute kommen, denen sonst aus sozialen Gründen die Unterbrechung des Berufs nicht zuzumuten wäre.

(Dr. von Bülow [SPD]: Ein neuer Anspruchstatbestand!)

- Augenblick mal, warten Sie es nur ab. Sie rufen immer zu früh dazwischen.

Ein typischer Fall von staatlich geförderter Selbsthilfe ist das. Für uns Menschen ist es nämlich viel gesünder und trägt zur Selbstverwirklichung viel mehr bei, wenn wir solche Tätigkeiten in der Familie selbst übernehmen, anstatt sie gemacht zu bekommen.

(Beifall bei der CDU/CSU - Zurufe von der SPD)

Für den Staat aber, Herr von Bülow, wird es auf die Dauer billiger, das Erziehungsgeld zu zahlen, als die Kleinstkinder berufstätiger Eltern in teuren Heimen betreuen zu müssen

(Lebhafter Beifall bei der CDU/CSU)

oder gar die Kinder versorgen zu müssen, welche lebenslange Schäden hinnehmen müssen, weil sie nämlich in der ersten Lebensphase die Mutter entbehren mußten.

(Erneuter Beifall bei der CDU/CSU)

Vor allem aber ist das Recht auf gleiche Chancen für das Kind zunächst sein Recht auf seine Mutter und seine Familie.

(Beifall bei der CDU/CSU - Zurufe von der SPD)

Wer es ernst meint mit der Chancengerechtigkeit, muß die Familie besser ausbilden und sichern, nicht aber sie problematisieren.

(Beifall bei der CDU/CSU)

Nun haben Sie, Herr Bundeskanzler, in einer internen Parteibewertung oder Parteischelte oder wie man das nennen soll –

(Gerster [Mainz] [CDU/CSU]: Der schläft!)

sie war in der »Frankfurter Rundschau« nachzulesen – erklärt, im hessischen Wahlkampf hätten Sie sich um die Beantwortung von Fragen nach den Rahmenrichtlinien herumgedrückt und sie den örtlichen Kandidaten - vielleicht waren Sie das –

(Heiterkeit bei Abgeordneten der CDU/CSU)

überlassen, weil Ihnen das Ganze nicht geheuer gewesen sei. Wenn Sie sich nur ausschweigen, dann lassen Sie die Dinge treiben.

(Zurufe von der CDU/CSU: Sehr richtig! Sehr wahr!)

Verhindern Sie, daß in sozialdemokratisch geführten Ländern immer von neuem Kinder auf den Schulen gegen ihre Eltern aufgewiegelt werden!

(Lebhafter Beifall bei der CDU/CSU)

Erklären Sie hier, Herr Bundeskanzler, ob die groteske Behauptung in der einleitenden Begründung zum Gesetzentwurf Ihrer Regierung über die Neuregelung des elterlichen Sorgerechts Ihrer Vorstellung entspricht, daß das Kleinkind ebenso wie der Heranwachsende Objekt elterlicher Fremdbestimmung sei!

(Lebhafter Beifall bei der CDU/CSU)

Setzen Sie durch, daß der einstmals gemeinsame Ministerpräsidentenerlaß bald effektiv und einheitlich zur Anwendung kommt! Es gilt doch zu verhindern, daß in irgendeinem Bundesland unsere Kinder durch radikale Lehrer zur Intoleranz erzogen werden können.

(Beifall bei der CDU/CSU)

Weiter möchte ich fragen: Was haben Sie bisher getan, um der unmittelbar bevorstehenden Ehescheidungsreform eine Gestalt zu geben, die das Wohl der minderjährigen Kinder auch wirklich berücksichtigt?

(Zuruf von der CDU/CSU: Nichts hat er getan!)

Wenn Sie sich für die junge Generation so lebhaft, wie Sie sagen, einsetzen, was tun Sie dann, um eine Fristenautomatik im Scheidungsrecht zu verhindern, so daß zum Beispiel eine Ehefrau demnächst gegen eine Kündigung ihrer Wohnung besser geschützt sein wird als gegen eine Kündigung ihrer Ehe?

(Lebhafter Beifall bei der CDU/CSU)

Die Leidtragenden sind wiederum in erster Linie die Kinder. Sind Sie bereit, sich dafür einzusetzen, daß im Gesetzestext selbst steht: Die Ehe ist grundsätzlich auf Lebenszeit angelegt? Oder wollen Sie auch hier ohne Leitbild auskommen?

(Beifall bei der CDU/CSU)

Ein weiteres Beispiel betrifft die Verteilungskämpfe in unserer Gesellschaft, in denen sich die Gruppen immer verbissener um höhere Anteile eines kleiner werdenden Kuchens streiten.

(Zuruf von der SPD)

Dadurch wird die Atmosphäre gefährdet, und beim Menschen wächst die Zukunftsangst, vor allem bei den Schwachen in der Gesellschaft, deren Schutz doch die wichtigste Aufgabe des Staates sein soll.

Ohne Reform kann die freie Gesellschaft nicht überleben; denn die Bedingungen der Freiheit, die Aufgaben und die Kräfte in der Gesellschaft unterliegen einem ständigen Wandel. Deshalb setzen Reformen zunächst die Fähigkeit voraus, diese Wandlungen beim Namen zu nennen. Das aber ist es, was wir bei Ihnen vermissen, und zwar schon seit Ihrer Regierungserklärung. Wer sind denn die Starken? Wer sind die Schwachen? Ich meine, nicht zur Zeit der Gründung der SPD oder am Ende des Krieges, sondern heute.

Sie selbst, Herr Bundeskanzler, haben bei Ihrem Amtsantritt erklärt, Ihre große Aufgabe sei es, die Arbeitnehmer in den Staat zu integrieren. Zahlreiche Äußerungen von Ihnen und Ihren Kollegen in der SPD-Führung verweisen immer wieder auf den traditionellen Anspruch einer Arbeiterpartei, nämlich die vielen Arbeitnehmer gegen die kleine Klasse der Kapitalisten zu schützen. Herr Brandt hat noch letzte Woche von dieser Stelle aus einen Monopolanspruch seiner Partei für die Interessenvertretung der breiten arbeitenden Schichten unseres Volkes angemeldet. Sind eigentlich unsere großen Städte, von denen sich nun eine nach der anderen mehrheitlich zur CDU bekennt, von arbeitenden Menschen oder von kapitalistischen Faulenzern bewohnt?

(Lebhafter Beifall bei der CDU/CSU)

Ihr Bild von der Gesellschaft wird noch immer zu sehr von einer traditionellen Parteirhetorik gekennzeichnet. Sie wissen doch ganz gut, daß wir längst eine Arbeitnehmergesellschaft sind. Die Arbeitnehmer sind die bei weitem größte und wichtigste Gruppe in der Bevölkerung. Natürlich bedürfen sie des Schutzes, vor allem vor der Arbeitslosigkeit und vor den Risiken des Lebens. Aber diese Arbeitnehmer sind doch nicht die Außenstehenden in einem von anderen beherrschten System; sie sind selber seine Träger. Es ist einfach Vulgärmarxismus, das Monopolkapital als beherrschende Kraft unserer heutigen Gesellschaft zu kennzeichnen – das können Sie übrigens auch in der »Neuen Gesellschaft« nachlesen –, und es ist eine Illusion, Unruhen in Gegenwart und Zukunft dort zu erwarten, wo sie der orthodoxe Marxist bis heute theoretisch fordert, nämlich im Spannungsfeld von Kapital und Arbeit.

Die Starken in der heutigen Gesellschaft sind Kapital und

Arbeit zusammen oder genauer: die großen Arbeitgeber und die großen Gewerkschaften miteinander. Gemeinsam führen sie die materiell orientierte, die gut ausgebildete und die wohl organisierte Männergesellschaft der gewerblichen Wirtschaft und des öffentlichen Dienstes an.

Natürlich gibt es heftigen Streit unter den Tarifparteien um Prozente und Rahmenbedingungen. Am Ende aber siegen doch nicht die Kapitalisten gegen die Arbeitnehmer oder umgekehrt. Gewinner sind vielmehr die Tarifpartner zusammen, und zwar in starken Branchen und in günstigen Regionen zu Lasten der schwachen Branchen und Regionen.

(Zuruf von der CDU/CSU: So ist es!)

Die Mächtigen diktieren praktisch gemeinsam dem Rest der Gesellschaft die sozialen und wirtschaftlichen Lebensbedingungen.

(Beifall bei der CDU/CSU)

Und heute siegen letztlich nicht selten die Beschäftigten gegen die Unbeschäftigten.

Dieser Rest, die Schwachen in der Gesellschaft, ist eine gewaltige Zahl, vielleicht die Mehrheit. Aber sie lassen sich nicht organisieren wie große Tarifparteien. In ihrem Alter, in ihrem Geschlecht, in ihren Aufgaben, in ihren Interessen und Beschwerden sind sie nicht auf einen Nenner zu bringen. Was sie eint, ist, daß sie zusammen die Klasse der Abhängigen bilden: Rentner; ältere Arbeitnehmer; Angelernte und Ungelernte vor allem in der jungen Generation, die den psychosozialen Gefahren der Arbeitslosigkeit mehr als alle anderen ausgesetzt sind; die auf Teilzeitarbeit angewiesenen Frauen, die sich besonders schwer tun in einer Beschäftigungskrise; die Hausfrauen, jene letzten Idealisten der Nation, von denen wir kostenlose Dienste und Betreuung erwarten;

(Beifall bei der CDU/CSU)

große Teile der Selbständigen im Handwerk, im Handel und in der Industrie, die von der Wirtschaftspolitik dieser Regierung besonders schwer getroffen sind;

(Erneuter Beifall bei der CDU/CSU)

schließlich die Bewohner zurückgebliebener Regionen.

Aber auch die Gastarbeiter gehören dazu, über die Herr Apel neulich jene enthüllende Bemerkung in der »Bild-Zeitung« machte, als er sagte, die Deutschen seien eben nicht bereit, bestimmte Arbeiten zu machen; deshalb bedürfe es zwar der Gastarbeiter, aber man werde sie um eine Million reduzieren.

(Seiters [CDU/CSU]: Sehr human!)

Ist das Ihr pragmatisches Handeln auf sittlicher Grundlage?

(Beifall bei der CDU/CSU)

Nein, man kann eben nicht in guten Zeiten Gastarbeiter für sich arbeiten lassen, um ihnen dann in schlechten Zeiten die Lasten auf die Schultern zu packen.

(Unruhe und Zurufe von der SPD)

Alles andere wäre Opportunismus, der nicht nur unmoralisch ist, sondern auch unseren langfristigen eigenen Interessen widerspricht.

(Beifall bei der CDU/CSU)

Schließlich gehören auch viele Kinder zu den Schwachen. Der Numerus clausus und der Kampf um die Notendurchschnitte schon im frühen Alter vermitteln ihnen das Bild einer vernagelten Welt. Sie sind bewegt von der Frage: Wozu bin ich da? Werde ich überhaupt gebraucht, und wofür? Natürlich trifft Sie, Herr Bundeskanzler, dafür die Verantwortung nicht allein. Wir tragen sie alle miteinander.

(Wehner [SPD]: Hört! Hört! – Weiterer Zuruf von der SPD: Das ist aber anständig!)

Aber wo ist bei Ihnen als dem Regierungschef dieses Landes in Ihrer Regierungserklärung, in Ihren Reden hier im Haus oder in der Begründung für die Verwendung der Mittel, über die wir heute beschließen, von diesen Fragen überhaupt die Rede? Welche Zeichen setzen Sie? Wo sind hier Ihr langfristiges Konzept und Ziel?

(Zuruf von der SPD: Weizsäcker, der Hohepriester!)

Meine Damen und Herren, vor einem knappen Jahr machte die SPD Sie, Herr Bundeskanzler, zum Regierungschef, um dem Verfall des öffentlichen Ansehens der Koalitionsregierung entgegenzuwirken.

(Möller [Lübeck] [CDU/CSU]: Oder den Folgen von Guillaume!)

Wir wissen ja, wie das zustande kam. Ihre Aufgabe lautete, als Kanzler die Wiederwahl der SPD zu ermöglichen. Das war ein politisch völlig verständlicher Auftrag und dazu natürlich auch demokratisch völlig legitim.

(Zuruf des Abg. Dr. von Bülow [SPD])

Nicht irgend jemand anderes, sondern die SPD hat Sie zum Kanzler vorgeschlagen, und dort sind Sie nun auch stellvertretender Parteivorsitzender.

Nun hat es da allerhand Ärger mit dieser Ihrer Partei gegeben. In Anbetracht von Guillaume, Wienand und anderen versuchten Sie es zunächst mit der Devise: Was geht mich meine Partei an? Ich regiere. Das ließ sich natürlich auf die Dauer nicht durchhalten. Sie haben dann in der schon erwähnten internen Rede Ihrer Partei die Skandale, die Verfilzungen und die Brutstätten von Ämterpatronage, vor allem im Ruhrgebiet, beim Namen genannt, und das ehrt Sie.

(Zuruf von der CDU/CSU: Filzokratie! – Zurufe von der SPD)

– Lesen Sie es doch in der »Frankfurter Rundschau« nach!

(Beifall bei der CDU/CSU)

Dann haben Sie Ihrer Partei gesagt, der Bundeskanzler verfüge über ein sehr viel höheres Ansehen bei den Wählern als die eigene Partei, und deshalb solle sich die SPD danach richten.

Nur funktioniert das natürlich auch nicht. Denn Sie haben nun einmal die Verantwortung für Ihre Partei, deren Exponent Sie sind. Die Schwierigkeiten in der Entscheidungsfähigkeit Ihrer Regierung und der Rückgang des SPD-Ansehens beim Wähler – siehe sämtliche Landtagswahlen – sind nun einmal vor allem Ihr Problem als Kanzler. Doppelstrategie, von der heute hier schon mehrfach die Rede war, vordemonstriert in der Sicherheitsdebatte letzte Woche, Doppelstrategie macht auf die Dauer das Ganze nur unglaubwürdiger.

(Sehr gut! bei der CDU/CSU)

Wenn Ministerpräsident Kühn unser Land für unregierbar erklärt, wenn die SPD nicht mehr regiert, oder wenn Herr Wehner die Opposition als demokratische Alternative immer wieder in die Nähe von Neonazis rückt, dann fällt das in den Augen der Bevölkerung nicht auf uns, sondern auf Sie zurück.

(Beifall bei der CDU/CSU)

Dasselbe gilt für die erstaunliche Kette von Äußerungen Ihres Parteivorsitzenden Brandt. Dies alles waren ja seine Worte: Er wollte die Betriebe mobilisieren – gegen uns, also gegen Verfassungsorgane. Das anständige Deutschland stehe hinter ihm. Die Demokratie fange mit seiner Regierung erst richtig an.

(Dr. Carstens [Fehmarn] [CDU/CSU]: Unglaublich!)

Vollendet sei die Demokratie im Sozialismus. Die SPD sei der Hauptfeind der Extremisten, weil sie so besonders gerecht und friedlich sei. Die Unionsparteien könnten die freiheitliche Substanz in diesem Lande gar nicht vertreten. Und dann rief er uns hier am letzten Donnerstag noch zu, wir sollten anständig zuhören, wenn der Vorsitzende spricht.

(Heiterkeit bei der CDU/CSU)

Nein, dieser Mann ist nicht der Vorsitzende hier im Parlament. Aber er war einmal Regierungschef und als solcher in der Welt geachtet.

(Möller [Lübeck] [CDU/CSU]: War!)

Um so mehr ist es bestürzend, wie dieser Mann das Augenmaß verliert.

(Lebhafter Beifall bei der CDU/CSU)

Schlimmer aber ist, daß die SPD gerade den Namen dieses Mannes dazu benützen möchte, um ihr Bedürfnis nach Polarisierung und nach Verwandlung des politischen Gegners in einen Feind zu befriedigen. Das ist Ihr Problem, Herr Bundeskanzler; denn Sie singen ja die Oberstimme in diesem doppelstrategischen Duett.

(Heiterkeit bei der CDU/CSU)

Doppelstrategie funktioniert auf die Dauer nie. Nicht nur hat Brandt neulich schon so schön gesagt, wer sich mit Ihnen, Herr Bundeskanzler, anlege, bekomme es mit ihm zu tun.

(Heiterkeit bei der CDU/CSU)

Der Wähler weiß natürlich auch, wer Schmidt wählt, der wählt auch Brandt und Wehner, der wählt auch Jochen Steffen und Girgensohn und auch die Jusos.

(Lebhafter Beifall bei der CDU/CSU)

Der wählt die Jusos mit allen ihren Flügeln, auch mit dem Stamokap-Flügel.

Die Probleme, vor denen wir stehen – ich komme damit zum Schluß –, sind für solche Taktiken und Tricks zu ernst. Der Bürger in unserem Lande weiß das ganz gut. Deshalb will er auch gar nicht wissen, wer am besten polemisieren, wer die meisten undemokratischen Monopolansprüche stellen und wer die besten Pappkameraden aufbauen kann. Was er wissen will, ist, wer die Aufgaben beim Namen nennt und Lösungsvorschläge macht.

(Lebhafte Zurufe von der SPD)

Er weiß, daß Lösungen nur dann erfolgreich sein werden, wenn er – der Bürger – tätig mithilft. Er weiß, daß unsere Gesellschaft, die durch Freiheit und Wohlstand gekennzeichnet ist, nicht mit Ansprüchen und Rechten allein die Zukunft meistern wird, sondern nur durch seine eigene stärkere soziale Orientierung, durch seine Mitbeteiligung und seine Mitverantwortung. – Mit Ihren Zwischenrufen werden Sie diesem Bürger den Weg dazu nicht weisen.

(Beifall bei der CDU/CSU)

Ich wiederhole: Immer mehr Menschen sind zu dieser Hilfe und Selbsthilfe bereit. Es ist die Aufgabe der politischen Führung, diese Bereitschaft zu nutzen, zu steuern und bei der öffentlichen Hand mit gutem Beispiel voranzugehen.

(Zuruf von der SPD: Schönen Dank!)

Davon hängt es ab, ob wir mit Beschäftigungskrise und Stagnation der Realeinkommen, mit Verteilungskämpfen und Besitzständen, mit den Mißverhältnissen von Ansprüchen und Leistungen, mit der Krise der politischen Prioritäten und auch mit der Suche der Menschen nach Orientierung und nach Werten und Zielen fertig werden. Darauf hat Ihre Regierung, Herr Bundeskanzler, bisher keine Antwort gegeben.

(Zuruf von der SPD: Ist ja toll!)

Wir fordern Sie auf, sie zu liefern. Nach heutiger Sicht fehlt sie. Deshalb gilt Ihrer Politik und gilt Ihrem Haushalt unser Nein.

(Lebhafter anhaltender Beifall bei der CDU/CSU)

Die Grundsatzdiskussion
der großen Parteien

In der Oppositionszeit während der siebziger Jahre beschloß die CDU, ein neues Grundsatzprogramm auszuarbeiten. Im Mittelpunkt der Aufgabe standen das politische Bild vom Menschen sowie die Grundwerte und ihre Konkretisierung. Wie die SPD in ihrem Godesberger Programm, so legte sich auch die CDU auf die Grundwerte der Freiheit, der Solidarität und der Gerechtigkeit programmatisch fest. Dies war ein sehr bemerkenswerter, weithin unterschätzter Vorgang. Trotz mancher zum Teil scharfer prinzipieller Auseinandersetzungen zwischen den grundsatz- und programmpolitischen Exponenten der beiden großen Parteien war dieser Dialog in Wirklichkeit konstruktiv und gegenseitig befruchtend. Er wirkt – oft unbemerkt – bis heute fort. Dies gilt insbesondere für die praktischen politischen Folgen der Solidarität und Subsidiarität.

Mir hatte meine Partei den Vorsitz in der Grundsatzprogramm-Kommission übertragen. Dieser Grundsatzarbeit galt, neben meinen außen- und deutschlandpolitischen Aufgaben in der Bundestagsfraktion, während der ganzen siebziger Jahre mein politisches Hauptengagement.

Vor der Verabschiedung des Grundsatzprogramms veranstaltete die CDU einen mehrtägigen Grundsatzkongreß vom 22. bis 24. September 1977 in der Berliner Kongreßhalle. Zahlreiche sachverständige Wissenschaftler, sozial-ethische Sprecher der Kirchen und Vertreter anderer Parteien nahmen an den höchst aufschlußreichen und intensiven Diskussionen teil. Zur Einführung des Kongresses hielt ich das folgende Referat:

Die Grundsatzdiskussion der großen Parteien

Schneidende Widersprüche kennzeichnen unsere politische Lage. Einerseits geht es uns gut, besser als den meisten anderen Ländern in der Welt. Andererseits stehen wir vor ernsten Belastungen. Unser sozialer Rechtsstaat kämpft mit den Herausforderungen der inneren und äußeren Sicherheit, mit strukturellen Zukunftsfragen und mit Lebensproblemen für alt und jung.

In dieser Lage sucht der Bürger festen Boden unter den Füßen. Wenn es ernst wird, ist eine politische Marschroute vonnöten, die sich an gültigen Werten orientiert. Tagespolitische Antworten reichen nicht aus.

Hier liegt das Feld der grundsatzpolitischen Auseinandersetzung. Zwar führt sie nicht zur verbindlichen Entscheidung über Werte. Dafür gibt es in der freiheitlichen Demokratie keine Instanz. Aber die politischen Zielkonflikte sind da. Sie müssen ausgetragen werden. Dies ist die Aufgabe der Parteien.

Im Grundsatzstreit klären sich die Maßstäbe, an denen man uns messen kann. Jeder soll wissen können, was eine Partei bewahren und was sie verändern will und warum.

Aber der Streit muß so geführt werden, daß Zusammenarbeit über die Grenzen der demokratischen Parteien hinweg möglich bleibt. Die Bundesrepublik Deutschland erwarb sich ihre politische Handlungsfähigkeit nicht zuletzt deshalb, weil es eine pragmatische Allianz quer durch die Parteien gab. Pragmatische Politik bedeutet nicht, auf grundsätzliche Orientierung zu verzichten, wohl aber sich gegen eine ideologische Fixierung der Programme auszusprechen. Denn diese machen zum Kompromiß und damit zur Demokratie unfähig. Politische Heilslehren führen zur totalitären Rechthaberei. Pragmatische Politik dagegen ist der heilsame Zwang zur Konzentration der Werte und Ziele auf die Fähigkeit zur Entscheidung.

Kein Parteieigentum an Grundwerten

Es ist kein Zufall, sondern geschichtlicher Erfolg der demokratischen Idee, daß über die Grundwerte der Freiheit, der Solidarität und der Gerechtigkeit als Prinzipien kein Streit besteht. Sie sind nie Monopol einer demokratischen Partei gewesen. In Wahrheit sind sie älter als alle Parteien, die es heute bei uns gibt. Müßig ist daher der Streit, wer sie von wem übernommen hat.

Gegenwärtig spüren wir besonders, daß unser demokratischer Staat ohne ein ausreichendes Maß an Übereinstimmung in den Grundlagen nicht mehr handlungsfähig wäre.

Um so mehr hängt davon ab, wie die Parteien die Auseinandersetzung um die Grundwerte führen. Ziel muß es sein, nicht die Grundwerte an eine Partei, sondern die Parteien an Grundwerte zu binden.

Jede Politik entspricht einem Menschenbild

Wir streiten uns nicht über Werte an sich. Alle demokratischen Parteien und Politiker sind für Freiheit und Gerechtigkeit, denn dies entspricht einer tiefen menschlichen Sehnsucht. Die gegenseitige Verdächtigung guter Absichten ist ebenso fruchtlos wie persönliche ethische Vorwürfe.

Der notwendige Streit geht vielmehr darüber, wie die Grundwerte inhaltlich zu konkretisieren, wie ihr sich wandelndes Spannungsverhältnis zueinander zu lösen und wie sie in der praktischen Politik durchzusetzen sind.

Der Schwerpunkt der bisherigen Diskussion zum Grundsatzprogramm in unserer Partei liegt an dieser Stelle. Das ist gut und notwendig. Wir wollen ja nicht mit Hilfe einer ethischen Hochsprache Gegensätze wegzaubern oder ein politisch bedeutungsloses Harmoniegebilde unbezweifelbarer Wahrheiten entwerfen. Sondern wir wollen unsere Grundwerte mit dem Gewicht der praktischen Konflikte und Kontroversen belasten. Wir tun dies, weil wir sie ernst nehmen.

Wichtigster Maßstab für die Grundwerte ist das Verständnis vom Menschen. Mit ihrem Godesberger Programm versucht die SPD, diesem Thema auszuweichen. Nach ihrer Auffassung fällt das Menschenbild in den Bereich der Weltanschauung. Es wird daher zur Privatsache deklariert, über die eine Partei nicht beschließen könne, weil die pluralistische Demokratie dies verbiete.

Der Versuch, die Frage nach dem Menschenbild programmatisch zu neutralisieren, mußte scheitern. Er hat nur dazu geführt, das Menschenbild zum Gegenstand politischer Flügelkämpfe in der SPD werden zu lassen. Diese Entwicklung war ganz unvermeidlich. Es geht ja nicht um die privaten Glaubensentscheidungen der Bürger. Daß diese durch eine Partei zu achten sind, ist selbstverständlich, weil von der Verfassung geboten. Deshalb bindet eine Partei ihre Mitglieder auch nicht durch Beschlüsse über ein Menschenbild. Vielmehr beschließt sie über die Politik, die sie machen will. Aber das Ziel politischen Handelns ist der Mensch. Jede Politik entspricht, bewußt oder unbewußt, einem Menschenbild. Wir alle wollen Freiheit. Aber wie erreichen wir sie? Welche Freiheit meinen wir? Sind wir uns einig, wovon wir frei sein wollen? Und auch wozu? Wem fällt dabei welche Rolle zu? Was trägt der Staat, was die Gesellschaft, was der Mensch selbst dazu bei? Welchen Einfluß nimmt, mit anderen Worten, die Politik auf Bewußtsein und Verhalten des Menschen, der frei sein soll? Dies alles sind im zentralen Sinn Fragen nach dem Menschenbild, und deshalb müssen Parteien sich und der Öffentlichkeit darüber Rechenschaft und Antwort geben.

Ist unser Staat wertneutral?

Wir sind damit im aktuellen Kern der grundsatzpolitischen Auseinandersetzung. Sie wird über das Verhältnis des Staates zu den Grundwerten geführt.

Bundeskanzler Schmidt vertritt die Meinung, der Staat habe nur die Grundrechte des Bürgers zu wahren. Die Grundwerte aber seien etwas ganz anderes. Diese zu wahren und zu beeinflussen, sei Sache der Person, der Gruppen und der Gesellschaft, dagegen nicht des Staates. Der Staat sei kein Träger eines eigenen Ethos. Soweit Schmidt damit dem Mißbrauch des Staates durch ideologische Programmatiker entgegentreten will, hat er uns auf seiner Seite. Der Staat wäre totalitär, würde er sich anmaßen, das Wahre, Gute und Schöne zu verordnen. Es gehört zu den Errungenschaften der freiheitlichen Demokratie, den Bürger gegen staatliche Übergriffe in den privaten Bereich der Weltanschauung zu schützen.

Dennoch verkennt Schmidt die rechtliche und die tatsächliche Rolle des Staates im Verhältnis zu den Grundwerten.

a) Grundrechte und Grundwerte sind nicht, wie die These von Helmut Schmidt lautete (die er inzwischen selbst relativiert hat, s. Evangelische Kommentare 1977, 424), »ganz verschiedene Dinge«. Zwar sind die sittlichen Grundlagen, die in der Gesellschaft leben, für das Recht von großer Bedeutung.

Aber das Recht wirkt auch selbst auf sie zurück. Es gibt nicht nur die normative Kraft des Faktischen, sondern auch die faktische Kraft des Normativen. Mit anderen Worten: Das Recht hat verhaltensbestimmende Kraft.

Der Gesetzgeber muß diesen Einfluß, den er besitzt, verantwortlich nutzen. Deshalb hat er sich zum Beispiel im neuen Ehegesetz ausdrücklich zur Ehe als einer Gemeinschaft bekannt, die auf Lebenszeit geschlossen wird. Die staatliche Rechtsordnung hat die Pflicht, die Ehe zu schützen, nicht aber sie den Gefährdungen durch wechselnde Meinungsströme in der Gesellschaft zu überlassen.

Schon unsere Verfassung hat sich im Gegensatz zur Weimarer Reichsverfassung nicht auf eine liberale Regelung des Umgangs miteinander beschränkt. Sie hat sich vielmehr selbst zu Grundzügen eines Menschenbildes, zu ethischen Werten und zu einem inhaltlich bestimmten Demokratiebegriff bekannt: zur Würde des Menschen, zum Sittengesetz und zum freiheitlichen und sozialen demokratischen Rechtsstaat. Alle Staatsorgane haben diese im Recht selbst enthaltenen Werte zu wahren, zu schützen und anzuwenden.

Wir bekennen uns zum Pluralismus. Aber darunter verstehen wir nicht neutrale Beliebigkeit, sondern das Ringen um Standpunkte. Gerade der Streit über Erziehungsziele in staatlich verordneten Rahmenrichtlinien hat überdeutlich gezeigt, wie unzulänglich es ist, sich auf den Schutz der Spielregeln zu beschränken. Wer dies tut, überläßt am Ende das Kampffeld dem Störenfried allein. Das Sittengesetz, dem staatliches Recht verpflichtet ist, ist mehr als ein System wertfreier Spielregeln.

b) Vor allem ist es die tatsächliche Entwicklung, welche zeigt, daß der Staat durch die Politik seiner Organe im Laufe der Zeit einen gewaltigen Einfluß auf die Werthaltungen und also auch auf das Freiheitsverständnis des Bürgers gewonnen hat.

Freiheit bedeutet für den Menschen, ein freies Leben in eigener sittlicher Entscheidung zu führen. Sie zu sichern, ist Aufgabe des Staates. Dafür ist zweierlei notwendig:

– Einerseits dürfen die Verhältnisse, unter denen der Mensch lebt, dieser Freiheit nicht im Wege stehen. Erforderlich ist also die Befreiung von Not, von unzumutbaren Abhängigkeiten und von Rollenzwängen. Deshalb wurde es vordringliches Ziel staatlicher Politik, die materiellen Bedingungen der Freiheit herzustellen und zu sichern.

- Andererseits ist es mit einer Befreiungspolitik allein nicht getan. Denn ein freies Leben zu führen, stellt Anforderungen vor allem auch an den Menschen selbst. Die Freiheit bringt nicht nur Ansprüche für ihn, sondern auch Ansprüche an ihn. Deshalb müssen die befreienden Maßnahmen staatlicher Politik auch das Ziel verfolgen, beizutragen, den Bürger zur verantwortlichen Lebensführung zu befähigen.

Der Staat hat sich nun zunächst an die Sicherung der materiellen Bedingungen der Freiheit gemacht. Auf diesem Weg ist er allmählich in eine umfassende Betreuerrolle hineingewachsen. Er beschränkt sich nicht mehr darauf, vor Not zu schützen und gerechte Verhältnisse zu schaffen. Sondern er erzieht und beschäftigt seine Bürger; er regelt und versichert ihr Leben; er verteilt ihre Güter und Chancen. Angesichts dieser Lage klingt die Frage, ob der Staat denn überhaupt das Recht habe, Wertbewußtsein und Freiheitsverständnis seiner Bürger zu beeinflussen, geradezu ironisch. In Wahrheit hat er wie keine andere Instanz die Einstellung seiner Bürger maßgeblich geprägt.

Die Erfolge staatlicher Politik liegen in der Sicherung materiell gerechter Bedingungen der Freiheit. Das ist eine große Leistung. Aber damit sind nur Voraussetzungen geschaffen. Die Freiheit selbst, das heißt die Freiheit als ein Zusammenhang von Gabe und Aufgabe, kann der Staat nicht liefern wie ein Postpaket. Freiheit verwirklicht sich erst durch Selbst- und Mitverantwortung der Bürger. Der moderne Interventionsstaat übt aber zur Zeit auf diese Eigenkräfte einen negativen Einfluß aus. Es gilt zu verhindern, daß er die Freiheit des Bürgers mit eben den Mitteln verfehlt, mit denen er sie materiell sichern will. Das ist die jetzige Aufgabe.

Die persönliche Verantwortung des freien Bürgers

Der Sozialismus kann nach unserer Überzeugung diese Aufgabe nicht lösen. Vielmehr liefert er zur geschilderten tatsächlichen Lage auch noch den programmatischen Überbau. Das jüngste Programm der SPD, der Orientierungsrahmen '85, ist hierfür Beleg. Dort wird ausführlich beschrieben, was alles den Menschen zu geben, für sie zu erreichen und zu sichern, vorzusorgen und ihnen zu garantieren sei. Freiheit ist nach diesem Programm lediglich eine gesellschaftliche Aufgabe. Der Mensch ist nicht Quelle, sondern nur Empfänger der Freiheit als einer politischen Leistung der Gesamtgesellschaft. Entsprechend wird die Rolle des Staates gesehen. Auch er wird nur von den Wertvorstellungen der Gesellschaft gesteuert und ist ihr Werkzeug. Ausdrücklich wird ihm die Aufgabe abgesprochen, gesellschaftliche Gruppen auf das Gemeinwohl zu verpflichten. Vielmehr hat er die Rolle der bloßen Dienstleistung. Der Staat wird vergesellschaftet. Er wird zum Instrument für die Durchsetzung des politischen Zieles dieser Gesellschaft, nämlich des Sozialismus.

Hier stehen sich die politischen Konzepte theoretisch und praktisch gegenüber. Nach unserer Sicht ist Freiheit untrennbar von Verantwortung. Verantwortung trägt die Person, nicht ein Kollektiv. Die Person ist ein soziales, auf Gemeinschaft angelegtes Wesen. Sie ist nicht Robinson, der einsam und isoliert lebt. Sie ist auch keine Ameise, die im Kollektiv untergeht. Freiheit ist das Recht und die Aufgabe der verantwortlichen Person. Deshalb führt ein Programm in die Irre, das die Freiheit nur zur gesamtgesellschaftlichen Aufgabe macht.

Aus diesem Grundverständnis entwickeln wir die Ziele unserer Politik, für die hier sieben Beispiele folgen:

1. Bildungspolitische Aufgabe ist es, jedem seinen Weg zu ermöglichen. Das wichtigste Gebot der Gerechtigkeit für die staatliche Politik ist es dabei, in erster Linie soziale und auch regionale Nachteile auszugleichen.

Wenn entsprechende Zeitungsmeldungen zutreffen, die ich nicht überprüfen kann, sagte im Wahlkampf eines nördlichen Nachbarlandes vor einem Jahr der dortige ehemalige Erziehungsminister: Ziel sei nicht eine Wiese mit bunten Blumen, sondern ein gleichmäßig geschorener Rasen. Hier scheiden sich die Geister. Wir wollen nicht mit gleichmäßig geschorenen Köpfen durchs Leben ziehen. Gerechtigkeit ist das Fundament des freien Zusammenlebens. Gleichheit der Lebenswege dagegen ist weder gerecht noch frei. Sie ist unmenschlich. Wir wollen jedem seinen, nicht jedem den gleichen Weg eröffnen.

In der Erziehung wollen wir lernen, miteinander zu leben, nicht gegeneinander. Dies geschieht nicht durch kollektive Emanzipation und Konflikttheorie. Denn beides führt nicht zu Selbst- und Mitverantwortung. Wir gehen vielmehr von der Erkenntnis aus, daß Freiheit und Bindung einander bedingen. Es gibt Abhängigkeiten, die den Menschen entwürdigen, und es gibt Bindungen, ohne die er als Mensch verkümmert.

2. In der Familienpolitik kommt es darauf an, zwiespältige Wirkungen zu erkennen und ihnen entgegenzuwirken. Einerseits geht es um die notwendige materielle Absicherung der Familie und um Auflösung von Rollenzwängen. Andererseits wird damit ein Trend zur Abgabe von Verantwortlichkeiten der Familie gefördert: Man geht dem eigenen Verdienst nach. Man versteht die Familie vorzugsweise dort als Gemeinschaft, wo sie dem Genuß der Freizeit dient. Die Wahrnehmung familiärer Pflichten untereinander aber erwartet man gern vom Gemeinwesen, und zwar von der frühkindlichen Erziehung über die Pflege kranker Familienmitglieder bis zur Sorge um die Alten. Der Staat übernimmt immer mehr »befreite« Felder von Familientätigkeit. Auf diesem Weg ist es nicht mehr weit zu einer gesamtgesellschaftlichen Ideologie, die die Familie zur bloßen Agentur der Gesellschaft degradieren will, um besser alles über einen Leisten schlagen zu können.

Um so wichtiger ist eine staatliche Politik, welche der Familie die Wahrnehmung eigener Aufgaben und Pflichten zumutet und erleichtert. Denn die Familie bietet entscheidende Erfahrungen für das Zusammenleben. In keinem anderen Rahmen können alt und jung auf vergleichbare Weise lernen, was Selbst- und Mitverantwortung bedeutet.

3. Der Aufbau unseres Systems der sozialen Sicherung ist die wichtigste Leistung, um materiell gerechte Bedingungen der Freiheit zu schaffen. Dieses System dient der Befreiung von Not und von Risiken, die der einzelne im Regelfall allein nicht tragen kann. Soziale Leistungen sind heute nicht mehr Almosen, sondern Rechtsansprüche. Das ist ihr großer Fortschritt. Es hat befriedende und befreiende Wirkung.

Daran gilt es festzuhalten. Gelingen wird uns dies aber nur, wenn wir der neuen Probleme Herr werden, die sich Hand in Hand mit der Lösung alter Notstände entwickelt haben.

Ihr Kern liegt darin, daß der Bürger einerseits vor wachsenden finanziellen Belastungen steht, andererseits aber den Sinn für Selbst- und Mitverantwortung verliert. Hier sind wir auf der schiefen Ebene.

Da es eine kostenlose Lebensführung durch Staatsgarantie nicht gibt, zahlt der Bürger hohe Steuern und Sozialabgaben. Zugleich wird bei ihm der Eindruck erweckt, als habe er mit dieser Zahlung seine Pflichten erfüllt. Um sein Leben führen und gegen Risiken schützen zu können, habe er nun nur noch kollektive Leistungen abzurufen. Auf diese Weise kann der Bürger kein Gefühl für Mitdenken und Mittun entwickeln. Er sieht keinen Grund für ein eigenes Interesse an einer gesunden Wirtschaftlichkeit des Gesamtsystems. Im Gegenteil: Mehr herauszuholen, als man einzahlt, gilt als vernünftige, vom System offenbar beabsichtigte Verhaltensweise. Dies um so mehr, als Leistungen ja auch nicht nur für Bedürftige bereitstehen, sondern für alle, ohne Rücksicht auf ihre eigenen Mittel und Kräfte.

Die Folgen für die Kosten des Systems und die Mentalität der Beteiligten liegen auf der Hand. Der Gesamtaufwand steigt immer mehr. Solidarität, Grundgedanke des Systems der sozialen Sicherung, wird nur noch verordnet, nicht mehr empfunden. Sie begegnet dem Bürger als gesetzlich vorgeschriebener Abzug vom Einkommen. Ihren sittlichen Impuls im Sinn von Selbst- und Mitverantwortung kann sie nicht entfalten.

Bisher hat die politische Führung keine überzeugenden Fähigkeiten zur notwendigen Kurskorrektur entwickelt. Gegenseitige Verdächtigungen, insbesondere das Demagogenschlagwort von der sozialen Demontage, haben Erkenntnis und Erörterung der Probleme bisher jeweils im Kern erstickt. Wer versucht, von Selbsthilfe und eigener Verantwortung zu sprechen, wird alsbald verdächtigt, er wolle nur in das Netz der materiellen Sicherung hineinschneiden.

Gewiß, auch in diesem Streit ist keiner frei von den Vorurteilen seiner eigenen Existenz. Es ist leichter, Selbsthilfe und Selbstverantwortung in der Behandlung der Wechselfälle des

Lebens zu fordern, wenn man selbständige Lebensführung gelernt hat und die materiellen Mittel dazu besitzt. Es ist schwer, sich in die Bedürfnisse von Menschen zu versetzen, deren Lebensbedingungen man nur studiert, aber nicht teilt. Deshalb ist es gut, wenn im Wettbewerb der Parteien alle Anliegen und Ansprüche zu Wort kommen. Es ist heilsam, wenn derjenige, welcher die eigenverantwortlichen Kräfte der Freiheit so betont, sich immer wieder fragen läßt, ob er damit der Gerechtigkeit keinen Abbruch tut. Denn die Stärkeren können sich selbst besser helfen als die Schwächeren. Gefährlicher aber als eigene Vorurteile ist der Hang der Parteien, im Kampf um Mehrheiten die Erfüllung immer neuer materieller Wünsche und die kollektive Regelung einzelner Probleme zu versprechen. Anstelle solcher kurzfristiger Auswege wird es immer dringlicher, sich um die Mehrheitsfähigkeit von Lösungen zu bemühen, die den Gedanken der Mitverantwortung konkretisieren. Kein Sozialstaat der Welt kann für die Gesundheit seiner Bürger aufkommen, wenn diese selbst mit ihrer Gesundheit verantwortungslos umgehen. Sozialpolitik darf den Bürger nicht zum bloßen Objekt und zahlenden Empfänger von Leistungen machen. Das hieße nur, die alte materielle Not durch neue Abhängigkeit und Hilfsbedürftigkeit zu ersetzen, anstatt die Fähigkeit zur Selbsthilfe zu erzeugen, zur eigenständigen und verantwortlichen Lebensführung. Die persönliche Einsicht und Kraft des Menschen bleiben auch dort ganz unentbehrlich, wo wir das System der sozialen Sicherung geschaffen haben. Sie sind unentbehrlich sowohl für den freien Bürger als auch für sein Gemeinwesen. Die Zukunft der freiheitlichen Demokratie hängt davon ab, ob wir mit dieser Aufgabe fertig werden.

4. Die ernsten Strukturprobleme in der Wirtschaft gehen auf vielfältige Ursachen zurück. Es sind Rohstoff- und Energieversorgung, Welthandels- und Währungsfragen sowie die Folgen der technologischen Entwicklung. Der wichtigste einzelne Faktor aber ist die Verunsicherung aller Beteiligten in der eigenen Wirtschaft. Der Staat soll anregen oder bremsen, durch Rahmenbedingungen ordnen und über die Sozialpflichtigkeit der Wirtschaft wachen. Aber er soll die Eigenkräfte anregen, nicht sie lähmen. Wir brauchen kalkulierbare Risiken und Chancen, eine ordnungspolitische Verläßlichkeit des Staates und ein lohnendes Ziel für den Leistungswillen.

In der Arbeitswelt und in der Freizeit geht es um ein und dieselbe Freiheit. Deshalb gehören Selbstbestimmung und Mitverantwortung als Elemente der Freiheit auch in die Arbeitswelt. Der arbeitende Mensch ist Subjekt und nicht Objekt des Wirtschaftsablaufs. Die Arbeitsbedingungen sollen ihm dazu verhelfen, daß er seine körperlichen, geistigen und seelischen Fähigkeiten so gut wie möglich entfalten kann. Mitbestimmung und Betriebsverfassung, Gewinnbeteiligung und Vermögensbildung der Arbeitnehmer verstehen wir als die freiheitliche Alternative zu Klassenkampf und Staatswirtschaft.

5. Freiheit ist keine Ware, die der Staat produzieren und die der Bürger konsumieren kann. Deshalb muß sich die Verantwortung des Staates mit der Verantwortung der Bürger verbinden. Das geschieht vor allem in den Gemeinden. Dezentralisierung und Selbstverwaltung sind wesentliche Elemente freiheitlicher Politik. Es gilt, dem Bürger, den Gruppen und Nachbarschaften eigene Initiativen und Verantwortungen zuzumuten und zu erleichtern, nicht dagegen sie zu bevormunden. Auch die Gemeinden dürfen nicht zu bloßen Kostgängern und Konsumenten degradiert werden. Daher kommt es darauf an, Ausgaben- und Finanzierungsverantwortung wieder stärker in der Hand der kommunalen Selbstverwaltungen zu vereinigen. Damit wird das verantwortliche Interesse des Bürgers für die Angelegenheiten seines Gemeinwesens gefördert.

6. Wes Geistes Kind staatliche Freiheitspolitik ist, zeigt sich besonders deutlich im Verhältnis zu freien Trägern. Hier kann der Staat beweisen, daß er nicht alles selbst in die Hand nehmen und regulieren, sondern fördern und helfen will.

Kirchliche und andere freie Träger sollen nicht deshalb in ihrer Tätigkeit gefördert werden, weil es sich um alte Besitzstände handelt. Vielmehr haben sie im sozialen, kulturellen und bildungspolitischen Bereich nachgewiesen, daß sie Hervorragendes leisten. Sie können erfolgreicher Kosten sparen und bringen es besser fertig, Bürger zur neben- und ehrenamtlichen Mitarbeit zu gewinnen. Damit verleihen sie der Mitverantwortung und dem Sinn für Gemeinschaft neue Impulse. Ganz anders als staatliche Einrichtungen gelingt es ihnen, eigene Mitarbeit, Gemeinschaftsgefühl und Lebensfreude freier Bürger zu erzeugen. Mit ihrer Hilfe gilt es, die sozialen Dienste zu fördern, die zur Humanisierung der technischen Welt unentbehrlich sind. Sie dienen der persönlichen Zuwendung von Mensch zu Mensch, die für den Gebenden von keinem geringeren Wert ist als für den Empfänger.

7. Der Zusammenhang von Innen- und Außenpolitik wird immer enger. Wir spüren ihn in der Weltwirtschaft, an der wir als Handelspartner führend beteiligt sind. In der Europäischen Gemeinschaft stehen wir mit der bevorstehenden Direktwahl zum gemeinsamen Parlament an der Schwelle von der Außen- zur Innenpolitik. Vor allem aber gewinnen auch die Grundwerte in den internationalen Beziehungen eine wachsende Bedeutung. Je überzeugender wir ihnen zu Hause gerecht werden, desto besser werden wir uns in der Welt verantwortlich behaupten können.

Solidarität unter Machtungleichen: die Hauptaufgabe

Alle Beispiele führen zur selben Erkenntnis: Zur Freiheit gehört die Verantwortung für sich selbst. Wer dies gelernt hat, kann auch mitverantwortlich für andere handeln. Er kann solidarisch sein.

Die grundsatzpolitische Auseinandersetzung gipfelt im Verständnis der Solidarität. Im Orientierungsrahmen '85 der SPD wird eingeräumt, daß wir nur menschlich miteinander leben können, wenn wir uns füreinander verantwortlich fühlen. Diese Passage wäre ein großer Fortschritt, wenn der Sozialismus seine Aussagen zur Solidarität auf sie stützen würde. Das ist aber nicht der Fall.

Vielmehr beschreibt der Orientierungsrahmen '85 die Solidarität als Kampfgemeinschaft gegen andere. Dies ist aus der Geschichte der Arbeiterbewegung abgeleitet und hatte zur damaligen Zeit seinen guten und notwendigen Sinn. Die heutigen Aufgaben lassen sich damit nicht lösen.

Solidarität ist die wichtigste und zugleich die schwierigste Forderung für das freie Zusammenleben von Menschen, Gruppen und Staaten. Dort, wo sich die Interessen decken, ergibt sie sich von selbst. Wo aber Interessenkonflikte vorherrschen und wo die Macht ungleich verteilt ist, dort gewinnt Solidarität ihre Bedeutung.

Solidarität unter Machtungleichen ist das zentrale Motiv für die weltweiten Entwicklungsaufgaben. Solidarität ist geboten, um unsere eigenen gesellschaftlichen Konflikte durch Partnerschaft zu bewältigen. Um Solidarität unter Nachbarn geht es, wenn wir menschenwürdig zusammenleben wollen.

Der Orientierungsrahmen '85 jedoch erklärt rundheraus, es könne keine Solidarität zwischen Reichen und Armen, zwischen Mächtigen und Machtlosen, zwischen Wissenden und Unmündigen geben. So etwas hält die SPD für schlimmer als unmöglich, nämlich für den Grundirrtum des politischen Gegners.

Es ist merkwürdig: Das sozialdemokratische Programm spricht stets vom Widerspruch unserer Zeit, der gekennzeichnet sei durch das, was den Menschen möglich wäre im Vergleich zu dem, was sie aus diesen Möglichkeiten machten. Der Sozialismus meint, er sei es, der diesen Widerspruch auflösen könne. Aber wie will er es fertigbringen, wenn nicht durch die Fähigkeit zur Solidarität im Zusammenleben der Menschen, Gruppen und Staaten? Wer den Kampf der Gleichen mit den Gleichen gegen die Ungleichen ausruft und dies Solidarität nennt, wird die Widersprüche unserer Zeit nicht auflösen.

Dies ist der Punkt, uns zu fragen und fragen zu lassen, was der Name unserer Partei bedeutet. Er stellt uns unter einen ungeheuren Anspruch. Die großen Probleme der Zeit wären lösbar, wenn wir Menschen in der Lage wären, politisch gemäß der Bergpredigt zu handeln. Man wird sagen müssen: sie wären *nur* so lösbar. Frieden zu geben, alle Menschen auf der Welt satt zu machen, Gerechtigkeit walten zu lassen, die Freiheit des anderen zu wollen, das alles sind Aufgaben, die wir als Menschen erkennen und vor denen wir doch immer wieder versagen.

Aber Irrtum, Schuld und Scheitern sind nicht die letzten Worte. Der radikalen Forderung der Bergpredigt folgt kein Verdammungsurteil: Der Kern der Botschaft Christi ist die Zusage; sie richtet sich an alle Menschen. Sie befähigt und befreit zur Zuversicht und zur verantwortlichen Lebensführung.

Glaubenssätze sind etwas anderes als Politik. Die CDU meldet nicht eine geoffenbarte Glaubenswahrheit als politi-

sches Programm an. Dies würde ihrem Charakter als Volks-
partei widersprechen. Es hätte überdies auch keine Grundlage im Glauben selbst. Christus verkündigt kein politisches
Programm. Er sagt nicht: Dies ist die Wahrheit. Er sagt vielmehr: Ich bin die Wahrheit. Das bedeutet: Nicht auf ein
Dogma und eine Ideologie kommt es an, sondern auf ein
Verhalten.

Hier hat christlicher Glaube Konsequenzen für das Zusammenleben der Menschen und damit politische Konsequenzen. Aber sie sind für jedermann einsehbar, für Christen wie
für Nichtchristen.

Den Nächsten zu lieben wie sich selbst, dies drückt in
anderer Sprache aus, worauf es bei der Solidarität ankommt.
Martin Buber hat übersetzt: Liebe Deinen Nächsten, denn er
ist wie Du. Das heißt nicht, daß es leicht fiele, ihn so zu lieben,
wie man sich selbst liebt. Es bedeutet ebensowenig, ich solle
den Nächsten lieben, um mit ihm den Übernächsten zu bekämpfen. Gerade weil der Nächste mit seinen Wünschen und
Interessen den meinigen im Wege steht, und zwar ebenso wie
ich ihm, sollen wir lernen, zusammenzuleben. Dies ist die
Erkenntnis, daß die Freiheit des anderen meine Freiheit nicht
nur begrenzt, sondern auch bedingt. Das ist es, was Solidarität
im Kern bedeutet: Freiheit als Mitverantwortung.

Ist dieses Verständnis – auf die Politik angewandt – uto-
pisch? Bleiben wir nüchtern genug? Oder erwarten wir damit
etwas vom Menschen, das er gar nicht leisten kann? Wie soll
er es denn schaffen, nicht nur angesichts der viel beklagten
Strukturen der Gesellschaft, sondern weil er eben so ist, wie
er ist?

Niemand weiß darauf die Antwort. Katastrophen hat es in
der Geschichte die Fülle gegeben. Keiner kann sagen, ob wir
neuen Katastrophen entgehen.

Gewiß ist nur dies: Um so schlechter wäre das Rezept, die
Dinge einfach treiben zu lassen. Als Partei müssen wir Ziele
setzen,und zwar gerade auch dort, wo wir wissen, daß wir sie
nur erreichen können, wenn wir uns selbst und andere im
Bewußtsein oder im Verhalten ändern.

Was uns als Politiker fehlt, ist weniger die Erkenntnis dessen, was notwendig wäre, sondern die Fähigkeit, das Notwendige mehrheitsfähig zu machen. Aber nur wenn wir diese

Fähigkeit entwickeln, werden wir auf Dauer die Chance behalten, Politik in Freiheit machen zu können. Wir dürfen ja nicht nur Politik betreiben, um gewählt zu werden – was auch legitim ist –, sondern wir sind gewählt, um Politik zu machen, und zwar unserer Einsicht gemäß.

Die Zeit ist unruhig, die Unsicherheit groß. Das Vertrauen zwischen Bürger, Parteien und Staat ist bitter nötig. Der Bürger läßt sich nichts vormachen. Wenn die staatliche Politik ihn unterschätzt und seine eigenen Kräfte verkümmern läßt, wird auch er nicht mit Zutrauen antworten. Wenn sie ihm aber Selbst- und Mitverantwortung zumutet, dann ist auch er unbequemen Anforderungen besser gewachsen. Und dann wird er, worauf es heute ankommt, den Verantwortlichen in einer Zeit ernster Belastungen zur Seite stehen.

Christentum und Parteipolitik

Herausforderungen an die CDU

Der Evangelische Arbeitskreis ist eine der Vereinigungen in der CDU, die sich immer wieder mit sozial-ethischen und grundsatzpolitischen Fragen der Zeit intensiv auseinandersetzt. Auf seiner Bundestagung 1976 in Stuttgart hielt ich als Vorsitzender der Grundsatzprogramm-Kommission meiner Partei das nachfolgende Referat. Es hat eine kritische Auseinandersetzung mit dem Verhältnis von Christentum und Parteipolitik zum Inhalt. Es führt zu der These, daß die Alternative nicht lautet: Sozialismus oder Kapitalismus, sondern: der kollektivierte oder der frei verantwortliche Mensch.

Keine Partei stellt mit ihrem Namen einen so hohen Anspruch wie die CDU. Nirgends wird damit die Lücke so sichtbar, die stets zwischen Anspruch und Wirklichkeit in der Politik klafft. Kein Wunder, daß auch die Kritik am Namen der CDU anderer Art ist als bei der politischen Konkurrenz. Der Name ist für viele ein Ärgernis.

Das »C« im Parteinamen

Was ärgert? Zwei Ebenen sind zu unterscheiden.

a) Einmal ist es die Taktik. Da gibt es den Vorwurf, wir trieben Mißbrauch mit dem C, um Wähler zu gewinnen und an uns zu binden. Solche Versuche hat es gegeben. Aber die Schlachten darüber sind geschlagen. Klerikale Wahlhilfe wird heute weder angeboten noch ist sie erwünscht. Der Parteiname ist keine Monopolanmeldung gegen andere, sondern Anspruch an uns selbst. Zahlreiche Christen gehören nicht zur CDU. Und viele CDU-Anhänger bekennen sich nicht zum Christentum. In der taktischen Ebene ist der Vorwurf des Namensmißbrauchs heute überholt und unseriös. Der Name bietet keine höheren Wahlchancen, sondern allenfalls Angriffsflächen. Das kann jeder unvoreingenommene Beobachter feststellen.

Allerdings wird es auf die Dauer auch keinen Nutzen bringen, Monopolansprüche gegen uns geltend zu machen. Vor vier Jahren war in den Wahlkämpfen oft zu hören, wer Christ sei, könne nicht gegen den Frieden und daher nicht gegen Brandt sein. Das war ein schwerlich zu überbietender Mißbrauch von Glauben in der Politik. Aber er ist einer Ernüchterung gewichen, zu der ohnehin Christen in allen politischen Lagern beitragen sollten.

b) Jenseits von Diffamierung und Taktik freilich können wir die Fragen gar nicht ernst genug nehmen, die unser Name stellt.

Die großen Probleme der Zeit wären lösbar, wenn wir Menschen in der Lage wären, persönlich und politisch gemäß der Bergpredigt zu handeln. Ihren absoluten sittlichen Forderungen zu entsprechen, wäre vielleicht die einzige ausreichende Antwort, um Frieden und Gerechtigkeit zu erlangen. Die Menschen scheitern immer wieder an diesen Forderungen. Katastrophen waren schon früher die Folge. Niemand weiß, wie wir es schaffen werden, neuen Katastrophen zu entgehen.

Was können wir also meinen, wenn wir die eigene politische Partei christlich nennen? Zunächst: Welchen Eindruck erwecken wir? Legen wir nicht doch den Schluß nahe, als sei unsere Politik der Bergpredigt besonders verbunden, und als seien wir daher zur Lösung der Probleme am ehesten befähigt? Das meinen wir ganz und gar nicht. Wir wünschen es auch bei anderen nicht. Es war ein Fehlgriff, als Helmut Schmidt, damals schon Bundeskanzler, im Jahre 1974 erklärte, die SPD stehe im Vergleich zu Wahlhelfern der CDU der Bergpredigt erkennbar näher (vgl. Kölner Rundschau vom 21. 10. 1974).

Aber wichtiger als solche Geplänkel ist es für uns, daß wir selbst keinen Anlaß zu Mißverständnissen geben. Wir machen Politik mit denselben menschlichen Eigenschaften, wie dies in anderen Parteien geschieht. Wir versagen vor den Forderungen der Bergpredigt nicht weniger als andere. Also warum dann der christliche Name? Immer von neuem brauchen wir darauf eine Antwort.

Die Gründer der CDU sahen sich 1945 »vor einem Trümmerfeld sittlicher und materieller Werte«. Sie riefen »die christlichen, demokratischen und sozialen Kräfte zur Sammlung, zur Mitarbeit und zum Aufbau einer neuen Heimat« (Aufruf vom 26. 7. 1945). Übereinstimmende Erfahrungen in der Vergangenheit setzten sich um in den politischen Willen, den Herausforderungen der Gegenwart gemeinsam zu begegnen. Freiheit und Menschlichkeit sollten sich nicht wieder in sinnloser konfessioneller Gegnerschaft verlieren. Übereinstimmende Erfahrungen der Verfolgung im Dritten Reich, parallele Ansätze katholischer Sozialehre und evangelischer Sozialethik, die gemeinsame Verantwortung für die Aufgaben der Zeit; dies alles führte zu dem Willen, die Kräfte zur politischen Arbeit zu vereinigen.

Die Gründung der CDU ergab keine Mißverständnisse, weder nach innen noch nach außen, und zwar auch nicht durch den Namen. Hier wurde kein Glaubensanspruch angemeldet und nicht zum Kampf gegen Ungläubige geblasen. Sondern Erfahrung der Vergangenheit und gemeinsame Aufgaben der Gegenwart führten zur Vereinigung. Das Ergebnis war die Union. Ohne das U wäre das C nicht denkbar gewesen. So ist es auch heute. Aber das reicht nicht aus. Wir seien »eine noch kaum christliche Partei«, so meldet sich eine kritische Stimme aus den eigenen Reihen (Franz Alt in: Evangelische Kommentare 1974 Heft Nr. 10). Ich glaube, das stimmt. Und es wird auch auf lange Zeit so bleiben.

Über die Fähigkeit einer Gesellschaft, sich im Zeichen der Gebote, unter denen sie steht, zu ändern, gibt schon das Alte Testament einige Auskunft. Den mahnenden und verzweifelnden Propheten folgten die Apokalyptiker. In ihre Zeit trat Christus. Er verkündet kein christliches Programm. Er sagt nicht: Das ist die Wahrheit. Er sagt vielmehr: Ich bin die Wahrheit. Er meint damit kein abstraktes Gesetz, sondern ein konkretes Verhalten: handelnde Liebe.

Wer diese Aussage mit unserer politischen Wirklichkeit vergleicht, dem können leicht die Worte von Gertrud von Le Fort in den Sinn kommen. Sie sagt: Gerechtigkeit gibt es nur in der Hölle; handelnde Liebe wartet auf uns im Himmel; auf Erden aber gibt es das Leiden. Sie gehört nicht zu jenen Fanatikern, die unter christlicher Flagge daherkommen und uns den falschen Weg weisen. Es gibt keine billigen Auswege.

Aber wir haben auch keinen Grund, hier stehen zu bleiben.

Das Evangelium ist keine donnernde Bußpredigt. Christus macht keine ethische Befehlsausgabe und spricht kein moralisches Verdammungsurteil. Der Kern seiner Botschaft ist die Zusage an den Menschen. Wie Eberhard Jüngel es sagt: In Christus ist zugunsten des Menschen entschieden.

Wir leiten aus christlichem Glauben kein bestimmtes Programm ab. Das kann man gar nicht. Es gibt in unserem Land keine christliche Politik im Gegensatz zu einer unchristlichen Konkurrenz.

Christlicher Glaube gibt uns aber das Verständnis vom Menschen, auf dem unsere Politik aufbaut. Zwar meint Erhard Eppler, eine Partei könne und dürfe kein verbindliches Menschenbild haben, das sei Privatsache. Eine Partei könne und müsse sich jedoch auf Grundwerte einigen (Ende oder Wende, S. 46 f.). Das sehe ich anders. Parteien stehen im demokratischen Wettbewerb. Das heißt: Sie bieten die Möglichkeit einer Wahl zwischen demokratischen Alternativen. Damit dies zu keinen Monopolansprüchen und folglich zu keinem Vernichtungswettbewerb führt, ist es nötig, sich über Grundwerte zu verständigen. Grundwerte erfüllen nur dann ihren Sinn, wenn sie dem Gemeinwesen im ganzen dienen, dagegen nicht den Anhängern einer Partei. Deshalb halte ich es für einen Irrweg, wenn sich Grundwerte schon in ihrer programmatischen Ankündigung nur als »Grundwerte des demokratischen Sozialismus« beschreiben lassen. Es muß gerade umgekehrt sein: Die Bindung an Grundwerte soll parteipolitisches Handeln für die gemeinsamen Aufgaben im Staat öffnen.

Nun genügt das Bekenntnis zu Grundwerten natürlich nicht. Entscheidend ist, wie sie einander zugeordnet und konkret verwirklicht werden. Eben dafür bedarf es der Orientierung. Und diese sehe ich für uns im christlichen Verständnis vom Menschen. Niemand wird damit in seiner privaten Glaubensüberzeugung gegängelt. Aber jeder kann nachprüfen, woran wir uns als Partei orientieren wollen. Darauf hat auch jeder einen Anspruch.

Der Mensch will sich in seinem Leben selbst verwirklichen. Dabei kann er die Erfahrung machen, daß seine Kraft begrenzt ist, und daß es jenseits dieser Grenzen eine Wirklichkeit gibt, über die er nicht verfügt. Transzendenz nennen wir das. Nach christlichem Verständnis ist Gott der Grund für Sinn und Sein. Ihm verdankt sich der Mensch, nicht sich selbst. Damit ist er vom Zwang befreit, sich und der Welt einen letzten Sinn zu geben. Diese Erkenntnis befreit und verpflichtet ihn zur sittlichen Entscheidung. Er handelt nach seinem besten Wissen und Gewissen. In verantworteter Freiheit gestaltet er sein Leben und seine Welt selbst: in Glaube und Freiheit verpflichtet.

Die absolute Wahrheit besitzt er nicht. Im Streit um den besten Weg darf er sich gegenüber den Mitmenschen nicht auf eine höhere Macht berufen. Die Bibel ist kein Rezeptbuch. Sie beantwortet uns nicht die Frage nach der besten Mitbestimmung und nach den richtigen Polenverträgen. Darüber müssen wir in der Demokratie untereinander streiten. Dies geschieht in eigener Verantwortung und unter gegenseitiger Achtung. Denn die Freiheit des anderen ist nicht nur Grenze, sie ist auch Bedingung meiner eigenen Freiheit.

Über diese zuletzt gemachten Aussagen läßt sich wahrscheinlich eine ziemlich weitgehende Einigung unter den demokratischen Parteien unseres Landes erzielen. Wenn das stimmt, dann ist es wichtig, dies festzuhalten. Denn wir sind in der Politik ja immer in der Gefahr, die Gegensätze untereinander größer zu machen als sie es sind. Wir haben zwar die Aufgabe, klare Positionen zu beziehen und ohne Zimperlichkeit um Mehrheiten zu kämpfen. Aber das darf nicht wie in einem Scheidungsprozeß verlaufen, in dem die Prozeßparteien selbst durch ihr Auftreten vor dem Richter oft dasjenige vollends zerstören, was es an Gemeinsamkeiten und Respekt noch gegeben hatte.

Politisch gesprochen lag der entscheidende Beitrag des Christentums darin, daß es den Blick auf den einzelnen Menschen wendete. Der Mensch ist der unverwechselbare, einmalige, persönlich von Gott Gerufene. Das macht ihn zur Person. Seine Würde ist unantastbar. Sie gehört zu ihm unabhängig von Erfolg oder Mißerfolg und unberührt vom Urteil der anderen. Diese Erkenntnis ist unverändert aktuell für die Bestimmung von Werten und Zielen in der Politik.

Die Stärke dieses christlichen Ansatzes war aber mit einer

Schwäche gepaart. Er kann zu einer Individualisierung führen, die die soziale Wirklichkeit des Menschen nicht trifft. Die Person kann durch die gesellschaftlichen Bedingungen gehindert sein, ihr Leben menschenwürdig zu führen. Wer den Menschen in den Mittelpunkt rückt, muß sich also zuerst der Verhältnisse politisch annehmen, unter denen der Mensch lebt. Damit sind wir mitten in den Auseinandersetzungen, die die Entstehung unserer Demokratie in der Industrialisierung und Massengesellschaft entscheidend geprägt haben. Die Frage nach dem Menschenbild war damals in einer Weise gegenwärtig, die einen Christen weit eher betroffen machen mußte als ihn zum Widerspruch zu reizen. Man denke nur an den oft zitierten Satz des jungen Karl Marx, es seien »alle Verhältnisse umzuwerfen, in denen der Mensch ein erniedrigtes, ein geknechtetes, ein verlassenes, ein verächtliches Wesen ist« (Karl Marx: Zur Kritik der Hegelschen Rechtsphilosophie, Fischer-Bücherei, Band 1, S. 24).

Die Revolution des Kapitalismus

Seit Marx diesen Satz geschrieben hat, sind weit über hundert Jahre vergangen. Vieles Entscheidende hat sich verändert.

a) Die soziale Frage stellt sich heute weltweit. Ein wachsendes wirtschaftliches Gefälle, Bevölkerungsexplosion und Hunger radikalisieren die Weltpolitik. Die Völker der Entwicklungsländer nehmen uns nach unseren eigenen Grundsätzen sozialer Gerechtigkeit und Menschenwürde in Pflicht. Der Kampf um die Verhältnisse, um die Überlebensbedingungen wird weltweit geführt. Allseits, auch in der christlichen Theologie, wird um die Frage gerungen, die wir aus der Entstehung unserer eigenen demokratischen Gesellschaft kennen: Genügt es, die Verhältnisse zu reformieren, oder führt nur der Weg der Revolution zum Ziel?

b) Auch unser eigenes Gemeinwesen hat gewaltige Veränderungen erlebt, seitdem der Sozialismus in die politische Arena eingetreten ist. Alte Probleme wurden gelöst, neue sind entstanden. An beiden hat er mitgewirkt.

Im heutigen politischen Tageskampf versuchen freilich ei-

115

nige, den Eindruck zu erwecken, als lebten wir noch in Weimar oder gar in Bismarcks Reich. Unverdrossen kämpfen sie wie früher den Kampf des Sozialismus gegen den Kapitalismus. Sie übersehen oder sie verschweigen, daß dies in der Bundesrepublik Deutschland unserer Tage gar nicht die politische Alternative ist.

Das will ich begründen und denke dabei an die zutreffende Mahnung Helmut Gollwitzers, die schon auf Karl Marx zurückgeht: »Wer über den Sozialismus diskutieren will, muß zuerst den Kapitalismus analysieren« (Helmut Gollwitzer, Kapitalistische Revolution, S. 11). Wir wissen alle, daß wir dem Marxismus entscheidende Beiträge zur Kapitalismuskritik verdanken. Aber wir können sie nicht unbesehen übernehmen.

Der Kapitalismus ist kein politisches Programm, sondern ein Wirtschaftssystem. Er hat die Neigung, sich auf alle Lebensverhältnisse auszuwirken. Aber das geschieht nur so weit, als die jeweilige politische Ordnung ihm dies gestattet. Im Zeichen der Industrialisierung im 19. Jahrhundert wurde der Spielraum so groß, daß der Kapitalismus Kräfte von wahrhaft revolutionärem Ausmaß entfaltete. Nicht der Sozialismus, sondern zunächst der Kapitalismus war es, der die vorgefundene konservative Ordnung der sozialen Lebensbeziehungen unter den Menschen und ihrer Weltanschauung gründlich veränderte. Je mehr die Gesellschaft sich seiner überlegenen materiellen Leistungsfähigkeit überließ, desto stärker gewann auch das materielle Interesse die Oberhand über die politischen und menschlichen Verhältnisse. Es war eine gewaltige Emanzipation gegenüber Bindungen und Werten, die bis dahin gegolten hatten.

Ich muß mich mit wenigen Andeutungen begnügen, um die Entwicklung bis zu unserer heutigen Demokratie zu schildern. Das Bürgertum setzte sich für liberaldemokratische Grundsätze im Staat ein. Dem Sozialismus aber waren die Freiheiten der liberalen Bürger nicht genug. Er kämpfte darum, sie auf die sozialen Lebensbedingungen in der ganzen Gesellschaft auszudehnen. So gingen Liberalismus und Sozialismus auseinander. Erst Friedrich Naumann verwies wieder auf den Zusammenhang ihres Ansatzes. Der Sozialismus aber sah und sieht sich bis heute als die politische Kraft, welche in der

Kontinuität des Fortschritts der Gesamtgeschichte steht (vgl. Brakelmann, Lutherische Monatshefte 1975, 474).

Was heißt hier Fortschritt? Mit diesem Ausdruck meinen wir ein Werturteil, wenn wir unser Fortschreiten in der Geschichte beschreiben. Wir können Geschichte nicht beliebig an- oder abdrehen wie einen Gartenschlauch, je wie es uns gerade zum Wetter paßt. Wir können und wollen der eigenen Geschichte und ihren Folgen nicht entgehen. Wer keine Geschichte hat, hat auch keine Zukunft. Aber die Zukunft ist damit noch nicht gemeistert. Sie wächst aus der Vergangenheit hervor, aber sie folgt ihr nicht blindlings. Sie stellt uns im Wandel der Zeit vor neue Herausforderungen. Deshalb ist es Aufgabe der Politik, Errungenes und Bewährtes zu bewahren und es mit der Kraft zur ständigen Erneuerung zu verbinden.

Damit zurück zum Kapitalismus, zum Sozialismus und zu uns. Der Kapitalismus hat eine ungeheure Steigerung der Leistungskraft unserer Volkswirtschaft gebracht. Aber er hat die Gefahr entwickelt, sich zum Herrscher über unsere Werte aufzuwerfen, anstatt ihnen zu dienen. Wie der Liberalismus im staatlichen, so hat der Sozialismus im gesellschaftlichen Bereich gekämpft. Ergebnisse wurden erzielt, die zu den bleibenden Fortschritten zählen. Sie sind Allgemeingut unseres demokratischen und sozialen Rechtsstaates geworden. Die CDU hat nicht den mindesten Grund, sich von einem Fortschritt zu distanzieren, nur weil dem Sozialismus wesentliche geschichtliche Verdienste an ihm zufallen. Ganz im Gegenteil, was errungen wurde und sich bewährt hat, gilt es zu bewahren. Wir sind konservativ genug, uns daran getrost zu beteiligen.

Der Sozialismus kämpft mit der Vergangenheit

Doch nun geht es weiter. Denn der Sozialismus hat nicht nur einen entscheidenden Anteil an der Lösung alter Probleme gehabt, sondern auch neue Probleme geschaffen. Die CDU ist unter den politischen Kräften unserer Demokratie die junge Partei. Die SPD aber ist die alte. Daher liebt sie es, eine Auseinandersetzung der Vergangenheit in eine veränderte Gegenwart hineinzubeschwören. Sie kämpft um die

Überwindung von Zuständen, die der Geschichte angehören. Sie will alte Solidaritäten erneuern, um frühere Erfolge heute zu wiederholen. Sie geht dabei so weit, Fortschritte unsichtbar machen zu wollen, zu denen sie doch selbst entscheidend beigetragen hat. Sogar Herbert Wehner warnte unlängst seine Partei davor, erst den Arbeitnehmern zum Aufstieg zu verhelfen, es dann aber nicht wahrhaben zu wollen und alles wieder als »unterdrückte, lohnabhängige Massen« einzunivellieren (Deutschlandfunk, 10. 11. 1974). Er hält das wohl für kurzsichtige Taktik, und mit Recht.

Damit hängt die schon erwähnte falsche Alternative zusammen, welche die SPD so gern zwischen Sozialismus und Kapitalismus aufbaut. Das läuft darauf hinaus, den Kapitalismus zu überschätzen, aber zugleich auch die Möglichkeiten der Politik zu unterschätzen.

Der Kapitalismus ist ein Wirtschaftssystem, keine politische Wertordnung. Er ist das effektivste System der materiellen Güterversorgung, das wir kennen. Das ist außerordentlich bedeutsam für Mensch und Politik. Aber es ist nicht das ganze Leben. Der Mensch hat weitergehende Fragen nach Sinn und Glück. Das Gemeinwesen braucht Orientierung durch Werte und Ziele. Der Kapitalismus drängt sich nicht vor, um dies alles zu beantworten. Aber quasi subsidiär macht er sich in seinen Maßstäben dort breit, wo es ihm nicht verwehrt wird. Der Kapitalismus wird nur dann zur alles beherrschenden Macht, wenn wir ihm das Kommando über das gesamte Leben überlassen. Aber er kommt doch nicht wie ein Schicksal über uns, das uns zur Übergabe zwingt. Sondern wir selbst setzen die Ziele, die Wertmaßstäbe und damit auch die Rahmenbedingungen, in die sich das Wirtschaftssystem eingefügt hat. Nicht der Kapitalismus versagt, sondern die Politik, wenn wir das freie Spiel der Kräfte am Markt mit dem ganzen Leben verwechseln. Die soziale Ordnung durchzusetzen, jedem seine Chance zu geben, das Gleichgewicht und den Haushalt der Natur zu sichern, die Umwelt zu schützen, kurz menschenwürdig zusammenzuleben, das ist die Aufgabe der Politik. Der Markt ist dafür besser nutzbar als eine wirtschaftliche Reglementierungsmaschinerie. Aber er hat sich den Bedingungen anzupassen, die wir dafür vorgeben. Er kann das auch, wenn wir nur Manns genug sind, diese Bedingungen durchzusetzen.

Der Sozialismus trat gegen den Kapitalismus an. Er fand ihn vor als die wirtschaftliche Macht, die vermeintlich alles beherrschte. Es ist sein Verdienst, die gewaltige Bedeutung des Wirtschaftlichen erkannt und ihre Gefahren bekämpft zu haben. Aber weil er den Kapitalismus für die Wurzel schlechthin alles Bösen hielt, überschätzte er das Wirtschaftliche. Und soweit er zur Heilung des Übels nur ein sozialistisches Wirtschaftssystem gegenüberstellte, unterschätzte er den Einfluß demokratischer Politik auf den Kapitalismus und verkannte dessen Fähigkeit, dazuzulernen, sich anzupassen und neue Aufgaben zu lösen. Bis heute ist der Sozialismus bei uns von dieser Einseitigkeit gekennzeichnet. Nicht umsonst trägt das neue Langzeitprogramm der SPD den Namen ökonomisch-politischer Orientierungsrahmen. Im Grund unterschätzt sich der Sozialismus damit selbst. Denn er will doch mehr sein als nur Ökonomie. Er will die Widersprüche auflösen, unter denen der Mensch lebt, und seine Entfremdung überwinden. Er will ihn durch eine »neue und bessere Ordnung der Gesellschaft« zur Selbstbestimmung führen. Die Ordnung, die auf den Werten des demokratischen Sozialismus aufbaut, ist laut Godesberger Programm doch sogar »die Hoffnung der Welt«.

Diese Ausdrucksweise stört uns natürlich. Denn sie weiß sich zwar dem eigenen Glauben verpflichtet. Aber sie klingt nicht gerade nach Freiheit des demokratischen Wettbewerbs. Ist denn die Welt endgültig zur Hoffnungslosigkeit verurteilt, wenn es anders kommt als nach dem Godesberger Programm? Darüber sind wir wirklich verschiedener Meinung. Aber es geht nicht um den Ausdruck, sondern um die Sache selbst, und zwar eben genau in der Freiheit des demokratischen Wettbewerbs.

Freiheit wovon, Freiheit wozu?

Es gilt, die Würde des Menschen zu wahren und ihm die freie Entfaltung der Person zu ermöglichen. Vom Fortschritt auf diesem Weg war schon die Rede. Um die Anteile am Verdienst wollen wir nicht allzulang streiten. Die Unionsparteien haben sich, seitdem sie politisch mitwirken, entschlossen dafür eingesetzt, eine menschenwürdige soziale Ordnung auf der Grundlage eines für alle leistungsfähigen wirtschaftlichen Systems zu verwirklichen.

Nur ein Beispiel will ich herausgreifen: unser System der sozialen Sicherung. Darüber wird heute viel debattiert, nicht zuletzt weil uns unser Anspruchsdenken zu schaffen macht. Aber hier, wie ich glaube, an der falschen Stelle. Sozialleistungen sind heute nicht Almosen, sondern Rechtsansprüche. Das ist ihr großer Fortschritt. Die Renten zum Beispiel üben heute für minderbemittelte Bürger die Funktion aus, welche in anderen Schichten beim Eigentum liegen können. Die Grundrisiken sind solidarisch abgesichert. Daß dies in der Form von Rechtsansprüchen geschieht, hat eine befriedende und befreiende Wirkung. Nicht der Gedanke des Sozialstaates mit seinem Rechtsanspruch auf die soziale Sicherung ist unser Problem. Gerade er hat ja einseitige Wirkungen des Kapitalismus überwunden und ist daher festzuhalten.

Aber Probleme haben wir schon, und zwar große und wachsende. Sie haben wieder, wie im 19. Jahrhundert, mit dem Menschen und seinen gesellschaftlichen Verhältnissen zu tun, nur ganz anders als damals. Zu jener Zeit war der Mensch nur allzu oft ein leidendes Objekt der Verhältnisse. Das ergab massive Unfreiheit. Heute gibt es neue, schwerer greifbare Gefahren der Freiheit: technischen Massenzwang, anonyme Bürokratie, zentrale Vereinheitlichung und Rationalisierung. Es fehlt die Nachfrage nach den eigenen schöpferischen Kräften des Menschen, die er um seiner Freiheit willen braucht und ohne die auch das Gemeinwesen gar nicht auskommt. Dem Menschen droht, kaum daß er der alten Objektrolle entronnen ist, eine neue: zum Objekt des Kollektivs zu werden. Aber kann es den freien, schöpferischen Menschen in einer großen, zusammengedrängten und industrialisierten Gesellschaft überhaupt geben? Schließen Masse und persönliche Freiheit sich gegenseitig aus? Es liegt nahe, ist aber nicht hilfreich, solche totalen Fragen zu stellen. Denn es gibt keine totalen Antworten, sondern höchstens totalitäre, die wir nicht wollen. Es geht vielmehr um Etappen und Schritte auf dem Weg zur Freiheit.

a) Der wichtigste erste Schritt zur Freiheit ist die Befreiung von unzumutbaren Abhängigkeiten. Aber wir dürfen dabei nicht alte gegen neue eintauschen. Da gibt es zum Beispiel Leute, welche die Herrschaft von Menschen über Menschen beseitigen wollen. Was sie aber an ihre Stelle setzen, ist nicht ein Paradies der Gleichen, das es gar nicht gibt, sondern die Herrschaft des Kollektivs über den Menschen, etwa an einigen Fachbereichen hessischer Universitäten. Das macht die Menschen nicht freier. Das Kollektiv ist weder menschlicher noch liberaler als ein einzelner Vorgesetzter. Aber es ist anonym und ohne personelle Verantwortung. Es gibt bekanntlich keine Kollektivschuld. Es ist eine gefährliche Illusion, im Zeichen der Freiheit Herrschaft abschaffen zu wollen. Worum es geht, ist Herrschaft einzugrenzen, durchschaubar, kontrolliert und vor allem personal verantwortlich zu machen. Dazu verpflichtet uns die Freiheit.

b) Der Staat kann und darf nicht alles in die Hand nehmen. Es ist gut, daß wir freie Gruppen und Verbände in unserer Gesellschaft haben. Je größer ihr Einfluß ist, desto mehr gilt auch für sie, daß Freiheit nicht ohne Verantwortung zu haben ist. Es ist Aufgabe der verfassungsmäßigen Organe des Staates, diese Sozialpflichtigkeit zu gewährleisten.

Die Mitbestimmung ist ein Gestaltungsprinzip in unserer Wirtschaft. Mit ihr setzen wir Partnerschaft anstelle von Klassenkampf. Die Gewerkschaften sind dafür, wie die Unternehmer, als gleichgewichtige Sozialpartner unentbehrlich. Die Mitbestimmung erfüllt aber ihre Aufgabe nicht dadurch, daß große Machtgruppen, welche es in der Wirtschaft gibt, durch eine noch größere Machtgruppe der freien Gesellschaft kontrolliert werden. Machtkontrolle, auch in der Wirtschaft, ist Sache der gewählten Organe des Staates. Machtbalance kann dabei helfen.

Mitbestimmung betrifft in erster Linie die Verhältnisse der Arbeit. Der Mensch soll Freiheit nicht nur in der Befreiung vom Arbeitsleid durch immer mehr Freizeit finden, sondern Elemente der Freiheit in seiner Arbeitswelt selbst verwirklichen können. Es geht im Kern also um seine eigene Teilnahme. Man möge manche heutigen Mitbestimmungsdiskussionen einmal mit den bedeutsamen Gedanken des jungen Marx über die Arbeit für die Selbstverwirklichung des Menschen vergleichen.

c) Wir brauchen große Gruppen in der freien Gesellschaft.

Aber wir dürfen dabei nicht den Blick dafür verlieren, wohin sich die neuen Konflikte unserer Gesellschaft entwickeln. Kapital und Arbeit bleiben in einem konfliktreichen Spannungsverhältnis, das wir nicht aufheben können, sondern in Partnerschaft mit gleichen Rechten und Pflichten fruchtbar machen wollen. Aber wie steht es mit dem Konflikt zwischen Organisierten und Nichtorganisierten, zwischen Beschäftigten und Nichtbeschäftigten. Man denke an die heutigen Probleme der Arbeitslosigkeit und neuer Armut. Dazu nur ein aktuelles Beispiel: Der öffentliche Dienst gehört zu den bestorganisierten und größten Gruppen unserer Gesellschaft. Es leuchtet jedermann ein, daß auch diese Gruppe einen Ausgleich für Geldentwertung und gestiegene Abzüge erwartet. Aber von einem freien Träger in der Sozialarbeit habe ich gehört, die Durchsetzung der derzeitigen Tarifforderungen im öffentlichen Dienst würde auf dem Umweg über Löhne und Gehälter die Tagessätze in den Altersheimen um sechs bis acht Prozent steigen lassen. Wie sollen alte Menschen das bezahlen, unter denen es schon heute immer mehr Sozialhilfeempfänger gibt? In solchen neuen Konflikten gibt es keine billigen Lösungen. Aber wir müssen uns ihnen stellen. Um der Freiheit willen muß der Staat sich zunächst zum Sprachrohr der Sprachlosen machen, bevor er den starken Organisationen entgegenkommt. Die Unvertretenen sind sonst die ersten Opfer einer Kollektivierung.

d) Wir leben über unsere Verhältnisse. Über diesen Satz diskutiert man bei uns seit einiger Zeit, ohne daß ihn dabei irgend jemand ernsthaft bestreitet. Aber was folgt daraus? Auch dafür ein Beispiel: das Gesundheitswesen. Hier steigen die Kosten bekanntlich schneller als überall sonst. Es gibt ein Knäuel von Problemen und Vorschlägen. Sie betreffen die pharmazeutische Industrie und die Ärzte, die Krankenhäuser und die Krankenkassen. Sie beschäftigen sich mit einem System, welches unter anderem darunter leidet, daß Angebot und Nachfrage allzusehr in einer Hand liegen. Wir sind uns einig, daß jeder Bürger ohne Rücksicht auf seine persönlichen Verhältnisse die bestmögliche Behandlung erhalten soll. Aber von keiner geringeren Bedeutung ist es, den Bürger nicht zum bloßen Objekt des Gesundheitssystems zu machen. Er selbst, der Mensch, hat es mehr als jedes System in der Hand, durch seine Einsicht und seine persönlichen Kräfte Gesundheit zu erhalten und wiederzugewinnen. Kein Sozialstaat der Welt kann seinen Bürger gesund erhalten und die Kosten dafür aufbringen, wenn der Mensch selbst mit seiner Gesundheit verantwortungslos umgeht.

e) Materielle Leistungen der Gesellschaft und materiell orientierte Berufe gibt es in Fülle. Weit geringer sind personale Leistungen und soziale Dienste, obwohl das Bedürfnis nach ihnen ständig wächst. Es gibt immer mehr isolierte hilfsbedürftige Menschen, ältere Mitbürger oder Kranke, die die Zuwendung des Mitmenschen suchen. Und es gibt unter älteren wie auch unter jüngeren Menschen viel Bereitschaft, ganz unabhängig von materiellen Zielen die eigenen Kräfte dafür schöpferisch einzusetzen: So gehört es zur politischen Bewährungsprobe der Freiheit, soziale Dienste zu ermöglichen, zum Wohle beider, der Empfänger und derer, die sie leisten.

f) Zu dieser Reihe zählen noch weitere wichtige Beispiele, etwa der Platz der Familie und die Rolle der Frau in ihrer oft unerträglichen Belastung durch Aufgaben gegenüber den Kindern, im Haushalt und im Beruf. In einem ganz anderen Sinn gehört auch die Verpflichtung der Freiheit dazu, sich weder moralisch noch machtpolitisch den Mächten der Unfreiheit kampflos zu beugen. Freiheit läßt sich nicht kollektiv mit Waffensystemen und Bündnissen sichern, wenn nicht auch unsere eigene Bereitschaft dazukommt, für den Schutz der Freiheit nach außen und innen selbst anzutreten.

Der kollektivierte oder der frei-verantwortliche Mensch

Im Frühstadium unserer Demokratie fand sich der Mensch als das Opfer unfreier gesellschaftlicher Verhältnisse. Die Aktivität, die Initiativen und die schöpferische Kraft, zu denen Menschen fähig sind, lagen in der Hand nur einer kleinen Schicht der Bevölkerung. Sie wurden nicht nur positiv genutzt, sondern führten auch zur Ausbeutung. Um der Freiheit des Menschen willen galt daher der politische Kampf der Veränderung dieser Verhältnisse.

Die verändernde Kraft dieser Politik war groß. Aber es ist in der Politik oft wie mit den Arzneien. Die eingesetzten Mittel waren wirksam, aber sie hatten Nebenwirkungen. Und diese sind heute zur selbständigen, oft größeren Gefahr für die Freiheit des Menschen geworden. Aus der Abhängigkeit von privater Macht ist eine Abhängigkeit vom Kollektiv geworden. Die Emanzipation von alten Abhängigkeiten ist erfolgt. Aber sie hat neue mit sich geführt. Emanzipation ist noch nicht Freiheit.

Die Freiheit der Person, Lebenserfüllung, Freude und Glück hängen davon ab, daß der Mensch selbst sich entfalten kann. Dazu gehört der Freiraum zum eigenen Urteil und zur persönlichen Entscheidung, in der freien Zeit und im Beruf. Freiheit dieser Art wird nicht nur von Minderheiten gewürdigt, die über materiellen Besitz verfügen oder sich zu geistig-politischen Eliten zählen; sie wird vielmehr von allen geschätzt. Der freie Mensch braucht die Chance zur Aktivität, zur schöpferischen Fantasie und zur eigenen Gestaltungskraft. Dann kann er sich aus der Rolle des Objekts befreien.

Damit lernen wir auch, mehr zu wollen und zu können als nur Leistungen entgegenzunehmen. Wir lernen, nicht nur etwas zu beanspruchen und zu empfangen, sondern es selbst zu tun, und mit anderen zu teilen. Dies ist der untrennbare Zusammenhang von Freiheit und Solidarität. Der Mensch ist nach seinen Anlagen auf Gemeinschaft angewiesen. Er verkümmert mit seiner Freiheit, wenn er sich individualistisch isoliert oder wenn er im Kollektiv untergeht. Die Solidarität ist Ausdruck seiner sozialen Natur. Politik soll dem Menschen helfen, für sich selbst Verantwortung zu tragen und mitverantwortlich zu sein für die Freiheit des Nachbarn und des Gemeinwesens. Unsere Gesellschaft braucht Verhältnisse, die dies zulassen und dazu ermutigen. Denn unsere Politik gilt dem Menschen, ihr Ziel sind nicht die Verhältnisse. Die Gesellschaft ist für den Menschen da, nicht aber der Mensch für die Gesellschaft.

Was in unserem Land in den vergangenen einhundert Jahren gelöst wurde, findet sich heute im weltweiten Ringen um Überleben und Gerechtigkeit wieder. Wir haben daran verantwortlichen Anteil.

Für unsere eigene Gesellschaft aber ist die Alternative unserer Zeit nicht Sozialismus oder Kapitalismus. Die Alternative ist der kollektivierte oder der freie Mensch. Unsere Meinung ist, daß weder Sozialismus noch Kapitalismus die Aufgabe lösen können, die sich hier stellt. Der Kapitalismus produziert solche Lösungen überhaupt nicht, er wird sich der politischen Ordnung unterzuordnen haben. Der Sozialismus hat seine Erfolge hinter sich. Er hat sich bleibende Verdienste erworben, um alte Verhältnisse zu verändern. Aber dabei hat er selbst maßgebend mit dazu beigetragen, durch neue Verhältnisse neue Probleme zu schaffen. Nicht er ist die politische Kraft, um sie zu meistern. Hier liegt die Herausforderung für die Christlich Demokratische Union.

Damit sind wir zuletzt wieder beim Namen unserer Partei. Würden wir für sie heute diesen Namen wählen, wenn sie keinen hätte? Vor dieser Frage stehen wir nicht. Wir finden den Namen vor und haben uns zu fragen, wozu er uns verpflichtet.

Es ist die nüchterne Einsicht, daß der Mensch irrt und schuldig wird. Wir sind nur allzu oft der Katastrophe näher als der Lösung der Probleme. Nach christlichem Verständnis fügen wir hinzu: Aus eigener Kraft kann der Mensch die letzte und entscheidende Entfremdung nicht aufheben, die Entfremdung von Gott und damit von sich selbst.

Aber wir sind verantwortlich für unser Leben und für unsere Welt. Wir nehmen die Verhältnisse nicht als unveränderlich hin. Wir handeln in der Zuversicht, daß es sich lohnt, uns für die Zukunft einzusetzen. Die Nüchternheit gibt unserer Leidenschaft in der Politik das menschliche Maß. Der Glaube gibt uns die Hoffnung, die zum Menschen führt.

Je besser es uns gelingt, in diesem Horizont zu denken und zu handeln, desto weniger Zweifel wird unser Name auslösen. Je weniger wir in Vergangenes zurückfallen, und je konkreter wir die Herausforderung unserer heutigen Zeit bestehen, desto mehr wird der Name an Gewicht gewinnen. Darauf sind wir, eine junge Partei, durch die Freiheit verpflichtet.

Liebe –
Maßstab politischer Ordnung?

Im Kern meiner Tätigkeit begegnete ich immer wieder dem Spannungsverhältnis zwischen Evangelium und politischer Ordnung. Man kann auch sagen, es ist dieses Spannungsverhältnis, durch welches ich den Schwerpunkt meiner Arbeit habe bestimmen lassen: einerseits in meinem Beruf als Politiker und andererseits in meinen kirchlichen Aktivitäten beim Kirchentag, als Synodaler und als Laienmitglied des Leitenden Gremiums der Evangelischen Kirche in Deutschland, des Rats.

Über dieses Spannungsverhältnis hatte ich auf dem 86. Deutschen Katholikentag in Berlin am 7. Juni 1980 in einer großen Messehalle zu referieren. Der Katholikentag fand kurz vor der Bundestagswahl des Herbstes 1980 statt. Ich war damals Vizepräsident des Deutschen Bundestages.

Das Evangelium bringt das Gebot der Liebe. Zur politischen Ordnung dagegen gehört das Gebot der Macht. – Christus liebt den Sünder. Die politische Ordnung aber bestraft den, welcher die Strafgesetze übertritt. – Die Liebe erträgt alles. Anders die politische Ordnung: Sie setzt das Recht durch. – Christi Liebe gilt jedem, auch dem Ausgestoßenen; sie durchbricht alle Schranken. Politische Ordnung erzwingt Einordnung in die weltlichen Regeln des Zusammenlebens.

Die Liebe des Evangeliums nimmt den anderen an, ohne Hintergedanken, ohne Zielsetzungen oder Erwartungen. Die Liebe verschenkt sich. Politische Ordnung dagegen sucht Gerechtigkeit. Jeder soll haben, was ihm zukommt. Geschenkt wird nicht. – Die Pflichten in der politischen Ordnung können wir, wenn es auch schwer ist, erfüllen. Hinter der Liebe dagegen bleiben wir immer zurück; sie ist Christus.

Die Frage lautet dennoch: Ist Liebe Maßstab politischer Ordnung? Darauf zu antworten, ist heute unsere Aufgabe.

Wie steht es mit den Unterschieden zwischen einem katholischen und einem evangelischen Verständnis? Niemandem würde es nützen, zu leugnen, daß es sie gibt.

Der Katholizismus greift zum Beispiel gern auf eine schon

von Natur aus gegebene und einsehbare Ordnung der Dinge zurück. Damit überwindet er oft leichter einen Gegensatz zwischen dem Liebesgebot und den Lebensbedingungen in der Welt. Dies kann dem Christen die Aufgabe erleichtern, seine Konflikte im Verhältnis zur politischen Ordnung zu lösen.

Der evangelische Christ will naturrechtliches Denken weniger gelten lassen. Er möchte sich allein auf das Evangelium stützen. Deshalb neigt er dazu, zwischen Christi Liebe und weltlicher Ordnung eine schärfere Spannung zu sehen. Freilich verführt ihn dies manchmal zu radikalen Folgerungen in allen möglichen und auch nicht immer glücklichen Richtungen, sei es zur Weltflucht, zur Anpassung an die Welt oder zum schwärmerischen Versuch, das Reich Gottes von Menschenhand hier und heute schaffen zu wollen.

Wie dem auch sei – mit konfessionellen Unterschieden haben wir zu rechnen. Mein Empfinden freilich ist, daß sie an Bedeutung verlieren. Mehr denn je leben wir in derselben Welt. Unsere Verantwortung als Christen tragen wir gemeinsam. Wenn wir das Evangelium glaubwürdig bezeugen wollen, dann erfordert gerade der Schmerz über die nun bald ein halbes Jahrtausend währende Kirchentrennung, daß wir voneinander lernen und aufeinander zugehen. Mein Eindruck ist, daß wir dies auch mehr und mehr tun. Christi Liebe ist stärker – stärker gewiß auch als das, was uns noch immer voneinander trennt. Es ist die Liebe des einen, unseres gemeinsamen Herrn.

Liebe – Grundwert der Politik?

Alexander Schwan hat im thematischen Vorbereitungsheft für den Katholikentag einen grundlegenden Aufsatz über unser Thema geschrieben. Er hat ihm die Überschrift gegeben: »Liebe – Grundwert der Politik?«. Er hat also eine große Antwort für unser Thema angedeutet, aber noch ein Fragezeichen dahintergesetzt.

Wie wird unsere Antwort lauten? Ist Liebe Grundwert der Politik? Wir sollten zuerst die Bibel befragen.

Nach christlichem Glauben haben wir unsere Existenz

vom Letzten her, das heißt vom Reich Gottes. Aber wir leben nicht in diesem Letzten, sondern im Vorletzten, in der noch unerlösten Welt.

Welche Beziehung hat nun das Letzte zum Vorletzten? Steht das Liebesgebot des Evangeliums wirklich im Gegensatz zu den Ordnungen dieser Welt? Enthält die Bergpredigt nur ein Hochethos, für das wir zu schwach sind?

Verkündigt Christus hier also nur das Reich Gottes, auf das wir hoffen, und das kommen wird, das wir aber nicht durch unsere menschliche Kraft verwirklichen können?

Die Bibel macht uns die Spannung zwischen dem Liebesgebot und den Ordnungen dieser Welt klar. Aber es ist eine Spannung, die nicht im unaufhebbaren Gegensatz endet und uns folglich entmutigen müßte oder letzten Endes gar gleichgültig lassen könnte. Im Gegenteil, es ist eine Spannung, die unaufhörlich unser Leben bestimmt und uns täglich von neuem herausfordert, auch im Verhältnis zur politischen Ordnung.

Im 13. Kapitel des Römerbriefes beginnt der Apostel Paulus mit den bekannten Worten: »Jedermann sei untertan der Obrigkeit«. Paulus geht damit von der Notwendigkeit der politischen Ordnung, des Staates, aus. Das bedeutet beileibe keinen blinden Gehorsam gegenüber dieser staatlichen Ordnung. Vielmehr heißt dies: Auch als Christen sind wir eingeordnet in die weltliche Ordnung. Wir sind staats-angehörig, also mitverantwortlich. Mitverantwortlich, das bedeutet: Der Christ wird in den Konflikten so zu unterscheiden, sich zu verhalten und so zu entscheiden haben, daß er vor seinem Gewissen bestehen kann, und das heißt nach christlichem Verständnis vor Gott. Er lebt im Vorletzten, aber so, daß es im Einklang mit den Maßstäben bleibt, die er vom Letzten her hat.

Der erwähnte Text aus dem Römerbrief ist eingerahmt von einer Auslegung des Liebesgebots. Der ganze Abschnitt endet und gipfelt in den Worten: »So ist nun die Liebe des Gesetzes Erfüllung«. An anderer Stelle begründet der Apostel die Verpflichtung, vom Letzten her in der Welt zu leben, mit den Worten: »Wachet, stehet fest im Glauben, seid mannhaft, seid stark. Alles bei Euch geschehe in Liebe« (1. Korinther 16, 14).

Das Ja zum Staat bedeutet also keineswegs einen Untertanengeist. Es heißt vielmehr: »Man muß Gott mehr gehorchen als den Menschen« (Apostelgeschichte 5, 29). Im Letzten sind wir als Christen durch Gottes Wort gebunden, nicht durch staatliche Macht.

In den immer wiederkehrenden Konflikten, vor denen der Christ in der politischen Ordnung steht, muß diese Einsicht den Ausschlag geben. Weil das Liebesgebot ihm eine Welt- oder Staatsflucht nicht erlaubt, sondern für seine mitverantwortliche Zugehörigkeit zu Staat und Welt spricht, gerade deshalb muß er sich in der politischen Ordnung selbst als einer bewähren, der Gott mehr gehorcht als den Menschen.

In der extremen Situation hat dies extreme Konsequenzen. Christen aller Konfessionen haben es mit ihren Worten bezeugt und mit ihrem Leben besiegelt, als der Nationalsozialismus die politische Ordnung sittlich zerstörte. Was uns von Alfred Delp und Dietrich Bonhoeffer, vom Prälaten Otto Müller, Bernhard Letterhaus und anderen dazu überliefert und vorgelebt wurde, das ist für uns zur gültigen Orientierung geworden.

Es gibt andere politische Ordnungen, die die Christen heute in ernste Konflikte stürzen. Dazu gehören politische Systeme, deren Machthaber auf das Denken und Gewissen ihrer Bürger zugreifen. Darum handelt es sich zum Beispiel bei dem »Gesetz über das einheitliche sozialistische Bildungssystem« in der DDR. Sein Ziel ist es, alle Bürger zu »sozialistischen Persönlichkeiten« zu erziehen. Sie sollen »Charakterzüge im Sinne der sozialistischen Moral« erwerben. Da hierzu der Kampf gegen den Klassenfeind gehört, wird beim Wehrkundeunterricht die Konsequenz gezogen: Erziehung zu Feindschaft und Haß. An dieser Stelle gerät der Christ notwendig in Gegensatz zur politischen Ordnung.

In anderen Staaten entstehen Konflikte, weil die Machthaber einen sozialen Zustand der Armut, der Ungerechtigkeit oder Rassenunterdrückung in ihrer Bevölkerung erzeugen, zulassen oder nicht ernsthaft zu überwinden trachten.

Unter Christen gibt es heute heftige Auseinandersetzungen darüber, welche Konsequenzen sie zu ziehen haben, um den Folgen solcher politischen Systeme zu wehren. Stichworte dieses Streites sind die Theologien der Armut, der Befreiung, der Revolution.

Die sozialen Zustände und der Streit über ihre Bekämpfung gehen uns alle an. Wir sind mitverantwortlich. Zwar wehren sich die Länder der Dritten Welt mit Recht dagegen, daß ihre kulturelle, politische und soziale Eigenständigkeit durch technologische, wirtschaftliche und geistige Einflüsse aus dem Westen zerstört wird. Dennoch nehmen sie uns zu Recht für den Ausgleich zwischen arm und reich in die Pflicht. Wir haben uns der sozialen Frage in der eigenen Gesellschaft gestellt. Wir können uns ihr nicht entziehen, weil sie sich nun weltweit stellt. Ein gleichgültiger oder rücksichtsloser Gebrauch von Überfluß, Reichtum und Macht widerspricht den Maßstäben, die wir an unser Handeln in der Welt zu stellen haben.

Hieraus ergeben sich Aufgaben für uns. Die wichtigste ist zunächst die, daß wir uns über unser Verhältnis zur eigenen politischen Ordnung, zum eigenen Staat, verständigen.

Der Staat ist »geistlich blind«

Nach seinem Verfassungsauftrag hat unser Staat die Aufgabe, sich um mehr Freiheit, um mehr soziale Gerechtigkeit und mehr Humanität zu bemühen. Er hat für Sicherheit nach innen und außen zu sorgen. Er soll Interessen ausgleichen. Er braucht das Recht und er hat die Macht, Achtung vor den Gesetzen zu fordern und durchzusetzen. Ihm fällt im Gemeinwesen das Gewaltmonopol zu. Dies sind seine wohlbekannten klassischen Aufgaben.

Zwei weitere Merkmale kennzeichnen darüber hinaus unseren heutigen Staat. Beide sind sie für unser Thema von Bedeutung.

1. Das eine ist die umfassende Betreuerrolle, in die der Staat ganz allmählich hineingewachsen ist. Sie ist das vorläufige Ergebnis einer langen Entwicklung, die fast zwangsläufig anmutet.

Als der demokratische Rechtsstaat geschaffen wurde, ging es darum, die Grundrechte zu schaffen und durchzusetzen. Die Gleichheit vor dem Recht zielt auf die gleiche Freiheit für alle. Bald aber kam die Erkenntnis: Was nützt ein formales Recht auf die gleiche Freiheit, solange ein solches Recht für einige aufgrund ihrer guten Lebensbedingungen praktisch verwertbar ist, für andere dagegen wegen ihrer materiellen Not zur Farce wird? Wer Hunger leidet oder kein Dach über dem Kopf hat, dem hilft es wenig, wenn ihm eine Verfassung die gleiche Freiheit für alle zusagt.

»Mit majestätischer Gleichheit verbieten die Gesetze den Armen und den Reichen, zu betteln, Brot zu stehlen und nachts unter den Brücken zu schlafen«, so drückte ein berühmtes dichterisches Kampfwort aus Frankreich das hier behandelte Problem aus.

Aus gutem Grund also hatte sich unser politisches Gemeinwesen die Aufgabe gestellt, die materiellen Voraussetzungen der Freiheit für alle so gut wie möglich herzustellen und zu sichern. Durch Überwindung von Not und unzumutbarer Abhängigkeit sollte es für jeden möglich werden, sich auch tatsächlich in der Freiheit zu entfalten, welche ihm die Verfassung verspricht.

Auf diesem Weg sind im Laufe der Zeit entscheidende Fortschritte erzielt worden. Das ist gut, und daran gilt es festzuhalten. Aber wir dürfen nicht die Augen davor verschließen, daß wir nicht nur ein altes Problem gelöst, sondern auch ein neues geschaffen haben. Denn nun ist der Staat selbst in eine umfassende Rolle des Betreuers und Vormunds hineingewachsen. Er erzieht seine Bürger von frühester Jugend an. Er sorgt für ihre Beschäftigung und Wohnung. Er nimmt Einfluß auf die Verteilung der Chancen und Güter unter ihnen. Er regelt und versichert das Leben der Menschen.

Durch seine Betreuerrolle nimmt der Staat einen immer nachhaltigeren Einfluß auf die Eigenkräfte des Menschen. Zwar will der Staat mehr Freiheit schaffen. Aber damit nimmt er zugleich einen ungewollt negativen Einfluß auf das Verständnis von Freiheit. Er verdunkelt die Einsicht in den Zusammenhang von nehmen und geben, von Gabe und Aufgabe. Er erzieht den Bürger förmlich dazu, Freiheit im politischen Sinn als den Katalog der Ansprüche an diesen Staat zu begreifen.

Ist das nicht ein befremdliches Ergebnis, wenn wir mit dem Maßstab fragen, was Liebe in unserem politischen Zusammenleben bedeutet? Der Bürger soll zwar immer mehr Selbstbestimmung und Mitbestimmung und Partizipation haben, möglichst in allen Ebenen des privaten und beruflichen, des vorpolitischen und politischen Lebens. Zugleich aber wird es für ihn schwerer statt leichter, ein Gefühl für Mitdenken und Mittun zu entwickeln. Denn eigene Verantwortung für sich und seine Familie, Mitverantwortung in seinem Umkreis der Nachbarschaft, der Gemeinde, der Kollegenschaft, das alles wird ihm eher abgenommen als zugemutet. Er wird von den Maßstäben der Liebe entfernt.

Solidarität, Grundgedanke brüderlichen Zusammenlebens, verkümmert zum abstrakten Strukturelement eines kollektiven Systems. Solidarität wird nur noch verordnet oder vom Lohn abgezogen, aber kaum als persönliche Aufgabe verständlich gemacht und empfunden. Der Mensch wird abgelenkt vom Blick auf die Hilfsbedürftigkeit des Nächsten, von den Aufgaben gegenüber den eigenen Kindern, den Kranken, den Einsamen. Der Zusammenhang von Recht und Pflicht geht unter.

Die Frage ist dann, wohin lenkt der Mensch seine freiheitlichen Kräfte und welchen Ersatzfeldern wendet er sich zu, wenn die politische Ordnung ihm die naheliegenden Anforderungen zur verantwortlichen eigenen Lebensführung und zum Blick für den Nächsten mehr und mehr abnimmt.

2. Dies leitet zum zweiten Merkmal unseres Staates über, das von Bedeutung für unser Thema ist. Die Verfassung unseres Staates beginnt zwar, was viele Menschen nicht wissen, mit den Worten: »Im Bewußtsein seiner Verantwortung vor Gott und den Menschen . . . hat das deutsche Volk . . .«. Ein großes Wort! Die Verfassung beruft sich ferner ausdrücklich auf die Würde des Menschen und das Sittengesetz. Sie bekennt sich also selbst zu Grundzügen eines Menschenbildes und zu ethischen Werten. Damit geht sie weiter als ihre Vorläuferin, die Weimarer Reichsverfassung.

Dennoch stellt unser Staat eine säkularisierte politische Ordnung dar. Der Staat ist weltanschaulich neutral. Die Suche nach Wahrheit ist seine Sache nicht. Allenfalls wehrt er sie ab, wie einst der skeptische Pilatus mit seiner Frage: Was ist (überhaupt) Wahrheit? Tolerante Pluralität ist seine höchste Weisheit. Von Liebe weiß dieser Staat nichts. Er ist »geistlich blind« (Karl Barth).

Das alles war nicht anders gewollt. Die politische Ordnung

soll nicht berufen sein, auf letzte Fragen nach dem Sinn des Lebens und der Welt zu antworten. Wir wollen keinen Bekenntnisstaat.

Aber wir müssen schärfer als bisher ins Auge fassen, wie sich die verschiedenen Einflüsse auswirken. Ich will sie wie folgt zusammenfassen:

- Der Staat betreut und verwaltet seine Bürger immer mehr. Er stellt immer weniger Anforderungen zur Selbst- und Mitverantwortung.

- Unser Zusammenleben in der Gesellschaft wird in zunehmendem Maße von technologischen und zentralgesteuerten Mechanismen bestimmt, die der einzelne schwer durchschauen und wenig beeinflussen kann.

- Wenn von Maßstäben und Zielen in der Gesellschaft die Rede ist, dann sind sie materieller, nicht ideeller Art.

- Der vorherrschende Leitbegriff der Zeit aber heißt Emanzipation. Er verbreitet eine Lebensphilosophie der Selbstverwirklichung. Zweifellos hat er zunächst positiv zu einer notwendigen Befreiung von unzumutbaren Abhängigkeiten und Rechtsungleichheit geführt. Dann aber wirkte er weiter, und zwar mit dem Ziel einer Befreiung von Bindungen und Pflichten schlechthin. Dies führt, gleichviel ob gewollt oder nicht, zur Vereinzelung des Menschen.

- Die Kirchen und ihre Theologen haben sich in der geistigen Auseinandersetzung und Führung zurückgehalten.

- Die staatliche Ordnung im ganzen hat sich zwar bemüht, die große Kraft der Toleranz unter den Menschen zu stärken und zu erhalten. Zugleich aber droht dies zu einem bloßen System formaler Spielregeln zu verkümmern, zur wertfreien Beliebigkeit, zu einem geistigen Vakuum.

Die Sinnfrage des Menschen:
Suche nach religiöser Verwurzelung

Alle diese Einflüsse haben nun seit Jahr und Tag auf den Menschen und sein Gemeinwesen eingewirkt. Daß dies tiefgreifende Reaktionen auslöst, darf wahrlich niemanden von uns erstaunen. Sie fallen freilich ganz unterschiedlich aus.

Viele Menschen passen sich einfach an. Den Rückgang an Aufgaben und Anforderungen für ihr Leben quittieren sie mit wachsender Passivität und Gleichgültigkeit. Sie leben ohne Widerspruch, aber auch ohne Zuneigung zur politischen Ordnung.

Andere geben sich einem solchen Strom der Zeit nicht einfach hin. Sie suchen auf eigenen Wegen nach Anforderungen und nach Gemeinschaft, die ihr Leben mit Aufgaben und Sinn erfüllen, ohne daß sie deshalb den Konflikt mit dem Staat und der Gesellschaft suchen.

Viele wollen nur träumen. Wieder andere aber begehren auf. Nun sehen sie die Zeit heranreifen, um Utopien aller möglichen Arten zu verwirklichen. Dabei wollen die einen nur selbst aus den bestehenden Verhältnissen aussteigen. Andere werben mit ihren Mustern oder mit friedlichen Kampagnen für ein alternatives Leben. Es gibt aber auch eine Minderheit von Dritten, die das Ziel verfolgen, Herrschaft von Menschen über Menschen abzuschaffen oder mit anderen Parolen aufzuwiegeln. Dabei macht ein giftiger Bazillus auch vor geistig geschulten Köpfen nicht halt. Zu denken ist beispielsweise an Walter Jens, der vor großer politischer Öffentlichkeit die freiheitlich-demokratische Grundordnung »jene fdGo« nennt, »die für einen Großteil der kritischen Generation längst zu einer Panzerfaust des Staates geworden« ist, und der in der Berufung auf Familiensinn nur einen Rückgriff auf autoritäre Herrschaft sah.

Oder, kompromißloser, der Berliner Schriftsteller Peter Paul Zahl. Vor kurzem äußerte er sich in einem senatsamtlichen Berliner Drogenrundbrief zur Frage, ob Hasch verboten werden sollte. Zahl verneinte diese Frage, sprach aber zugleich voller Verachtung von dieser Droge. Denn Hasch führe, so Zahl, zu keinen Aggressionen. Was wir aber brauchten, sei Haß. Zahl meint, Haß müsse Bestandteil des Kampfes gegen unsere politische Ordnung sein.

Diese und andere Reaktionen gibt es. Das alles ist so. Aber ist das alles? Eine politische Ordnung also in einer materiell orientierten Gesellschaft ohne geistige Zielsetzung, geistlich blind? Eine politische Ordnung, die den Menschen die nächstliegenden Aufgaben abnimmt, sie nicht verwurzelt, sondern gleichgültig läßt, abstumpft oder Proteste erzeugt, bis hin zum Haß? Eine politische Ordnung also ohne Platz für die Liebe?

Nein, mir scheint, daß die Zeichen eher in die umgekehrte Richtung deuten. Wie immer wir es im einzelnen sehen mögen – mit einer Gottferne der Welt oder mit einer Weltferne der Kirchen –, was unsere heutige Welt umtreibt, sind allem äußeren Anschein zum Trotz Fragen von zutiefst religiösem Charakter.

Es ist schwer zu sagen, wohin sie führen. Der Weg geht nicht mit Selbstverständlichkeit hinein in die Kirchen. Vielerlei religiöse und ersatzreligiöse Bewegungen und Sekten wirken und werben in die Situation hinein. Aber eines ist gewiß: Wir als Christen haben eine vorrangige Aufgabe, nämlich das Verhältnis unseres Glaubens zu unserer Welt neu verständlich zu machen, es in der konkreten Situation zur Sprache zu bringen.

Für den Bereich der Politik heißt dies natürlich nicht, es einigen moslemischen Staaten gleichzutun und einen (Rück-) Weg zum christlichen Staat zu versuchen. Unsere politische Ordnung als solche wird keinen religiösen Charakter annehmen. Aber wer in dieser Ordnung Verantwortung trägt, muß besser als bisher begreifen, was die Menschen heute auf dem Grunde ihrer Existenz umtreibt. Er muß genauer verstehen lernen, wie unsere politische Tätigkeit auf die tieferliegenden Fragen der Menschen einwirkt. Er muß sich selbst dazu stellen.

Es ist kein Zufall, daß seit geraumer Zeit eine lebhafte Diskussion über Grundwerte in unserem Gemeinwesen in Gang gekommen ist. Den Anstoß dazu gaben die großen politischen Parteien. Sie folgten damit gewiß keiner religiösen Einsicht. Aber sie hatten mehr und mehr zu spüren bekommen, daß sie vor lauter Machtkampf und Machtverwaltung nur ungenügend darüber Rechenschaft ablegten – und zwar sowohl vor der Öffentlichkeit als vor sich selbst –, welchem Menschenbild und welchen grundlegenden Werten und Zielen sie verpflichtet sind.

Die Kirchen haben sich zunächst fühlbar zurückgehalten. Nunmehr haben sie im Herbst 1979 eine gemeinsame Schrift über »Die Grundwerte und Gottes Gebot« veröffentlicht. Sie melden damit keinen Anspruch an, daß sie die Lösung der

Probleme besäßen, oder daß alle geistigen Mängel unserer Zeit dem säkularisierten, dem verweltlichten Staat anzulasten seien. Die Schrift wendet sich vielmehr zuerst an die Christen. Sie will sagen: Wir sind selbst aufgerufen, ein lebendiges Zeugnis des guten Willens Gottes mit den Menschen zu sein. Wir wollen nicht »moralische Oppositionspartei im Staat« sein (K. Immer), sondern durch eigenes Beispiel weiterführen und helfen.

Die Ausarbeitung der Kirchen unternimmt es, die Zehn Gebote neu zu vergegenwärtigen. Nachdrücklich wird hervorgehoben, daß am Anfang von Gottes Gebot nicht steht »Du sollst« und »Du sollst nicht«. Kein Verdammungsurteil, sondern die Vergebung, die Zusage der guten Herrschaft sind das erste und das letzte Wort.

Diese Schrift hat lebhaftes Interesse und auch viel Kritik ausgelöst. Darüber wird auf einem anderen Forum dieses Katholikentages gesprochen. Ich möchte hier nur anfügen, wie auffällig in all den letzten Jahren die Zurückhaltung war, mit der sich christliche Theologen im Hintergrund der Auseinandersetzung über ethische Grundfragen der politischen Ordnung gehalten haben. Nur zögernd läßt sich die Theologie auf das wachsende Bedürfnis nach einer neuen Bestimmung des Verhältnisses von Liebe und politischer Ordnung, von Christengemeinde und Bürgergemeinde ein. Überall sieht man laienhafte Versuche am Werk. Man trifft Autodidakten in großer Zahl. Man stößt auf manchen wuchernden Wildwuchs. Das alles zeigt nur das Ausmaß des Verlangens und der Bereitschaft.

Unbegründete Zurückhaltung der Theologen

So wäre in unserer Zeit manchem Theologen mehr Zutrauen zur eigenen Sache und Aufgabe zu wünschen, und es käme uns allen zugute. Ins Zentrum dieser Sache gehört unsere heutige Fragestellung nach der Liebe als Maßstab für die politische Ordnung. Im letzten Abschnitt meines Referates will ich ihr noch einmal für drei Fragenbereiche nachgehen, nämlich für den Staat, für die soziale Ordnung in der Gesellschaft und für die internationale Ordnung.

1. Christen sind nicht klüger und moralischer als andere Menschen. Als Christen aber wissen wir, daß kein Mensch vor Irrtümern und Schuld bewahrt ist. Der Mensch ist in Sünde gefallen, er ist gefährdet und kann zerstörerisch wirken. Er bedarf des Schutzes vor sich selbst und vor anderen. Er ist auf die ordnende Wirkung des Rechts angewiesen. Ohne Sitte, ohne Regeln und Normen kann der Mensch nicht friedlich existieren. Gerade um der Freiheit willen braucht er die Institutionen für das Zusammenleben. Ohne sie wäre er dem Chaos ausgeliefert.

Die wichtigste dieser Institutionen ist der Staat. Er kann und soll nicht das Reich Gottes verwirklichen. Er ist nicht die einzige und schon gar nicht die totale Ordnung. Er ist nicht die letzte Instanz für den Menschen. Aber in aller Unvollkommenheit und Vorläufigkeit dieser Erde hat er die Aufgabe, als haltende Kraft den Menschen zu dienen. Dazu hat er das Recht und braucht er die Macht, Gehorsam vor den Gesetzen zu fordern und durchzusetzen. So kann politische Freiheit möglich werden, vor allem Freiheit des Schwachen. Denn der Starke braucht diesen Schutz nicht. Das Recht dient dem Schwachen. Nüchterne Verantwortung für das Zusammenleben der Menschen verweist uns an den Staat. In diesem Sinn ist eine vernünftige politische Ordnung ein Werk der Liebe. Um der Liebe willen wenden wir uns vom Staat nicht ab, wir wenden uns ihm zu.

2. Sich dem Staat zuzuwenden, heißt nun aber nicht, alles hinzunehmen, wie es ist. Wir bleiben verantwortlich, für eine soziale Ordnung einzutreten, die sich am Maßstab der Liebe orientiert.

Nun stehen wir auch hier in einem Spannungsverhältnis, das immer wieder zu Auseinandersetzungen führt. Es gibt engagierte Christen, die uns warnen: Wer sich dem Staat zuwende, der sei damit status quo-orientiert. Er trage dazu bei, daß sich ungerechte Strukturen und Vorrechte verfestigten. Der Mensch leide heute weniger unter einem Mangel an Zuwendung des Mitmenschen, als unter der Ungerechtigkeit der Verhältnisse. Er sei ihr Produkt. Die Liebe, die sich zur Zeit Jesu im unmittelbaren Verhältnis von Mensch zu Mensch verwirklicht habe, müsse daher heute den Strukturen gelten. Das Liebesgebot erfordere, die Strukturen zu ändern. Der

barmherzige Samariter von heute müsse also ein sozial-
wissenschaftlich versierter Strukturrevolutionär sein.

Wir verdanken dieser Debatte über die Strukturen wichtige
Einsichten. Sie sind den Erfahrungen vergleichbar, die wir mit
dem Leitbegriff der Emanzipation machen. Keinen Zweifel
kann es darüber geben, daß die Befreiung von bestehenden
Ordnungen und Abhängigkeiten in der politischen Geschichte
der Demokratie einen entscheidenden Zuwachs an sozialer
Gerechtigkeit mit sich gebracht hat. Aber nun gerät der Mensch
in die Gefahr, sich aus seiner Natur selbst heraus zu emanzi-
pieren und damit entwurzelt zu werden. (Walter Kasper).
Denn sich von jeder Bindung, von jeder mitmenschlichen
Verpflichtung, von jedem Verzicht befreien zu wollen, das
macht unser Leben nicht frei, sondern arm, einsam und
sinnlos.

Ähnlich verhält es sich mit den gesellschaftlichen Strukturen. Die Verhältnisse, unter denen die Menschen in der Gesellschaft leben, können zwar so bedrückend sein, daß keine
liebevolle Mitmenschlichkeit zu helfen vermag, solange nicht
diese gesellschaftlichen Verhältnisse selbst zu ändern sind. Es
kann also nicht zweifelhaft sein, daß wir uns nachhaltig um sie
kümmern müssen.

Aber wir dürfen die Maßstäbe nicht aus den Augen verlieren. Wer alles nur auf gesellschaftliche Zustände zurückführt,
der wird schließlich den Menschen zum bloßen Objekt degradieren. Er wird bei dem Versuch landen, die gesellschaftlichen Verhältnisse zu perfektionieren und dadurch den Menschen zu erlösen. Am Ende geht es dann um die Bekehrung
der Strukturen, nicht des Menschen.

Das aber ist ein fundamentaler Irrtum. Wir können und wir
müssen uns bemühen, die politische Ordnung nach dem
Maßstab der Liebe zu bessern. Erlösen aber können wir sie
nicht. Auch Strukturen sind Menschenwerk. Der Wandel,
den die Liebe bewirken kann, beginnt und mündet nicht beim
System, sondern beim Menschen, bei der einmaligen Person.
Sie darf nie Werkzeug des Programmes werden. Sie, die Person, ist bei ihrem Namen gerufen. Sie antwortet, sie verant-
wortet, was zu geschehen hat, um dem Maßstab der Liebe in
der sozialen Ordnung der Gesellschaft zu entsprechen.

Dafür geht es vor allem um Solidarität. Der einzelne und

die Gemeinschaft sind darauf angewiesen. Solidarität verbindet das personale Prinzip mit den Verhältnissen in der Gesellschaft. Jeder hat in unserer politischen Ordnung ein Recht auf Sicherheit und Geborgenheit. Die Gemeinschaft aller tritt für den einzelnen ein. Dies geschieht mit Hilfe einer sozialen Ordnung, welche eine befriedende und befreiende Wirkung hat. Zur Solidarität gehört aber auch, und zwar entscheidend, die persönliche Zuwendung von Mensch zu Mensch. Gerade weil unsere Zeit so stark von technischen Großsystemen und materiellen Leistungsmaßstäben geprägt ist, wird personale Zuwendung um so wichtiger. Daher muß unsere kraftvolle Aufmerksamkeit in der Gesellschaftspolitik der Dezentralisierung und Subsidiarität, der Stärkung der freien Träger, den sozialen Diensten und vor allem der Familie gelten. Die ethische Bedeutung der sozialen Ordnung in der Gesellschaft im ganzen wird dadurch nicht gemindert. Aber die Erneuerung, die die Liebe bewirkt, zielt auf das Herz des Menschen.

Friedenssehnsucht

3. Ist Liebe Maßstab für die internationale Ordnung? Kein anderes Thema beschäftigt die Kirchen so nachdrücklich wie der Frieden. Aber fast nirgends beherrscht er die internationalen Beziehungen. Dieser Abstand zwischen dem Ruf nach Versöhnung, also dem Kern des Liebesgebots, und der unfriedlichen Wirklichkeit beunruhigt uns zutiefst. Er treibt auch oft Christen untereinander in die leidenschaftlichsten Auseinandersetzungen über den richtigen Weg.

So entstehen zum Beispiel immer wieder Initiativen, die sich auf die Abrüstungspolitik beziehen. Die Sorge wächst, daß immer mehr Vernichtungswaffen entstehen, ohne daß der Frieden sicherer würde. Aus dem biblischen Gedanken der Feindesliebe wird der Vorschlag abgeleitet, wir sollten einseitige Vorleistungen zur Abrüstung erbringen, solange vertragliche Rüstungsminderungen noch nicht gelingen. Dadurch könne ein Schritt zur friedlichen Atmosphäre getan werden.

Es gilt, in ethisch gebotener Nüchternheit zu unterscheiden zwischen dem, was der einzelne tun und selbst verantworten kann, und dem Handlungsspielraum der Regierungen. Wer wegen seines persönlichen Gewissens keine Waffe in die Hand nimmt, wer zumal auch dort, wo eine staatliche Ordnung dies verbietet, persönliche Konsequenzen der Unfreiheit um seiner ethischen Friedensüberzeugungen willen auf sich nimmt, der setzt ein großes Zeichen. Ein Staat und seine Regierung haben die Aufgabe, ihre Bürger und ihre verfassungsmäßige Ordnung nach innen und außen zu schützen. Diesen Schutz kann eine Regierung nicht verweigern.

In der innerstaatlichen Ordnung gibt es das Gewaltmonopol. Es dient der Durchsetzung des Rechts, und zwar zu allererst um des Schutzes der Schwachen willen. Die internationalen Beziehungen weisen nichts Vergleichbares auf. Es gibt zwar ein Völkerrecht und internationale Verträge. Aber es gibt keine Gerichtsvollzieher, sie durchzusetzen. Noch immer herrscht in der auswärtigen Politik das Recht des Stärkeren. Daher gehört es zur Verantwortung einer Regierung, die eigene Bevölkerung vor Übergriffen zu schützen.

Die Friedenssehnsucht wohnt tief im Herzen der Menschen. Es ist leicht, sie zu mobilisieren. Ungeheuer schwer aber ist es, den Frieden mit dem Willen und der Fähigkeit zur Verständigung zu sichern. Es genügt nicht, wenn Kirchen und Christen Versöhnungsappelle an die Politiker richten, diese im übrigen aber in den Niederungen der Wirklichkeit einer noch nicht erlösten Welt sich selbst überlassen. Nicht in einem weltfernen ethischen Überbau, sondern mitten in den Problemen dieser Welt selbst haben sich die ethischen Maßstäbe zu bewähren. Zur Liebe gehören Nüchternheit und Vernunft. Es ist kein Verstoß gegen das Liebesgebot, sondern ethisch geboten, sich einem vernünftigen Machtausgleich zur Sicherung des Friedens und des Zusammenlebens der Menschen nicht in den Weg zu stellen. Nur wenn wir so die Verantwortung der Regierenden ernstnehmen, können wir uns als Christen mit ganzer Kraft für Ausgleich und Aussöhnung einsetzen, wie es unser Auftrag und Bedürfnis ist. Dazu gehört es, die Lage klar und illusionslos zu analysieren, übereinstimmende Interessen auch unter Gegnern zu suchen, die Angst und die Schwächen beim Gegner nicht zu übersehen, sondern ernstzunehmen, und Vertrauen zu bilden. Dazu gehört aber auch die Erkenntnis, daß der Frieden nicht nur ein

Verhalten verlangt, sondern einen Inhalt hat. Der Inhalt des Friedens ist die Menschlichkeit. Mit Recht hat ein Bischof in der DDR gesagt: »Wir werden die für ein sinnvolles Leben unverzichtbaren Menschenrechte nur im Frieden haben können. Und wir werden den Frieden nur bei Wahrung der elementaren Menschenrechte haben.«

Der Spannung zwischen der erlösenden Botschaft der Liebe und unserer kleinen menschlichen Kraft können wir nicht entgehen. Aber Liebe ist Maßstab für unsere politische Ordnung. Auch wenn wir diesen Maßstab immer wieder verfehlen: Wir wollen das Fragezeichen hinter unserem Thema löschen.

Wie keine andere Quelle kann uns die Bibel lehren, daß wir selbst die Verantwortung für diese Welt haben. Sie öffnet uns die Augen dafür, daß unter Menschen niemand über das allein Wahre und Richtige auf Erden gebietet. Die Rückbindung an den Schöpfer, die Religion, die uns in der Liebe Christi begegnet, nimmt uns die Angst. Sie macht uns frei. Sie stabilisiert und befähigt uns zum verantwortlichen Gebrauch von Vernunft und Erfahrung. Auch wenn wir als irrende Menschen immer wieder den Maßstab der Liebe verfehlen, so wissen wir, daß in der Liebe mehr Kraft steckt als in irgendeiner anderen Macht. Und unser Gewissen hilft uns, täglich von neuem Lösungen zu suchen, von denen wir hoffen dürfen, daß wir sie vor Gott verantworten können.

Die Untrennbarkeit von Verteidigung und Entspannung

Rede auf dem CDU-Parteitag 1981 in Hamburg

Die öffentliche Diskussion um den Frieden, die Abrüstungs-verhandlungen zwischen den USA und der UdSSR um einen Ausgleich zwischen Warschauer Pakt und NATO im Bereich der Mittelstreckenraketen war 1981 schon in vollem Gang. Der Amts-antritt der Administration Reagan in Washington hatte ihr neuen Auftrieb verliehen. Eine außerparlamentarische »Frie-densbewegung« setzte Parteien und Politiker immer stärker in einen prinzipiell durchaus heilsamen Zwang, die eigenen Positio-nen stärker zu begründen und einer öffentlichen Diskussion auszusetzen.

In dieser Lage veranstaltete die CDU auf ihrem Bundespartei-tag in Hamburg am 9. November 1981 ein großes Jugendforum zur Friedensfrage. Mehrere hundert jugendliche Gäste, die nicht der CDU angehörten, waren der Einladung gefolgt. Sie diskutier-ten einen halben Tag mit den Delegierten der Partei über den Frieden. Zur Einleitung hielt ich das folgende Referat:

Seit sechsunddreißig Jahren hat es in Zentraleuropa keinen Krieg mehr gegeben. Dies ist eine historisch ganz außerge-wöhnliche Zeitspanne des Friedens in unserem Kontinent. Sie beruht auf einem System gegenseitiger Abschreckung mit lebenszerstörenden Waffen. In anderen Teilen der Welt kam es seit Ende des Zweiten Weltkrieges zu weit über einhundert Kriegen.

Dennoch wächst bei uns die Sorge um den Frieden. Unver-ständnis, Mißtrauen und Angst verschaffen sich drastisch Gehör. Die Auseinandersetzung geht tief. In ihr bündeln sich vielerlei Motive. Sie führt hinaus über die Kontroversen um Rüstung und Abrüstung. Sie berührt existentielle Erfahrun-gen.

Die Geschichte hat den Menschen eingebläut, daß es den unendlichen Frieden nicht gibt: Fünf Jahre nach einem Krieg erscheint der Frieden sicherer als fünfunddreißig Jahre später. Dann entsteht das angstvolle Gefühl, nun die Jahre auf das unbekannte Datum eines neuen Krieges hin zählen zu müssen. Auf der Grundlage solcher Sorgen wird die Auseinandersetzung zum Streit über den Inhalt des Friedens und damit über Inhalt, Wert und Ziel von Leben überhaupt.

Wer in der Nachkriegszeit politische Verantwortung in Deutschland getragen hat und tragen wird, steht aktiv in dieser Auseinandersetzung. Dies gilt vor allem für unsere Partei, die den Weg zur Verständigung unter den Völkern und zum Frieden in Freiheit vorangegangen ist. Daher auch das heutige Plenarforum. Meine Aufgabe ist es, in die Aussprache einzuführen, also wichtige Themen der Friedensdiskussion zu beschreiben und sie einleitend zu bewerten.

Erlauben Sie mir hierzu zwei Vorbemerkungen, die uns unnötige Diskussionen am Rande der eigentlichen Probleme ersparen sollen.

Erstens. Ohne Zweifel sind aktive Kommunisten aus Ost und West materiell und geistig an der Friedensdiskussion bei uns beteiligt. Dies reicht von kleinen Initiativen bis zur massiven propagandistischen Ausnutzung. Wer – wie wir in Berlin – beispielsweise das DDR-Fernsehen laufend beobachten kann, der weiß Bescheid.

Gesetzt den Fall aber, es gelänge, solche externen Einflüsse und Interessen auszuschalten, so würde dies den Kern unserer Aufgabe nicht verändern.

Zukunftsangst, Jugendprotest, Friedensbewegungen: sie werden von außen geschürt und ausgenutzt, aber nicht geschaffen.

(Beifall)

Ihre eigenen Ursachen und ihre inneren Zugkräfte sind unser Thema. Unter uns jedenfalls ist es unnötig, im Zusammenhang mit dem Friedensthema über Volksfront zu streiten.

Zweitens: Natürlich hebt die Friedensdiskussion den demokratischen Wettbewerb zwischen den Parteien nicht auf. Daß die SPD als führende Regierungspartei hin- und hergerissen ist zwischen den zwei Wünschen, entweder die Friedensbewegung zu vereinnahmen, oder aber sich von ihr abzusetzen, das macht den Frieden nicht sicherer. Wir aber haben im Auge behalten, daß das Friedensthema quer zu den Parteien in Bewegung geraten ist. Es läßt sich nicht restlos parteipolitisch aufteilen. Mag es auch noch so oft parteipolitisch mißbraucht worden sein, und zwar nicht zuletzt und nicht ohne Erfolg gegen uns – wir täten dem Frieden und wir täten uns selbst einen denkbar schlechten Dienst, wenn wir glaubten, jetzt sei für uns, für die CDU, die Zeit gekommen, das Friedensthema als Beutematerial gegen eine ins Schleudern geratene andere Partei zu benutzen.

(Beifall)

Die Union ist die Alternative zur heutigen Bonner Koalition. Aber wir können nicht vom Vertrauensschwund leben, der die SPD heute kennzeichnet.

(Beifall)

Vielmehr kann und muß die Union Vertrauen und Hoffnung neu begründen, welche allen Parteien heute fehlen. Dann und nur dann, wenn die Union diese Aufgabe zur Stärkung unserer Demokratie im ganzen leistet, wird die Verantwortung uns zufallen und bei uns in guten Händen sein.

Die Sorge um den Frieden läßt sich vor allem auf vier Hauptquellen zurückführen: die Angst vor der wachsenden atomaren Rüstungsspirale; die rasante Entwicklung von Naturwissenschaft und Technik als Ursache genereller Zukunftsangst; die sozialethische Friedenskontroverse, vor allem unter Christen; die sich zuspitzende politische Entwicklung des Ost-West-Verhältnisses. Über diese vier Themen will ich jetzt nacheinander sprechen.

Erstens: Die gegenseitige Abschreckung sichert den Frieden, indem sie die Vernichtung dessen anzudrohen vermag, was sie schützen will, nämlich Leben überhaupt. Wirksam also ist die Abschreckung nur, wenn sie fähig ist, diese Drohung wahr zu machen. Aber ausführen kann sie die Drohung nur um den Preis der Selbstvernichtung. Innerlich verarbeitet und akzeptiert haben die meisten Menschen dieses paradoxe Denksystem nie. Aber sie haben sich an die Erfahrung gewöhnt, daß die gegenseitige Abschreckung bisher tatsächlich funktioniert.

Nun werden immer neue und immer wirkungsgenauere Waffensysteme entwickelt. Immer größere technische Perfektion und eine vom Streben nach Gleichgewicht beschleunigte Rüstungsspirale geben vielen Menschen das Gefühl, daß der Aufwand für Waffen steigt, während die Sicherheit abnimmt.

Immer wieder ist es in der Geschichte zu kriegerischen Auseinandersetzungen gekommen, vielfach gegen den Willen der
beteiligten Völker und Regierungen, vielfach aus Mißverständnissen, Irrtümern oder Versehen. Nicht selten haben
auch politische Hasardeure bewaffnete Konflikte vom Zaun
gebrochen. Wieso – so wird heute vielfach gefragt – sollte es
nicht auch in Zukunft durch menschliches Versagen zu einem
Krieg kommen, aber mit qualitativ völlig anderen Folgen?
Wer könne dies wirklich ausschließen?

Zweitens. Die technische Entwicklung ist in sich selbst für
viele Menschen eine wachsende Quelle der Zukunftsangst.
Früher gab es – so glaubt man heute – ein Gleichgewicht
zwischen technischem Fortschritt und ethischen Grundüber-
zeugungen. Heute haben sich unsere naturwissenschaftlichen
und technischen Fähigkeiten schneller entwickelt als unsere
Kraft, sie ethisch, sozial und politisch zu bewältigen. Viele
Menschen fühlen sich hin- und hergerissen zwischen Abhängigkeit von und Angst vor der Technik. Sie reagieren mit
instinktivem Protest gegen die technische Zivilisation schlechthin. Sie wenden sich gegen Ressourcenverbrauch und Groß-
technologie, gegen Wohn- und Verkehrspolitik, vor allem
aber gegen den Reaktor und gegen die Bombe. Mit vielfältigen Motiven suchen sie in vager Form eine alternative Politik
oder überhaupt ein alternatives Leben. Klare Zielkonturen
fehlen ebenso wie eine politische Theorie, die die Jugendre-
volte Ende der sechziger Jahre kennzeichnete. Das Ganze ist
mehr Ausbruch als Aufbruch. Aber man darf diese Triebkraft
ja nicht deshalb gering einschätzen, weil eine politisch-rationale
Analyse durch Emotion und Instinkt ersetzt wird.

Drittens. Gerade weil diese ganze Bewegung in der Sorge
vor neuen Waffen und Rüstungsspiralen gipfelt, enthält sie
starke Impulse aus der altbekannten und heftig neubelebten
sozialethischen Friedensdiskussion der christlichen Kirchen.
Kein anderes Thema beschäftigt die Kirchen so nachdrücklich wie der Frieden. Die christliche Botschaft von Versöhnung und Frieden umfaßt das ganze Leben. Sie hat daher
notwendigerweise auch eine politische Dimension.

Aber wegen des klaffenden Gegensatzes zwischen dem
Ruf nach Versöhnung, also dem Kern des Liebesgebots, und
der unfriedlichen politischen Wirklichkeit sind Christen zu-

tiefst beunruhigt. Er treibt sie oft auch untereinander in die leidenschaftlichen Auseinandersetzungen über den richtigen Weg zum Frieden. Vor allem im evangelischen Lager sind neue Friedensinitiaiven entwickelt worden, etwa Vorschläge einer »gradualistischen Abrüstungsstrategie« mit einseitigen Verzichtsschritten oder »Frieden schaffen ohne Waffen« oder »Ohne Rüstung leben« und andere mehr.

Zu den theologisch radikalsten Stimmen zählt Dorothee Sölle, Sprecherin auf der Bonner Friedensdemonstration. Ihr selbstgefertigtes Glaubensbekenntnis enthält die Aussage: »Ich glaube an den Frieden, der herstellbar ist.« Das ist also nicht mehr der Frieden, von dem die Bibel spricht, sondern einer, der ganz und gar in der Reichweite der Menschen selbst liegt. Wenn die Verantwortlichen nur wollten, dann könnten sie nach dieser Meinung von Menschenhand das Friedensparadies auf Erden schaffen.

Viertens. Die Friedensdiskussion konzentriert sich schließlich auf die sich zuspitzende politische Entwicklung im Ost-West-Verhältnis. Zunächst komme ich zur Lage in der UdSSR. Vor zwanzig Jahren hatte Chruschtschow angekündigt, sein Land werde bis 1980 den Westen auf allen wichtigen Gebieten einholen und überholen. Heute zeigt sich, daß das Gegenteil eingetreten ist. Der sowjetische Rückstand zum Westen hat sich in der Güterversorgung und Landwirtschaft, in der Wissenschaft und technischen Entwicklung eher vergrößert. Die Waffe der Ideologie ist stumpfer geworden. Die Nationalitätenprobleme in der Sowjetunion und die blockinterne Disziplinierung im Warschauer Pakt sind schwieriger als je zuvor. Nur ein Erfolgserlebnis haben die letzten zwanzig Jahre gebracht: Militärisch hat Moskau gleichgezogen beziehungsweise den Westen überholt. Die Sowjetunion hat im Vergleich zum Westen ein relatives Maximum an militärischem Potential erreicht. Vermutlich wird es nur eine begrenzte Spanne Zeit so bleiben. Eben darin sehen viele eine große Gefahr. Denn wird Moskau nicht, so fragen sie, diese Zeit nutzen, bevor der Westen den Vorsprung wieder wettgemacht hat? Der Westen schickt sich in der Tat an, gleichzuziehen. Vor allem die Amerikaner haben ihre Lektion aus den siebziger Jahren gezogen. Am Anfang stand noch das große Konzept der Rüstungskontrolle und der Rüstungsbegrenzung. In der

Moskauer Grundsatzerklärung vom Mai 1972 hatten sich die führenden Staatsmänner der beiden Supermächte zum Gleichgewicht bekannt, gegenseitige Zurückhaltung zugesagt und sich vor allem verpflichtet, weder direkt noch indirekt einseitige Vorteile auf Kosten des anderen anzustreben. Noch im Mai 1978 hatte sich Breschnew zusammen mit der Bundesregierung feierlich zur annähernden Gleichheit und Parität verpflichtet. Während sich der Westen noch daran hielt, brach Moskau die Vereinbarungen, und zwar im eurostrategischen Bereich durch die SS 20, die eine mobile Erstschlagswaffe mit voller europäischer Reichweite ohne Gegengewicht auf westlicher Seite ist und einen massiven einseitigen Vorteil darstellt, und ferner und vor allem durch eine Reihe von Militäraktionen in der Dritten Welt, zuletzt in Afghanistan.

Zugleich steigt das Rüstungspotential in der Dritten Welt unaufhörlich. Die Voraussetzungen für die eigene Produktion von Kernwaffen in weiteren Ländern breiten sich aus. Die Spannungsgebiete in Asien und Afrika, in Sonderheit im Nahen und Mittleren Osten, bedrohen den Frieden auch im Ost-West-Verhältnis im wachsenden Maß.

In den USA werden rüstungspolitische und strategische Konsequenzen gezogen. Für Europa bedeutet dies den NATO-Doppelbeschluß, der übrigens auf primäres Drängen der europäischen Bündnispartner selbst zustande gekommen ist, so daß es ebenso unklug wie unfair ist, deswegen an die Adresse der Amerikaner von Europa aus Vorwürfe zu richten.

(Beifall)

Sein Ziel ist die Wiederherstellung des eurostrategischen Gleichgewichts, primär durch Abrüstungsverhandlungen. Falls dies so durch Abrüstungsverhandlungen nicht erreichbar ist, werden in Westeuropa Waffen mit Reichweiten bis tief in die Sowjetunion hinein bei entscheidend verkürzter Vorwarnzeit stationiert.

Dies ist eine Auswahl der Überlegungen, über die man vor allem im Zusammenhang mit den Sorgen über den Frieden Diskussionen hört. Jeder von uns verspürt nur allzu deutlich, wie unsere Zeit von solchen Ängsten um Frieden und Zukunft geprägt ist. Keiner, der verantwortlich denkt, wird sagen wollen, das alles fechte ihn überhaupt nicht an. Zumal wer selbst Krieg und Unfreiheit miterlebt hat, welches sehnlichere Ziel sollte er haben, als zusammen mit der Generation seiner Kinder alles nur Denkbare zu tun, um ihnen Frieden und Freiheit zu sichern? Gerade deshalb gilt es, Sorgen um den Frieden niemals zu verdrängen, sondern immer von neuem Wege zu ihrer Bewältigung zu suchen. Es genügt nicht, sich einfach auf die eigenen bewährten Programme und auf Erfahrungen in der Vergangenheit allein zu verlassen. Vielmehr müssen sie sich gegenüber neuen Herausforderungen immer von neuem bewähren. Ebenso ungenügend wäre es, sich einem Bündel edler Gefühle und ethisch hochstehender Gesinnung zu überlassen, denn der entscheidende Test einer moralisch überzeugenden Friedenspolitik liegt nicht in ihren proklamierten Werten, sondern in ihrer verantwortlichen Praxis.

Hier folgen Stichworte zu dieser Praxis. Trotz aller Rückschläge gilt es, die Anstrengungen um Rüstungskontrolle energisch fortzusetzen. Es dient dem Frieden gar nicht, mit Plakaten wie »Sonne statt Reagan« herumzulaufen.

(Beifall)

Wichtiger ist es, Reagan beim Wort zu nehmen, wenn er SALT in START umtauft, wenn er also von den bloßen »limitations«, nämlich Rüstungsobergrenzen, zu »reductions«, nämlich Waffenverminderungen, übergehen will.

Wir können und wir wollen amerikanische Anstrengungen in den neuen Genfer Verhandlungen über Mittelstreckenraketen stärken; und es bestehen Aussichten dafür. Um die sowjetische Bereitschaft zur »annähernden Gleichheit«, wie es Breschnew im Jahre 1978 feierlich bekräftigt hat, zu testen, sollte der Westen zum Beispiel ein Abkommen vorschlagen, wonach er auf Vorwärtsstationierung von Neutronenwaffen verzichtet, wenn die Sowjetunion ihr Panzerangriffspotential zurückzieht.

(Beifall)

Der Friede erfordert, ich erwähnte es soeben, »annähernde Gleichheit und Parität«. Westliche Überlegenheit anzustreben, wie es einige Amerikaner bis vor kurzem gefordert haben, es heute aber nicht mehr fordern, würde den Frieden genauso wenig sicherer machen wie einseitige Abrüstungsvorleistungen.

(Beifall)

Die Erfahrungen der siebziger Jahre zeigen, daß der damalige Verzicht der Amerikaner auf Wehrpflicht und Langstreckenbomber sowie die Zurückstellung der Neutronenwaffe nur mit dem Aufbau der sowjetischen Überlegenheit im eurostrategischen Bereich beantwortet wurde.

(Erneuter Beifall)

»Frieden schaffen ohne Waffen«, das ist allenfalls eine Problemanzeige, aber gewiß keine Problemlösung.

(Beifall)

Wer einseitige Abrüstungsschritte verlangt, verwechselt den Entscheidungsspielraum des einzelnen mit dem einer Regierung. Wenn einer für sich persönlich, zum Beispiel als Quäker, allen Verfolgten und allen vom Krieg Heimgesuchten hilft, sich aber an keiner Maßnahme zum Selbstschutz selbst beteiligt und die Folgen dieser konsequenten Haltung unter jeder politischen Ordnung auf sich nimmt, dann setzt er in der Tat ein großes Zeichen. Weil wir die Wehrdienstverweigerung aus Gewissensgründen hoch respektieren, haben wir sie unter den Schutz der Verfassung gestellt. Wir haben dies getan, damit der einzelne sich in seinem Gewissen so soll entscheiden können, und zwar eben, weil die sozialethische Entscheidung des Staates im ganzen nicht so lauten kann.

Anders gesagt: Der einzelne kann den Wehrdienst verweigern. Aber der Staat kann die Landesverteidigung nicht verweigern.

(Beifall)

Die Regierung ist zum Schutz des Friedens und der Freiheit ihrer Bürger verpflichtet.

Verantwortliche Landesverteidigung ist für uns im nationalen Alleingang nicht möglich, sondern nur im Rahmen des atlantischen Bündnisses. Dies ist nicht die Folge atlantischer Verklärung oder sturer Gewohnheit. Es bleibt vielmehr für die vorhersehbare Zukunft das Ergebnis nüchterner Abwägung unserer eigenen Interessen.

Diese Nüchternheit fehlt denen, die uns einreden wollen, deutsche Friedenspolitik bedeute heute nationale Selbstbehauptung gegen die Großen, Friedensbewegung könne bewirken, daß wir »mehr sind als Schachfiguren auf dem Brett der Weltmächte« – so Erhard Eppler. Oder wenn uns aus derselben Ecke zugerufen wird, wir wären heute im Ernstfall ein

»besetztes Land«; da müßten wir heraus, und wir sollten unsere nationalen Interessen doch nicht immer der »Reaktion« überlassen – so Heinrich Albertz.

Spüren diese Ratgeber denn nicht, welche gefährliche Richtung sie damit der menschlichen Friedenssehnsucht geben?

(Beifall)

Merken sie nicht, daß sie mit ihren sicherheitspolitischen Illusionen nur Tür und Tor für einen selbstmörderischen nationalistischen Mißbrauch öffnen?

(Erneuter, lebhafter Beifall)

Wir brauchen der Bedrohung wegen den Schutz des Bündnisses. Wir brauchen und wir haben innerhalb der Atlantischen Gemeinschaft den notwendigen Einfluß, um unsere europäischen und deutschen Belange zur Geltung zu bringen und um eben nicht zum Prellbock zwischen den Großen zu werden. Diese Gefahr würde nur dann wachsen, wenn wir versuchten, uns abzukoppeln und uns zwischen den mächtigen Arsenalen der Supermächte zu neutralisieren.

Etwas Entscheidendes kommt hinzu, und dies lassen Sie mich als Berliner sagen. Gewiß, wir sind nicht mit jedem Zungenschlag aus Amerika einverstanden. Wir haben in der Mitte Europas oft auch einen anderen täglichen Blickpunkt als Leute in Texas oder Minnesota. Auch sind wir keine Befehlsempfänger im Bündnis, sondern selbständige Partner. Aber wir sind Partner auf der Grundlage einer tiefen inneren Übereinstimmung in den Werten und Zielen der Freiheit.

(Beifall)

In Berlin wurden bald nach dem Krieg aus Feinden Freunde, als Amerikaner und Deutsche im gegenseitigen Respekt zusammenfanden, um die bedrohte Freiheit gegen Blockade und Ultimatum zu schützen. So ist es geblieben.

In Berlin hat Außenminister Haig vor wenigen Wochen, als es dort heftige Demonstrationen gegen ihn und die USA gab, die amerikanische Haltung zur Freiheit mit den Worten Voltaires beschrieben: »Du bist anderer Meinung als ich, und ich werde Dein Recht dazu bis in den Tod verteidigen«.

(Lebhafter Beifall)

Das ist es, was dem atlantischen Bündnis seine innere Qualität, seinen inneren Bestand gibt. Das ist es, was nach außen den Respekt erzeugt, der den Frieden sichert – nicht weniger als Waffen.

Für die Politik im atlantischen Bündnis gilt seit 1967 und unverändert für die Zukunft die Marschroute des Berichtes, genannt nach dem damaligen belgischen Außenminister Harmel: Verteidigung und Entspannung als die beiden untrennbaren Aufgaben dieser Friedenssicherung.

An der Fähigkeit und Bereitschaft zur Verteidigung darf niemandem ein Zweifel erlaubt sein. Sonst entstehen Unsicherheit und schließlich ein Vakuum, das den Frieden nicht schützt, sondern nur gefährdet.

Aber Verteidigung ist kein Selbstzweck. Auf ihrer Grundlage geht es um aktive Ost- und Deutschlandpolitik. Uns liegen die Deutschen in Ost-Berlin und in der DDR besonders am Herzen. Von ihnen lernen wir immer wieder, daß sich Frieden nicht allein auf das Schweigen der Waffen bezieht, sondern daß es um seinen Inhalt geht, um die Würde und um die Rechte des Menschen. In diese Richtung geht unsere aktive Politik.

(Beifall)

Sie bezieht sich ferner auf die Verbündeten Moskaus im Warschauer Pakt; denn diese sind Europäer wie wir. Sie teilen mit uns die Sorge um den Frieden. Was unsere tiefe Anteilnahme an den Ereignissen in Polen anbetrifft, so gilt es, westliche Bereitschaft zur Hilfe in einer Form anzubieten, die keine machtpolitische Ausnutzung blockinterner Sicherheitsprobleme zum Ziel hat.

Im Vordergrund aber stehen die Beziehungen zur Sowjetunion selbst. Es wäre eine Illusion zu glauben, man könne sich mit ihr auf Rüstungskontrolle und Abrüstungsthemen allein konzentrieren und beschränken und dort Konzessionen von ihr erwarten, wenn man gleichzeitig alle anderen Kontakte verweigern würde; denn die Sowjetunion ist bekanntlich im Vergleich zum Westen nur im militärischen Bereich stark. Auf allen anderen Gebieten hängt sie zurück und ist auf Zusammenarbeit angewiesen. Auch das hat seine Auswirkungen auf den Frieden.

Zur Ost-West-Politik gehört nicht zuletzt die gemeinsame weltweite Verantwortung. Wie kümmerlich sie sich bisher auch entwickelt haben mag, wir müssen sie immer wieder zur Sprache bringen. »Wir müssen mit der Sowjetunion einen Wettstreit aufnehmen, um die Freiheit zu schützen. Aber wir müssen auch nach Zusammenarbeit suchen, um die Menschheit zu schützen«, wie Haig es ausgedrückt hat. Das gilt für den Hunger in der Welt und für die Energieressourcen, für die Waffenlieferungen in die Dritte Welt und für die weltweite soziale Frage.

Erlauben Sie mir, zum Abschluß noch einmal auf die Angst vor der Technik und den sozialethischen Friedensstreit unter Christen einzugehen. Wahr ist, daß wir mit Hilfe unserer Naturwissenschaft und Technik mehr können, als wir ethisch dürfen. Gegen diesen Zustand richtet sich der instinktive menschliche Protest. Er stößt sich an den Gewohnheiten der Gesellschaft, die von der Technik abhängig geworden ist, ohne sie zu beherrschen. Wahr ist aber auch die Erfahrung, daß es lebensgefährlich naiv wäre zu glauben, wir könnten uns technisch entmannen und einen Weg zurückfinden zu einer asketischen vortechnischen Weltkultur.

(Beifall)

Die Menschheit wird die Fähigkeiten nicht wieder los, die sie sich erworben hat. Die Frage ist nur, ob sie diese zu beherrschen lernt.

Wer »Lieber rot als tot« proklamiert, wird eben in dem Sand ersticken, in den er seinen Kopf gesteckt hat.

(Beifall)

Denn es kann ja niemand im Ernst glauben, dadurch von Reaktor und Bombe entfliehen zu können, daß er sich mit seinem Land einem roten Machtbereich unterwirft.

Wenn es eine Gesellschaft gibt, die die Fähigkeit hat – auch wenn sie sie manchmal vernachlässigt –, die großen Aufgaben zu erkennen, die damit verbundenen Konflikte auszutragen und Kurskorrekturen schmerzlicher Art vorzunehmen, dann ist es allein die freie Gesellschaft. In der Freiheit schafft sich Wahrheit Gehör. Nur in der Freiheit haben wir die Chance zu lernen, was wir noch nicht können, was wir aber ethisch, sozial und politisch noch in den Griff bekommen müssen. Es ist eine Selbsterziehungsaufgabe ungeheuren Ausmaßes, die wir bewältigen müssen, wenn wir leben wollen, und die wir in Freiheit und nur in Freiheit lernen können.

»Ehre sei Gott in der Höhe und Frieden auf Erden« – so steht es in der Bibel. Die christliche Botschaft spricht damit vom Frieden auf Erden, den die Menschen verfehlen, wenn sie die Ehre nicht Gott, sondern sich selber geben, das heißt wenn sie glauben, sie selbst seien das letzte Maß aller Dinge und könnten daher den absoluten Frieden herstellen.

Christlicher Glaube macht begreiflich, daß Menschen alles in ihrer Einsicht und Macht Stehende tun müssen, um Frieden, Freiheit und Gerechtigkeit zu verwirklichen. Wer aber Angst überwinden will, benötigt mehr als Einsicht und Macht. Glauben und Gnade überwinden sie. Die Zuversicht des Glaubens ist, daß die Erfahrungen der Gewalt nicht das letzte Wort behalten.

In diesem Sinne orientiert, ernüchtert und ermutigt christlicher Glaube.

(Vereinzelt Beifall)

Er fordert dazu auf, sich im Angesicht der ungeheuren Aufgabe des Friedens nicht nur selbst zu erziehen, sondern sich selbst zu wandeln. Er nimmt Anteil an der Friedensaufgabe, nicht weil er in weltlichen Dingen kenntnisreicher oder klüger wäre, sondern aus Solidarität mit der Welt. Er lädt ein, den Mitmenschen zu sehen, wie er ist. »Liebe Deinen Nächsten, denn er ist wie Du« - mit allen seinen Interessen und Aggressionen, seinen Hoffnungen und Ängsten.

Diese Sicht hat eine verwandelnde Kraft. Als Aufgabe der Solidarität gehört sie doch mitten hinein in die Welt, mitten hinein in den Alltag der Generationenbegegnung, mitten hinein in Parteitage und in die Politik. Sie ist zentraler Bestandteil der Friedenspolitik. Zu ihr bekennen wir uns in verantworteter Freiheit.

(Langanhaltender lebhafter Beifall)

Wird unsere
Parteiendemokratie überleben?

Gegen Ende der siebziger Jahre hatte ich den Auftrag übernommen, für ein größeres Verfassungshandbuch den Artikel über die Parteien zu schreiben. Den Herausgebern hatte ich einen von wachsender Skepsis geprägten Beitrag angekündigt. Seit Jahren stehe ich unter dem Eindruck, daß nicht nur die Qualität der Parteiendemokratie abnimmt, sondern daß ihre Überlebensfähigkeit schlechthin auf die Dauer nicht gesichert wird, wenn sich nicht Wesentliches bessert.

Zur Ausführung des Auftrages kam es aber nicht. Denn kurz darauf wurde ich nach Berlin berufen und in ein Regierungsamt gewählt. Es anzunehmen und auszuüben verpflichtet mich, meinen Beitrag dazu zu leisten, die Sorgen für die Zukunft der Parteiendemokratie in der Praxis zu widerlegen, die ich in der Theorie begründen wollte. Übrig blieb von dieser Theorie ein Extrakt, den ich am 31. März 1982 im Rahmen der Robert-Bosch-Stiftungsvorlesungen in Stuttgart vortrug.

In unserem demokratischen Staat nehmen die Parteien die zentrale Machtposition ein. Damit fällt ihnen ein großer Teil der Verantwortung zu. An den Parteien liegt es primär, ob unsere Demokratie den heutigen Herausforderungen gewachsen und gegenüber allen anderen Regierungsformen nachhaltig überlegen bleibt.

Die Wahlen der Nachkriegszeit vermitteln zwar den Eindruck einer relativ stabilen Parteiendemokratie, insbesondere im Vergleich zur Weimarer Republik und zu manchen Nachbarländern heute. In Wahrheit aber ist das Verhältnis der meisten Wähler zu den Parteien, zumal zu den alteingesessenen, etablierten, zunehmend kühler geworden. Das Ansehen der Parteien ist, in erster Linie bei Teilen der jüngeren Generation, erschüttert. Zwischen der Macht der Parteien im Staat einerseits und ihrer Befähigung zur Lösung der Probleme andererseits hat sich eine breite Kluft aufgetan.

Dieses Problem zu lösen, ist unsere zentrale verfassungspolitische Aufgabe. Sie entscheidet nicht nur über die Zukunft der Parteien, sondern über das Schicksal unserer Demokratie überhaupt.

Parteien machen sich den Staat zur Beute

Die Parteien haben ihren überragenden Platz ursprünglich nicht von den Verfassungen zugewiesen bekommen. Vielmehr haben sie sich allmählich in die Wirklichkeit dieser Verfassungen hineingekämpft. Ihre Entstehung hatte quasi oppositionellen Charakter. Der Staat betrachtete die Zusammenschlüsse parteipolitischer Art zunächst mit Mißtrauen; er erschwerte ihre Bildung und Tätigkeit. Im 19. Jahrhundert gab es Fraktionen in gewählten, repräsentativen Versammlungen, die Informationen und Mitsprachemöglichkeit der einzelnen verstärken sollten. Man nannte sich noch nicht nach einer bestimmten politischen Richtung, sondern, wie zum Beispiel in der Zeit der Frankfurter Nationalversammlung 1848, nach dem Lokal, in dem man sich versammelte. Demgemäß hieß die Rechte »Café Milani«, die Radikale Linke dagegen »Donnersberg«. Erst allmählich entstanden daraus politische Parteien, vor allem mit der Einführung des allgemeinen Wahlrechts. Die Weimarer Reichsverfassung war die erste, die die Parteien überhaupt erwähnte – freilich nur negativ, nämlich: Beamte seien Diener der Gesamtheit, nicht einer Partei.

Unsere heutige Verfassung hat der weiter gewachsenen Bedeutung der Parteien Rechnung getragen: »Die Parteien wirken bei der politischen Willensbildung des Volkes mit« – so lautet der entscheidende Satz im Bonner Grundgesetz. Aber auch damit ist die zögernde Haltung noch nicht aufgegeben. Unser Grundgesetz und das nachfolgende Parteiengesetz lassen die Machtpositionen der Parteien im Staat offen. Die verfassungsrechtliche Regelung für die Parteien bleibt weit hinter ihrem tatsächlichen Einfluß im Verfassungsleben zurück. Sie ist der klassische Fall eines konstitutionellen Understatements.

Erst das Bundesverfassungsgericht kam mit seiner Rechtsprechung dem tatsächlichen Einfluß der Parteien allmählich näher. Nach der Vorstellung dieses Gerichts sollen die Parteien in den Bereich der staatlichen Institutionen einwirken, ohne jedoch Verfassungsorgane zu sein. Denn nicht sie haben Gesetze zu geben, exekutive Gewalt auszuüben oder Recht zu sprechen.

Der Staat, so sagt das Verfassungsgericht weiter, bedarf nun aber der Legitimation durch das Volk, denn Demokratie ist Herrschaft des Volkes; Staatsgewalt geht vom Volke aus. Diese Legitimation vollzieht sich nicht direkt, sondern wird durch die Parteien vermittelt. Diese sind die notwendigen Instrumente der politischen Willensbildung des Volkes, sie sind die Handlungseinheiten, deren die Demokratie bedarf, um dem Wähler Einfluß auf die staatliche Herrschaft zu eröffnen.

Das ist gewiß zutreffend, obwohl es für das öffentliche Bewußtsein etwas feingesponnen klingt und folglich auch frühzeitig Kritik erfahren hat, vor allem von der Verfassungsrechtslehre. Das Volk sei vollständig und ausnahmslos durch die politischen Parteien mediatisiert – so meinte Werner Weber. Gerhard Leibholz erklärte, im massendemokratischen Parteienstaat gebe es das Volk überhaupt nicht. Wahlen seien nur Plebiszite für Kandidaten und Programme, welche allein von den Parteien aufgestellt seien.

Es ist gewiß zutreffend und auch notwendig, die Parteien nicht den staatlichen Institutionen direkt zuzurechnen. Wahr ist aber auch, daß sich im öffentlichen Bewußtsein die Trennungslinie zwischen dem Staat und den Regierungsparteien immer mehr verwischt. Dies liegt primär daran, daß sich der Einfluß der Parteien quasi fettfleckartig über nahezu alle staatlichen Institutionen immer weiter ausgebreitet hat. Die Parteien beherrschen die gesetzgebenden Körperschaften. Denn nur auf dem Weg über Parteinominierung kann man Abgeordneter werden. Formal mag dies anders sein; faktisch aber ist zum letzten Mal vor dreißig oder mehr Jahren ein Abgeordneter in den Deutschen Bundestag gewählt worden, ohne daß ihn eine Partei nominiert hätte.

Im Ergebnis bedeutet dies, daß der entscheidende Einfluß auf die Wahl und Kontrolle der Regierung, ebenso wie auf die Gesetzgebung selbst, fest in der Hand der Parteien liegt. Daran ändert auch die Tatsache nichts, daß in den Parlamenten nicht die Parteien direkt, sondern die Fraktionen maßgebend sind. Denn wenn diese Fraktionen auch nicht immer mit ihren Parteiführungen in allem übereinstimmen – wie wir es zum Beispiel zur Zeit in Berlin in einer Partei erleben –, so betrachtet der Wähler doch Fraktion und Partei letzten Endes mit Recht als ein und dasselbe.

Über die Exekutive und die Legislative hinaus haben die Parteien aber auch maßgeblichen Einfluß auf die Besetzung der obersten Gerichte und zwar auf dem Weg über die Wahlausschüsse. Im öffentlichen Dienst handhaben Parteien Ämterpatronage und Parteibuchwirtschaft im allgemeinen mit höchst geringer Scheu. Direkt oder indirekt beeinflussen viele von ihnen in erheblichem Umfang die Berufungspolitik an den Hochschulen ebenso wie die Personalfragen bei den öffentlich-rechtlichen Medien. Mit einem Wort: Tatsächliches Verhalten und Einfluß der Parteien auf den Staat haben ihren Ruf begründet, daß sie sich den Staat zur Beute machen. Die Feststellung des Verfassungsgerichts, daß die Parteien selbst keine Staatsorgane seien, haben den allzu weitgehenden Einfluß der Parteien auf die Staatsorgane nicht einzudämmen vermocht.

Der Ansehensverlust der Parteien

Es gibt in der traditionellen deutschen Mentalität, im Gegensatz etwa zum angelsächsischen Denken, eine Ursache dafür, die Grenze zwischen dem Staat und der Regierungspartei verschwimmen zu lassen. Dies wird etwa am Beispiel des Strafprozeßrechts deutlich.

Im angelsächsischen Strafprozeß wird zwischen dem souveränen Richter einerseits und dem Kläger und dem Verteidiger andererseits unterschieden. Ankläger und Verteidiger treten als prinzipiell gleichwertige Parteien auf. Jeder vertritt seine Seite; dies kann durchaus parteiisch geschehen: Es ist jeder Seite erlaubt, die Gegenseite als unglaubwürdig zu behandeln. Darüber sitzt der Richter. Er hört dem Streit zwischen Anklage und Verteidigung schweigend zu. Am Ende fällt er dann ein Urteil darüber, welche der beiden Seiten wohl von der ganzen Wahrheit weniger weit entfernt geblieben ist.

Im deutschen Strafverfahren hingegen vertritt der Verteidiger den Angeklagten. Der Ankläger dagegen heißt Staatsanwalt. Der Idee nach vertritt er, ebenso wie der Richter selbst, die ganze Wahrheit. Er spricht also mit einem ganz anderen Anspruch als der Verteidiger und trägt darüber hinaus auch als äußeres Zeichen dafür – im Gegensatz zum Verteidiger – dieselbe Robe wie der Richter.

Eine Parallele hierzu zeigt die Auffassung über die politischen Parteien im Staat. Zwar weiß man bei uns ebenso gut wie in Großbritannien, daß eine Partei, wie schon ihr lateinischer Wortstamm sagt, nicht das Ganze darstellt, sondern nur einen Teil des Ganzen. Entschieden wird – hier wie dort – im Streit der Parteien durch Mehrheit. Die Mehrheitspartei hat das Mandat zur Regierung auf Zeit. Damit ist sie für das ganze Gemeinwesen verantwortlich, nicht nur für ihre eigenen Anhänger. Aber als Partei bleibt sie doch nur Teil des Ganzen, sie wird nicht identisch mit ihm.

Umgekehrt gilt für die Minderheitspartei, daß sie zwar nicht regieren kann, aber als Opposition ebenso Teil des Ganzen bleibt wie die Mehrheitspartei auch.

Dennoch ist das Verständnis der Briten konsequenter. Die Regierungspartei hat im öffentlichen Bewußtsein in Großbritannien keinen Vorsprung an staatlicher Würde. Einen qualitativen Unterschied zwischen dem Regierungschef und dem Oppositionsführer kann man dort nicht antreffen. Beide rangieren überdies auf den ersten beiden Plätzen im britischen Protokoll. Mehrheits- und Minderheitspartei werden nur zusammen als Repräsentanten des politischen Gemeinwesens gegenüber dem Wähler als dem meist schweigenden Richter gesehen, in dessen Hand die demokratische Entscheidung liegt.

Bei uns hat derjenige einen Vorsprung, der den Staat von Amts wegen vertritt. Deshalb wird es einer Partei, die zum Regieren gewählt ist, etwas zu leicht gemacht, sich mit dem Staat gleichzusetzen. Umgekehrt muß eine Minderheitspartei zuweilen den unterbewußten Verdacht zerstreuen, als wende sich der Opponent gegen den Staat. Manchem Bürger erscheint das Geschäft der Opposition gelegentlich geradezu als unanständig.

Die Trennungslinie zwischen Staat und Regierungspartei ist also im öffentlichen Bewußtsein bei uns nicht so klar, wie sie es gesunderweise sein sollte. Insoweit wirkt die Rechtsprechung des Bundesverfassungsgerichts harmloser, als es die Realität tatsächlich ist.

Auf der anderen Seite ist aber auch die Sorge der Wissenschaftler unbegründet, daß es aufgrund der Existenz der Parteien, die sich alles angeeignet hätten, das Volk überhaupt nicht mehr gebe. Zur Zeit erleben wir eher, daß die Parteien alle Zeichen eines mangelnden Selbstbewußtseins gegenüber der Bevölkerung an den Tag legen. Große, mitgliederstarke Verbände, Bürgerinitiativen, alternative Bewegungen bis hin zu solchen, die um Parlamentssitze kämpfen, damit sie mit deren Hilfe den außerparlamentarischen Widerstand gegen die Parlamentsparteien stärken können – das alles ist nicht notwendigerweise das Volk, aber es sind gesellschaftliche Kräfte aus dem Volk. Sie nötigen die Parteien mehr und mehr, sich um Rückbindung ihrer Politik an den Wähler zu bemühen. Der Wähler ist, wenn er es nur will, also nicht unbedingt der mit dem Ehrentitel »Souverän« im Artikel zwanzig des Grundgesetzes begrabene Bürger, der nur einmal alle vier Jahre von dort herauswinken darf.

Machtkampf zu Lasten der Zukunft

Die Gründe für den wachsenden Ansehensverlust der Parteien liegen aber keineswegs nur in ihrer ungenierten Okkupation der staatlichen Ämter. Wichtiger noch ist die gegen die Parteien gerichtete krisenhafte Stimmungsverschlechterung, die durch eine besondere Strukturschwäche der Parteiendemokratie verursacht wird: Die politischen Lösungen, die die Parteien sich vornehmen, werden allzu oft weder regional noch zeitlich den Ursachen und Lösungserfordernissen der Probleme gerecht.

Zunächst regional: Viele unserer sozial- und wirtschaftspolitischen, unserer Finanz- und Währungsfragen sind tiefgehend beeinflußt von übernationalen Zusammenhängen. Ich nenne nur die Europäische Gemeinschaft.

Gewählt aber werden Regierungen nicht in Europa, sondern regional in den einzelnen Mitgliedsstaaten der Gemeinschaft. Je schwächer nun eine Regierung zu Hause ist – und das gilt zur Zeit für die Mehrzahl der Regierungen in Europa –, desto mehr entfaltet sie die Unart, Ursachen innenpolitischer Probleme im europäischen und internationalen Feld zu suchen. Die massive derzeitige Schwäche der Europäischen Gemeinschaft hängt nicht zuletzt genau damit zusammen. Notwendige europäische Lösungen, und zwar gerade auch solche, die langfristig für die nationale Zukunftssicherung erforderlich sind, scheitern an der Renationalisierung der Haltung der europäischen Mitgliedsländer – und das heißt ihrer Regierungen und nationalen Parteien – und an ihrer Unwilligkeit, sich in Europa auf ein längst fälliges Mehrheitsprinzip bei den Entscheidungen im Ministerrat einzulassen.

Entscheidender noch als diese geographische Einengung des Blick- und Aktionsfeldes der Parteien aber ist die Begrenzung ihrer Aktivität auf die Legislaturperiode. Das Zeitmaß der Parteien ist durch den nächsten Wahltermin bestimmt und zugleich begrenzt. Wenn die Probleme selbst diesem Zeitmaß nicht folgen – vielleicht wegen der Natur der Sache gar nicht folgen können –, um so schlimmer für die Probleme! Dies verstärkt in krisenhafter Weise eine spezifische Schwäche des allgemeinen heutigen Denkens und Handels – nämlich eine unaufhörliche Vernachlässigung der Zukunft zugunsten der Gegenwart.

Hierin liegt eine Strukturschwäche der Parteiendemokratie, die sich zu Lasten der Zukunft auswirkt. Die Leitidee der repräsentativen Demokratie, nämlich Regierungsmacht auf Zeit mit der Chance oder Gefahr des Wechsels durch Wahl, besitzt quasi eine automatische Scheuklappenwirkung gegen die Zukunft. Die Regierung ist heute an der Macht. Die Opposition will morgen an die Macht. Also hat in den Augen der Regierung die Gegenwart das Übergewicht über die Zukunft. Es gilt geradezu, die Zukunft im Sinne der Opposition zu verhindern. Immer wieder muß eine Regierungspartei oder Koalition, zumal bei knappen Mehrheitsverhältnissen, Kompromisse suchen, um am Ruder zu bleiben. Die Verlängerung der Gegenwart wird zum alles beherrschenden Thema. Wer sorgt da noch für die Zukunft? Wer kann es da noch riskieren, um einer verantwortlichen Zukunftsvorsorge willen Vorschläge zu machen, die eine Belastung in der Gegenwart mit sich bringen und Streit im eigenen Lager auslösen könnten?

Die Opposition ist die Regierung von morgen. Also müßte sie an sich besonders zukunftsorientiert sein. Aber regelmäßig bringt die Rolle der Opposition zunächst einmal die Gefahr eines Wirklichkeitsverlustes mit sich. Als Minderheit hat man die demokratische Pflicht, die Regierung zu kontrollieren und zu kritisieren, nicht aber, sie zu stärken. Der ständige Streit in jeder Opposition kreist daher um die Frage, ob man für ungelöste Probleme realisierbare Alternativvorschläge machen soll oder nicht. Dagegen scheint vor allem ein taktisches Argument zu sprechen: Wenn nämlich die alternativen Vorschläge gut sind, dann wird die Regierung sie übernehmen und sich selbst dafür belohnen lassen. Deshalb ziehen es manche routinierte Politiker auf den Oppositionsbänken vor, auf Alternativvorschläge lieber überhaupt zu verzichten. Die Folge ist dann oft die, daß die Opposition nicht das ist, was sie sein sollte, nämlich ein Trainingslager für die Zukunft.

So wirken sich eingebaute Rollenzwänge sowohl bei der Regierung wie bei der Opposition zunächst einmal zu Lasten der Zukunft aus.

Gegenwart auf Kosten der Zukunft

Der Wettbewerb der Parteien um die Mehrheit der Stimmen hat ebenfalls durchaus ambivalente Wirkung. Er macht es einer Parteiführung recht schwer, sich für politische Lösungen auszusprechen, die geeignet sind, Wählergruppen in der Gegenwart zu belasten, um deren Zustimmung man gerade jetzt kämpfen muß, wenn man die Mehrheit erobern bzw. erhalten will.

Deshalb schildern die Parteien die Dinge allzu oft bequemer als sie sind. Man vermeidet, etwas zu sagen, was den Adressaten belasten könnte. Dafür gibt es dann auch einen Ausgleich, nämlich den, die Vorwürfe, Angriffe und Gegenangriffe zwischen den Parteien häufig über das Ziel hinausschießen zu lassen. Wirkliche Fragen, die die Diskussion lohnen, werden dadurch aber nicht selten eher verdunkelt als erhellt.

In anderen Bereichen wirkt die Konfrontation in der Sache selbst dafür oft künstlich. Da sind in Wahrheit dann die Standpunkte der streitenden Parteien einander näher, als sie behaupten. Auch ergibt der bestehende objektive Handlungsspielraum manchmal weniger Raum zu einer Veränderung, als eine Opposition für den Fall eines Regierungswechsels ankündigt. Die Konfrontateure wirken wie austauschbare Profis, die auf allen Seiten mit denselben »Fouls« arbeiten und mit einer konsumbestimmten, also harmonisch-optimistischen Linie ohne allzuviel Inhalt werben.

Das eigentliche, natürliche Feld der Konfrontation ist demnach nur zu häufig nicht das politische Problem selbst, sondern der Kampf um die Macht. Das haben alle Parteipolitiker gelernt; man muß leider sagen, manche haben nur das gelernt. Je ernster das jeweilige Problem ist, desto gefährlicher wird es, wenn Parteien nicht die Probleme angreifen, sondern mit den Problemen als Munition nur auf den Gegner schießen.

Die Weimarer Republik kann in diesem Zusammenhang als Lehre gar nicht ernst genug genommen werden. Sie ist nicht etwa daran zugrunde gegangen, daß es vor 1933 schon zu viele Nazis gegeben hätte. Vielmehr gab es zu wenig Demokraten, die erkannten, daß der gemeinsame Kampf gegen die Gefahren für alle wichtiger gewesen wäre als die dauernden Auseinandersetzungen zwischen den Demokraten.

Die Schwächen der Parteienstruktur und die Schwächen der Zeit und ihres Geistes üben eine Wechselwirkung aufeinander aus. Wir versuchen, uns eine bequeme Gegenwart zu Lasten der Zukunft zu machen. Wir belasten die Umwelt und verbrauchen natürliche Ressourcen, die später fehlen. Wir machen heute rechtlich verbindliche Zusagen für später, ohne zu wissen, wer ihre Kosten eines Tages erwirtschaften kann. Wir finanzieren die steigende Flut selbst ausgelöster oder nicht verantwortlich abgewehrter Gegenwartswünsche durch Schulden, die in der Zukunft fällig werden.

Auch in der Wirtschaft gibt es das Problem. Dort wird ständig darum gekämpft, wie der erarbeitete Ertrag auf die Gegenwart, also Konsum, und die Zukunft, also Investition, zu verteilen sei. Auch hier hat die Vorsorge für die Zukunft den bei weitem schwereren Stand.

Der einzelne Bürger lebt bei uns in einem großartigen, im internationalen Vergleich einzig dastehenden System der sozialen Sicherung. Das wollen wir erhalten. Aber die Folge einer gesetzlich und gemeinschaftlich geregelten Vorsorge nahezu aller Lebenssachverhalte ist auch die, daß der einzelne wenig Veranlassung erhält, selbst verantwortlich an die Zukunft zu denken.

Seinen deutlichsten Ausdruck findet das Mißverhältnis von Gegenwart und Zukunft vielleicht im Geburtenrückgang der letzten fünfzehn Jahre. Offenbar wollte man in unserer Gesellschaft in dieser Zeit keine Kinder mehr haben. Die Ursache dafür mag zum Teil durchaus in der Sorge um eine ungewisse Zukunft dieser Kinder liegen, aber wesentliches Motiv ist doch die Konzentration der Erwachsenen auf ihre materiellen Gegenwartswünsche, welche durch Kinder behindert werden könnten – und die Organisation einer Gesellschaft, in der materiell belohnt wird, wer keine Kinder hat.

Die Parteien haben diesen Zustand gewiß nicht allein geschaffen, aber sie haben ihn verstärkt und verschlimmert.

Generationenkonflikte

Es ist also ein eigentümliches und negatives Zusammenwirken von strukturellen Schwächen im Verhalten der Parteien mit einer Mentalität unserer Zeit, das unaufhörlich die Tendenz produziert, die Lösung der Probleme in die Zukunft zu verschieben und genau dadurch die Lösung zu erschweren. Es fehlt ja nicht an der Einsicht, daß wir vorkonsumiert haben und nun nacharbeiten müssen. Auch ist es gerade die Verschiebung der Problemlösungen auf später, die eine sehr eigentümliche und sehr intime Beziehung zur Zukunft nach sich zieht, nämlich eine mehr oder weniger dumpfe Angst vor der Zukunft. Ihre wesentlichen Merkmale, vor allem bei jüngeren Leuten, sind: die Sorge vor der Knappheit und Undurchsichtigkeit der eigenen künftigen Berufschancen, das Mißtrauen gegenüber dem technischen Fortschritt – man befürchtet, daß unsere naturwissenschaftlichen und technischen Fähigkeiten schneller wachsen als unsere Kraft, sie ethisch, sozial und politisch zu beherrschen – und schließlich die Angst vor den Folgen einer ständig wachsenden atomaren Rüstungsspirale.

Wir leben nun heute nicht mehr in der Phase der späten

sechziger Jahre, zu einer Zeit also, in der die Anführer der Studentenrevolte durch theoretisches Wissen, ideologischen Streit und vor allem durch revolutionäres Wollen gekennzeichnet waren. Heute gibt es keine solche Revolte, sondern es gibt die »Bewegung«, wie sie sich selbst vorsätzlich unklar nennt und versteht. Sie äußert kein konkretes politisches Ziel. Man versteht sich nicht als Revolution, man will keinen ideologischen Streit um Rechtgläubigkeit. Man weiß, wogegen man ist; unklar bleibt, wofür. Man ist »alternativ«, was immer das bedeuten mag. Und auf die Frage, wie man die Zukunft sieht, heißt es in einem sehr lesenswerten Buchbeitrag aus der Hausbesetzerszene wie folgt: »Zukunft? Wir sind nicht gewohnt, viel weiter als eine Woche im voraus zu planen. Unsere Zukunft heißt Widerstand. Unsere Power ist, daß wir wenig zu verlieren haben. Unsere Power kann man spüren, wenn man Hemmschwellen durchbricht, der Bruch mit dem Vertrauten, dem Elternhaus, der Schule, der faden Clique, der Bruch mit dem öffentlichen Konsens, mit den ewig defensiven linken Gewißheiten, mit dem Machbaren. Es herrscht Aufbruchstimmung bei uns. Das Gefühl von Sicherheit in einer völlig unsicheren Situation. Es ist die Sicherheit, etwas durcheinanderzubringen, bestätigt durch die Schlagzeilen der ängstlichen Zeitungen, die fahlen Gesichter der Politiker, das Polizeiaufgebot. Unsere Power ist die Gewißheit, moralisch im Recht zu sein, die Erfahrung, daß Erfolg Sympathie schafft. In dieser Sympathie steckt die Identifikation mit dem frechen David, der gegen Goliath antritt.« (Benny Härlin, Von Haus zu Haus, in: Kursbuch 65, 1981, S. 25)

Die Lektüre solcher Texte vermittelt kein Zukunftsprogramm. Aber, so merkwürdig dies vielleicht für manche klingt: solche Aussagen sind doch alles in allem eher erfrischend als entmutigend. Der Instinkt leitet gerade die aktiven Kräfte jeder Generation. Er begegnet uns bei Jüngeren oft als Skepsis. Da sagt ein Vater zu seinem Sohn: »Setz' dich hin und lerne etwas, denke an deine Zukunft!« Dann antwortet der Sohn: »Zukunft? Was ist das?« Ist dies eine Absage des Sohnes an die Zukunft? Wohl kaum. Viel eher eine Absage an den Vater. Das ist als Durchgangsstadium überdies weit besser, auch für den Vater. Der Sohn findet nicht den richtigen Weg. Aber das, was er wirklich sucht, das ist doch genau die Zukunft.

Zunächst zeigen solche Texte und Dialoge, daß die vitale Kraft des Menschen sich auch durch Jahrzehnte einer Tendenz zum zentralistischen, bürokratisierten Fernsteuerungs- und Beglückungsstaat nicht hat abstumpfen lassen. Im Gegenteil! Das, was von jungen Leuten – und nicht nur in Berlin – trotz aller militanten und wenig einladenden Formen angestrebt wird, enthält im Kern die Suche nach dem, was ohnehin unser politisches Programm sein muß, nämlich nach dem Übergang zur Selbstverantwortung und Mitverantwortung.

Was die Parteien selbst anbetrifft, so hilft klagen für sich allein nicht weiter. Parteien sind eben keine Goliaths, sie sind weder so groß und so stark, noch im allgemeinen so dumm. Zwar ist es richtig, daß ihr Zeitmaß die Legislaturperiode und die nächste Wahl ist. Aber sie allein dafür zu kritisieren, ist sinnlos. Die parlamentarische Demokratie funktioniert nur, wenn die Parteien um die Mehrheit kämpfen. Das ist ausdrücklich ihr Auftrag. Es würde der Zukunft überhaupt nicht dienen, wollte man von einer Partei erwarten, sie solle im nächsten Wahlkampf nur an die Zukunft denken, dafür aber auf den Wettbewerb um die Mehrheit überhaupt verzichten. Überdies fehlt es auch einer hinreichend großen Zahl von Politikern keineswegs an der Einsicht in das, was zur Zukunftssicherung notwendig ist. Was ihnen fehlt, ist vielmehr das Zutrauen, daß es ihnen gelingen könnte, dafür Zustimmung bei einer Mehrheit der Wähler zu finden.

Die Aufgabe besteht also in der Fähigkeit, das Notwendige mehrheitsfähig zu machen. Dies kann nur gelingen – und das war vermutlich zu allen Zeiten so –, wenn wir verändernd auf das Verhalten und Bewußtsein einwirken, bei uns selbst und beim Wähler. Solange wir als Politiker in der Parteiendemokratie unsere Aufgabe nur so verstehen, die Wünsche der Wähler zu ermitteln, zusätzliche Wünsche zu suggerieren und ihre Erfüllung im Maß der Möglichkeiten zu versprechen, solange wird die Parteiendemokratie auf die Dauer überhaupt keine Überlebenschance haben. Bleiben wir hingegen lernfähig und verstehen wir das politische Mandat der Parteien als Aufgabe, für unsere ja vorhandenen, erreichbaren Erkenntnisse öffentlich einzutreten – vielleicht sogar einmal gegen eine Wahlkampfaussage von uns selber –, dann bleibt unsere Ordnung jedem anderen System überlegen.

Allen Mängeln zum Trotz können wir an diese Lernfähigkeit durch Wettbewerb, auch im Wettbewerb der Parteien, durchaus glauben. Das klassische Beispiel in der Parteiengeschichte bleibt der Wettbewerb zwischen dem Konservativen Disraeli und dem progressiven Liberalen Gladstone im ausgehenden 19. Jahrhundert in Großbritannien. Im Kampf um die Macht schlug Gladstone fällige Reformen vor. Disraeli machte sich den Löwenanteil der Gedanken seines Gegners zu eigen und setzte sie im Regierungsmandat durch. Ein typisches, auch heute wirksames Prinzip kam dabei zur Geltung: Fortschritt gelingt nur mit Hilfe der Konservativen. Man muß sie für fortschrittliche Ideen gewinnen, nicht sie damit bekämpfen. Wer den Fortschritt gegen die Konservativen durchsetzen möchte, der wird am Ende scheitern, und dann wird er zum Ideologen. Wahre Konservative hingegen müssen offen für den Fortschritt sein. Wer sich dem Fortschritt verschließt, wird zum Reaktionär.

Nicht gegeneinander leben, sondern zusammenleben lernen

Vor dem Hintergrund solcher Überlegungen ist es auch angebracht und wichtig, auf den Erziehungsbereich einzugehen. Die Frage lautet: Wie haben sich Erziehung und Bildung der letzten Jahrzehnte auf das Zusammenleben der Menschen, insbesondere auf das soziale und politische Zusammenleben, ausgewirkt? Welche Folgen zeigen diese Entwicklungen für die Handlungsfähigkeit unserer Demokratie?

Das politische Bewußtsein ist in unserer Bevölkerung ohne jeden Zweifel wesentlich wacher als früher. Die Erkenntnis der eigenen Interessen, die Fähigkeit, sie zu organisieren und zu vertreten, die Rechte der Meinungsäußerung und Mitbestimmung zu kennen und wahrzunehmen, Initiativen zu ergreifen, die zahlreichen Rechtswege zu benutzen – diese ganze Seite demokratischer Partizipation ist gewaltig gewachsen. Im Vergleich zu einer teilnahmslosen »Ohne-mich«-Einstellung sehe ich darin einen großen Fortschritt. Dazu hat Erziehung zum kritischen Denkvermögen ohne Zweifel positiv beigetragen. Es ist gut, wenn junge Menschen frühzeitig lernen, sich durch die Werbung von Politik oder Wirtschaft nicht verführen zu lassen, sondern selbst urteilen zu können.

Aber auch etwas anderes ist offensichtlich: Die Pädagogik der letzten Jahre hat den jungen Leuten nicht nur Kritikfähigkeit vermittelt, sondern auch die Gegnerschaft gegen andere. Das geht bis in die Vermittlung des Grundwerteverständnisses. Solidarität wird dabei verstanden als der Kampf der Gleichen mit den Gleichen gegen die Ungleichen. Solidarität ist Kampf gegen Feinde. Gerechtigkeit, so wird gelehrt, herrscht dort, wo *ich* Recht bekomme. Die anderen, so lernt man dabei, sind die kurzsichtigen Egoisten. Wir üben also die Gegnerschaft ein.

Eine nicht zu unterschätzende Gefahr besteht zusätzlich darin, Freiheit mißzuverstehen. Zunächst ging es mit Recht um die Befreiung von Not, von Unrecht und von menschenunwürdiger Abhängigkeit. Das ist der entscheidende, der positive, der notwendige Kern der Befreiung. Dann aber geht diese »Befreiungsbewegung« weiter. Sie schlägt um in Kampf gegen Bindungen und Pflichten schlechthin. Sie verkennt die alte Einsicht, daß es Abhängigkeiten gibt, die den Menschen entwürdigen, aber daß es auch Bindungen gibt, in denen er überhaupt erst zum Menschen wird. Wenn wir das nicht begreifen, wenn wir Freiheit mißverstehen als Bindungslosigkeit, dann führt gerade dies am Ende zu einem solchen Hunger nach Bindung, daß die jungen Menschen in Gruppen hineindrängen, in denen das Feindbild selbst zum Bindungsmittel wird.

Es gibt Beispiele der Erziehung zur Gegnerschaft, die zeigen, wohin ideologische Irrwege der Pädagogik führen können. Ich behaupte nicht, daß sie überall verbreitet sind. Aber wichtig genug sind sie leider doch. Da gibt es eine Gewerkschaft in Berlin, die sich selbst »Erziehung und Wissenschaft« nennt. Sie proklamiert, sie werde die Schulen zu »Foren der Anklage« gegen eine Politik machen, die diese Gewerkschaft für falsch hält. Was ist die Folge? Bei einer Schuldiskussion tritt mir ein zwölfjähriger Schüler mit dem Bekenntnis entgegen: »Wo Recht zu Unrecht wird, wird Widerstand zur Pflicht.« – Eine kurze Nachfrage, was er damit meint, ergibt unter allseitig befreiendem Gelächter, daß er überhaupt keine Ahnung hat, was der Satz bedeutet. Der Lehrer hatte es ihm beigebracht. Die Rede war von einem Urteil eines Oberverwaltungsgerichts zu einer Frage des Straßenbaus.

Ein weiteres Beispiel: Es kommen Erzieher mit zwei- bis vierjährigen Kindern in den Senat für Jugendfragen. Es geht um den Protest gegen die Abschaffung des Nulltarifs für die Kindertagesstätten. Da rufen die Zwei- bis Vierjährigen im Chor:»Wir wollen unsern Nulltarif. Keinen Sechser für Raketen, unsern Kindern die Moneten!«

Kindern politische Sprüche einzuhämmern, die sie nicht verstehen, hat aber weder etwas mit Erziehung noch mit Wissenschaft zu tun, sondern ist ein ziemlich böses Verbrechen.

Ich will damit sagen: Wir müssen mit scharfer Klarheit unterscheiden zwischen der Befreiungsaufgabe, die notwendig ist, und der Bindungslosigkeit, die dem Menschen das Leben zerstört, zwischen der Kritikfähigkeit, die ein Gewinn ist, und ihrem Gegenteil, nämlich dem Eintrichtern und Nachplappern ideologischer Sprüche, dem Gipfel der menschenverachtenden Aufopferung kleiner Kinder zugunsten einer Ideologie.

Was hat das mit Parteien zu tun? Es ist unsere Aufgabe, zu demjenigen Maß an politischer Verbindlichkeit vorzustoßen, das wir um der Menschen und um der freien Gesellschaft willen brauchen.

Wie wichtig das ist, wird auch an einem weiteren Beispiel deutlich: Das Landesarbeitsgericht Hannover entschied Anfang Februar 1982, daß die Teilnahme an einem Kurs für Yoga und autogenes Training Bildungsurlaub im Sinne des entsprechenden Gesetzes sei. Die Begründung: Das Gesetz begünstige die politische, berufliche und die allgemeine Weiterbildung. Diese allgemeine Bildung sei umfassend, also schrankenlos zu verstehen; denn:»eine nähere inhaltliche Bestimmung ist wegen des in einer pluralistischen Gesellschaft fehlenden Konsenses über Bildungsinhalte nicht möglich.«

Ist also gar kein Konsens möglich? Kann jeder den Kindern alles beibringen? Darf man also auch behaupten, derjenige würde autoritär mißhandelt, der dazu genötigt wird, als Baby im Ställchen zu stehen? Vielleicht. Aber deswegen braucht doch noch keiner sich als Reaktionär zu fühlen, wenn er meint, es sei gut zu lernen, Vater und Mutter zu ehren.

Der einzelne bestimmt hier, wohlgemerkt auf Staatskosten,

was er für seine allgemeine Bildung braucht. Demnächst wird vielleicht der Konfirmandenunterricht oder die Hausbesetzung oder das Skatspielen unter das Weiterbildungsgesetz fallen. Das ist die Folge, wenn Erziehungsziele und Bildungsinhalte zu gerichtlich bestätigten, reinen Leerformeln werden. Dann strömen die Ideologen und die Idealisten herbei, und am Ende betreiben sie ihr altes Geschäft: Sie wollen den Himmel auf Erden schaffen, aber sie produzieren, wie Karl Popper sagt, die Hölle.

Politisches Bewußtsein, Erkenntnis, Organisation und Vertretung von Interessen – das alles ist stark angewachsen. Insoweit sind wir dem notwendigen demokratischen Ziel der Partizipation näher als früher. Aber das ist nur die eine Hälfte dessen, was lebendige und freiheitliche Demokratie ausmacht. Die andere Hälfte heißt: Neben dem Mitbestimmen auch die Mitverantwortung; neben dem Kampf um die eigenen Rechte auch die Bereitschaft zu Ausgleich und Kompromiß; neben dem Kampf um die Macht auch die Annahme der Mehrheitsentscheidung; neben dem Pochen auf das Mehrheitsrecht auch die Toleranz für Minderheiten und Randgruppen. Der Rechtsstaat darf nicht über den Weg des Rechtswegestaates in die Rechthabereigesellschaft ausarten.

Wer Frieden nach außen fordert, der muß auch in der Lage und bereit sein, Frieden nach innen zu geben. Zum Schutz der persönlichen freiheitlichen Ziele gehört der Schutz der Freiheit des Mitbürgers. Zur Hilfe, die man selbst im Notfall braucht, gehört die Hilfe, die man dem in Not befindlichen Nachbarn auch selber gewährt. Es ist gut, Rechte zum Mitreden zu haben und dort, wo man unterliegt, die Gerichte anrufen zu können bis zur höchsten Instanz. Aber am Ende braucht die Demokratie Entscheidungsfähigkeit. Demokratie kann nicht darin bestehen, jeder Minderheit ein Vetorecht gegen jede Entscheidung zu geben.

Mit einem Wort: Das wichtigste soziale Ziel der Erziehung, und zwar im persönlichen wie im politischen Sinn, ist es, nicht Gegnerschaft zu lernen, sondern miteinander auszukommen, zusammenzuleben. Die ganze Kulturgeschichte der Menschheit ist durchzogen vom Aufbau und von der Weitergabe der mühsam angesammelten Erfahrung, wie man zusammenlebt. Mitten in Frieden und Freiheit sind wir aber hier ins

Schleudern geraten, weil wir aus dem Auge verloren haben, daß Interessenvertretung und Rechtewahrnehmung nur funktionieren, wenn sie auf dem Boden der Einsicht in den common interest wachsen.

Gemeinwohl, Gemeinsinn und Bürgersinn, das sind keine aufgepfropften moralischen Forderungen, sondern sie beruhen auf der Einsicht, daß nur mit ihnen der demokratische Bürger seine eigenen freiheitlichen Interessen auf die Dauer erhalten und vererben kann.

Ob die Krise der Parteiendemokratie auch mit der Frage zu tun hat, inwieweit die politische Führung überhaupt befugt ist, Werte und Überzeugungen zu vermitteln und von daher auf Bildungsinhalte einzuwirken, darüber gibt es viel Streit. Im Grunde habe ich diesen Streit nie ganz verstanden. Klar ist doch auf der einen Seite, daß wir in einer freiheitlich-pluralistischen Gesellschaft nicht dazu da sind, das Wahre, Gute und Schöne zu dekretieren; das machen Diktaturen. Die Weltanschauung, die Frage des Glaubens gehört nicht zur politischen Zuständigkeit.

Aber auf der anderen Seite weist die Demokratie der Politik verantwortliche Führungsaufgaben zu. Diese Demokratie ist eine tief sozialethisch begründete Form des Zusammenlebens. Sie ist kein bloßer Verkehrszirkus. Jede Abstinenz der politischen Führung, die Wertbasis der eigenen Politik erkennbar zu machen und die Einhaltung der sozialethischen Grundlagen des Gemeinwesens einzufordern, bringt über kurz oder lang die ganze freiheitliche Demokratie zum Einsturz.

Distanz zwischen Geist und Macht

Freilich kann die Politik allein diese Grundlage nicht sicherstellen. Vielmehr werden sich Krise und Chance der Parteiendemokratie nicht zuletzt danach entscheiden, in welchem Verhältnis politische Macht und Geist zueinander stehen. Ein altes, zumeist leidvolles deutsches Thema. Geist, Kunst, Wissenschaft und alles, was sich unter dem etwas unklaren Namen der Intellektuellen vereinigt, haben in traditioneller Weise eine kritische Distanz zur politischen Macht. Das war so in der Kaiserzeit, es war so im Dritten Reich – wenngleich nicht immer spürbar genug –, aber daraus hat sich nun nicht selten eine Haltung entwickelt und verfestigt, die Nein sagt zu allem, was Macht und Ordnung und Staat und Status quo heißt.

Man spielt die Rolle des Anklägers und moralischen Richters gegen die, welche die Macht verwalten. Man ironisiert sie. Je mehr man in früheren Zeiten des Obrigkeitsstaates hätte protestieren sollen, desto mehr wird es heute, wo es so ungeheuer leicht ist, nachgeholt. Wir haben heute aber ein anderes Gemeinwesen, eine demokratische Republik. Seine freiheitlichen Elemente: Opposition, Kritik, Dissens, Minderheitenschutz – sie sind lebensnotwendig. Aber diese Elemente, die sich gegen Pläne und Maßnahmen der gewählten Parlamentsmehrheit und Regierung richten können, bedürfen der Basis einer elementaren Zustimmung und Zuneigung zum demokratischen Staat.

Es ist Aufgabe der Parteien, die Intellektuellen zu diesem Grundkonsens einzuladen und ihn ihnen zu erleichtern. Es gilt einer Gefahr immer wieder entgegenzuarbeiten, die darin besteht, daß kritische Geister sich der Neigung hingeben, über das Unvollkommene auf der Welt zu verzweifeln, sich dann über die eigene politische Abstinenz zu ärgern, danach irgendwo hineinzuspringen, dort ideale Verhältnisse zu fordern, die Verhinderer dieser Idealität zu verteufeln und sich schließlich nach den ersten, unweigerlich fälligen Mißerfolgen wieder zurückzuziehen, nicht ohne die Schuld dafür bei anderen zu suchen und zu finden, aber ohne selbst für nennenswerte Konsequenzen dieses Ausflugs in die Politik die Folgen tragen zu müssen.

Ich teile nicht die Abneigung vieler gegen ein Eingreifen von Intellektuellen in Wahlkämpfe zugunsten einer bestimmten Partei. Ich finde es besser, sie zu integrieren, und sei es auch nur in Wahlkämpfen. Dann kommen sie doch immerhin der Verantwortung, um die es in der Politik geht, ein Stück näher, anstatt immer nur mit freischwebendem Geist moralisch vorzusingen, ohne dort, wo die Dinge sich hart im Raume stoßen, auch den Beweis für die eigene Ethik antreten zu müssen.

Nur einmal hat es in der Nachkriegszeit eine planmäßige und erfolgreiche Bemühung einer Parteiführung um den Geist im Land gegeben. Ich meine Willy Brandt in den sechziger Jahren. Parteipolitisch gesprochen hat das meiner Richtung geschadet. Staatspolitisch, so meine ich, war es etwas strukturell Richtiges.

Ohne Zustimmung und Zuneigung zum demokratischen Staat geht es nicht. Die geistig führende Schicht hat eine elementare Verantwortung, diese herbeizuführen. Wenn Geist und Macht gemeinsam die lebenserhaltende Kraft der Demokratie, nämlich den Gemeinsinn vertreten, dann wird die Krise zu bewältigen sein, in die wir heute tief verstrickt sind.

Demokratie bedarf der Führung

Die Nachkriegsgeschichte unserer Demokratie war von sehr unterschiedlichen Phasen gekennzeichnet. In der ersten Phase waren die Werte und Ziele der handelnden Parteien und Politiker recht eindeutig. Zwar gab es auch Streit, aber zumeist doch Klarheit in bezug auf die politischen Entscheidungen. Die bestimmende Gestalt dieser Zeit, Konrad Adenauer, hatte als handelnder Politiker großes staatsmännisches Format. Aber für eine zentrale Aufgabe setzte er seine Kraft und Autorität zu wenig ein: nämlich die junge, insoweit ungeübte Generation in die Demokratie einzuüben, sie ihr auch menschlich, sozusagen mit Herzblut, nahezubringen. Natürlich war er selber ein tief überzeugter Demokrat. Er warb für politische Konzepte und Entscheidungen. Aber für die Demokratie in diesem Gesamtzusammenhang von Argumenten und Gefühlen bei den jungen Leuten war es zu wenig. Die Jungen blieben überwiegend passiv.

In der nächsten Phase wachten sie auf. Sie brachten sich allmählich die Möglichkeiten demokratischer Partizipation selbst bei. Die politische Führungsschicht nahezu aller Parteien wehrte sich zunächst, um dann oft nur allzu rasch nachzugeben, ja hinterherzulaufen, anstatt Konflikte auch durchzustehen, was ebenfalls zum politischen Geschäft gehört.

Dies ist gewiß sehr pauschal gezeichnet und wird vielen einzelnen Persönlichkeiten nicht gerecht. Dennoch können wir daraus eine Lehre ziehen: Die wichtigste Chance zur

Überwindung der Krise liegt darin, den Führungsauftrag auch wahrzunehmen, zu dem man gewählt ist. Das heißt: nicht dem französischen Spruch zu folgen: »Je suis leur chef, il faut que je les suive«, sondern voranzugehen: Nicht den Strömungen hinterherlaufen, sondern auf ihre Richtung Einfluß nehmen!

Wir brauchen Führung. Wir brauchen vielleicht in der Demokratie noch mehr Führung, als viele Leute meinen, daß es der Name Demokratie vertrage. Führen heißt doch nicht, so zu tun, als wisse man alles, nur deshalb, weil man gewählt sei. Es gibt vieles, vielleicht die Mehrzahl der Dinge, die die gewählte politische Führung überhaupt erst im Amt lernt. Im übrigen gibt es Aporien, die gar nicht auflösbar sind. Ein Beispiel: Was ist die Wahl: Ohne Waffen dazustehen und sich der Unterwerfungsgefahr auszusetzen, oder sich mit Waffen und der damit verbundenen Rüstungsspirale zu schützen – und wie lange funktioniert dann die Abschreckung noch? Die Wahrheit ist, daß der Friede prekär ist und keine sichere Sache. Das muß man auch sagen! Wenn man es sagt, dann ist es auch möglich, verständlich zu machen, daß man in der politischen Führung die Verantwortung dafür fühlt, die Freiheit zu schützen, sie zu verteidigen, obwohl die Mittel der Verteidigung gefährlicher Natur sind.

Ein weiteres Beispiel: Unser soziales Sicherungssystem ist eine große Errungenschaft. Aber erwirtschaften wir auch das, was wir brauchen, um zu finanzieren, was wir versprochen haben?

Oder der technologische Fortschritt: Wir wissen, daß die Rationalisierung schneller wächst als das Brutto-Inlandsprodukt. Die Folge ist: Das Angebot an Arbeit bleibt hinter der Nachfrage nach Arbeit nachhaltig – strukturell – zurück. Deshalb ist es nötig, die Begriffe, die Verhandlungsgegenstände unter Tarifpartnern neu zu durchdenken. Wir brauchen neue Einkommensbegriffe, es genügt nicht mehr, sich allein über Lohn und Gehalt zu einigen. Die Arbeitszeit und die Vermögensbeteiligung etwa gehören mit in den Einkommensbegriff, wenn tiefgehende strukturelle Probleme auf dem Arbeitsmarkt auch in derjenigen Tiefe angepackt werden sollen, in der sie entstehen. Mit anderen Worten: Nicht behaupten, daß man alles gleich wisse, die Aporien beim Namen nennen und nicht vertuschen, und die Dinge, von denen man weiß, daß die Zukunft durch sie bedroht ist, offen ansprechen, anstatt sie im Parteienwettbewerb konspirativ zu verschweigen – das alles ist möglich und nötig.

Die Probleme sind gewachsen. Die Parteien haben ihren Handlungsspielraum verkleinert. Noch haben sie die Chance, die Überlegenheit der Demokratie gegenüber anderen Regierungsformen zu beweisen, die darin besteht, lernfähig zu sein und den Herausforderungen neuer Probleme durch fällige Reformen mit friedlichen Mitteln zu begegnen. In dieser Überlegenheit liegt die Überlebenschance. Sie wird auf die Dauer verspielt, wenn die Parteien den Sieg über den politischen Gegner mit der Lösung der Probleme verwechseln.

Die offene Antwort der Geschichte
auf Diktatur, Weltkrieg und Teilung

Berlin ist stärker als jede andere deutsche Stadt bis auf den heutigen Tag sichtbar von unbeantworteten Fragen an die Geschichte geprägt. Die Teilung der Stadt und ihr Viermächte-Status sind Ausdruck der ungelösten Folgen von Nationalsozialismus und Weltkrieg. Daher richtet sich in Berlin der Blick auch mit ungebrochener Dringlichkeit auf die Antworten, die die Geschichte eines Tages auf die offenen Probleme in Zentraleuropa geben wird.

Dem Ausblick in die Zukunft entspricht von Berlin aus der Rückblick in die Entstehungsursachen der heutigen Lage Europas, Deutschlands und Berlins. Auf Einladung des Berliner Senats fand daher am 30. Januar 1983, fünfzig Jahre nach der Machtübernahme durch Hitler, die zentrale deutsche Veranstaltung im Reichstag statt. Es sprachen Bundeskanzler Helmut Kohl, SPD-Vorsitzender Willy Brandt und der Bonner Historiker Karl Dietrich Bracher. Die Veranstaltung leitete ich mit den folgenden Worten ein:

Am 30. Januar 1933 brach die Weimarer Republik zusammen. In allernächster Nähe von diesem Platz, an dem wir versammelt sind, leuchtete am Abend des 30. Januar ein Fackelzug den Beginn der nationalsozialistischen Zwangsherrschaft ein. Sie hat den jüdischen Mitmenschen in Europa Verfolgung und Tod gebracht. Sie hat unsägliches Leid über viele Millionen unschuldiger Menschen mit sich geführt, in Deutschland, bei fast allen unseren Nachbarn und darüber hinaus.

Sie hat den Gang der Geschichte Europas grundlegend verändert. Die Politik hat sich in einem halben Jahrhundert damit recht und schlecht arrangiert. Dieses Haus aber, in dem wir zusammen sind, ist Ausdruck dafür, was nicht vernarben kann. Es ist dem deutschen Volke gewidmet. Anders als gedacht stellt es uns fortwirkende Aufgaben. Hier erinnern wir uns an Irrtum, Schuld und Leiden. Wie ein mahnendes Monument steht dieser Reichstag an der Mauer, die bis auf den heutigen Tag Berlin, Deutschland und Europa teilt. Sie ist ein Bauwerk der Unmenschlichkeit. Aber es gäbe diese Mauer nicht ohne den 30. Januar 1933.

Hier im Zentrum von Berlin erleben wir wie nirgends sonst bis heute die Folgen der nationalsozialistischen Diktatur. Es ist angemessen, daß wir hier vor allen Deutschen und aller Welt Besinnung halten und Rechenschaft ablegen.

I.

Berlin war das Zentrum des deutschen Reiches. Hier war deshalb auch der Machtmittelpunkt der nationalsozialistischen Herrschaft. In Berlin wurde der Beschluß zur grauenhaften Endlösung der Judenfrage gefaßt. Die Hauptstadt war Ausgangspunkt für Weltkrieg und Holocaust.

Aber Berlin war nicht die Geburtsstätte des Nationalsozialismus.

Die Geschichte Berlins war immer geprägt von Weltoffenheit, Toleranz und Liberalität. Unzählige verfolgte Menschen hatten zuvor in Berlin eine neue Heimat gefunden.

Nach dem Ersten Weltkrieg galt Berlin im Vergleich zu manchen anderen Teilen des Reiches eher als republikanisch. Keineswegs zu Unrecht identifizierten die Gegner der Demokratie und Republik gerade Berlin mit dem, was sie das »Weimarer System« nannten.

Die Nationalsozialisten hatten es schwer, in Berlin Fuß zu fassen. In den Aufzeichnungen von Goebbels lesen wir von schier unüberwindlichen Schwierigkeiten der Nazis bei der Eroberung Berlins durch die »Bewegung«. Unter »Strömen von Blut und Tränen« habe der Nationalsozialismus den Berlinern »eingehämmert und aufgezwungen werden müssen«.

Berlin war nicht Ausgangspunkt, sondern Ziel der nationalsozialistischen Strategie. Man kämpfte nach dem Motto: »Wer Berlin hat, hat das Reich.« Nicht, weil die Berliner es so wollten, sondern weil Berlin Hauptstadt war, wurde es zum zentralen innenpolitischen Kampfboden.

Noch bei den ersten Reichstagswahlen nach der Machtergreifung erzielten die Nationalsozialisten im Wahlkreis Berlin ihr zweitschlechtestes Ergebnis in ganz Deutschland. In Berlin verloren die Nazis den Kampf an den Wahlurnen. Aber sie gewannen ihn auf den Straßen von Berlin.

Schon vor dem 30. Januar 1933 hatten sie es verstanden, den Eindruck hervorzurufen, als sei die Hitler-Bewegung Herr der Straße. Die symbolische Eroberung der Stadt durch Aufmärsche, Propagandazüge und Straßenterror verfehlten ihre Wirkung nicht.

Nach der Machtergreifung arrangierten sich die meisten Berliner wie die meisten Deutschen mit den Nationalsozialisten. Aber vor allem in den Arbeitervierteln gelang es nie, alte Bindungen völlig zu zerschlagen. Die Gleichschaltung blieb in Berlin Stückwerk.

So wurde Berlin nicht nur Ausgangspunkt von Schrecken und Verbrechen. Es gab auch immer wieder mutige und selbstlose Taten der Menschenhilfe und des Widerstandes. Ihrer gedenken wir heute in Dankbarkeit, so wie wir uns vor den Opfern verneigen.

II.

Nicht nur in Berlin, sondern in ganz Deutschland hatten die Nationalsozialisten bis in das Jahr 1933 hinein keine Mehrheit hinter sich. Aber sie hatten auch keine handlungsfähige Mehrheit gegen sich.

Im Kampf gegeneinander waren die demokratischen Parteien stärker als in der Abwehr von Gefahren, die sie gemeinsam bedrohten. Egoismus und Uneinigkeit innerhalb der demokratischen Parteien und zwischen ihnen machten sie in Zeiten der Krise unfähig, stabile Mehrheiten zu bilden. So ebneten sie den Weg Hitlers zur Macht.

Die Weimarer Republik ist nicht gescheitert, weil es zu viele Nazis gegeben hatte, sondern zu wenig wirklich überzeugte Demokraten.

Wo Demokraten sich von Stimmenkampf und Konfrontation untereinander beherrschen lassen, Konsens und Kompromiß aber als Zeichen von Charakterschwäche deklarieren, da verliert eine Demokratie ihre Anziehungskraft. Denn sie braucht Kraft nicht nur zum Konflikt, sondern auch zur Achtung und Vernunft. Nur wo Freiheit spürbar als gemeinsame

Verantwortung verstanden und praktiziert wird, kann sie die Menschen überzeugen und gewinnen.

Der Weimarer Staat hatte unter schweren Hypotheken begonnen. Zu wenige Deutsche waren es gewesen, die den Ausgang des Ersten Weltkrieges und den Übergang zur Weimarer Republik innerlich angenommen hatten. Zu viele bekämpften eine Regierung nur deshalb, weil sie sich auf den Boden der neuen Lage stellte und das Beste daraus zu machen versuchte.

Aber durch ihr eigenes Verhalten konnten die demokratischen Parteien zu wenig Anhänglichkeit zum Weimarer Staat erzeugen. Sie ließen die Menschen allmählich den Glauben verlieren, daß die Republik imstande sei, einem Chaos zu wehren. Damit wurde es Hitler und seinen Leuten zu leicht gemacht. Er warb mit Ängsten, Vorurteilen und Ressentiments. Er nutzte den anwachsenden sozialen Unfrieden aus. Er versprach Arbeit und Brot. Mit einer Mischung von Gemeinschaftsromantik und Brutalität löschte er die Freiheit aus.

III.

Des 30. Januar 1933 wird heute in beiden Teilen Berlins und in beiden deutschen Staaten gedacht. Niemand darf vorschnell für sich in Anspruch nehmen, für alle zu reden. Vielmehr muß es jeder aus seiner Erfahrung und Verantwortung tun. Jeder möge dort, wo er steht, nach Kräften dazu beitragen, seinem Gemeinwesen ein Antlitz zu geben, zu dem sich ein jeder Deutscher gern und guten Gewissens bekennt.

Der 30. Januar 1933 führte zur Diktatur, zum Weltkrieg und schließlich zur Teilung. Daraus sind für die Menschen in Ostberlin und in der DDR neue Abhängigkeiten entstanden. Sie haben seit fünfzig Jahren keine freien Wahlen mehr erlebt. Die Geschichte hat ihnen bisher den schwereren Teil auf die Schultern gelegt.

Es hilft ihnen nicht, wenn wir auftrumpfen. An uns ist es, die Freiheit, die wir haben, zu nutzen, um an ihre Zukunft nicht weniger als an die eigene zu denken.

Dazu gilt es zunächst, die Besinnung auf die Zeit des Nationalsozialismus nicht zur Waffe im tagespolitischen Kampf gegen heutige Gegner zu mißbrauchen.

Zeitgeschichte darf nicht verdrängt, aber auch nicht ideologisiert oder instrumentalisiert werden. Je besser wir dies untereinander vermeiden, desto eher wird es uns auch gelingen, die geschichtlichen Wurzeln, für die wir gemeinsam in Ost und West haften, zum Frieden und nicht zur Gefahr für die Zukunft werden zu lassen.

An dieser Aufgabe muß auch die junge Generation mitwirken. Sie ist nicht verantwortlich für das, was damals geschah. Aber sie ist verantwortlich für das, was in der Geschichte daraus wird.

Hitler hatte sich stets darauf gestützt, Vorurteile, Feindschaft und Haß zu schüren. Daran sollten wir immer denken. Wir dürfen uns nicht hineintreiben lassen in Feindschaft und Haß gegen andere Menschen, gegen Russen oder Amerikaner, gegen Juden oder Türken, gegen Alternative oder Konservative, gegen Schwarz oder Weiß.

Der Blick auf die Geschichte lehrt uns, daß sie weitergeht. Die Folge der Nazi-Herrschaft war die Teilung. Aber die letzte Antwort auf die politische Struktur Zentraleuropas und das Schicksal seiner Menschen hat die Geschichte damit noch nicht gegeben.

Unsere Aufgabe ist es zu bezeugen, daß Freiheit und Verantwortung untrennbar sind. Nutzen wir sie zu Menschenrecht und Menschenwürde in Frieden. Dann kann die Geschichte später gute neue Antworten geben, die wir heute noch nicht kennen.

Teil II

Deutschland im geteilten Europa

Mehr Mut in der Außen- und Deutschlandpolitik

Gedanken zum Tübinger »Memorandum der Acht«

1961 wurde das sogenannte Tübinger »Memorandum der Acht« veröffentlicht. Verfasser waren Werner Heisenberg, Ludwig Raiser, Georg Picht, Hellmut Becker, mein Bruder Carl Friedrich von Weizsäcker, ferner Bischof Hermann Kunst, Klaus von Bismarck und Günter Howe. Das Memorandum griff eine wachsende Erstarrung der parteipolitischen Positionen in den Bereichen der Bildungspolitik, der Sozialpolitik und vor allem der Außenpolitik scharf an. Es wirbelte damit bei allen Parteien viel Staub auf und hatte insgesamt in der Öffentlichkeit eine tiefgehende Wirkung.

Den nachstehenden Aufsatz schrieb ich als Beitrag zur außenpolitischen Diskussion über das Memorandum. Ich veröffentlichte ihn 1962 in der »Zeit«. Es war meine erste Publikation zur Ost-und Deutschlandpolitik. Ich war damals noch in der Wirtschaft tätig. Meine Kritik an der Hallstein-Doktrin und an der Bonner Polenpolitik aller Bundestagsparteien stellte, selbst in ihrer relativ gemäßigten Form, damals eine Außenseiterposition dar. Die Parteien folgten nur zögernd in die hier beschriebene Richtung. Was heute wie ganz selbstverständlich wirkt, war zu jener Zeit heftig umstritten.

»Memorandum der Acht«

Wir sind ständig in der Gefahr, durch die erzwungenen Grenzen im Handeln auch schon im Denken und in der Geisteshaltung zu erstarren. Es fehlt den Politikern am Zutrauen in die Kräfte ihrer Mitbürger; daher lassen sie sie zu wenig an den Schwierigkeiten teilnehmen und begünstigen durch stereotype Formeln den Hang zur Verdrängung der ernsten Wahrheiten der Außenwelt, die so wenig zur wohlsituierten privaten Existenz passen.

Es ist eine Atmosphäre, die ihrem Wesen nach eine Diskussion über sich selbst zu verhindern trachtet. Der Wunsch nach Veränderung dieser Atmosphäre entspringt weder bloßem Wahrhaftigkeitsfanatismus noch der Vorstellung, es hapere nur an Einfällen. Vielmehr geht es darum, die Kräfte nicht verkümmern zu lassen, die der richtige Gebrauch der Freiheit bietet.

Die Verfasser des Memorandums sagen, unsere Außenpolitik sei zu einseitig defensiv. Das klingt zunächst wie ein Schlagwort, welches an andere oft gehörte und selten substantiierte Vorwürfe erinnert: Wir hätten keine Konzeptionen, das Gesetz des Handelns läge stets beim Gegner ... Deshalb löst es auch zumeist das ebenso unsubstantiierte Gegenargument aus, derlei Denken sei durch abstrakte Wünsche und nicht durch die Kenntnis der Realitäten bestimmt. ·

Es besteht indessen kein Grund zur Annahme, die Verfasser würden den Mangel an Spielraum verkennen, der unsere Außenpolitik in den meisten ihrer konkreten Maßnahmen einengt. Er beruht hauptsächlich auf unserer Abhängigkeit von der Weltpolitik. Aber er hat auch andere Ursachen. Eine von ihnen schaffen wir selbst als Folge der Abwehrmethoden, mit denen wir uns gegen innere und äußere Gefahren zu schützen suchen: Wir führen den geistigen Kampf gegen Kommunismus und Unfreiheit nicht mit der Bereitschaft zur offenen Auseinandersetzung, in der sich die eigenen Abwehrkräfte bewähren und stärken und die Anziehungskräfte erst entwickeln könnten.

Gegen die Erstarrung im Denken

Unsere Losung lautet Abkapselung. KPD und zonale Zeitungen sind verboten; Reisen hinter den Eisernen Vorhang gelten wegen unserer mangelnden geistigen Vorbereitung eher als gefährlich; Besuche und Reden politischer und kultureller Exponenten aus dem kommunistischen Machtbereich geben bei uns fast nur Anlaß zur Kritik, daß man sie überhaupt hereingelassen habe. Auch intern neigen wir dazu, Überprüfungen unserer Lage und der Suche nach neuen Mitteln für unsere ungelösten Probleme zu mißtrauen, weil sie die Gefahren erhöhten, nicht aber neue Sicherheit und Festigkeit brächten. Das alles ist vorsätzliche Einengung des Spielraumes aus Sorge vor eigener Anfälligkeit in den geistigen Auseinandersetzungen unserer Zeit. Das ist Preisgabe der einzigen Waffe, die uns die Diktatoren nicht nachbauen können. Es scheint, als teilten wir den Pessimismus, den die Kommunisten für unsere Zukunft haben.

Der nächste Schritt ist, daß wir die in der Abkapselung liegende Spielraumverkürzung auf unsere Außenpolitik und unsere Verbündeten übertragen. Dies ist freilich erst in jüngerer Zeit zu einem Problem geworden. In der ersten Phase der Nachkriegszeit begegneten wir keinen politisch-geistigen Partneransprüchen; wir mußten erst ein Partner werden, und darum bemühte sich unsere Regierung mit Erfolg. Neben dem Wiederaufbau im Inneren war die Rückgewinnung politischen Vertrauens im Ausland das wichtigste Ziel. War sie grundsätzlich gegenüber allen Kriegsgegnern in Ost und West moralisch und politisch gleich wichtig, so war sie möglich doch nur dort, wo sie persönliche und politische Freiheit gewährleistete.

Die Aufnahme in den Empfängerkreis der amerikanischen Wiederaufbauhilfe, die nachhaltige Aussöhnung mit Frankreich, die Einbeziehung in das militärische Schutzsystem des Westens und die aktive Teilnahme an der europäischen Integration waren Hauptstationen dieses Aufbaus. Man war bei den werdenden Verbündeten mit den geistigen Beiträgen der jungen Bundesrepublik zufrieden. Adenauer war der Mann des westlichen Vertrauens für die Aussöhnung mit Frankreich und die kontinental-europäische Integration. Die amerikanische Führerschaft der fünfziger Jahre bediente sich seines Rates, ja ließ ihn unter ihrem profiliertesten Exponenten Dulles zum engsten europäischen Vertrauten werden.

Die Sowjets selbst lieferten gerade auch nach Eröffnung der Koexistenzphase Anlaß genug für den Westen, mahnende Lehrmeister der Vorsicht und des Mißtrauens zu achten. Moskau sagt Koexistenz und will dennoch nicht eine statische Ordnung. Es meint mit Koexistenz nicht einen verläßlichen Modus vivendi, der gegen den richtigen Kaufpreis zu haben wäre; es will stets zugleich auch eine dynamische Veränderung des Besitzstandes. Oft genug bediente es sich der bewährten leninistischen Methode, eine Krise künstlich zu erzeugen und ihre Beilegung zuzusagen, wenn der erstrebte Erpressungsgewinn eingestrichen ist. Dagegen war und ist stures Beharren vielfach ein unentbehrliches westliches Kampfmittel.

Dennoch verschafften sich mit Recht Stimmen Geltung, die darauf hinweisen, daß es zur Aufgabe jeder Politik gehört, Spielraum in der Methode nicht mit Nachgeben in der Sache zu verwechseln und sich den Spielraum jedenfalls nicht vom Gegner diktieren zu lassen. Weder die bewegliche noch die starre Politik darf ihre Haltung lediglich mit dem Zwang der Verhältnisse erklären. Sie müssen sich als eigener Entschluß verstehen. Diese Grundsätze hat Adenauer in der Parteipolitik stets souverän beherrscht. In der Außenpolitik sagen uns unsere Freunde hier seit geraumer Zeit einen Mangel nach.

Manche Akzentverschiebungen in der Weltpolitik lassen uns dies heute deutlicher spüren. Jeder der beiden Weltmächte fehlt die Omnipotenz; zugleich kann keine von beiden irgendwo nachgeben. Sie können den Kalten Krieg nicht abblasen, aber sie müssen ihn verändern, da sie wissen, daß der Heiße Krieg nicht stattfinden kann. Jeder der beiden muß die Verantwortung für die Unverletzlichkeit seines Bündnisbereiches tragen, zugleich aber das wachsende Problem der Streuung der Macht unter seinen Bündnispartnern lösen.

Damit zeigen sich für uns viel schärfer als früher die Schwierigkeiten unseres Landes an einer der gefährdetsten Nahtstellen im Ost-West-Konflikt. Mit der Teilung unseres Landes und der Lage Berlins bilden wir eines der Hauptkrisenzentren der Welt. Wir müssen gegen das Odium ankämpfen, als wären wir die Störenfriede, obwohl es sich doch um Probleme der ganzen westlichen Welt handelt. Wir sind die Hauptbetroffenen jeder Regelung; aber nicht wir, sondern unsere Verbündeten haben das Mandat zu den Gesprächen mit den Sowjets. Beides macht es zu unserem dringenden Interesse, die geistige Vorbereitung und die Gedankenarbeit im westlichen Lager zur Bewältigung der Probleme unsererseits zu leisten. Unser Mißtrauen gegen Verhandlungsbereitschaft und neue Vorschläge mag zuweilen berechtigt sein. Aber wir können es nur überzeugend äußern, wenn wir nicht im Verdacht stehen, unser Mißtrauen entspringe in erster Linie der Sorge vor der eigenen Anfälligkeit.

Die Hallstein Doktrin modifizieren!

Auf der einen Seite gelten wir gegenüber dem politischen Bewegungskrieg der Sowjets als die treuesten Hüter des Status quo in Europa. Auf der anderen Seite sind wir die einzigen Mitglieder der westlichen Allianz, deren Hauptforderung auf seine Veränderung abzielt: Wir wollen die Wiedervereinigung unseres Landes. Hier scheint ein innerer Widerspruch vorzuliegen. Bei näherer Betrachtung erweist sich allerdings der Mangel an Möglichkeiten, unsere Forderung zu verwirklichen, als so offensichtlich, daß sie kaum noch wie ein Angriff auf den Status quo empfunden wird.

Wir müssen uns eher in umgekehrter Richtung vor den Gefahren der Unwirklichkeit schützen, in die wir mit unseren Formeln geraten und von denen das Memorandum spricht. Das Ausland sowohl wie die eigenen Landsleute neigen zu irrigen Vorstellungen über das, was wir wirklich wollen, wenn sie die mangelnde Realisierbarkeit dessen sehen, was wir sagen. Und der eigene Politiker wird dazu verführt, das Problem für heute als hinreichend gelöst zu betrachten, wenn er die Formel wiederholt und auf bessere Zeiten mit praktischen Chancen wartet.

Unser Land wurde 1945 von mehreren Siegern gleichzeitig besetzt, also faktisch geteilt. Unser Wunsch nach Vereinigung entstand demgegenüber völlig organisch. Vorbehaltlich der Linienführung der äußeren Grenzen bestritt uns auch niemand seine Legitimität, denn niemand beabsichtigte damals ernsthaft, aus den Besatzungszonen eigene Staaten zu machen. Trotz der tiefen Gegensätze unter den Siegermächten bestand weiterhin die Aussicht auf eine Kriegsfolgenbereinigung, die im Wege des Aushandelns auch die Wiedervereinigung bringen würde. Unsere Politik mußte darauf abgestellt sein, alle Hindernisse für eine solche Regelung aus dem Wege zu räumen. Diesem Ziel diente neben anderem auch die Hallstein-Doktrin.

Die Wandlungen der Welt, von denen schon die Rede war, sind aber überall spürbar. Aus Bewohnern der ursprünglichen Besatzungszonen sind Verbündete, Mitverteidiger, Zulieferer und Glieder des eigenen Imperiums geworden. Keine der beiden Seiten im Ost-West-Konflikt kann den »eigenen« Teil

Deutschlands dem Gegner überlassen, wenn sie nicht das ganze kontinental-europäische Kräftefeld außer Kontrolle geraten lassen will. Die Teilung Deutschlands hat seit langem aufgehört, ein selbständiges Problem zu sein. Sie gehört zur Teilung Europas und kann nur mit dieser überwunden werden. Das ist aber kaum noch im Wege des Aushandelns zu erwarten. Nur langfristige Evolutionen können schrittweise dorthin führen. Wir müssen unsere Formeln dieser Veränderung anpassen, anstatt sie monoton zu wiederholen.

Unser nächstes Ziel ist und muß sein, die Menschen in der Zone von dem Joch zu befreien, unter dem sie leben müssen. Unsere derzeitige politische Zielsetzung – durch Wiedervereinigung zu Einheit und Freiheit – bringt uns diesem Ziel aber nicht näher. Damit dürfen wir uns jedoch nicht abfinden, sondern müssen weiter überlegen. Es wäre doch durchaus denkbar, daß die Herstellung menschenwürdiger Verhältnisse in der Zone ebenfalls ein Evolutionsprozeß ist, der zunächst nur die Verwirklichung eines Teiles dieser Forderungen unter Hintansetzung der anderen Teile erlaubte? Die Entwicklungen im Sowjetblock deuten darauf hin, daß wir mit dieser Möglichkeit rechnen müssen.

Moskau wird auf längere Sicht immer größere Schwierigkeiten haben, sein Imperium zusammenzuhalten. Es kann nicht alle seine Wünsche durchsetzen und muß nach einer Rangordnung der Gefahren vorgehen. Wichtiger als alles andere ist es für Moskau, zu verhindern, daß Teile aus seinem Machtsystem ausbrechen. Dieses Ziel hat den Vorrang vor der Unterdrückung jeder Art von Differenzierungen, die zugleich auch einen großen Zuwachs an innerer Freiheit bedeuten können. Moskau wird zur Gewährung größerer Freiheiten in Satellitenstaaten stets um so eher bereit sein, wenn es damit einer auf andere Weise nicht zu beseitigenden Gefahr eines Ausbruchs entgegenwirken kann. Es wird ihnen andererseits um so entschiedener entgegenwirken, je gewisser es ist, daß sie die Ausbruchtendenzen verstärken. Polen unter Gomulkas Führung bietet hierfür das bekannteste Beispiel.

Auch wenn wir Polen mit der Zone nicht gleichsetzen dürfen, müssen wir doch einräumen, daß die Gewährung größerer Freiheiten in der Zone bessere Chancen hätte, wenn sie sich mit einer Verminderung der sowjetischen Angst vor einer Wiedervereinigung contra Moskau verbinden ließe. Wir stehen zwar nicht einfach vor dem Dilemma, Farbe bekennen zu müssen, ob wir bereit sind, begrenzte Freiheiten für die Zone durch einen Verzicht auf unsere nationalen Ziele zu erwirken. Moskau würde einen Vereinigungsverzicht dankbar zur Kenntnis nehmen und selbst, wenn es ihm trauen zu können glaubte, uns deshalb noch keine einklagbaren Freiheitsversprechen geben. Dennoch würde sich unsere Position stärken, wenn wir einen Unterschied zwischen der Einheit Deutschlands und der Freiheit für die Zone machten und ihn politisch nutzten. Wir wollen und müssen das eine wie das andere fordern. Aber wir müssen die Forderung weder als ein und dieselbe Sache bezeichnen, noch sie gleichzeitig erheben.

Zunächst geht es nicht um die Befreiung selbst, sondern um Freiheiten, um physische und psychische Lebenserleichterungen für die Zone. Diese müssen uns wichtig genug sein, um ihnen, wenn es sein muß, die anderen größeren Ziele nachzuordnen.

Für Moskau wäre es viel unangenehmer, durch Teilverlangen nach Erleichterungen herausgefordert zu werden, als immer nur durch den Wiedervereinigungsanspruch. Die Neutralen und unsere Verbündeten, denen der Unterschied zwischen Einheit und Freiheit schon lange geläufiger ist als uns, würden uns besser verstehen und wirksamer unterstützen. Den osteuropäischen Staaten könnten wir in ihrem gleichgerichteten Interesse an größeren Freiheiten eine Hilfe sein und damit eine Basis für die Beziehungen zu ihnen gewinnen. So gelangten wir auf den Weg der Europäisierung unserer Wiedervereinigungspolitik.

Schließlich würde es uns auch zur fälligen Anpassung der Hallstein-Doktrin an die veränderten Verhältnisse verhelfen. Ihr Ziel war es, der Wiedervereinigung zu dienen, so wie diese damals erwartet wurde, nämlich im Wege des großen Aushandelns. Sie wollte einer völkerrechtlichen Anerkennung der Zone und damit einer Vertiefung der Zweiteilung vorbeugen. Gewiß hat sie die formale Aufwertung der Zone stark erschwert. Sie hat auch jetzt noch ihre Bedeutung, vor allem im Verhältnis zu den Neutralen. Aber der langfristigen Evolution, in der allein wir heute eine Wiedervereinigung Europas und damit unseres Landes erwarten können, dient sie nicht.

Und ihre Nebenwirkungen im Verhältnis zu den Satelliten und vor allem der Zone selbst sind schädlich.

Das Leben der Zone, seit fünfzehn Jahren selbständig, hat zu eigenen Formen geführt. Was wir nicht anerkennen können, ist Ulbricht mit seinem Regime. Was wir aber anerkennen müssen, ist die Existenz zweier Teile Deutschlands, die – wie wir zuversichtlich glauben – jede Möglichkeit zur Vereinigung wahrnehmen werden, heute aber selbständig nebeneinander bestehen. Auch wenn der äußere Zwang aufgehoben würde, könnten sie nicht zusammenkommen, ohne darüber miteinander zu verhandeln. Die Hallstein-Doktrin hat mitgeholfen, uns dies als eine Ungeheuerlichkeit hinzustellen. Sie meinte die Völkerrechtslage und Ulbricht, trifft aber die Zone an sich.

Indem sie erklärte, die Zone existiere nicht als völkerrechtliches Subjekt, erzeugte sie die Vorstellung, die Zone existiere politisch überhaupt nicht. Faktisch hat sie damit den Graben vertieft und zur Verselbständigung der Teile beigetragen. Für die Einheit Deutschlands und vor allem für größere Freiheiten der Zonenbevölkerung trägt sie nicht bei.

Wir müssen also stärker differenzieren. Wir wenden ja die Hallstein-Doktrin auch Moskau gegenüber nicht an – warum also gegenüber den anderen Ostblockstaaten, die doch keine eigene Außenpolitik treiben können? Diplomatische Beziehungen zu Polen, Ungarn und anderen Mitgliedern des Warschauer Paktes könnten unsere politische Einwirkungsmöglichkeit erweitern, ohne Ulbricht einen Machtzuwachs zu bringen. Denn die Einstellung dieser Staaten zu Pankow wird ja dadurch nicht verändert. Die Neutralen dagegen müssen verstehen, daß wir zwischen ihnen, die ihre Außenpolitik selbst bestimmen, und den von Moskau abhängigen osteuropäischen Staaten einen Unterschied machen.

Im Verhältnis zur Zone selbst dürfen wir uns durch die Mentalität der Hallstein-Doktrin nicht länger an den vielen Formen der Kontakte einschließlich politischer Gespräche hindern lassen, die unserer inneren Beschäftigung mit der Zone entsprechen. Die Ermunterung zum amtlichen und privaten Engagement, die dies mit sich bringt, wird auf lange Sicht der inneren Kraft unserer Freiheit mehr nützen als schaden. Mit der Zone brauchen wir keine formellen diplomatischen Beziehungen aufzunehmen, weil diese für die Kontakte zwischen den Landesteilen nicht notwendig sind.

Der Entwicklungsprozeß zur Überwindung der Teilung Europas kann nur gefördert werden, wenn das westliche Lager seine Anziehungskräfte verstärkt, wenn es die Entwicklungstendenzen innerhalb des Sowjetblocks differenzierend ausnutzt und mittlerweile jede denkbare Brücke über den bestehenden Graben baut. In Westeuropa wird die Überwindung des nationalstaatlichen Denkens und das stärkende Zusammenwachsen der Mächte weitere Fortschritte machen. Die Anziehungskraft, die hiervon ausgeht, erleben wir seit kurzem deutlich genug. Sie muß auch in den Satellitenbereich hineinwirken, um zu seiner Entdogmatisierung beizutragen. Wenn jeder westliche Staat mit den Satelliten spricht, warum sollte dann die EWG als solche nicht dasselbe tun? Wirksamer als jeder andere sollte der Brüsseler Hallstein selbst den Bonner Hallstein austreiben. Eine Vielfalt der Assoziierungsformen, die wir schon für den Westen brauchen, sollte uns auch gegenüber dem Osten dienlich sein.

Wie aber, so könnte man fragen, sollen die osteuropäischen Satelliten sich in Richtung auf ein integriertes Westeuropa hin bewegen, wenn das stimmt, was oben gesagt wurde, daß nämlich Moskau mehr als alles andere den Ausbruch von Teilen aus seinem Imperium fürchten muß? Ein solcher Widerspruch kann nur im Wege der Entwicklung aufgehoben werden. Um die Ausbruchstendenzen zu beschwichtigen, wird Moskau die Wünsche nach größeren Eigenständigkeiten in den Satellitenlagern zunehmend erfüllen müssen. Die soziologischen Entwicklungen im Rahmen des friedlichen Koexistenzwettbewerbs der Welt wirken in derselben Richtung.

Je mehr diese Staaten kleine Freiheiten gewonnen haben, desto mehr werden sie ihre Stimme im Gesamtgewicht des Ostblocks für friedliche Lösungen und für Normalisierung der Beziehungen zur übrigen Welt geltend machen. Je mehr Kräfte auf größere Vielfalt und Normalisierung des Austausches hinwirken, desto mehr können sich die wirtschaftlichen und menschlichen Beziehungen vertiefen. Je mehr sie sich vertiefen, desto mehr können Einzelverträge durch allgemeinere Abkommen ersetzt werden. Je mehr dies gelingt, um so mehr kann der Graben zugeschüttet werden, der Europa und

Deutschland teilt. Niemand weiß, ob dieser Weg zum Ziele führt. Wohl aber wissen wir, daß wir keine ernstzunehmenden Aussichten haben, auf einem anderen Weg dahin zu gelangen.

Für bessere Beziehungen zu Polen

Die Abhängigkeit der Teilung Deutschlands von der Teilung Europas ist so vollständig, daß die Politik gegenüber den europäischen Satelliten Moskaus zum immer wesentlicheren Bestandteil unserer Wiedervereinigungspolitik wird. Das für uns wichtigste dieser Länder ist Polen. Unsere Beziehungen zu Polen harren seit dem Kriege der Bereinigung und Wiederanknüpfung. Wir müssen uns endlich daran machen, obwohl sich dabei nicht vermeiden läßt, daß die Polen unsere Grundeinstellungen zu ihren Problemen erfahren müssen.

In diesen Zusammenhang gehört das Oder-Neiße-Problem, das aus wohl verständlichen, sachlich aber nicht gerechtfertigten Gründen bei uns oft als eine isolierte Frage behandelt wird. Es handelt sich dabei um ein Gebiet, das ein rundes Drittel des heutigen polnischen Territoriums ausmacht und Schwerpunkte der Industrie des Landes umfaßt. Ein Fortbestand Polens im heutigen Sinne ist ohne die wesentlichsten Teile dieses Gebietes nicht denkbar. Weder die kommunistische noch eine liberale polnische Regierung könnte sich auf eine langfristige Bereinigung der Beziehungen zu uns einlassen, ohne sich wenigstens in groben Zügen unseres Standpunktes in dieser Hauptfrage vergewissert zu haben. Aus unserer immer wiederholten amtlichen Formel können die Polen aber nichts Bestimmtes entnehmen. Sie besagt lediglich, daß die Regelung der Grenzfrage einem deutschen Friedensvertrag vorbehalten bleiben müsse.

Wieder handelt es sich um eine Formel, die auf natürliche und legitime Weise entstanden ist. Die Besatzungsmächte sagten damals sich und uns zu, die Grenzfrage auf einer Friedenskonferenz zu regeln. Auch heute halten sie noch daran fest, aber nicht etwa deshalb, weil sie unsere territorialen Wünsche unterstützen, sondern weil sie eine frei gewählte gesamtdeutsche Regierung als Partner einer Verbindung für notwendig erachten. Die Haltung unserer Verbündeten ist also ein Motor für die Wiedervereinigung, nicht aber gegen die spätere Anerkennung der Oder-Neiße-Linie. Wir haben inzwischen gelernt, daß Friedenszustände heute nicht mehr von Friedensschlüssen abhängig sind, daß aber auch der Ruf nach Friedenskonferenzen nicht notwendig einem Befriedungswunsche entspringt.

Die Sowjets fordern den allgemeinen oder separaten Friedensvertrag nicht um fälliger Folgebereinigungen des Zweiten Weltkrieges willen, sondern als Kampfmittel im Kalten Krieg. Auch wir dürfen nicht verkennen, daß unsere Verweisung der Grenzfrage an eine Friedenskonferenz nicht die notwendige Absicht auf Befriedung der deutsch-polnischen Beziehungen erkennen läßt.

Daß wir die Grenzfrage formalrechtlich offenhalten wollen, ist begründet. Die Bundesrepublik ist nicht Gesamtdeutschland und hat keine gemeinsame Grenze mit Polen. Es wäre nicht gut, unsere Bundesregierung zu einem formalen Akt in dieser Richtung zu drängen. Bekanntlich hat das Memorandum dies auch nicht getan. Aber wir dürfen nicht die Ansätze einer Ostpolitik des Westens an der Unklarheit scheitern lassen, in der wir das deutsch-polnische Verhältnis durch unsere Formel belassen.

Hauptziel unserer Politik gegenüber Polen muß es sein, die langsame Evolution zu fördern, an deren Ende die Aufhebung der Teilung Europas und damit auch Deutschlands steht. Das heißt, wir müssen ihnen helfen, ihre inneren Freiheiten zu erhalten und weiter auszubauen; wir müssen ihnen wirtschaftliche, kulturelle und menschliche Brücken nach Europa bauen, die sie aber nur werden benutzen können, wenn Moskau die Sicherheit erhält, daß dabei nicht gegen die politische und militärische Sicherheit des Ostblocks konspiriert wird. Wir sollten also keine polnischen Ausbruchstendenzen fördern, sondern einen inneren Zustand unterstützen, der die Polen in Moskau zum politischen Stabilisierungsfaktor werden läßt. Dafür werden sie Frieden und Gebietsschutz brauchen. Somit benötigen sie eine fundierte Zusicherung auch von uns, daß wir ihre Lebensinteressen achten und schützen werden.

Es muß eine Frage beiderseitiger Taktik und Gegenstand vertraulicher Gespräche bleiben, hierfür den richtigen Weg zu finden. In einer formal-juristischen Anerkennung der Grenze durch Bonn kann er, wie gesagt, nicht liegen. Dennoch werden wir substantielle Opfer in großem Ausmaß in Aussicht stellen müssen. Es werden Opfer sein, die nach der einen Seite einen endgültigen Verlust bringen, die uns andererseits auf lange Sicht der Lösung unserer Hauptfrage näherbringen werden als der Zustand nicht vorhandener Beziehungen zu Polen.

Auf der Suche nach realistischen Beiträgen zum Frieden

In der zweiten Hälfte der 60er Jahre konzentrierte sich meine ost- und deutschlandpolitische Tätigkeit auf eine aktive Mitarbeit in der Kammer für öffentliche Verantwortung der Evangelischen Kirche in Deutschland. Diese Kammer ist die politische Beratungskommission des Leitungsorgans der EKD, des Rats. Professor Ludwig Raiser war Vorsitzender der Kammer, ich sein Stellvertreter.

Diese Kammer hatte schon 1965 die berühmt gewordene Ostdenkschrift der EKD verfaßt. 1967 bis 1969 arbeitete die Kammer eine zweite Denkschrift über die »Friedensaufgaben der Deutschen« aus, und zwar gemeinsam mit der parallel arbeitenden Kammer der Evangelischen Kirchen in der DDR.

Diese Denkschrift haben im wesentlichen der damalige Bundesentwicklungshilfeminister Erhard Eppler und ich verfaßt. Wir haben dabei viel gestritten, uns aber am Ende unter Mithilfe der Kammermitglieder aus Ost und West stets geeinigt. Die Entstehung dieser Denkschrift als gemeinsames Dokument unter Mitwirkung von Kammermitgliedern, die zugleich exponierte Mitglieder verschiedener politischer Parteien waren, war damals ein erstaunlicher Vorgang. Um so bedrückender hob sich demgegenüber die massive außenpolitische Polarisierung zwischen Regierung und Opposition ab, die mit dem Übergang von der Großen Koalition zum sozial-liberalen Bündnis im Herbst 1969 einsetzte. Ich sah in ihr eine schwere, langfristige Gefahr für die außenpolitische Zukunft der Deutschen, zumal der Streit der Parteien über die Außenpolitik in einem völlig unausgewogenen Verhältnis zum begrenzten außenpolitischen Spielraum der Deutschen stand.

Daher veröffentlichte ich 1972 einen längeren Beitrag zur Analyse und zu den Aufgaben der Deutschen im Ost-West-Verhältnis. Er war Bischof Hermann Kunst wegen seiner unvergleichlichen Gabe gewidmet, in der Evangelischen Kirche zugleich als motorische Kraft und für Nüchternheit zu wirken.

I.

Evangelische Christen sind heute über die Ostpolitik der Regierung Brandt auch nicht viel einiger als das Parlament oder die Bevölkerung im ganzen. Das erscheint verwunderlich, wenn man an die wesentlichen Initiativen denkt, die auf dem Gebiet der Ost- und Deutschlandpolitik aus dem protestantischen Lager in den letzten zwölf Jahren hervorgegangen sind.

Wesentlich waren diese Initiativen in zweierlei Hinsicht:

– Zunächst war es überhaupt ein Novum, daß man im deutschen Protestantismus sich den politischen Entwicklungen aus dem Gefühl eigener Mitverantwortung so nachhaltig widmete. Die Diskussionen und Stellungnahmen von Synoden, Räten, Kammern und individuellen Gruppen der Evangelischen Kirche zu politischen Themen haben tatsächlich seit dem Ende des Zweiten Weltkrieges ein früher in der Kirche nie gekanntes Ausmaß an Engagement erreicht. Im engeren oder weiteren Umkreis der Außenpolitik gilt dies vor allem für drei Themen, nämlich für die Deutschlandpolitik, für die Beziehungen zu unseren östlichen Nachbarn und für die Entwicklungsaufgaben im Nord-Süd-Verhältnis.

– Zum anderen sind diese Initiativen wesentlich, weil sie, vor allem in der Ost- und Deutschlandpolitik, das Denken und Handeln der Politiker nachhaltig beeinflußt haben.

In erster Linie sind zwei Dokumente zu nennen, die auf die politische Öffentlichkeit eingewirkt haben: Das Tübinger Memorandum vom 6. November 1961 und die Denkschrift über die Lage der Vertriebenen und das Verhältnis des deutschen Volkes zu seinen östlichen Nachbarn vom 1. Oktober 1965. Es ist keine Übertreibung, festzustellen, daß die heutige Ost- und Deutschlandpolitik und der Streit über sie, so wie wir ihn jetzt erleben, ohne diese Dokumente ein anderes Gesicht hätten. Deshalb lohnt es sich, an den Inhalt und die Absicht der evangelischen Initiativen zu erinnern.

Im Tübinger Memorandum von 1961 hatten acht evangelische, überwiegend im kirchlichen Leben aktiv hervorgetretene Persönlichkeiten ihre grundsätzlichen Bedenken gegenüber dem Hang der politischen Parteien zum Ausdruck gebracht, fiktive Positionen aufzubauen, sich mit taktischen

Erfolgen zu begnügen, und die wahre Lage nicht offen auszusprechen und zu behandeln. Auf dem speziellen Gebiet der Ost- und Deutschlandpolitik sprachen die Verfasser davon, es ginge zwar um die Sicherheit der Freiheit Westberlins und um das Recht der Deutschen in der DDR zur Selbstbestimmung; es sei aber ein bedenklicher Weg, diese verständlichen und respektierten Forderungen mit dem heute nicht durchsetzbaren nationalen Anliegen der Wiedervereinigung zu verknüpfen. Denn das öffentliche Bewußtsein der Welt mache zwischen beiden einen Unterschied. In diesem Zusammenhang traten die Verfasser auch für die öffentliche Anerkennung der Oder-Neiße-Linie ein. Sie bezeichneten es als das wichtigste Ziel, der Bevölkerung die Wahrheit zu sagen, die doch so vielen Politikern bekannt sei, die diese aber aus taktischen Rücksichten zu sehr verschleierten. Auf der Basis der nötigen Aufrichtigkeit müßten mit einer aktiven Außenpolitik die Beziehungen zu den östlichen Nachbarn normalisiert werden.

Die Wirkung des Memorandums war damals überraschend groß. Es gab Gespräche mit verantwortlichen Vertretern aller Parteien. Manche heute geläufige ostpolitische Wendung stammt aus dem Tübinger Memorandum.

Die Vertriebenendenkschrift war inhaltlich eine konsequente Fortführung. Im Gegensatz zum Tübinger Memorandum hatte sie aber kirchenamtlichen Charakter. Denn sie war von der Kammer für öffentliche Verantwortung der EKD bearbeitet, und sie wurde mit Zustimmung des Rates der Öffentlichkeit übergeben. Die Verantwortlichkeit für den Inhalt blieb zwar auf die Mitglieder der Kammer beschränkt, aber auch diese sind ja kirchenamtlich bestellte Ratgeber auf dem Feld der öffentlichen Verantwortung der Kirche.

Inhalt und Qualität der Denkschrift können hier im einzelnen nicht dargestellt werden. Das Dokument mündet jedenfalls in der Forderung, die deutsche Öffentlichkeit darauf vorzubereiten, daß man einer Regelung der Oder-Neiße-Frage im Zuge eines wirklichen Dialogs und Ausgleichs mit den polnischen Nachbarn bald nicht mehr werde ausweichen können und dürfen. Über den richtigen Zeitpunkt und die politische Konkretisierung enthält sie sich einer Stellungnahme.

Die Synode der EKD nahm am 19. März 1966 die Denkschrift auf. Sie wiederholte den Appell zur Versöhnungsbereitschaft und Friedensgesinnung. Sie empfahl, die Lebensrechte der östlichen Nachbarn im Zuge dieser Verständigung ebenso zu achten, wie wir auch von ihnen Verständnis für die Lebensrechte des deutschen Volkes gewinnen wollten.

Die Ostdenkschrift, heftig umstritten, aber von allen Mitgliedern des Rates der EKD als ein wichtiger Beitrag zur öffentlichen Diskussion gedeckt und begrüßt, blieb bis heute die letzte kirchliche Äußerung von großer öffentlicher Wirkung auf dem Gebiet der Außen- und Deutschlandpolitik. Zwar folgte im März 1968 noch die Studie über die »Friedensaufgaben der Deutschen«, gleichfalls ein Produkt der Kammer für öffentliche Verantwortung. Entstehung und Inhalte dieser Studie sind durchaus bemerkenswert. Denn sie ist aus einer Zusammenarbeit evangelischer Christen in beiden Teilen Deutschlands hervorgegangen. Und sie enthält nach meinem Urteil bedeutsame Ausführungen über die Geschichte und Zusammengehörigkeit der Deutschen, über ihre gemeinsamen Grundwerte und Aufgaben, über die Voraussetzung einer politischen Gemeinschaft der Deutschen und über die europäische Perspektive. Dennoch blieb diese Studie in der Öffentlichkeit relativ unbemerkt. Sie tat ihre Wirkung mehr im Stillen.

II.

Der heutige Streit über die Ostpolitik läßt sich, soweit er unter evangelischen Christen geführt wird, ungefähr so charakterisieren:

Für die eine Seite stellt sich die Ostpolitik der Regierung Brandt als die unmittelbare Übersetzung der kirchlichen Mahnung zur Versöhnung und zum Frieden in die praktische Politik dar. Sie ist daher davon überzeugt, daß Bedenken und Opposition gegen die Ostverträge im Kern einen Widerstand gegen Versöhnungs- und Friedensbereitschaft darstellt. Sie äußert mehr oder weniger deutlich ihren Kummer über eine Kirche, welche den Weg zur Versöhnung weist, die verantwortlichen Politiker aber dann allein läßt, wenn es um die konkrete Befolgung des kirchlichen Rates geht. (Vgl. z. B. Helmut Simon, Evangelische Kommentare, Heft 3/72.) Ihre

Sorge vor einer Behinderung oder gar einem Scheitern der Ostpolitik Brandts ist so groß, daß sie die Argumente der parlamentarischen Opposition im Grunde nicht wirklich als Bedenken in der ostpolitischen Sache selbst zu erkennen vermag. Sie sieht in ihnen vielmehr in erster Linie einen Motor der Opposition bei dem Versuch, den innenpolitischen Kampf um die Macht für sich zu entscheiden.

Die andere Seite im Streit empfindet dies alles als ein grobes und gefährliches Mißverständnis. Denn auch ihr geht es um Frieden und Versöhnung. Versöhnung, so sagt sie, ist eine Sache der Menschen und der Völker. Sie ist eine moralische Kategorie. Diese spielt in der Politik eine wichtige Rolle. Wer die moralische Basis seiner Politik nicht klarzumachen weiß, macht schlechte Politik. Moral auch im Sinn der Versöhnung ist nicht auf das persönlich mitmenschliche Verhältnis beschränkt, sondern gehört auch zu den Elementen staatlicher Beziehungen. Freilich, man kann nicht die Moral zum eigentlichen Inhalt der Friedenspolitik machen. Es gibt zwar keine Friedenspolitik ohne moralische Komponente, aber es gibt eben auch keinen moralischen Ersatz für die nüchterne Suche nach dem richtigen Weg. Es ist im Kern nicht ein Streit der Gegner gegen die Befürworter der evangelischen Initiativen der sechziger Jahre. Sondern es ist ein Streit auf dem Boden dieser Initiativen und über die Frage, wie sie am besten zu verwirklichen sind.

Ich bin mir bei der Schilderung dieser Auseinandersetzung dessen wohl bewußt, daß man auf jeder der beiden Seiten falsche Bundesgenossen haben kann, deren wir uns über die Streitigkeiten hinweg erwehren sollten. Wer etwa die Ostverträge der Regierung Brandt für die zwingende und einzig denkbare Folge der evangelischen Initiative hält, der gerät in die Gefahr, jenen schrecklichen Zeitungsannoncen im baden-württembergischen Wahlkampf Vorschub zu leisten. Dort war ja immer wieder zu lesen, daß letztlich Christ sein und gegen Brandt sein zwei unvereinbare Positionen seien. Wer andererseits auf der Suche nach einem Ausgleich mit dem Osten die Ostverträge für den falschen Weg erklärt, gerät in die Gefahr, mit seinen Argumenten denjenigen Kräften politisch zu helfen, denen es überhaupt nicht um Ausgleich mit dem Osten geht.

Solche und ähnliche Gefahren gilt es zu erkennen und ihnen gemeinsam entgegenzuwirken. Dafür aber ist Voraussetzung, daß die Unterschiede in den beiden von mir oben dargelegten Standpunkten hin und her mindestens verständlich werden, wenn sie schon nicht überbrückbar sind. Hierzu will ich versuchen, einen Beitrag zu leisten. Dies ist naturgemäß aber nur auf der Basis einer Analyse der politischen Landschaft selbst möglich. Ich kann dabei von meinen eigenen Meinungen, für die ich als aktiver Politiker eintrete, nicht absehen. Aber die Absicht der Darlegung ist das Bemühen zu einem Beitrag, der verhängnisvollen Polarisierung entgegenzuwirken, die unseren Zustand heute kennzeichnet. Verhängnisvoll ist sie, weil nach meiner Überzeugung Ost-und Deutschlandpolitik gerade im Sinn von Versöhnungs-und Friedensbereitschaft gar nicht gelingen kann, solange sie auf der Basis einer innenpolitischen Polarisierung versucht wird, die man entweder absichtlich herbeigeführt hat oder mindestens heute fatalistisch hinnimmt.

III.

Die außenpolitische Lage der Bundesrepublik ist durch drei Hauptfragen gekennzeichnet, nämlich
1. Wie entwickelt sich die gesamteuropäische Sicherheit und Zusammenarbeit?
2. Welchen Weg nimmt die westeuropäische Einigung?
3. Was wird aus der deutschen Frage, der deutschen Teilung?
Alle drei Fragen sind wie in einem komplizierten Mobile miteinander verhängt. Kein Glied kann in Bewegung gesetzt werden, ohne daß sich zugleich auch die anderen Figuren bewegen. Die Hauptgewichte dieses europäisch-deutschen Mobiles finden sich freilich unverändert in der Schwebelage der beiden Supermächte, der USA und der Sowjetunion. Wir hören heute viel davon, daß das bipolare Zeitalter im Begriff sei, durch eine Welt der fünf Kräftezentren abgelöst zu werden, nämlich der USA, der Sowjetunion, Chinas, Japans und Westeuropas. Dies mag ein brauchbarer Ausblick auf mögliche künftige Entwicklungen sein. Für unsere heutige Auf-

gabe in Europa aber bleibt die Mischung von Konfrontation und Kooperation maßgebend, die wir im Verhältnis der Supermächte zueinander vorfinden.

Dieses Verhältnis ist in den letzten zehn Jahren wesentlich komplizierter geworden. Die Erkenntnis über gemeinsame Interessen und Notwendigkeiten ist gewachsen. Beide Mächte haben ein Interesse daran, den Ausbruch eines Vernichtungskrieges durch Zufall, Fehlkalkulation oder Eskalation aus einer konventionellen militärischen Situation heraus zu vermeiden. Beide bemühen sich um Vermeidung der Kosten und Risiken, die mit immer neuen technologischen Sprüngen im Waffenarsenal verbunden sind. Beide machen sich über ein wachsendes Kriegsrisiko Sorgen, welches mit neuen Waffensystemen einhergehen kann. Diese militärisch-technologischen Entwicklungen sind es, die zur Begründung der ersten und bisher einzigen Dauergesprächsebene der beiden Supermächte geführt haben, zu den Verhandlungen über die Begrenzung der strategischen Waffen (SALT).

Bei beiden Weltmächten sind die inneren Probleme gewachsen, und zwar mit erheblichen, wenn auch unterschiedlichen Auswirkungen auf die auswärtigen Beziehungen.

Im Kräfteverhältnis zueinander sind Veränderungen eingetreten. Die Sowjetunion hat politisch-militärisch aufgeholt, der Westen hat dafür seinen wirtschaftlichen und technologischen Vorsprung vergrößert.

Für die Vereinigten Staaten hatten die sechziger Jahre eine Kette von Rückschlägen gebracht. Am Anfang hatte es große Zielsetzungen gegeben: das grand design für Europa, die Kennedy-Runde für die Regelung der Wirtschaftsbeziehungen der hochindustrialisierten Nationen untereinander, die Allianz für den Fortschritt in Südamerika, das Friedenscorps und materielle Hilfe für die Dritte Welt. Vor allem diese Dritte Welt aber hat sich als eine Falle für die amerikanische Außenpolitik erwiesen. In Lateinamerika ist eine ernste Entfremdung eingetreten, die mit dem Wahlsieg Allendes in Chile ihren bisherigen Höhepunkt erreichte. In Südostasien hat das ideologische Engagement für eine weltweite amerikanische Rolle des Friedensbewahrers einen entscheidenden Stoß erhalten. Rückläufige Weltgeltung nach außen und wachsende innere Unruhe nicht nur wegen des weltweiten Überengagements, sondern überhaupt wegen der amerikanischen Werte und Ziele waren die Folge. Die Schwenkung der amerikanischen Chinapolitik, halb freiwillig und halb erzwungen, ist der wichtigste Bestandteil des Versuchs, diese unglückliche Epoche nach innen und außen durch eine neue abzulösen.

In derselben Zeit ist der Sowjetunion der Aufstieg mindestens zur militärstrategischen Parität mit den USA gelungen. Nach ihren Schlappen in Kuba und im Kongo hat sie ihre Marine und Luftlandekapazität erheblich ausgebaut. Auf wichtigen Gebieten nicht nur in den konventionellen Landstreitkräften hat sie den Westen erheblich überflügelt. Einer ihrer wichtigsten strategischen Fortschritte findet sich im Ausbau ihrer Stellungen im östlichen Mittelmeer und in Südasien. Im Widerspruch hierzu steht die wirtschaftlich-technologische Entwicklung. Die Sowjetunion ist gegenüber dem Westen vor allem auf dem Gebiet der Elektronik und Datenverarbeitung zunehmend in Rückstand geraten. Ganz allgemein erweist sich die zentrale Planwirtschaft und die politische Gesinnungskontrolle als schwere Bremse für den wissenschaftlichen, technologischen und wirtschaftlichen Fortschritt. Die inneren Verhältnisse der Sowjetunion sind durch eine konservative Führung und durch langfristig vermutlich wachsende interne Schwierigkeiten gekennzeichnet. Die Führung ist durchgreifenden Neuerungen abgeneigt. Die Unrast der Intellektuellen ebenso wie der Nationalitäten dürfte weiter wachsen. Über diese Probleme gibt es weit weniger Publizität als über die inneren Schwierigkeiten in Amerika. Mit einer baldigen Veränderung des sowjetischen Systems in Richtung einer Liberalisierung und Föderalisierung ist freilich auch kaum zu rechnen. Die liberalen Kräfte sind isoliert. Und auch der sozioökonomische Entwicklungsprozeß, der so oft als ihr Verbündeter bezeichnet wird, deutet mehr in Richtung auf eine Technokratie als auf Liberalisierung.

Eine Auswirkung innerer Probleme auf die Außenpolitik wird es wie in allen Diktaturen immer dann geben, wenn der Versuch gemacht wird, innere Krisen durch Druck nach außen zu überspielen. Insofern sind innere Krisen im Ostblock gerade dann, wenn sie uns als Zeichen einer Regung der Menschen mit Hoffnung erfüllen, außenpolitisch zunächst gefährlich. Ich fürchte, wir würden diese Gefahr nur steigern, wenn wir darüber hinaus meinten, von uns aus auf diese inneren Entwicklungen im Ostblock Einfluß nehmen zu können.

Heute ist das nicht akut. Die Außenpolitik der Sowjetführung ist allen militärischen Abenteuern abhold und im übrigen konservativ expansionistisch. Das ist eine gute Mischung der alten Moskowiter Tradition mit den Prinzipien Lenins über die friedliche Koexistenz. Nach beidem gilt für Moskau Außenpolitik als ein Instrument der Expansion und Herrschaft einer privilegierten großrussischen Elite über Minderheiten und Volksmassen. Westliche Vorstellungen wie Gleichgewicht der Kräfte, Stabilität oder Frieden und Herrschaft des Rechts sind Moskau fremd. Massive militärische und politische Macht dienen als Kompensation für wirtschaftliche und technologische Rückständigkeit. Allen inneren Schwierigkeiten und technologischen Rückständigkeiten zum Trotz hat Moskau die weltweite Schwächeperiode der USA ausgenutzt und seinen eigenen Einfluß ständig ausgeweitet. Auf der Basis dieser Grundgegebenheiten verfolgt die Sowjetunion gegenüber Europa im wesentlichen drei Ziele.

a) Sie sucht die Blöcke, welche heute das politische Gleichgewicht halten, durch ein Beziehungsgeflecht der Nationen zu überlagern und später abzulösen. Die Sowjetunion ist in ihren machtpolitischen Möglichkeiten allen anderen europäischen Nationen so weit voraus, daß sie die berechtigte Erwartung hegen kann, bei einem solchen System europäischer Sicherheit und Zusammenarbeit auf der Basis der Nationen in jeder Weise Ton und Richtung anzugeben. Zugleich braucht sie nicht zu befürchten, auf diese Weise die faktische Herrschaft über den Ostblock zu verlieren. – Immer wieder betont sie, der Moskauer Vertrag verschaffe uns den Vorteil größerer nationaler Bewegungsmöglichkeit. Daß dies für uns kein Vorteil, sondern eine Gefahr sein könnte, wenn wir im vollen Sinn und langfristig von ihr unabhängig bleiben wollen, verschweigt sie.

b) Um ihre Lücken zu füllen, sucht die Sowjetunion nach wirtschaftlicher, wissenschaftlicher und technologischer Zusammenarbeit mit dem Westen. Dabei ist sie pragmatisch bereit, für große Projekte auch mit übernationalen westlichen Angeboten und Partnern zu rechnen. Insoweit wird sie auch mit gewissen wirtschaftlichen Integrationsformen Westeuropas realistisch umgehen. Aber einem Umschlag solcher westlicher Entwicklungen in eine politische Integrationspolitik wird die Sowjetunion, solange sie kann, sich mit allen ihr zugänglichen Mitteln widersetzen.

c) Ambivalent dürften ihre europäischen Ziele gegenüber der anderen Supermacht sein. Langfristig gibt es keinen Verzicht auf den Kampf um den ersten Platz. Dazu gehört es in Europa, den übrigen Europäern klarzumachen, daß diejenige Supermacht, mit der man in Europa auf die Dauer leben kann und muß, die Sowjetunion ist, dagegen nicht die Vereinigten Staaten. – Trotzdem hat die Sowjetunion gegenüber den Vereinigten Staaten mindestens vorläufig auch Kooperationsinteressen. Dies gilt für den gemeinsamen Vorrang vor allen dritten Staaten in den militärischen Qualitäten der Supermächte. Weiter betrifft es die Vorsicht im Dreiecksverhältnis zu China. Und schließlich gibt es wohl auch noch immer gemeinsame, auf Europa bezogene ordnungspolitische Vorstellungen der Supermächte.

Im Ergebnis aber bleibt es das Ziel der Sowjetunion, Europa in ein Vorfeld von Nationen zu verwandeln, welches sich in allen weltpolitischen Fragen mindestens neutral, wenn nicht ausdrücklich freundlich zu den Zielen der Sowjetunion verhalten solle. In ihren geistigen und materiellen Ressourcen sollen diese europäischen Nationen sich mehr und mehr auf eine schwerpunktartige Zusammenarbeit mit der Sowjetunion einstellen. Die Frage, in welchem Umfang dabei die westeuropäischen Nationen auf die Dauer Herren der Gestaltung ihrer inneren Verhältnisse sein werden, versieht die Sowjetunion mit beruhigenden allgemeinen Erklärungen. Dabei hofft sie aber deutlich auf einen Prozeß der inneren Aufweichung der westlichen Gesellschaften. Und man wird in Moskau auch keinerlei Skrupel haben, solchen Entwicklungen kräftig nachzuhelfen. Es ist eine sehr langfristige, konsequente Westpolitik Moskaus, welche auf die Uneinigkeit und Schwäche des Westens baut und sie ausnützt, ohne sich dabei auf Abenteuer einzulassen.

IV.

In Westeuropa hatte sich schon früh die richtige Erkenntnis verbreitet, daß man im Rahmen des atlantischen Bündnisses mehr und mehr eine eigene politische Rolle zu spielen habe. Denn das von den USA geführte atlantische Bündnis muß zwar das sicherheitspolitische Gegengewicht zum Ostblock bilden. Aber nicht die NATO, sondern Westeuropa eignet sich zum Instrument und Baustein für eine gesamteuropäische Kooperation. Es lag in den sechziger Jahren durchaus auch im Interesse der Amerikaner, einer atlantischen Schwindsucht durch eine Verminderung der Abhängigkeit der Europäer vom übermächtigen Bündnispartner mit Hilfe der Unterstützung ihrer eigenen europäischen Rolle im Rahmen des atlantischen Bündnisses entgegenzuwirken.

General de Gaulle hatte diesen Gedanken auf eigene Weise aufgegriffen und sich für ganz Westeuropa zur prägenden Gestalt der sechziger Jahre gemacht. Er verband die richtige Erkenntnis von der eigenen Rolle Europas mit zwei fatalen Fehlschlüssen.

a) Er wollte nicht akzeptieren, daß sich sicherheits- und machtpolitisch zwei Klassen gebildet hatten, nämlich einerseits die Supermächte als Bündnisführer und andererseits ihre machtpolitisch definitiv nur noch zweitklassigen Bündnispartner. Frankreich, oder Westeuropa unter Frankreichs Führung, sollte nach de Gaulle eine sicherheitspolitisch unabhängige dritte Kraft werden und auf diese Weise die Entspannung mit dem Ostblock und die Regelung der europäischen Angelegenheiten selbständig durchführen.

b) De Gaulle wollte die eigene westeuropäische Rolle ausdrücklich mit einer Spitze gegen die Amerikaner und Angelsachsen verbinden.

Die Folgen sind uns allen bekannt. Die sechziger Jahre sind durch eine Schwächung des Westens in der NATO, durch das zweimalige französische Veto gegen den britischen Beitritt in die EWG und durch eine Renationalisierung der Interessen und Ziele gekennzeichnet, die den Fortschritt der westeuropäischen Integration schwer behinderten. Die sicherheits- und ostpolitischen Avancen de Gaulles wurden von Moskau als Entspannungsbemühungen nicht ernstgenommen, sondern nur als willkommenes Instrument zur Desintegration des westlichen Lagers benützt.

Die deutsche Freundschaft mit Frankreich ist die größte und nachhaltigste Leistung der Nachkriegszeit. Eben deshalb erfordert sie die klare Erkenntnis, daß wir in den sechziger Jahren an die Fehleinschätzungen der internationalen Lage durch Frankreich gefesselt blieben, ohne die Kraft zu besitzen, mit dem deutsch-französischen Freundschaftsvertrag oder im Rahmen der EWG einen Weg nach vorn zu weisen.

Erst nach dem Rücktritt de Gaulles lockerte sich die Lage. Neue europäische Initiativen in Richtung auf Vertiefung und Erweiterung der EWG wurden möglich. Das Verdienst an ihnen kommt nicht irgendeiner Regierung außerhalb Frankreichs, sondern den veränderten Verhältnissen in Paris zu. Niemand sollte die Regierung Brandt tadeln, daß sie die damit gebotenen Chancen nutzte. Dies wird um so eher möglich sein, je weniger sie sich für Dinge lobt, die sie selbst gar nicht in Bewegung gebracht hat. Ein paradoxes Verdienst in der westeuropäischen Integrationsentwicklung kommt der Regierung Brandt freilich zu. Es ist nämlich eine der dialektischen Folgen dieser Politik, daß in Frankreich aus Sorge vor der auf Amerika hin orientierten Währungspolitik Schillers die Hemmungen vor der Zulassung Großbritanniens vollends zusammenbrachen. Nicht die Erfüllung deutscher Integrationswünsche, sondern mehr die Sorge vor den Deutschen leitete Paris bei diesem Schritt. Seien wir froh, daß es zu ihm gekommen ist, wer auch immer auf welche ungewollte Weise auch immer dazu beigetragen hat.

Freilich bleibt die Intensität, mit der die politische Integration Westeuropas angestrebt wird, ein Zankapfel zwischen Regierung und Opposition in Bonn. Das ominöse Wort Brandts bei einem Londoner Pressegespräch, daß die politische Einigung Westeuropas eine Sache kommender Generationen sei, hat das vorhandene Mißtrauen der Opposition bestärkt. Es wird durch alle noch so gut begründbaren Hinweise auf den mangelnden Willen der Franzosen und Engländer zu raschen politischen Integrationsfortschritten nicht ausgeräumt.

Dahinter steht ein grundsätzlicher Unterschied zwischen freiheitlichen Sozialisten und Konservativen in ihren Einschätzungen des Verhältnisses von Außen- und Innenpolitik. Bei den Sozialdemokraten gibt es eine alte Auffassung, daß die Schwierigkeiten ihres eigenen Aufstiegs ein Zeichen für das Nachhinken innen- und vor allem gesellschaftspolitischer Lösungen gegenüber sogenannten reinen außenpolitischen, insbesondere sicherheitspolitischen Zielen sei. Eine überholte Auffassung vom Staat oder vom Primat der Außenpolitik habe die Tendenz, menschliche und gesellschaftliche Ziele im Innern zu vernachlässigen. Dies wird bei Ranke, Bismarck, Dilthey und Adenauer nachzuweisen versucht. Je mehr hier der alte Primatstreit zwischen Außen- und Innenpoltik neu belebt, ideologisiert und zugunsten des Vorrangs der Gesellschaftspolitik vorangetrieben wird, desto mehr wirkt er sich auf den Nationbegriff, auf die Beurteilung der westeuropäischen Integrationsfortschritte und auf die Außenpolitik im ganzen aus.

Niemand leugnet, daß eine gute Innenpolitik auf lange Sicht die wichtigste Basis für die Außenpolitik ist. Wenn unsere Nachbarn bei uns einer Gesellschaft ansichtig werden, die durch ihren inneren Zustand anziehungskräftig wirkt und die über einen hinreichenden Konsens in bezug auf ihre Werte und Ziele verfügt, dann wird dies auch dem Verständnis für unsere außenpolitischen Ziele zugute kommen. Gesellschaftspolitische Ziele aber sind strittig. Vermehrte Freiheit oder vermehrte Gleichheit, Leistungsgesellschaft oder Emanzipation und manche anderen Fragen geraten verstärkt in einen innenpolitischen und ideologischen Widerstreit. Dies bringt eine nicht ungefährliche Tendenz zur Uneinigkeit in den Grundfragen unserer Außenpolitik mit sich. Insbesondere befürchte ich, daß hier der Grund für eine unterschiedliche Intensität liegt, mit der die politische Integration Westeuropas angestrebt wird.

V.

Vor diesem Hintergrund der Supermächte, der westeuropäischen Lage und des Ineinanderspielens von Außen- und Innenpolitik ist das außenpolitische Hauptkapitel zu würdigen, welches die Regierung Brandt eingeleitet hat, nämlich die Vertragspolitik mit dem Osten. Nach de Gaulle ist hier nun Bonn anstelle von Paris getreten. So unvergleichbar die handelnden Personen, die geographische Lage, die historischen Belastungen der beiden Völker und die Methoden der beiden Regierungen auch sind, die forcierte Ostpolitik Bonns hat in der Welt mindestens denselben Grad der Aufmerksamkeit wie vorher die nationale Außenpolitik de Gaulles erreicht. Der Bonner Ostpolitik fehlen die Züge des gewollten, ja brüskierenden Alleingangs. Man stimmt sich intensiv mit den westlichen Verbündeten ab und bringt es fertig, sie mit mehr oder weniger innerer Begeisterung mit ins Obligo zu nehmen, insbesondere durch die Berlinregelung. Trotzdem handelt es sich bei den Verträgen um eine nationale Ostpolitik, nicht dagegen um eine integrierte. Wesentliche Motive, mit denen die Regierung Brandt im Jahr 1969 ihre Ostpolitik begann, sehe ich in der folgenden Analyse.

Die ersten zwei Jahrzehnte des Bestehens der Bundesrepublik haben den Graben zwischen Ost und West nicht zu überwinden vermocht, sondern vertieft. Die Gegensätze der politischen Ordnungen beider Teile Deutschlands sind fundamental. Beide Teile gehören Vertragssystemen an, die sowohl als Militärbündnisse wie als Wirtschaftsgemeinschaften und Gesellschaftsordnungen den ihnen zugehörigen Teil Deutschlands fest einschließen. Wenn wir die Teilung Deutschlands für die von ihr betroffenen Menschen erträglicher machen wollen, brauchen wir einen modus vivendi mit den östlichen Nachbarn, müssen wir also die bestehende Lage der Teilung hinnehmen. Ohne diese Bereitschaft würden wir die sonst vorhandene Möglichkeit einer eigenen politischen Rolle im Umgang mit der Sowjetunion und ihren Verbündeten verfehlen. Ohne ihn würden wir den Anschluß an eine allgemeine Ost-West-Entspannungspolitik versäumen und uns der Möglichkeit begeben, auf ihn gestaltend einzuwirken. Wir müssen diesen modus vivendi auf der Grundlage der durch die Nachkriegszeit geschaffenen Realitäten und der Erkenntnis suchen, daß die Sowjetunion immer mehr eine europäische Vormachtstellung errungen hat. Denn trotz ihrer leistungsfähigen Wirtschaft werden die Westeuropäer eine gemeinsame Außenpolitik auf absehbare Zeit nicht erreichen. Die USA in der tiefen Krise ihres Selbstverständnisses und ihrer weltpolitischen Rolle werden unfehlbar ihre Truppen und damit ihren politischen Einfluß in Europa weiter abbauen. Diese Lage kann für die Bundesrepublik lebensgefährlich werden, wenn sie nicht selbst für Abhilfe sorgt. Sie muß auf eigene Kappe einen modus vivendi mit Moskau herstellen, solange sie noch die Bedingungen eines solchen Arrangements selbst beeinflussen kann.

Auf der Basis dieser Analyse vollzogen sich die uns allen bekannten Verhandlungen bis zur Unterzeichnung der Verträge in Moskau und Warschau, wurden die zwanzig Kasseler Punkte für das innerdeutsche Verhältnis formuliert und die Absichtserklärungen über Regelungen mit anderen Ostblockstaaten, über die UNO-Mitgliedschaft zweier deutscher Staaten und über die Unterstützung des Gedankens einer europäischen Sicherheitskonferenz unterzeichnet.

Soweit die Motive der Regierung Brandt, wie man sie bei ihrem Amtsantritt hören konnte. Ich denke zunächst, es gibt ein weit verbreitetes Gefühl unter der deutschen Bevölkerung, daß ein besseres Verhältnis zur Sowjetunion für uns gut wäre. Die Erkenntnis, daß Moskau die friedliche Koexistenz als eine Form des Klassenkampfes zwischen Sozialismus und Kapitalismus versteht, daß also nicht eine endgültige und statische Veränderung, sondern eine dynamische Form des politischen Expansionismus das Leitmotiv der russischen Westpolitik ist, diese Erkenntnis darf uns nicht in einer passiven Abwehrhaltung erstarren lassen. Es ist gut, so intensiv wie möglich mit den Vertretern des Ostblocks zu sprechen, zu verhandeln und auch Vereinbarungen zu suchen.

Bei solchen Verhandlungen dürfen wir auch nicht unsere Kraft überschätzen. Wir können die Breschnew-Doktrin nicht außer Kraft setzen. Wir können auch nachträglich nicht mit politischen Mitteln die durch den Zweiten Weltkrieg entstandene reale Gebietslage und Machtsituation wieder verwandeln. Schon Adenauer war in den letzten Jahren seines Lebens von dem Gedanken beherrscht, ein besseres Verhältnis zur Sowjetunion zu gewinnen. Schröder hat die ersten praktischen Schritte eingeleitet, und die Große Koalition hatte in der ersten Hälfte ihrer Regierung konstruktiv daran weitergearbeitet.

Aber bei aller Übereinstimmung im Ziel ist der Streit über den gewählten Weg in der Vertragspolitik Brandts alsbald offen entbrannt. Die wesentlichen Punkte der Kritik sind die folgenden:

a) Den Verträgen und den zwanzig Kasseler Punkten haftet eine gefährliche Zweideutigkeit an. Vom modus vivendi ist die Rede, also von einer vorläufigen Lösung, die eine endgültige in der Form eines Friedensvertrages vorbereiten soll. In Ost und West aber versteht man die Verträge gerade als die erreichbare Form von Endgültigkeit, welche an die Stelle von Friedensverträgen tritt.

Die deutsche Frage soll offen bleiben, so sagt die Bundesregierung. Eine völkerrechtliche Anerkennung der DDR komme nicht in Betracht. Denn sie wäre ja eine Verfügung über Deutschland als Ganzes, und dazu wären wir wegen der Vier-Mächte-Vorbehaltsrechte nicht befugt. Faktisch aber versteht man nicht nur in Moskau, sondern auch in Paris die Verträge als den entscheidenden Schritt dazu, die deutsche Frage nicht offen zu lassen, sondern lautlos zu schließen. Der französische Präsident Pompidou hat öffentlich erklärt, es gebe keinen Grund, die Deutschen dafür zu tadeln, daß sie eine Politik der Anerkennung der DDR betrieben, ohne Rücksicht darauf, welchen Namen sie dieser Politik gäben. Noch deutlicher kann man die Diskrepanz zwischen tatsächlicher Richtung und Bezeichnung der Politik kaum charakterisieren.

Die völlige Freigabe der internationalen Beziehungen der DDR ist prinzipiell zugestanden. Nicht das Ob dieser Freigabe ist noch fraglich, sondern nur noch das Wann, abhängig vom Fortschritt der innerdeutschen Verhandlungen. Für diese praktischen Fortschritte aber wird die Zusammenarbeit mit der Ostberliner Regierung im Wege völkerrechtlicher Verträge gesucht. Dies wird sich auf die Dauer kaum mit dem Gelöbnis der Nichtanerkennung verbinden lassen. Und wenn erst einmal zwei deutsche Staaten in die UNO eintreten, was die Bundesregierung nach ihren Erklärungen in Kassel, Moskau und Oreanda ja unterstützt, dann werden diese beiden Staaten dort normale Mitglieder wie alle anderen auch sein. Niemand wird uns daran hindern, wenn wir dann noch an einem Begriff der Einheit der Nation im Sinn der Kulturnation festhalten wollen. Zugleich aber wird kein Staat der Welt daran zweifeln, daß die deutsche Nation im Sinne eines staatlich-politischen Einheitsziels verschwunden sein wird.

Die Bundesregierung spricht indes nach wie vor davon, daß die Herstellung der staatlichen Einheit der Nation ihr Ziel sei, und zwar nicht nur ihr Fernziel.

Selbstverständlich sollte niemand die Schwierigkeiten der Deutschlandpolitik verkennen. Das Selbstverständnis der SED zwingt diese zur Abgrenzung gegen die Bundesrepublik. Kein europäischer Nachbar will ernsthaft das Ziel der politischen Einheit der deutschen Nation mit achtzig Millionen Bürgern und mit der Summe der beiden heute in ihren jeweiligen Blöcken zweitstärksten Wirtschaftsmächte unterstützen. Es läßt sich durchaus der Standpunkt vertreten, die Deutschlandpolitik in Bonn müsse den staatlichen Nationbegriff preisgeben, um ihn im Sinn der Kultur und der Menschen erhalten zu können. Wer aber so denkt, sollte dies offen aussprechen. Dann könnte darum gerungen werden. Die Bundesregierung jedoch schließt eine Debatte darüber im Innern aus, indem sie sagt, mit ihrer Politik bleibe die Offenhalteposition in der Deutschlandfrage und das nationale Ziel der politischen Einheit unverändert. Dennoch geht ihre Außenpolitik, ob gewollt oder nicht, den klaren Weg der Veränderung.

b) In diesen Zusammenhang gehört der Entschluß der Bundesregierung zum Alleingang in der Ost- und Deutschlandpolitik. Sie hat ihre Regierungserklärung und das sogenannte Bahr-Papier, die beiden entscheidenden Grundlagen der Vertragspolitik, ohne irgendeinen Konsultationsversuch mit der Oposition gemacht. Die Opposition werde, wenn sie freiwillig nicht mitmachen wolle, nicht gebraucht, so hatte es der Fraktionsvorsitzende der SPD ausgedrückt. Aller Welt wurde versichert, daß eine ausreichende Mehrheit für diese Politik gesichert sei. Das war ein enormes Risiko, nicht nur formell für das parlamentarische Inkraftsetzen der Verträge. Sondern wer sich anschickt, die langjährige gemeinsame Deutschlandpolitik der Parteien grundlegend zu verändern, und seien seine Gründe noch so ernsthafter Natur, und wer auf diesem Fundament eine Normalisierung der Beziehungen zu den östlichen Nachbarn sucht, der braucht dafür auch über die formale Rechtskraft der Verträge hinaus im eigenen Volk und Parlament eine breite Basis.

Der Großen Koalition blieb es versagt, diese Aufgabe zu erfüllen. Interne Streitigkeiten der Parteien, der Gegensatz

zwischen parlamentarischer Mehrheit und außerparlamenta-
rischer Opposition und nicht zuletzt auch die Ereignisse im
Ostblock (Einmarsch der Sowjetunion in der CSSR im August 1968) waren dafür maßgebend. Die Konsequenz der
neuen Bundesregierung, es nunmehr allein zu versuchen, war
verständlich, aber ihr Risiko übergroß. Die Polarisierung, die
sich daraus ergeben hat, war die zwangsläufige Folge. Beide
Seiten tragen zu ihr immer wieder bei, ohne daß es viel nützt,
über Schuldanteile zu reden. Die Grundentscheidung darüber, ob im Alleingang oder im Versuch der Kooperation ans
Werk gegangen werden soll, liegt immer bei der Regierung.
Eine solide Deutschland- und Ostpolitik ist auf der Basis des
Alleingangs langfristig nicht möglich.

c) Die weiteren Kontroversen beziehen sich auf die Konsequenzen, welche den in Kraft getretenen Verträgen zu folgen
hätten. Zunächst ist hier die beabsichtigte Konferenz über
Sicherheit und Zusammenarbeit in Europa zu nennen. Der
Streit geht nicht um die Frage, ob sie überhaupt stattfinden
soll. Keine der Parteien vertritt die These, man solle der
Konferenz als solcher Widerstand entgegenstellen. Einigkeit
herrscht ferner darüber, daß eine Sicherheitskonferenz nur
dann ihren Namen verdient, wenn sie auch wirklich dem
Bemühen gewidmet ist, Europa sicherer zu machen. In diesen Zusammenhang gehören die Vorschläge des Westens
über den ausgewogenen beiderseitigen Truppenrückzug
(MBFR). Der wesentliche Aspekt dieses Vorschlags liegt nicht
so sehr im Rückzug der Truppen selbst als vielmehr in dem
Bemühen, politische Rahmenbedingungen und ein Kontroll-
system zu vereinbaren, welche Truppenrückzüge erlauben,
ohne daß sie von gefährlichen nachträglichen Truppenver-
schiebungen und Rückverstärkungen gefolgt werden. In solchen Vereinbarungen könnte ein wirklich fruchtbarer Ansatz
für eine die Sicherheit verstärkende Kooperation in Europa
liegen.

Schließlich stimmen die Politiker in Bonn im wesentlichen
auch darin überein, daß es sinnvoll ist, auf einer solchen
Konferenz Möglichkeiten einer verstärkten gesamteuropäischen Zusammenarbeit auf wirtschaftlichem, technologischem
und kulturellem Gebiet zu erörtern. Dabei ist freilich Zweierlei unerläßlich:

- Für wirtschaftliche und technologische Zusammenarbeit wird die bilateral-nationale Ebene in vielen Fällen nicht ausreichen. Vielmehr wird nicht selten die EWG selbst als Partner einer solchen Zusammenarbeit beteiligt werden müssen.

- Auch in bezug auf die Frage der Menschen und kulturellen Beziehungen ist es nötig, deutlich zu bleiben. Der Austausch von intellektuellen Filmen, von moderner Musik und experimentellen Theatergruppen ist wichtig und anregend für viele unserer Freunde in Warschau und Prag und vielleicht noch interessanter und befruchtender für uns hier. Aber von kulturellen Beziehungen kann doch erst dann gesprochen werden, wenn sich Freizügigkeit für Ideen und Informationen und schließlich auch für Menschen entwickelt, so wie es das atlantische Bündnis seit Jahr und Tag fordert. Das scheitert vorläufig noch, wie wir wissen, an den fließenden Grenzen zwischen Kultur, Ideologie und Politik. Mit der bloßen Forderung nach gesamteuropäischer Zusammenarbeit sind die Systemunterschiede mit den durch sie hervorgerufenen Abgrenzungszwängen nicht überwunden. Auch die Vorstellung von einem automatischen Zusammenwachsen auf der Basis der objektiven Bedingungen und Notwendigkeiten von Wirtschaft, Wissenschaft und Technologie, also die sogenannte Konvergenztheorie, bietet im Felde der Realitäten vorläufig nicht viel Systemüberwindendes. Selbst als Beschreibung des objektiven Entwicklungsprozesses ist diese Theorie mit Recht umstritten. Nicht umsonst wendet sich der Osten mit Schärfe gegen sie und denunziert sie als Angriff auf die Basis kommunistischer Überzeugung. Es mag schon sein, daß sich langfristig auch im Ostblock ähnliche technokratische Notwendigkeiten und menschliche Bedürfnisse wie bei uns Gehör verschaffen. Aber das ist ein interner und darüber hinaus ein in sich selbst weder zwangsläufiger noch ungefährlicher Prozeß im kommunistischen Lager. Wir besitzen keinen direkten Einfluß auf ihn. Wir können ihn nur beobachten, nicht ohne Hoffnung, aber im Bewußtsein seiner Risiken.

Trotz dieser Einschränkungen aber ist es sinnvoll, sich allen Bemühungen um eine Verstärkung von Sicherheit und Zusammenarbeit in Gesamteuropa zu widmen und dafür im Westen eigene positive und gemeinsame Vorstellungen zu entwickeln. Wenn man also bei uns bereit ist, sich gemeinsam der Vorbereitung für eine Sicherheitskonferenz anzunehmen, so bleibt als Streitpunkt der Unterschied in der Bewertung der Risiken und Chancen eines solchen Vorhabens. Ihr kritischer Punkt liegt wiederum an der Nahtstelle von Außen- und Innenpolitik. Vielleicht wird sich die Sowjetunion nach längeren Verhandlungen auf einige vernünftige Vorschläge zum Thema MBFR einlassen. Aber sie wird unterwegs immer die Augen offen halten, um nach Lücken im Konzept und der Mentalität der westlichen Verhandlungspartner zu spähen. Moskau will den intellektuellen und materiellen Prozeß der Abrüstung des Westens fördern, wo immer es geht. Das nur allzu naheliegende und wirksamste Mittel dafür ist die Verbreitung der Atmosphäre durch Moskau, daß die Sicherheit in Europa nunmehr im Begriff sei, für sich selbst zu sorgen und keiner besonderen laufenden Opfer mehr zu bedürfen. Man weiß in der Sowjetunion, wie anfällig weite Kreise im Westen für solche Thesen sind. Noch dominiert das Wort des Kanzlers und des Verteidigungsministers, daß die Ostverträge nur auf der Basis unverminderter westlicher Anstrengungen für die eigene Sicherheit sinnvoll seien. Aber allzu oft haben wir in den letzten zwei Jahren bei den Debatten über gesellschaftliche Reformen und beim Kampf um die Basispositionen der Parteien die anderen Argumente gehört: Wenn die Verträge erst einmal in Kraft seien, dann müßten endlich Nulltarif, Gesamtschule, öffentliches Eigentum in den Ballungszentren und andere Probleme durch radikale Kürzung der Sicherheitsausgaben finanziert werden. Gewiß denkt die Mehrheit so nicht. Ich will auch nicht im Vorbeigehen den Versuch machen, zu den verschiedenen gesellschaftspolitischen Streitpunkten meinerseits inhaltlich Stellung zu nehmen. Daß wir mehr öffentliche Mittel für neue Aufgaben der eigenen Gesellschaft brauchen, ist auch meine Überzeugung. Aber für äußerst gefährlich halte ich es, die Ostverträge und eine Sicherheitskonferenz zum Anlaß für eine Verminderung unserer Leistungen im Rahmen des Bündnisses zu nehmen. Und in dieser Richtung dürften die Schwerpunkte der Auseinandersetzung liegen, die die heutige Regierungskoalition in ihren eigenen Reihen nach einem Inkrafttreten der Verträge vor sich hat.

d) Der letzte wesentliche Streitpunkt bezieht sich auf die Folge der Verträge für die innerdeutschen Beziehungen. Ursprünglich hatte es so bei der Regierung Brandt geklungen, sie betrachte es als das Kernstück ihrer Vertragspolitik, die Menschen, die von der Teilung in Deutschland betroffen sind, selbst die Vertragsentspannungsschritte spüren zu lassen. Das erweckte den Eindruck, als würden die innerdeutschen Beziehungen zum Gegenstand der Ostverträge gemacht. Dann aber hat sich die Regierung einer anderen Reihenfolge verschrieben. Erst sollen die Ostverträge in Kraft treten. Als ihre Folge für die Menschen werden günstige Auswirkungen auf die anschließenden innerdeutschen Verhandlungen erwartet.

Dem steht auf der anderen Seite die Befürchtung gegenüber, daß der nötige Druck und das Interesse des Ostens an Konzessionen am innerdeutschen Verhandlungstisch verschwunden sein würden, wenn die Ostverträge unter Dach und Fach sind. Die Gefahr besteht, daß die Bundesregierung dann nur noch einen Vertrag zur Regelung der Rechtsbasis für den Beitritt zweier deutscher Staaten in die UNO wird schließen können, ohne zugleich verbindliche Fortschritte für die Freizügigkeit von Menschen, Ideen und Informationen zu erzielen. Durch geringfügige und in vorübergehender Form gemachte Konzessionen der DDR sollte man sich über diese langfristige Gefahr nicht täuschen.

VI.

Der außen- und ostpolitische Streit in Bonn ist groß, größer eigentlich, als er dem relativ geringen Bewegungsspielraum der Deutschen in einer zusammenwachsenden Welt entspricht. Denn jede deutsche Regierung wird sich nach dem generellen Trend der Welt- und Ost-West-Politik zu orientieren haben; nicht aber werden die deutschen politischen Weichenstellungen die Ursache für diesen generellen Trend sein. Der heutige Streit in Bonn geht weniger um Vertragstexte als um politische Absichten und Mentalitäten. Für den nüchternen Außenpolitiker hat es stets etwas besonders Mißliches an sich, wenn die Mentalitäten insgeheim die Argumente beherrschen. Der Kampf zwischen einer Politik der Hoffnung gegen eine Politik des Mißtrauens verdunkelt nur die eigentlichen Probleme. Verantwortliche Außenpolitik kann nie darin bestehen, zunächst das Herz über die Hürde zu werfen, aber auch nicht darin, vor lauter Vorsicht einfach stehen zu bleiben. Wir müssen uns davor hüten, außenpolitische Fragen in der Form innenpolitischer Mentalitätskriege zu führen. Die große Schlacht derer, die sich für fortschrittlich halten, gegen die, die sie als konservativ beschimpfen und umgekehrt, ist eine Gefahr, keine Hilfe in der Außenpolitik. Ich halte, um ein Beispiel zu nennen, die Oder-Neiße-Frage für eines der Gebiete, die durch die Gesinnungsschlachten Schaden leiden. Seit vielen Jahren bin ich der Meinung, daß wir gegenüber den Polen in der Oder-Neiße-Frage volles Verständnis zeigen müssen, vertragliche Abmachungen freilich in Verbindung mit dem nötigen polnischen Verständnis für die menschlichen Probleme und für die deutschen politischen Fragen westlich der Oder-Neiße-Grenze treffen sollten. Zur Meinung über die Oder-Neiße-Grenze veranlassen mich nüchterne außenpolitische Vernunftgründe nicht weniger als die immense moralische Basis des Problems. In unserer öffentlichen Debatte aber hat der Streit über die Oder-Neiße-Frage seit langem eine höchst schädliche Komponente von Gesinnungsprobe bekommen. Dann steht nicht mehr die Normalisierungsaufgabe mit dem östlichen Nachbarn im Vordergrund, sondern dann geht es innenpolitisch darum, den Andersgesinnten bloßzustellen und als rückständig zu entlarven. Das führt aber auf die Dauer nur zur Verhärtung und dazu, die Vernunftgründe in ihrem nötigen Gewicht zu verkleinern. Die nüchterne Suche nach dem vernünftigen Ausgleich kann weder auf die Hoffnung noch auf das Mißtrauen verzichten.

Gerade wegen der Gefahr der gesinnungsmäßigen Polarisierung halte ich die bewußte und gewollte Preisgabe der Gemeinsamkeit in der Deutschlandpolitik im Deutschen Bundestag für ein zu großes Risiko in unserer Außenpolitik. Konfrontation zwischen Regierung und Opposition ist im demokratischen Staat zwar das Normale. Im offenen Kampf um den richtigen Weg findet das Gemeinwesen noch immer am besten zu sich selbst. Für die Mehrzahl der politischen Aufgaben ist diese Auseinandersetzung nützlich und verträglich. Aber für die Folgen der Teilung Deutschlands ist das politische und emotionale Risiko einer dauernden Polarisierung zu groß. Denn sie bestärkt nicht nur auf gefährliche Weise die Tendenz zu Gesinnungskriegen. Sondern sie verführt zu Unklarheiten im Verfassungsrecht, zur unaufrichtigen Diskrepanz zwischen Anspruch und Wirklichkeit einer Regierungspolitik und schließlich auch noch zur Vertiefung der Uneinigkeit auf Gebieten, auf denen Einigkeit möglich wäre, wie etwa auf dem der westeuropäischen Integration und gesamteuropäischen Kooperation: den beiden großen Themen, in deren Rahmen allein sich langfristig eine Antwort auf die deutsche Frage finden läßt.

Aufgabe der Kirche wird es niemals sein, eine politische Grundlinie zu konkretisieren oder gar den Politikern ihre Verantwortung abzunehmen. Aber die Kirche wird an der Sache bleiben müssen, mit der sie sich zu Recht in den sechziger Jahren so intensiv und öffentlich beschäftigt hat. Sie kann und muß sich gegen Auswüchse in der politischen Debatte zur Wehr setzen, so wie sie es etwa durch die ostpolitische Resolution der EKD-Synode vom Mai 1970 getan hat. Sie muß in ihren eigenen Reihen eine oft nicht vorhandene Klarheit über das Verhältnis von Gesinnung und nüchterner Analyse der Lage schaffen. Sie kann die Politiker nur dann zu einer Friedens- und Versöhnungspolitik ermutigen, wenn sie selbst in der Bewertung der politischen Lage mehr Nüchternheit walten läßt.

Die Kirche sollte auch für mehr Gemeinsamkeit in der Ost- und Deutschlandpolitik eintreten. Aber sie kann unter Politikern natürlich nur dann auf Gemeinsamkeit dringen, wenn sie dafür in den eigenen Reihen die Kraft aufbringt. Vielleicht kann sie hierfür wieder dort anknüpfen, wo die letzte politische Arbeit in der Kammer für öffentliche Verantwortung gelungen ist, nämlich an der Studie der »Friedensaufgaben der Deutschen«. Wir waren uns damals bei der Arbeit untereinander auch nicht gleich einig, was den Inhalt der deutschen Nation ausmacht, was die Bundesrepublik und die DDR heute trennt und was sie vereint und welche politischen Möglichkeiten einer Gemeinschaft für die Deutschen bestehen. Aber die Einsicht in die Gefahren, uneinig zu bleiben, war stärker als diese Differenzen. Der Wille hat den nötigen Kompromiß möglich gemacht. Über die Quelle dieser Einsicht und dieses

Willens will ich für andere keine Vermutungen anstellen und für mich selbst in einem Aufsatz über die Außenpolitik keine Bekenntnisse anfügen. Aber es wird sich zeigen müssen, ob wir in der Kirche die Kraft haben, mehr als bisher zu erreichen und uns nicht damit abzufinden, daß Bischöfe und Präsides einander widersprechende Erklärungen zur konkreten Politik abgeben und daß evangelische Politiker verschiedener Parteien, die in der Kirche eng zusammenarbeiten, sich außerhalb wie Fremde begegnen und uneins sind. Erst dann gewinnen wir in der Kirche das Recht und die Möglichkeit, kühnere Forderungen für andere zu erheben, wenn wir unter uns etwas Stärkeres erzeugen als das, was draußen besteht. Die dafür vorhandenen Ansätze sind noch zu schwach. Aber zu spät ist es für diese Aufgabe nie.

Die schweren Gefahren
der ostpolitischen Polarisierung

Entspannung ist keine moralische Reifeprüfung

Kernpunkte der Ostpolitik des Bundeskanzlers Brandt waren der Moskauer und der Warschauer Vertrag. Im Frühjahr 1972 lagen die Verträge dem Deutschen Bundestag zur Ratifizierung vor.

Der politische Spielraum des Bundestages war in dieser Sache minimal. Die Verträge waren von den beteiligten Regierungen bereits unterschrieben. Auch alle anderen im Ost-West-Verhältnis engagierten Regierungen unter Einschluß der Vereinigten Staaten hatten sich daher schon auf die Wirksamkeit der Verträge eingestellt. Die Ratifizierung zu verweigern, hätte schweren internationalen Schaden mit sich gebracht, insbesondere den Gedanken der Europäischen Konferenz für Sicherheit und Zusammenarbeit in Helsinki scheitern lassen und die Berlin-Regelungen beeinträchtigt.

Die CDU/CSU-Opposition im Bundestag, die den Gang der Vertragsverhandlungen mit scharfer Kritik begleitet hatte, verfügte im Parlament aber über genau die Hälfte aller Stimmen. Sollte sie gemäß der bisher geäußerten Kritik die Ratifizierung scheitern lassen? Oder mußte sie die bereits gezogenen internationalen Schlußfolgerungen wegen Helsinki, des Berlin-Abkommens und des Zusammenhalts im Bündnis honorieren? Es kam auf jede Stimme an.

Ich war damals deutschlandpolitischer Sprecher der CDU/CSU-Bundestagsfraktion. Den Moskauer Vertrag beurteilte ich kritischer als den Warschauer Vertrag, zu dessen Grundgedanken ich früher schon selbst beigetragen hatte. Dem Viermächte-Abkommen über Berlin hatte ich bereits öffentlich zugestimmt. Die Lage war äußerst gespannt. Der Streit über die Ostpolitik hatte nicht nur zu schwerer Konfrontation zwischen Regierung und Opposition, sondern auch zu Konflikten innerhalb der Fraktionen und zu persönlichen Zerwürfnissen zwischen alten Freunden geführt. In dieser Situation veröffentlichte ich am 18. April 1972 in der Frankfurter Allgemeinen Zeitung den folgenden Artikel. Sein Ziel war, dem Ausgleich einen Schritt näherzukommen und einen kleinen Beitrag zu leisten, um eine schwere Krise der außenpolitischen Lage unseres Landes zu vermeiden. In den folgenden Wochen setzte die Bundestagsfraktion der CDU/CSU eine bedeutsame Entschließung zum Verständnis der Verträge durch. Am 17. Mai 1972 wurden die Verträge ratifiziert.

I.

Es gibt viele Bürger, die den Ostverträgen mißtrauen und dennoch Angst vor den Folgen einer Nichtratifizierung haben. In der Tat muß man sorgfältig abwägen. Hat das Parlament angesichts der von der Regierung geschaffenen vollendeten Tatsachen überhaupt noch genügend politischen Spielraum zur freien Entscheidung?

Die Regierung hat zum Beispiel angekündigt, sie akzeptiere zwei Staaten in Deutschland. Sie werde sich für eine UNO-Mitgliedschaft beider Staaten und – nur noch zeitlich abhängig vom Fortschritt innerdeutscher Verhandlungen – für die volle Freigabe der internationalen Anerkennung der DDR einsetzen. Das wird prinzipiell niemand mehr rückgängig machen können. Die Folgen werden mit oder ohne Ratifizierung eintreten. – Auch hat sich alle Welt mit den jeweils eigenen Plänen auf die Ratifizierung eingestellt, nachdem die Bundesregierung die Garantie für eine ausreichende Mehrheit auch ohne Opposition übernommen hatte. Frankreich etwa hofft auf baldigen Beginn einer Sicherheitskonferenz und befürchtet Verzögerungen, wenn die Verträge nicht alsbald ratifiziert werden. Der amerikanische Präsident kämpft um eine Wiederwahl und erhofft sich für Ende Mai einen Erfolg von seiner Moskauer Reise. Komplikationen im deutsch-sowjetischen Vertragswerk könnten dies erschweren.

Eine wichtige Rolle spielen schließlich die Stimmungen im Ausland gegenüber Deutschland. Trotz des Briefes zur deutschen Einheit und mancher zu Hause gemachten Vorbehalte hat Brandt seine Vertragspolitik so eingeleitet, daß man sie als die vielfach erhoffte und doch nicht wirklich erwartete Bereitschaft der Deutschen verstand, Teilung und Grenzen einschließlich der DDR-Grenzen zu akzeptieren. Was alle dachten, sprach Pompidou mit Genugtuung öffentlich aus: Man habe keinen Grund, den Deutschen böse dafür zu sein, daß sie sich zu einer Politik der Anerkennung der DDR entschlossen hätten. Das ist der Hauptgrund dafür, daß man draußen die Deutschen wegen ihres Friedenswillens lobt. Und nun soll das durch Nichtratifizierung plötzlich alles nicht mehr wahr sein? Wenn das so kommt, wird es einen starken emotionalen Rückschlag im Ausland geben. Also war der Friedenswille der Deutschen nur ein Zwischenspiel? Also werden sie die Gelegenheit verpassen, ihre moralische Reifeprüfung zu bestehen?

Solche Gründe darf man nicht auf die leichte Schulter nehmen. Man kann die Regierung für klug oder für leichtfertig halten, daß sie es dahin gebracht hat. Aber man kann diese Lage mindestens kurzfristig nicht aus der Welt schaffen.

II.

Auf die Dauer kommt es freilich weniger darauf an, ob die Deutschen bequem und beliebt sind, sondern ob der Prozeß der Entspannung gesicherte Fortschritte macht. Dieser Prozeß hat größere und ältere Ursachen als die Vertragspolitik Brandts. Er beruht auf der Erkenntnis in Ost und West, daß es allen Gegensätzen zum Trotz darum geht, den Frieden militärisch, politisch und wirtschaftlich sicherer zu machen. Die gemeinsame Sorge vor dem wachsenden Kriegsrisiko durch neue Waffensysteme, die wirtschaftlichen Lasten des Rüstens und andere innenpolitische Schwierigkeiten, die gegenseitige Vorsicht im Hinblick auf China und bei den Russen der technologische Rückstand ergeben einen starken generellen Trend, der durch die deutschen Probleme weder verursacht ist noch verhindert wird. Ihm durch die deutsche Politik zu entsprechen und nicht zuwiderzuhandeln, war schon vor Brandt die Basis der deutschen Außenpolitik. In diesem Ziel sind sich auch heute Regierung und Opposition einig. Streitig sind nur die Mittel. Denn auch diese Entspannungspolitik zwischen Ost und West ist Machtpolitik. Sie ist nicht der Ersatz der Interessen durch Moral, sondern die nüchterne Suche nach einem vernünftigen Ausgleich. Vereinbarungen dienen ihm dann und nur dann, wenn sie keiner der beteiligten Seiten erlauben, ihre eigensüchtigen Ziele der anderen

Seite aufzuzwingen. Einen solchen politischen Ausgleich zu schaffen, ist die politisch und moralisch gebotene Aufgabe der Regierungen, damit sie dem Wunsch der Völker und Menschen nach Aussöhnung eine Basis schaffen können.

Im deutsch-sowjetischen Verhältnis müssen wir die Empfindungen berücksichtigen, welche der von uns nach Rußland getragene Zweite Weltkrieg dort hinterlassen muß. Die Leiden der Völker der Sowjetunion waren besonders groß, und die Sorge vor den unheimlichen Deutschen blieb länger lebendig, als es den realen Machtverhältnissen entsprach. Wir haben allen Anlaß, den Russen jeden Grund zu nehmen, sich irgendwie bedrängt oder bedroht zu fühlen. – Freilich, wir liefern auch keine derartigen Anlässe. Das weiß jeder vernünftige Politiker in Ost und West. Es gibt keine politisch relevante deutsche Gruppe, vor deren nationalistischem Aberwitz und Revanchedurst man sich im Osten schützen müßte, und mögen einige Extremisten noch so unverantwortliches Zeug reden.

Die eigentliche Schwierigkeit des Moskauer Vertrages liegt in Wahrheit, wie jedermann weiß, umgekehrt. Der Krieg, welcher der Sowjetunion so gewaltige Opfer gekostet hat, hat ihr zugleich den mit weitem Abstand größten machtpolitischen Gewinn unter allen am Krieg beteiligten Nationen gebracht. Diese Machtposition nützt sie – wer wollte es ihr verdenken – gegenüber jedem aus, der ihr dazu Gelgenheit bietet.

Die Sowjetunion ist an Entspannung und Kooperation im Ost-West-Verhältnis durchaus interessiert und geöffneter als früher. Aber sie tut keinen Schritt ohne neuen Positionsvorteil in Richtung auf das eigene europäische Fernziel. Denn auf die Dauer will sie mit den USA in Europa nicht konkurrieren, sondern hier allein die beherrschende Supermacht sein. Sie will die Blöcke durch ein Beziehungsgeflecht der Nationen überlagern und später ablösen. Das ist das Ziel der immer wieder geforderten gesamteuropäischen Sicherheit und Zusammenarbeit als der Alternative zum atlantischen Bündnis und zu den Blocksystemen überhaupt. Dann erst kann sie ihre überragende Machtposition in diesem Teil der Welt entfalten.

Das alles äußert sich gegenüber den Deutschen nicht als

Feindschaft. Man glaubt vermutlich in Moskau, daß dieses Konzept langfristig auch den deutschen Interessen am besten entspricht. Man meint, daß nationaler Spielraum für uns erwünschter sei als westliche Blockbindung. Nicht uns zu erobern, sondern unsere geistigen und materiellen Kapazitäten von der atlantischen auf die eigene Seite zu bringen, ist das Ziel Moskaus. Auf die Frage, ob wir dabei Herren unserer eigenen Verhältnisse bleiben, gibt es aus Moskau beruhigende Erklärungen.

Das alles nötigt uns, weder vor Schrecken zu erstarren, noch uns einer Politik der Hoffnung zu verschreiben. Wir haben die Entspannungsbemühungen nicht zu fürchten, sondern die Öffnung zu nutzen, wenn wir dabei jeden Schritt in aller Nüchternheit absichern. Nicht daß die Regierung Brandt überhaupt verhandelt und eine Vereinbarung anvisiert hat, ist der Fehler. Sondern daß sie dies tat ohne das nötige Maß für Zeit und Festigkeit gegenüber den Russen, mit einer gefährlichen Verächtlichkeit gegenüber den Problemen eines parlamentarischen Alleingangs im Innern und schließlich auf der Basis von möglicherweise verhängnisvollen Schwächen und Illusionen im eigenen Lager der Koalitionsparteien.

Ich sage nicht im mindesten, daß es in der Absicht der SPD-Führung läge, mit der Ostvertragspolitik ihre eigenen Grenzen nach links zu verwischen. Ich bin darüber hinaus der Meinung, daß mancher Sozialdemokrat ganz zu Unrecht als Kryptokommunist gilt, nur weil er früher Kommunist war. Sozialdemokraten wie früher Ernst Reuter und heute Leo Bauer haben den Kommunismus leidvoll genug kennengelernt, um zu seinen erbittertsten Gegnern geworden zu sein, welches auch immer die biographischen Gründe waren. Was ich aber sage, ist, daß aus der großen Harmonie der Ostpolitik der SPD mehr und mehr die große Verharmlosung nach innen und außen wird, und daß die Sowjetunion verständlicherweise völlig bewußt darauf setzt. Der Deutsche Gewerkschaftsbund hat vor ein paar Tagen ein Bildungsprogramm veröffentlicht und zur Finanzierung gesagt, die neue Ostpolitik werde den Rückgriff auf bisherige Mittel des Verteidigungsetats ermöglichen. Ganz unverblümt geht der einer Mehrheit entgegenwachsende linke Parteiflügel der SPD nach seinen Erfolgen in München, Frankfurt, Bonn, Köln und anderen großen Städten davon aus, der Moskauer Vertrag bringe die Entspannung, löse die Sicherheitsprobleme, und dann sei man frei, unsere Gesellschaft nach wahrhaft sozialistischem Muster umzugestalten. Noch zögernd, aber wachsend und offen wird der Austritt aus der NATO und überhaupt ihre Auflösung gefordert. Wer das für Greuelmärchen halten möchte, spreche mit den überstimmten Sozialdemokraten in den großen Städten.

Das alles verfolgt man im westlichen und östlichen Ausland auch. Die Sowjetunion setzt für ihr europäisches Fernziel auf die innere Aufweichung der westlichen Gesellschaften und hat begreiflicherweise keine Skrupel, kräftig nachzuhelfen. Die NATO-Partner und vor allem die Senatoren in Washington werden ihre eigenen Schlüsse daraus ziehen.

Wir wollen den Frieden sicherer machen als er ist, nicht aber unsere Unabhängigkeit unsicherer. Daher sind eine feste Haltung gegenüber dem Vertragspartner und eine bessere Einsicht in die Gefahren eines innenpolitischen Alleingangs vonnöten.

Es wäre zum Beispiel besser gewesen, wenn die Regierung das Verlangen der Opposition nach einer realistischeren Haltung der Sowjetunion gegenüber der europäischen Gemeinschaft nicht als irrelevante Ausflucht vor den Moskauer Vertragsproblemen abgewehrt, sondern selbst in Moskau so lange auf diesem Punkt beharrt hätte, bis sie die jetzige modifizierte Äußerung Breschnews erreicht hätte. – Es wäre besser, die Behauptung zu unterlassen, das Berlinabkommen würde bei einem Scheitern des Moskauer Vertrages hinfällig. Die Vier Mächte haben nicht nur uns zuliebe gehandelt; sie haben ein eigenes Interesse an dem Abkommen. Selbst Poljanov, der stellvertretende Chefredakteur des Regierungsblattes »Iswestija«, sagte am 20. März ausdrücklich, es wäre falsch, anzunehmen, daß eine Ablehnung der Ostverträge die vier Unterschriften unter das Berlinabkommen zunichte machen würde.

Zum Fundament unseres freiheitlichen Gemeinwesens gehört neben dem eigenen Schutz die Überzeugung, daß Freiheit und schließlich auch Selbstbestimmung nicht an der innerdeutschen Grenze ihr Ende finden kann. Gerade wenn wir sagen, daß Freiheit wichtiger als nationale Einheit ist, daß sich letzten Endes also über DDR und Grenzen reden läßt, gerade dann bedarf es Zug um Zug mit einer die Grenze behandelnden Vereinbarung auch der gesicherten Abrede über Freizügigkeit in Stufen für die Deutschen in der DDR. Die Osterreisen waren für die Menschen eine große Sache. Aber nur verbindliche Zusagen vor der Ratifizierung, dagegen nicht bloße Hoffnungen für die Zeit danach, berechtigen uns zur Annahme, daß uns eine bessere innerdeutsche Zukunft bevorstehe.

Zug um Zug, das würde auch zum inneren Schutz unserer freiheitlichen Ordnung, und das heißt hier zur langfristigen unerläßlichen Wiederannäherung der politischen Kräfte unseres Landes in der Außen- und Deutschlandpolitik beitragen. Heute sagt die Regierung der eigenen Bevölkerung, sie akzeptiere die deutsche Teilung nicht, obwohl ihre Politik genau darauf hinausläuft, obwohl dies im gesamten Ausland auch genauso verstanden wird, obwohl das Lob des Auslandes für die Brandtsche Politik auf eben diesem Verständnis beruht, und obwohl sich Brandt vor der eigenen Bevölkerung gerade auf dieses Lob ständig beruft. Diese Zweideutigkeit könnte auf die Dauer nicht ohne schädliche Folgen bleiben. Die innere Polarisierung schwächt langfristig unfehlbar beide, Regierung und Opposition, wer es auch jeweils sei, entweder in der Aufrichtigkeit oder im Realismus ihrer Positionen. Nur zusammen läßt sich nüchtern prüfen und ausprobieren, ob es denn wahr ist, daß wir die Teilung für die Menschen wirklich dadurch erträglich machen können, daß wir sie hinnehmen.

So dagegen, wie die Regierung den Moskauer Vertrag heute interpretiert, wiegen die Risiken einer Ratifizierung langfristig schwer.

III.

Bleibt unser Verhältnis zu Polen. Polen hat den Krieg auf der Seite der Sieger beendet, aber als einer der großen Verlierer. Die Leiden von Krieg und deutscher Besatzung, die Opfer an Menschen und Gütern und schließlich die zunächst ungesicherte Zwangsverschiebung nach Westen, das alles war schon schwer genug. Schwerer aber wiegt, daß dieses nationalbewußte und stolze, dieses kultivierte und europäische Volk seine Unabhängigkeit nachhaltig eingebüßt hat. Wer die polnische Geschichte kennt, versteht die Wirkung dieser Lage ohne weitere Worte.

Polen kann und will keine Machtpolitik betreiben. Es will Sicherheit und das erreichbare Maß an Eigenständigkeit. Es will wirtschaftliche, kulturelle und menschliche Brücken auch zum übrigen Europa. Und es sucht im vollen Sinn des Wortes Respekt der anderen, vor allem der Deutschen, vor seiner Lage, in die es hineingezwungen worden ist, und die niemand ohne Gewalt ändern kann. Das wiegt heute politisch schwerer als alles andere. Daran ändert auch das namenlose Unrecht nichts, welches Millionen unschuldiger Deutscher durch Vertreibung aus der angestammten Heimat erlitten haben. Die ganze Welt sieht es so. Für alle und nicht zuletzt für unsere Verbündeten ist die Oder-Neiße-Grenze eine längst endgültig geregelte Frage.

Nicht eine moralische Pflicht, deutsches Gebiet förmlich abzutreten – so eine Ethik gibt es nicht –, aber der Wille zur Aussöhnung der Menschen und der beiden Völker, die politische Bemühung um Normalisierung der Beziehungen und vor allem auch nüchterne Einsicht in unsere künftigen Möglichkeiten und Interessen gebieten es auch uns, die Lage Polens, wie sie ist, hinzunehmen. Dies sollten wir unmißverständlich klarstellen, was uns auch sonst im Bonner Parlament trennen mag.

Nicht in der Grenzfrage selbst, sondern in der Einseitigkeit und Unvollständigkeit des Warschauer Vertrages und vor allem in seiner faktischen und formalen Präjudizierung in Moskau liegen seine schwerwiegenden Mängel. Gewiß ist niemand ein solcher politischer Traumtänzer, daß er den Versuch machen wollte, mit einem deutsch-polnischen Vertrag tatsächlich bestehende Abhängigkeiten aufzuheben. Uns liegt vielmehr an einem Polen, das in Moskau als Bündnispartner wie bisher respektiert bleibt und mehr und mehr zu einem politischen Stabilisierungsfaktor wird. Aber das hätte die Möglichkeit zu eigenständigen deutsch-polnischen Verhandlungen keineswegs ausgeschlossen, und es zwingt auch nicht zu den geschilderten Mängeln des vorliegenden Vertrages. Diese Mängel, insbesondere soweit sie Menschenrechte betreffen, werden notwendigerweise von den Menschen am stärksten empfunden, die aus dem nun verlorenen Osten stammen. Allem Zeitablauf und materiellen Lastenausgleich zum Trotz bleiben sie, ohne daß es irgendeine moralische Basis dafür gäbe, diejenigen, welche quasi stellvertretend für alle Deutschen die Zeche bezahlt haben. Ihr Verständnis für die unumkehrbaren Erkenntnisse der nüchternen Vernunft in unserer Lage zu gewinnen, ist gewiß schwer, aber nicht unmöglich und für die Normalisierung bitter nötig. Polnische Bürger, denen es um eine tragfähige Regelung der Beziehungen geht, wissen das sehr genau.

Wir alle müssen dazu mithelfen. Vor allem aber muß es die Regierung selbst durch ihre Haltung nach innen und gegenüber den Polen tun. Daran hat es gefehlt. Das wird die Abstimmung im Bundestag über diesen Vertrag in einer Weise belasten, die vermeidbar gewesen wäre. Dennoch bleibt es die Verantwortung jedes einzelnen, zu beurteilen und zu entscheiden, welche Bedeutung er diesen Mängeln in Verbindung mit der Normalisierungsaufgabe geben wird.

Krise im Bündnis und in Europa

Neue Tendenzen beherrschten Anfang der siebziger Jahre das Ost-West-Verhältnis. Die Sowjetunion verstärkte ihre Rüstung. Gleichzeitig war der Dialog der Supermächte über Rüstungskontrolle, zu dem Kissinger den bedeutendsten Beitrag geleistet hatte, auf seinem Höhepunkt. Das Ölkartell der arabischen Staaten und der Yom Kippur-Krieg rückten den Nahen und Mittleren Osten wieder in den Mittelpunkt der Spannungen im Weltmaßstab. Eine neue Weltwirtschaftskrise brach herein. Europa war seiner notwendigen Einigung ferner denn je. Weltweite Interessen der USA gerieten deutlicher als früher in Konflikt mit einem regional orientierten Europa, welches sich wirtschaftlich als Weltmacht erwies, sicherheitspolitisch aber von den Amerikanern abhängig war.

In dieser Lage entstand der nachstehende Beitrag als Vortrag auf der 11. Internationalen Wehrkundetagung in München am 16. Februar 1974.

Ungleichgewicht im atlantischen Bündnis

Der Vorschlag Kissingers vom April 1973, die Grundlagen des atlantischen Bündnisses neu zu formulieren, hat bis heute weder seine Dringlichkeit noch seine Gegner eingebüßt. Schon damals wurde er aus Paris heftig kritisiert und vom Vorsitzenden der größeren deutschen Regierungsfraktion als »Monstrum« begrüßt. Jüngst wurde er in London als verfehlte und verfrühte Initiative und von Bahr in Washington als »falsches Rezept« bezeichnet. Zumal im Zusammenhang mit dem Yom Kippur-Krieg und seinen Folgen hat sich die atlantische Auseinandersetzung verschärft. Im amerikanisch-französischen Verhältnis ging es dabei relativ respektvoll zu, zwischen den beiden angelsächsischen Hauptstädten dagegen mit einigen Zeichen der Irritation.

Für die Europäer gibt es in der Tat Anlässe genug, sich über die Form der öffentlichen Behandlung, die Art der Unterrichtung und den Umfang der Konsultation durch den amerikanischen Bundesgenossen zu beklagen. Dennoch ist Kissinger der einzige unter den Handelnden, der eine umfassende und verständliche Analyse mit dem angemessenen Ernst für die Lage der Allianz vorgelegt hat. Mit den namhaft gemachten Gründen für seinen Vorschlag hat er Recht. Heute, nach Ablauf des Jahres 1973, von Washington als Jahr Europas angekündigt, ist für jedermann offenkundig, daß es Europa nicht gibt und daß das atlantische Bündnis in der Krise ist. Gegenüber den wichtigsten Entwicklungen des vergangenen Jahres, nämlich den Beziehungen der Supermächte und den Folgen des Nahostkrieges gab es im Bündnis weder eine gemeinsame Strategie noch eine Übereinstimmung in den Zielen.

Das atlantische Bündnis soll die Sicherheit seiner Partner gewährleisten. Damit umfaßt es die Gesamtheit der Beziehungen zwischen Ost und West. Ohne eine Verständigung über Ziele und Methoden der Ostpolitik kann die NATO nicht bestehen. Zu diesen Zielen gehört bei allen Bündnispartnern die Normalisierung mit der Sowjetunion und ihren Verbündeten. Die Bewahrung des machtpolitischen Gleichgewichts zwischen Ost und West wird damit nicht gegenstandslos. Sie wird im Gegenteil nur um so dringlicher, aber auch ungleich schwieriger.

Die Zielbestimmung und Arbeitsteilung sind im Bündnis vor allem durch zwei miteinander zusammenhängende Ungleichgewichte behindert, nämlich durch

- die ungleiche Macht der Partner und
- die Diskrepanz zwischen wirtschaftlicher Stärke und sicherheitspolitischer Abhängigkeit Westeuropas.

a) Die USA teilen nicht mit ihren Bundesgenossen, sondern nur mit der Sowjetunion die Rolle der Weltmacht. Das betrifft ihr militärisches Potential und ihr weltweites Engagement, zugleich damit aber auch die besondere Verantwortung zur Verhütung einer nuklearen Weltkatastrophe. Diese Aufgabe stellt sich in allen Teilen der Welt. Die NATO mit ihren Interessen und ihrem Territorium ist davon nur ein Teil.

Wenn es also unvermeidlich ist, daß die USA das atlantische Bündnis als Bestandteil ihrer globalen Rolle sehen und nutzen, dann trifft sie umso mehr eine dreifache Verpflichtung gegenüber ihren Partnern:

- ihre Beziehungen zur anderen Weltmacht Sowjetunion in einem glaubwürdigen Einklang mit ihren atlantischen Verpflichtungen zu halten,
- die NATO und ihre Partner nicht für Ziele einzubinden, welche verständlicherweise nicht Ziele der europäischen Bündnispartner sein können,
- den Handlungsspielraum der NATO-Partner im Sinn ihrer Interessen nicht ungebührlich mit Hilfe des einseitigen amerikanischen NATO-Verständnisses einzuengen.

Es waren vor allem zwei Ereignisse im vergangenen Jahr, bei denen viele Europäer die geforderten amerikanischen Rücksichtnahmen vermißten, nämlich die Verhandlungsergebnisse zwischen Nixon und Breschnew im Sommer 1973 und das amerikanische Verhalten im Nahostkrieg. Die Vereinbarungen von San Clemente zwischen den Supermächten waren alsbald dem europäischen Verdacht ausgesetzt, daß sie die Glaubwürdigkeit der Abschreckung und die amerikanische Bündnisverpflichtung in Frage stellten. Man sah sich, besonders in Paris, von einem Kondominium der Supermächte bedroht. Das Verhalten von Washington und Moskau im Vorderen Orient schien diesen Verdacht zu unterstreichen.

In Wahrheit sind aber aus den letzten Monaten eher umgekehrte Schlüsse zu ziehen, die die amerikanischen Gegengründe bekräftigen. Die Sicherheit im atomaren Zeitalter erfordert nicht nur die Konfrontation durch glaubwürdige Abschreckung, sondern auch den Versuch zu gemeinsamen und übergreifenden Verpflichtungen der atomaren Weltmächte. In dieser Aufgabe des Zusammenwirkens bei gefährlichen Konflikten liegt kein Kondominium begründet. Nach der Versicherung Washingtons sind Bündnisfälle der NATO von der Anwendung der Verabredungen mit Moskau ausgeschlossen. Entgegen den Befürchtungen Europas, daß San Clemente eine dramatische Änderung der Beziehungen der Supermächte gebracht habe, zeigte der Nahostkrieg eher eine dramatische Ernüchterung. Die USA sind keiner Entspannungseuphorie von Weltkondominiumsmächten erlegen. Als der Nahostkrieg die Sicherheit der Allianz berührte, erkannten die Amerikaner dies rascher als ihre europäischen Partner. Washington handelte allein und im eigenen, aber auch im

Interesse des Bündnisses. Die Reaktionen der Europäer auf die Kriegshandlungen und ihre Folgen blieben ohne Einfluß auf den Kriegsschauplatz. Wirkungsvoll waren sie nur in einer Hinsicht, nämlich als Distanzierung von Amerika und damit auch von einem Bündnisfall. Der europäische Zweifel an der Glaubwürdigkeit der amerikanischen Bündnistreue, welcher nach San Clemente entstanden war, wurde im Verlauf des Nahostkrieges eher umgekehrt eine Rückfrage an die Europäer selbst.

Gewiß, die Nahostfrage ist im Verhältnis der Allianzpartner untereinander vielschichtig. Schon seit Jahren war man in Paris und London der Meinung, daß sich Washington im Nahen Osten zu einseitig orientiert habe. Man sah Gefahren für Israel und gleichzeitig europäische Beziehungen zu den Arabern gefährdet. Ja, selbst alte Rechnungen gegenüber Washington aus dem Jahre 1956 waren noch nicht vergessen. Im Herbst 1973 gab es Zweifel, ob die USA das Ausmaß der Ost-West-Gefahren nicht aufgebauscht und darauf übertrieben reagiert hätten. Eine Neutralität der europäischen Regierungen, so argumentierten diese, sei gerade geeignet gewesen, zu verhindern, daß der lokale Konflikt sich zu einer Ost-West-Konfrontation ausweite. – Die Erdölkrise habe die Europäer vor eine andersartige und akutere Notlage gestellt als die USA. Der Vorschlag Washingtons zu einer koordinierten westlichen Energiepolitik komme aus einer Position der Stärke, die für Europa nicht zutreffe und die hiesigen Interessen mangelhaft berücksichtige. Ein Konsumentenkartell oder gar eine Öl-NATO werde die europäischen Ölprobleme nur erschweren, anstatt sie zu lösen.

Im einzelnen können diese Argumente hier nicht bewertet werden. Dennoch bleibt als Fazit festzuhalten: Es ist unbeweisbar und leichtfertig, den Vereinigten Staaten eine womöglich vorsätzliche Eskalation der Ost-West-Konfrontation während des Nahostkrieges vorzuwerfen. Die Sorgen der Europäer wegen der Ölkrise waren verständlich, aber ihre Politik, zumal den Arabern gegenüber, blieb wenig überzeugend. Am Ende ist der Einfluß der USA bei den Arabern gestiegen, die Position Europas dagegen geschwächt. Für Amerika ist es schwierig, für die europäischen Staaten dagegen unmöglich, je für sich die Energieprobleme zu lösen, deren wichtigster Aspekt für uns alle langfristiger Natur ist und nicht darin besteht, über die Runden der nächsten paar Monate zu kommen. Es wäre eine verhängnisvolle Illusion zu glauben, daß Nahostkrieg und Ölkrise Europa nur wirtschaftlich berührt hätten. Energiepolitik und Sicherheitspolitik sind auch in Europa nicht voneinander zu trennen.

Die Nahosterklärung der Europäischen Gemeinschaft ist nicht das erste, aber das spektakulärste Glied in der Kette untauglicher europäischer Versuche, sich aus überregionalen Konflikten, an denen die USA beteiligt sind, herauszuhalten. Manche früheren Anstrengungen europäischer Politik, sich von weltpolitischen Schwierigkeiten des amerikanischen Bündnispartners durch einen neutralen Kurs zu distanzieren, etwa in Südostasien, hatten ihre verständlichen Gründe. Der Nahostkrieg mit seinen Folgen aber hat überdeutlich gezeigt, daß den Europäern ein nennenswerter weltpolitischer Einfluß fehlt, ohne daß sie sich deshalb den Folgen der Weltpolitik der Großen entziehen könnten. Europa ist wirtschaftlich durch Ein- und Ausfuhren überall präsent. Es wird deshalb auch von den Ereignissen an allen Orten seines Engagements betroffen.

b) Damit ist das Stichwort für das zweite Ungleichgewicht im atlantischen Bündnis gegeben. Die Europäer haben sich wirtschaftlich enorm entwickelt. Ihre erfolgreichen Anstrengungen wurden freilich zunächst durch direkte Wirtschaftshilfe der Amerikaner unterstützt und später indirekt durch die Vorsorge der Amerikaner für die Sicherheit der Europäer ermöglicht. Demgegenüber ist die politische und militärische Entlastung weit hinter den Erwartungen zurückgeblieben, die sich Amerika von einem geeinten Westeuropa erhofft hatte. Gewiß, auch in diesem Bereich hat Washington oft die Rolle des Stärkeren in unangemessener Weise ausgespielt. Es hat Probleme der eigenen Wirtschaft mit Europa (und Japan) in einer Form behandelt, die bis an den Rand des Handels- und Währungskrieges mit den Bündnispartnern führte. Dennoch bleibt es ein Faktum, daß Westeuropa wirtschaftlich zunächst mit Hilfe Amerikas erstarkt ist, dann aber ohne die USA und schließlich eher gegen die amerikanische Konkurrenz weiter wuchs. Die ungleichgewichtige Emanzipation Europas, das heißt seine wirtschaftliche Kraft bei fortdauernder sicherheitspolitischer Abhängigkeit und politischen Zieldivergenzen, ist keine brauchbare Lebensgrundlage für das Bündnis. Hier liegt für die Europäer selbst der Kern der Aufgabe, die Kissinger formuliert hat und die unverändert auf eine Lösung wartet.

Europäische Identität als konstruktives Widerlager im Bündnis

Die europäischen Regierungschefs haben im Dezember 1973 in Kopenhagen eine Erklärung über die europäische Identität verabschiedet. Sie soll die Rolle Westeuropas in der Welt definieren. Die Regierungschefs waren übereinstimmend der Auffassung, daß die wachsende europäische Einheit »den gesamten Westen stärkt und dem Verhältnis zwischen Europa und den Vereinigten Staaten förderlich ist«.

Der Begriff der Identität ist politisch abstrakt und unpräzis. Auch hat Europa seit Kopenhagen Rückschläge zu verzeichnen, die spektakulär und krisenhaft sind. Dennoch bleibt wahr, daß das atlantische Bündnis auf die Dauer nur Bestand haben wird, wenn wir die europäische Identität und Einheit anstreben. Langfristig ist dies die entscheidende Aufgabe, und zwar aus den folgenden Gründen:

a) Die Interdependenz der wirtschaftlichen, der politischen und der militärischen Entwicklung wird zunehmen. Dies gilt auch für die Beziehungen zwischen Amerika und Europa. Langfristig können wir nicht innerhalb einer europäischen Gemeinschaft wirtschaftlich zusammenleben und Interessengegensätze mit Amerika wachsen lassen, gleichzeitig aber in der Sicherheitspolitik vom atlantischen Partner profitieren und abhängen.

b) Das machtpolitische Ungleichgewicht im atlantischen Bündnis ist eine ständige Quelle der Störungen. Die amerikanische Übermacht ist groß genug, um ganz automatisch Konflikte mit sich zu bringen. Wir sind kein sozialistisches Lager, sondern ein Bündnis freier Nationen. Damit sind wir aber nicht den politischen Bedingungen der Macht entzogen. Wir können den tatsächlich vorhandenen Machtvorsprung Amerikas nicht beseitigen. Dennoch bedarf das Bündnis aber einer Grundportion echter Partnerschaft. Dies wird auf die Dauer nur erreicht, wenn der Vormacht Amerika ein europäischer Partner zur Seite steht, der ihm im Vorfeld des Interessenausgleichs und der Entscheidungen durchaus als Widerlager gegenübertritt. Nicht einzeln und untereinander uneinig können die mittleren und kleineren europäischen Partner naturgegebene Bündnisspannungen im Verhältnis zu Amerika austragen. Ein europäisches Widerlager aber hat die Aufgabe und die Möglichkeit dazu. Es kann die europäischen Interessen dort, wo sie abweichen, den amerikanischen gegenüberstellen. Und es kann besser die Erwartungen der Amerikaner an die europäischen Bundesgenossen auf ihre Berechtigung überprüfen und in ihrer Erfüllbarkeit gewährleisten. Damit kann es das Ungleichgewicht im Bündnis in erträglichen Grenzen halten. Das Widerlager erfüllt seine Funktion, indem es die ohnehin unausweichlichen Spannungen offen austrägt, um so das Bündnis zu erhalten, anstatt es durch verschleppte Divergenzen unter den Fingern verrinnen zu lassen. Europäische Identität heißt also Widerlager im Rahmen und im Interesse des atlantischen Bündnisses.

c) Die Alternative, vor der wir stehen, lautet langfristig nicht: europäische Einheit oder nationalstaatliche Struktur. Die Alternative lautet vielmehr: europäische Identität im atlantischen Bündnis oder gesamteuropäische Identität ohne Allianz. Die mittleren und kleineren europäischen Staaten, die dem Bündnis angehören, stehen zwischen zwei Ufern. Ihre politische und geostrategische Lage und die sie bestimmenden wirtschaftlichen und technischen Lebensbedingungen erlauben ihnen auf die Dauer keinen Rückgriff mehr auf eine wahrhaft nationalstaatliche Politik. Es gibt auch nicht die Hilfskonstruktion eines um einige europäische Partner reduzierten atlantischen Bündnisses, sie böte für niemanden Sicherheit. Ebenso wenig winkt Europa eine wirtschaftliche Zukunft beim Rückfall in nationalstaatliche Autarkie. Der Einfluß der weltmachtpolitischen Zentren auf die europäischen Staaten ist zu groß. Sobald sich zeigen sollte, daß der Weg zur europäischen Einheit als konstruktives Widerlager im Rahmen des atlantischen Bündnisses blockiert ist, tritt nicht das Idyll prosperierender und freiheitlich unabhängiger Nationalstaaten an seine Stelle, sondern der Sog zur gesamteuropäischen Identität. Sie ist das Ziel der anderen, auf Europa einwirkenden Supermacht und würde das atlantische Bündnis beseitigen. Zwar lehnen alle westeuropäischen Regierungen in ihren amtlichen Äußerungen diese Alternative ab. Aber das darf nicht über die wachsende Zahl ihrer Advokaten hinwegtäuschen. Das Ziel dieser Kräfte mag von der Sehnsucht nach einer friedlichen und einmischungsfreien europäischen Nachbarschaft bestimmt sein. Dennoch wäre das Resultat eine Form der Sicherheit, die für das freie Europa eine politische Abhängigkeit von der Sowjetunion mit sich bringen würde.

Zunehmende Schwäche der nationalen Regierungen in Europa

Dem langfristigen Ziel der europäischen Einheit stehen auf absehbare Zeit aber noch große Hindernisse entgegen. Sie äußern sich auf wirtschaftlichem, politischem und militärischem Gebiet unterschiedlich, haben aber in allen Ebenen dieselben Ursachen.

a) Auf die Schwierigkeiten in der wirtschaftlichen Integration ist hier nicht näher einzugehen. Die Probleme, vor denen die Mitglieder der Europäischen Gemeinschaft stehen, sind von der Europäischen Kommission soeben drastisch, wenn wohl auch noch ohne ausreichende Wirkung, beim Namen genannt worden. Sie sind das Signal einer Krise ohne Beispiel in der Geschichte der Gemeinschaft.

b) Anders scheint es im Bereich der politischen Zusammenarbeit zu stehen. Sie verdichtet sich in Richtung auf einen Fouchetplus-Institutionalismus. Aus der rotierenden halbjährigen Präsidentschaft soll ein Sprecher werden und damit allmählich ein europäischer Außenminister und möglichst auch Verteidigungsminister.

Solche Bemühungen sind zu begrüßen. Aber sie dürfen nicht die Illusion erwecken, als entstünde hier bereits diejenige europäische Identität, die das atlantische Bündnis langfristig für seinen Fortbestand braucht. Das wäre sowohl in der Sache wie im Verfahren ein Irrtum. Die politische Zusammenarbeit ist nur Ausdruck der Bemühung der Europäer um eine Einigung von Fall zu Fall. Die Haltung zum atlantischen

Bündnis ist dabei von Mal zu Mal unterschiedlich. Bei der Vorbereitung der KSZE war sie fruchtbar und hatte im Sinn des Bündnisses positive Auswirkungen. In der Folge des Nahostkonfliktes wurden umgekehrte Wirkungen erzeugt. Zur Zeit reicht die gemeinsame Anstrengung nicht weiter als bis zur formalen Benennung eines europäischen Sprechers, dessen Vollmacht sich darauf beschränkt, einen brüchigen europäischen Konsens nach außen, zum Beispiel gegenüber den USA, zu repräsentieren, ohne ihn wirklich zu Verhandlungen zu befähigen. Dafür fehlt dem Sprecher der Spielraum, wie er für die echte Vertretung einer außenpolitischen Position erforderlich wäre. Das alles ist, wie gesagt, kein Argument gegen die bisherigen Bemühungen um europäische politische Zusammenarbeit. Es zeigt nur ihre Grenzen. Sie ist Arbeit an einem institutionellen Rahmenwerk, aber weit davon entfernt, eine auf das atlantische Bündnis bezogene europäische Identität zu erzeugen.

c) Über eine verteidigungspolitische Gemeinsamkeit der Europäer war in den letzten Monaten mehr als zuvor zu lesen. In der Bewertung ist freilich auch hier Vorsicht am Platz. Die verstärkte Beschäftigung mit diesem Thema hatte zumeist mehr negative als positive atlantische Ursachen: so die Sorge vor der Entwicklung der Bündnisstimmung im amerikanischen Senat, die Befürchtungen wegen eines Kondominiums der Großen, Bedenken gegen die Entwicklung einer mitteleuropäischen Sonderzone im Zusammenhang mit MBFR und anderes mehr.

Die realen Themen aber sind noch erheblich außerhalb der Reichweite, welche einer verteidigungspolitischen Gemeinschaft der Europäer aufgegeben wäre. Dazu gehören die Zusammenarbeit der europäischen Nuklearmächte, die hierfür erforderliche amerikanische Unterstützung, Art und Umfang der Beteiligung der Bundesrepublik Deutschland, der Einsatz taktischer Atomwaffen, die hinreichende konventionelle Stärke, die Finanzierung und die Effektivität einer Rüstungszusammenarbeit, um nur Beispiele zu nennen. Die verteidigungspolitischen Aufgaben Europas im Rahmen des Bündnisses sind in der Bearbeitung, aber bisher nicht eigentlich im Sinn werdender europäischer Identität.

Über die Gründe, die die europäischen Regierungen an der

Herstellung einer Einheit hindern, wird unverändert viel diskutiert. Vor allem ist es die Eigenwilligkeit und Paradoxie der französischen Politik gegenüber den USA, der Bundesrepublik Deutschland und Europa, die immer wieder ihre Kritiker findet. Neuen Anlaß zur Sorge für Europa bietet die Rolle Großbritanniens seit dem Beitritt zur Gemeinschaft. Hier wird notiert, daß London den Beitritt als neues Mittel zu weltpolitischem Einfluß und als Beitrag zur Stärkung der europäischen Rolle propagiert hatte, in den letzten zwölf Monaten aber durch eine »gaullistische« Verhandlungstaktik innerhalb der Gemeinschaft und durch destruktive Beiträge zur gemeinsamen Politik Europas bisher nur das Defizit der Westeuropapolitik verstärkt habe. Insgesamt lautet die Kritik an die Adresse fast aller europäischer Regierungen, daß ihre nationalen Interessen sie blind für die Interessen von Europa als Ganzem mache und damit das Überleben der freien Welt gefährde. In Wahrheit scheitert aber, wie ich glaube, die europäische Einheit nicht primär am Kampf der Ideen, der nationalen Vorurteile oder der Blindheit der Regierungen. Der Hauptgrund liegt vielmehr in der schwindenden Handlungsfähigkeit jeder Regierung bei sich zu Hause.

In allen freiheitlichen Demokratien geht die Macht des Staates zur Durchsetzung des Gemeinwohls zugunsten gesellschaftlicher Gruppen zurück, die den Regierungen zwar die Macht abnehmen, nicht aber zugleich die Aufgabe und die Verantwortung für das Gemeinwohl haben. Regierungen kämpfen um ihr Mandat und ihr Überleben gegenüber Machtkonstellationen zu Hause, die oft genug schon die Integration der Interessen im Rahmen der eigenen Nation zu verhindern vermögen. Erst recht können diese gesellschaftlichen Gruppen solche »Opfer« blockieren, die ihre nationalen Regierungen zugunsten der Einheit Europas und damit der langfristigen Sicherung des eigenen Landes bringen müßten. Wenn die westlichen Demokratien diese zunehmende strukturelle Schwäche nicht abzufangen vermögen, werden ihnen damit die entscheidenden Antriebe genommen, um die nötigen Schritte zur übernationalen Identität und Einheit zu tun.

Nicht die mangelnde Einsicht der Regierungen ist die Quelle des Übels, sondern ihr Machtverlust zu Hause, freilich auch der allseitige Mangel an Aufrichtigkeit, diesen Tatbestand offen beim Namen zu nennen. Die europäischen Parteien und Regierungen werden es sich nicht mehr lange ungestraft leisten können, die eigene Handlungsschwäche durch Abwiegelung der Krisen zu vertuschen.

Die nächsten Schritte zur Zusammenarbeit

Indessen sind Zorn oder Resignation keine brauchbaren politischen Ratgeber. Es gibt genügend zwingende konkrete Ansatzpunkte zur Weiterarbeit.

a) An erster Stelle befindet sich die Aufgabe einer strategisch-politischen Zusammenarbeit unter den Partnern in der Stille. Im Vordergrund stehen die Entwicklung von SALT II und die Konsequenzen der Umprogrammierung der Strategie, die durch die Rede Schlesingers vom 10. Januar 1974 bekannt geworden ist. Sie bieten die Notwendigkeit und Chance, Sicherheitspolitik und Außenpolitik unter den Partnern wieder näher zusammenzurücken und als das zu erkennen, was sie sind, nämlich Bestandteile ein und derselben Sache.

b) Vordringlich sind in diesem Zusammenhang auch die Maßnahmen zur Rationalisierung und Zusammenarbeit im Rüstungssektor, zwei- und mehrseitig. Das europäische »Bewaffnungsmuseum« (Steinhoff) bedarf der Standardisierung, der Arbeitsteilung in der Entwicklung und der einheitlichen Großserien. Europäische Waffenpools können dabei das Verteidigungssystem ergänzen und verbessern, ohne den Partner auszuschließen.

c) Ein weiteres wichtiges Beispiel bieten die deutsch-französischen Kontakte über die Verteidigung. In Frankreich dürfte die Erkenntnis wachsen, daß man sich nicht »diesseits von Europa« allein verteidigen kann, allen geostrategischen Vorteilen und nationalen Atomtheorien zum Trotz. Dafür sind Pariser Gespräche, Planungen und auch Abmachungen mit NATO-Partnern, vor allem mit den USA und der Bundesrepublik Deutschland, nützlich. Dabei geht es um mehrere Fragen: Mit welchem Know-how und Material soll eine atomare Umrüstung des französischen Systems erfolgen? Welchen Auftrag haben außerhalb Frankreichs stationierte französische Truppen? Was ist die Auswirkung ihres Verhaltens auf benachbarte Truppen der NATO und umgekehrt? Wird auch Frankreich »vorn« verteidigt? Klärungen und Verabredungen über solche Fragen sind Ausdruck der Tatsache, daß es für Frankreich und Deutschland keine die eigene Sicherheit schützende Politik ohne den Nachbarn gibt. Kooperation auf diesen Gebieten kann auf ein politisch einiges Europa nicht warten, aber dazu beitragen, es zu schaffen.

d) Die internationalen Konferenzen auf der Ost-West-Ebene zwingen zur laufenden Abstimmung im Westen. Dies bietet für die KSZE geringere Probleme als für MBFR in Wien. Bei allen Differenzen im westlichen Lager über Chancen und Risiken dieser Konferenz bleibt doch die Erkenntnis maßgeblich, daß nur der einen Einfluß auf die Entwicklung behält, der sich einschaltet. Auch das Ausmaß der Konsultation der europäischen Partner für SALT wird davon beeinflußt sein.

e) Konkrete Koordinierungsaufgaben stellten sich für alle bilateralen ostpolitischen Maßnahmen der Partner. Allseits besteht Einigkeit darüber, daß es notwendig ist, sich um den Fortgang der Entspannung zu bemühen. Aber eben deshalb ist nicht nur der Gleichklang der Ostpolitik, sondern die Einhaltung des Gleichgewichts der Kräfte entscheidend. Dies kann nur im Bündnis geschehen. Ein Streben nach Entspannung, welches den Zusammenhalt im Bündnis untergräbt, so sagte Kissinger zu Recht, zerstört nicht nur alte Freundschaften, sondern macht die Entspannung selbst unmöglich. Neben den sicherheitspolitischen Anstrengungen stehen heute zweiseitig und mehrseitig Projekte der wirtschaftlichen Zusammenarbeit mit der Sowjetunion im Vordergrund. Sie bedürfen wegen ihrer langfristigen Auswirkungen mehr als bisher der Abstimmung. Weder der Wettlauf um Märkte noch eine mittelbare Finanzierung sowjetischer Rüstungen liegen im Interesse der Bündnispartner.

Entspannung oder Abhängigkeit?

Ein Konsens über die Ziele und Rollen in der Allianz ist nur auf der Basis einer Übereinstimmung im Urteil über die Ziele der Sowjetunion möglich. Dafür genügt es nicht, wenn die Generäle der NATO sich über den Stand der Rüstungen im Warschauer Pakt einig sind. Entscheidend ist es vielmehr, für ein nüchternes Bild in der westlichen Öffentlichkeit zu sorgen. Es geht weder um die weltanschauliche Abwehr von Verabredungen mit Kommunisten. Noch bedürfen wir des Abbaus eines ideologischen Feindbildes. Wir leben mit der Sowjetunion auf einem Kontinent und müssen zur Verhütung von Katastrophen alles tun, um dieses Zusammenleben so reibungslos wie möglich zu gestalten. Es gibt keine Alternative zu dem Versuch der Normalisierung unserer Beziehungen. Aber dieser Versuch erschöpft sich nicht in guten Absichten und Gesinnungsappellen. Er erfordert harte Interessenpolitik.

Das Bedürfnis der Sowjetunion nach verstärkten wirtschaftlichen Beziehungen sowie technologischem und wissenschaftlichem Austausch mit dem Westen ist echt und vordringlich. Es hat seine Wurzeln in den Effektivitätsmängeln des sowjetischen Systems, in den Bedürfnissen der dortigen Gesellschaft, aber eben auch im Moskauer Verständnis des Zusammenhangs von militärischem Potential und Politik. In immer neuen Bereichen entwickelt die Sowjetunion langsam ein militärisches Übergewicht gegenüber dem Westen. Diese Macht wird über kurz oder lang in die außenpolitische Ebene übertragen.

Sowjetische Politik gegenüber Europa ist bei der alten russischen Tradition geblieben: Es geht um eine langfristige und geduldig ins Werk gesetzte Ausdehnung des politischen Einflusses. Militärische Risiken werden vermieden. Das eigene militärische Potential wird als diskretes politisches Macht- und Druckmittel benutzt. Souverän beherrscht man das Instrument der intellektuellen Abrüstung des stets nervösen und mit sich selbst beschäftigten Westens. Und wenn sich westliche Politiker wie zum Beispiel während der Ostberliner Jugendfestspiele mit dem östlichen Kreuzzug gegen kapitalistische Rüstungsprofite solidarisieren, dann lacht man sich ins Moskauer Fäustchen.

Die Akzente der Moskauer Europapolitik zeigen sich auch beim Thema Truppenreduzierung. Warum zieht man in Moskau die ausgehandelte der einseitigen amerikanischen Truppenreduzierung vor, so fragte ich sowjetische Fachleute bei einem Besuch in der Sowjetunion. Warum wartet man auf Wien statt auf Mansfield? Die Antwort lautete einfach: Der einseitige Truppenrückzug der Amerikaner würde Rückwirkungen auf Westeuropa haben, die in Moskau unerwünscht sind. Er könnte als Reaktion zu einer westeuropäischen Verteidigungseinheit führen. Die amerikanische Präsenz in Europa ist, jedenfalls zur Zeit, für Moskau nicht völlig entbehrlich. Was den Kreml vor allem beunruhigt, ist der Gedanke an einen echten Machtzuwachs Westeuropas.

In dieselbe Richtung wird immer wieder die Moskauer Berlin- und Deutschlandpolitik deuten. Sie hat eine wichtige Hebelwirkung, um das Wachsen westeuropäischer Macht zu behindern. Neben der Peitsche, Störungen oder Krisen zu erzeugen und dann im Sinn der Festigung eigener Machtpositionen auszunutzen, steht das Zuckerbrot, mit begrenzten Verlockungen die Deutschen an Beiträgen für ein westeuropäisches Einigungswerk zu hindern.

Die sowjetische Politik der friedlichen Koexistenz bedeutet Zusammenarbeit der Regierungen unter strikter Abgrenzung der eigenen Gesellschaft gegenüber westlichen Einflüssen. Es geht ihr um die Fortsetzung des internationalen Klassenkampfes mit anderen Mitteln und dabei auch um günstigere Bedingungen für den Klassenkampf der Kommunisten innerhalb der kapitalistischen Staaten. Kreisky hat einmal gesagt, die wichtigste Aufgabe des vor uns liegenden Vierteljahrhunderts wäre die Auseinandersetzung zwischen freiheitlicher Sozialdemokratie und Kommunismus. Soweit es um das Ziel einer Veränderung der Kommunisten im östlichen Machtbereich geht, wer wollte dem nicht zustimmen? In der Form einer Politik des »Wandels durch Annäherung« aber läuft es darauf hinaus, einer gesamteuropäischen Identität den Vorrang vor einer westeuropäischen Einigung zu geben. Ihr Ergebnis wäre das Risiko, welches von anderer Seite auch Finnlandisierung genannt wird, aber von der Hoffnung getragen ist, daß dank der überlegenen Kräfte der Freiheit letztlich Finnland und nicht das sowjetische System die Oberhand behalten werde. Das ist ebenso ideal wie unnüchtern gedacht. Der eigenen Absicht entgegen würde man auf diesem Wege weit eher eine mehr oder weniger milde Volksfront erreichen, die von einer nationalistisch orientierten Sowjetunion abhängig wäre.

Deshalb bleibt nur der scheinbar weniger ehrgeizige Weg der Normalisierung unter Wahrung des Gleichgewichts der Kräfte. Die Herausforderung dieses Konzepts an den Westen liegt darin, die Stärke der Freiheit nicht immer weiter zur Schwäche eines auf Harmonie und Konsumsteigerung erpichten Gesellschaftssystems werden zu lassen, welchem die Aufgabe von Gleichgewicht, Sicherheit und Verteidigung immer unverständlicher wird.

Im Kern ist die Gemeinschaft der Werte, des Menschenbildes und der Demokratie im atlantischen Bündnis ungebrochen. Auf dieser Übereinstimmung beruht die Gründung und die fortdauernde raison d'être der Allianz. Gefährlich ist der Schwund an Leistungskraft bei den freiheitlich gewählten politischen Führungen. Er ist in Europa weiter fortgeschritten als in den USA, Watergate zum Trotz. Denn in Amerika steht dahinter eine Auseinandersetzung zwischen Exekutive und Legislative, also ein Kampf innerhalb des demokratisch verpflichteten politischen Machtzentrums. In den europäischen Partnerländern dagegen ist es die Erosion dieser Macht zugunsten von Gruppenmacht ohne verfassungsmäßige Verantwortung für Politik und Gemeinwohl.

Amerika steht an der Schwelle neuer weltpolitischer Stärke. Sein eigenes Interesse am atlantischen Bündnis ist unvermindert. Die Ungleichgewichte in der Allianz kann niemand wirklich beseitigen. Unvermeidlicherweise werden sie immer wieder Konflikte im Ton und in der Verteilung der Arbeiten und Lasten mit sich bringen. Ertragen wird sie das Bündnis auf die Dauer nicht durch ein zersplittertes, sondern nur durch ein einiges Europa. Die Bedingung dafür ist, daß sich die Einigung nicht gegen die USA, sondern für die gemeinsamen Bündnisziele vollzieht. Unter den verschiedenen Schlüsseln, die dafür gebraucht werden, befinden sich zur Zeit die wichtigsten in der Hand von Paris und Bonn. Sie müssen benutzt werden. Denn die Lage in Europa ist ernst.

Die verklammernde Wirkung der Deutschlandpolitik

Bundestagsrede am 17. Juni 1980

Im Herbst 1978 hatte ich meinen Wohnsitz nach Berlin verlegt. Im Frühjahr 1979 war ich bei den Berliner Wahlen als Kandidat der CDU-Opposition für das Amt des Regierenden Bürgermeisters unterlegen. Gleichzeitig aber hatte sich die Stellung der CDU in Berlin verstärkt. Ich gehörte weiter dem Deutschen Bundestag an, seit Juni 1979 als Vizepräsident.

Am 17. Juni 1980 gab Bundeskanzler Schmidt zum Tag der deutschen Einheit im Bundestag eine Regierungserklärung ab. An der Debatte beteiligte ich mich mit dem nachstehenden Beitrag. Es ging um die verklammernde und friedenssichernde Funktion, die die Leistungen und Beziehungen im innerdeutschen Verhältnis mit sich bringen. Mit dem Debattenbeitrag war ein von Berlin aus besonders notwendiger dringender Appell an die Parteien in der Bundesrepublik Deutschland verbunden, nach den schweren Auseinandersetzungen über die Ostpolitik am Anfang der siebziger Jahre zu einem Grundkonsens in der Ost- und Deutschlandpolitik zurückzukehren. Dieser Appell wurde im Bundestag mit vorsichtiger Zustimmung auf allen Seiten des Hauses aufgenommen und später, mindestens in der Berliner Politik, auch in praktische Zusammenarbeit umgesetzt.

Herr Präsident! Meine Damen und Herren! Der Kollege Bahr hat zu Beginn seiner Ausführungen ganz mit Recht darauf hingewiesen, wie lange der 17. Juni zurückliegt und wie klein die Zahl der Menschen in Deutschland ist, die noch eine eigene Anschauung davon haben. Daraus folgt, daß die Verantwortung für uns Politiker um so größer ist, die fortwirkende Bedeutung dieses Tages einer jüngeren Generation verständlich zu machen.

(Beifall bei der CDU/CSU)

Ich möchte Sie, Herr Bahr, vor allem zum ersten Teil Ihrer Ausführungen fragen: Glauben Sie wirklich, daß diese schwere Aufgabe, die wir haben, uns Politikern dann gelingen kann, wenn wir eine Diskussion im Deutschen Bundestag zum

17. Juni in erster Linie als eine Art von Rechthabereiwettbewerb in bezug auf die letzten dreißig Jahre veranstalten?

Wenn Sie Ihre Rede noch einmal überprüfen, werden Sie feststellen, daß Sie hinsichtlich Deutschlands und des 17. Juni fast gar nicht über die Substanz, sondern ständig über die Opposition gesprochen haben. Ich frage Sie, ob Sie wirklich glauben, daß wir auf diese Weise unserer Verantwortung für diesen Tag gerecht werden.

Ich möchte jedenfalls versuchen, im Schwerpunkt meiner Ausführungen zum Stand der innerdeutschen Beziehungen zu sprechen. Ich möchte versuchen, diese zu analysieren und daraus Schlußfolgerungen sowohl für die innerdeutschen Beziehungen als auch für die deutschen Beiträge zur internationalen Politik im Ganzen zu ziehen.

Ich bin davon überzeugt, daß gerade die innerdeutschen Beziehungen von uns allen eine kritisch-differenzierte Würdigung erfordern. Es sind wichtige Verbesserungen erreicht worden; diese sind zu begrüßen. Das gilt insbesondere deshalb, weil sie sich positiv auf die Bindungen von Berlin (West) an die übrige Bundesrepublik Deutschland auswirken und auch auf die innerdeutschen Beziehungen selbst.

Dennoch: Seit einigen Jahren hat sich der Themenkatalog allzu sehr auf technische und wirtschaftliche Abmachungen verengt. Das darf so nicht bleiben. In Zukunft ist vor allem zweierlei zu beachten: Erstens: Verhandlungen und Abmachungen müssen über die Sicherheit Berlins hinaus, die selbstverständlich wichtig bleibt, in stärkerem Maße die innerdeutschen Beziehungen im Ganzen betreffen. Zweitens gilt es jetzt, die menschlichen Kontakte und Begegnungsmöglichkeiten zu erweitern, und zwar in beiden Richtungen. Hier muß der Schwerpunkt liegen.

Die Bilanz der letzten zehn Jahre zeigt: Es gibt eine erhebliche Zunahme der Reisen von West nach Ost. Jedermann spürt drüben die Wirkung dieses gesteigerten Kontaktes. Dagegen sind die Bemühungen um die Reisen von Osten nach Westen steckengeblieben. Die Zahl der Erlaubnisse zu Reisen für Deutsche aus der DDR bei dringenden Familienangelegenheiten in den Westen ist rückläufig. Gestiegen dagegen ist die Zahl derer, die in die DDR einreisen wollten und an der Grenze zurückgewiesen wurden.

Auch bei der Familienzusammenführung und bei den Lebensbedingungen und Ausreisemöglichkeiten von entlassenen Häftlingen gibt es immer wieder Schwierigkeiten. Fortschritte im nichtkommerziellen Zahlungsverkehr fehlen.

Es stagniert also, meine Damen und Herren, im wichtigsten, nämlich im menschlichen Bereich, jenem Bereich also, der seinerzeit vom Bundeskanzler Adenauer mit Recht an den Anfang der Beziehungen zum Osten gestellt und zu seinem Kern gemacht worden ist.

Dies gilt schon für die Tagesordnung selbst, nach denen die Delegationen von beiden Seiten in den letzten Jahren miteinander verhandelt haben. Ein Treffen von Bundeskanzler Schmidt mit dem Staatsvorsitzenden Honecker steht bevor. Da wollen sie über die internationale Lage sprechen; aber ich meine, die offenen menschlichen Fragen der Deutschen im geteilten Land gehören in den Mittelpunkt.

(Beifall bei der CDU/CSU – Zuruf des Abg. Wehner [SPD])

– Herr Wehner, vor kurzem hat ein evangelischer Kirchenpräsident in der DDR öffentlich im Blick auf ein innerdeutsches Spitzentreffen die Senkung der Altersgrenze bei Reisen von Ost nach West gefordert. Für ein Treffen mit Herrn Honecker wollen wir gerne einen Bundeskanzler unterstützen, der sich diese Forderung offen zu eigen macht und der energisch dafür eintritt, daß uns endlich auch mehr jüngere Menschen aus der DDR besuchen können.

(Beifall bei der CDU/CSU)

In der angespannten Weltlage der letzten Monate hat die Bundesregierung immer wieder das Argument gebraucht: Wir Deutschen sind in einer besonderen Lage. Das ist in der Welt nur zum Teil richtig verstanden worden, und auch in der eigenen Bevölkerung hat es in bezug auf die Konsequenzen zu Mißverständnissen geführt. Daher ist es klärungsbedürftig. Was bedeutet es denn?

Wir Deutschen sind hüben und drüben einerseits in Bündnisse integriert, andererseits über Mauer und Draht hinweg auf besondere Weise miteinander verbunden. Für diese Lage gibt es in der Tat keine Parallele bei irgendwelchen Bündnispartnern. In beiden Teilen Deutschlands spürt dies die Bevölkerung. Wir im Westen leben in der Freiheit und in der Sicherheit des westlichen Bündnisses, und es ist eben diese Freiheit, die uns auf besondere Weise für unsere Landsleute in der DDR und in Ost-Berlin verantwortlich macht.

Die Deutschen im Osten sehen ihren Staat eingebunden in die Disziplin des Warschauer Paktes, sie selbst aber fühlen sich uns und dem ganzen Deutschland näher, als ihre politischen Führer dies wahrhaben wollen.

(Damm [CDU/CSU]: Sehr wahr! – Dr. Mertes [Gerolstein] [CDU/CSU]:
Das ist der große Unterschied zu uns!)

Anders als die übrigen Staaten des Warschauer Paktes muß die DDR mit einem gebrochenen Verhältnis zur Nation leben. Zwar machen sich auf diesem Gebiet immer wieder neue und gewaltige Anstrengungen bemerkbar; zuletzt gab das dreißigjährige Jubiläum der Gründung der DDR Anlaß, um das »sozialistische Nationalbewußtsein« erneut zu begründen.

Darüber konnte man durchaus interessante und differenzierende Betrachtungen lesen. So hieß es in der »Einheit«, einer Zeitschrift für Theorie und Praxis, es gebe beides, nämlich einerseits die Nation – die Nation geprägt durch ökonomische, politische, soziale und ideologische Beziehungen mit Klassencharakter – und andererseits die Nationalität, Ausdruck der völkischen Bindungen. Die Sowjetunion, so hieß es da, sei eine Nation mit vielen Nationalitäten, die Deutschen dagegen seien eine Nationalität, eben Deutsche, aber mit zwei Nationen, nämlich der sozialistischen und der kapitalistischen.

Nach wie vor gilt es drüben als zentrale ideologische Aufgabe, das sozialistische Nationbewußtsein zu festigen. Grundlage und geistiges Profil werden aus allen Kapiteln der deutschen Geschichte abgeleitet, sofern man nur aus ihnen einen hinreichend progressiven und revolutionären Charakter glaubt ableiten zu können.

In diesem Zusammenhang beschränkt sich die SED neuerdings nicht mehr auf die Bauernführer, sondern auch der erzkonservative Feldmarschall Yorck, der barocke Bach, der Napoleon-Bewunderer Goethe und andere müssen jetzt dafür dienen.

(Dr. Kohl [CDU/CSU]: Clausewitz!)

Jetzt sind die Vorbereitungen zur Feier des 500. Geburtstages von Martin Luther angelaufen; Honecker hat ihn bereits einen der bedeutendsten Humanisten und bürgerlichen Revolutionäre genannt. Sie alle sollen die Ahnengalerie der »sozialistischen Nation« zieren.

(Jäger [Wangen] [CDU/CSU]: Geschmacklos!)

Nun meine ich, meine Damen und Herren, wir im freien Teil Deutschlands haben keinen Grund, dies mit Überheblichkeit festzustellen.

(Dr. Kohl [CDU/CSU]: Sehr gut!)

Die innerdeutschen Beziehungen sind keineswegs immer nur ein einseitiges Lerngeschäft von Westen nach Osten; auch wir haben unseren Teil zu lernen. Damit meine ich natürlich nicht Geschichtsklitterung, die drüben versucht wird. Aber ich meine die Erkenntnis von der existentiellen Bedeutung der eigenen geschichtlichen und kulturellen Wurzeln. Das sollte einige bei uns endlich aufwecken.

(Beifall bei der CDU/CSU)

Wenn das so ist, dann wollen wir uns doch auf den friedlichen Wettbewerb im Hinblick auf diese Wurzeln ruhig einlassen und getrost auf die Fortschritte in beiden deutschen Teilstaaten warten. Wer sich auf Bach beruft, wird an dessen geistig-künstlerischem Maßstab doch nur wachsen können. Dasselbe gilt für die Humanität Goethes oder für den tiefen Patriotismus von Yorck. Und Martin Luther? Ich denke, die intensive Beschäftigung mit ihm, die uns allen bevorsteht, wird niemandem schaden. Das gilt sowohl über innerdeutsche wie über kirchliche Trennungslinien hinweg. Der ökumenische Charakter der Feiern für die Confessio Augustana, die jetzt gerade in Augsburg anlaufen, scheint mir dafür ein Beweis zu sein. Am Ende wird doch niemand um die Erkenntnis herumkommen, was Luther wirklich gepredigt hat, nämlich nicht die Revolution, sondern die Rechtfertigung des Sünders allein aus Gnade – des östlichen und des westlichen Sünders.

(Beifall bei der CDU/CSU und bei Abgeordneten der SPD)

Trotz aller Anstrengungen haben sich die Schwierigkeiten der SED, ein sozialistisches Nationalbewußtsein zu verankern, nicht vermindert, sondern vermehrt. Auch 1980 ist mit der Lehre von der Nation in der DDR kein Staat zu machen. Es gibt nur ein Polen, eine CSSR, ein Ungarn. Kein Ostblockland muß mit einer nationalen Alternative rechnen. Anders die DDR, sie ist deutscher Teilstaat mit einer nationalen Alternative im Westen. Die sozialistische Ideologie als solche wird der Führung nicht mehr abgenommen. Die SED hat keine Möglichkeit einer nationalen Orientierung der eigenen Staatsbürger innerhalb der eigenen Grenzen. Ihr Hauptproblem ist, daß sie ihren Staat weder national noch ideologisch stabilisieren kann. Deshalb suchte die Führung einen Ausweg in einem materiellen Ersatz für ideelle Mängel.

So soll nun ein besserer Lebensstandard, den die SED ihren Bürgern im Vergleich zu östlichen Nachbarn zu verschaffen und zu erhalten versucht – wiewohl wir gerade in diesen Tagen von den besonderen Versorgungsschwierigkeiten immer wieder Kunde bekommen –, die Rolle eines Bindungsgliedes zwischen Bevölkerung und Staat schaffen.

Ich meine, die Kenntnis solcher Zusammenhänge gilt es für unsere Deutschlandpolitik nutzbar zu machen. Unser Schwerpunkt für die Fortentwicklung der innerdeutschen Beziehungen sind menschenwürdige Freiheitsrechte für unsere Landsleute in der DDR. Dabei müssen wir aber innenpolitische Empfindlichkeiten der SED ebenso in Rechnung stellen, wie wir mit ihrer Empfänglichkeit für unsere materielle Leistungsbereitschaft umzugehen haben.

Das heißt doch mit anderen Worten: Die Ziele, die die beiden deutschen Regierungen bei innerdeutschen Verhandlungen anstreben, liegen auf verschiedenen Ebenen: Ost-Berlin braucht vor allem harte Devisen, wir dagegen wollen mehr Öffnung und Freizügigkeit.

Die Preise, die bei diesen innerdeutschen Vereinbarungen von beiden Seiten zu zahlen sind, sind daher schwer vergleichbar. Dennoch müssen diese Preise genannt und müssen natürlich auch offen diskutiert werden.

(Jäger [Wangen] [CDU/CSU]: Sehr richtig!
– Damm [CDU/CSU]: So ist es!)

Auch ein politischer Preis ist ein Preis, der seiner öffentlich verständlichen Begründung bedarf. Von der Opposition aus prüfen wir diese Preise, wie es unsere Aufgabe ist, aber wir prüfen sie nicht mit einem eingeengten ökonomischen Maßstab, sondern im Sinne der politischen Ziele, wie wir sie sehen. Buchhalterische Erbsenzählerei hat für uns dabei keinen Platz. Das heißt zweierlei:

Erstens. Es ist zu berücksichtigen und zu würdigen, daß zum Beispiel Kosten für einen Autobahnkilometer in der Mark Brandenburg oder in Mecklenburg, der für die Autobahn von Berlin nach Hamburg anfällt, nicht einfach ökonomisch, betriebswirtschaftlich nach denjenigen Kosten berechnet werden können, die ein Autobahnkilometer im Westen erfordert.

Zweitens. Den finanziellen Gesamtleistungen, die aus Westdeutschland in die DDR fließen, fällt, aufs Ganze gesehen, eine wachsende Bedeutung für die Wirtschaft und das Leben im anderen Teil Deutschlands zu. Das Deutsche Institut für Wirtschaftsforschung hat errechnet, daß jährlich rund drei Milliarden DM an öffentlichen und privaten Leistungen von uns in die DDR gelangen. Über die Höhe läßt sich streiten. Aber eines steht fest: in jedem Falle ist der Gesamtbetrag hoch genug, um eine unentbehrliche Plangröße geworden zu sein, ein Faktor von qualitativ verändertem Gewicht, ich sage: ein verklammernder Faktor.

(Beifall bei der CDU/CSU und bei Abgeordneten der SPD)

Wir sind uns der besonderen Empfindlichkeit der Deutschlandpolitik wohl bewußt. Denn in ihr gehen zwischenstaatliche Kontakte, zwischenmenschliche Beziehungen und die Berücksichtigung der inneren Entwicklung der DDR ineinander über. Auch verstehen wir natürlich das Bedürfnis von Verhandlungsführern nach Diskretion. Aber zu unserer demokratischen Überzeugung gehört die öffentliche Auseinandersetzung. Nirgends so sehr wie in diesem Feld wird die Kraft der Politik entscheidend davon bestimmt, ob sie vom öffentlichen Bewußtsein und vom Willen der Bevölkerung getragen ist oder nicht. Deswegen hängt um so mehr davon ab, daß wir als Parteien in einer Weise über diese Deutschlandpolitik miteinander reden, die der Materie nützt und nicht schadet.

Damals, Herr Bahr – damals! –, wurde der Streit über die Ostverträge im Bundestag mit Leidenschaft geführt. Er gehört zu den großen Debatten dieses Parlaments. Vielleicht war er die einzige große Debatte der siebziger Jahre. Sie erregte alle Deutschen. Sie wirkte tief in Freundschaften und Familien hinein. Aber wir haben alle aus dieser Debatte gelernt. Niemand ist ganz unverändert aus ihr hervorgegangen, wenn er ehrlich ist. War sie damals eine Zeitlang das wichtigste Glied der Auseinandersetzung, so eignet sie sich heute eben nicht mehr im selben Maß, um innenpolitische Platzvorteile gegeneinander zu erstreiten. Vielmehr sind wir von der Sache her dazu verpflichtet, alles zu versuchen, um die Deutschlandpolitik kritisch zu würdigen, aber in ihren Grundzügen gemeinsam zu tragen. Das ist schwer, aber möglich und nötig.

(Beifall bei der CDU/CSU, der FDP und Abgeordneten der SPD)

Es gibt natürlich – ich möchte sagen, auf allen Seiten des Hauses – immer wieder Schwierigkeiten. Es gibt immer wieder die Regung, davor zurückzuschrecken. Ich will jetzt gar nicht auf die Beispiele von heute früh zurückgreifen. Auch Herr Genscher, als er so von »Kalten Kriegern« zu sprechen anfing, ließ zunächst ein wenig offen, wen er damit meinte,

(Dr. Kohl [CDU/CSU]: Das macht er immer!)

um es dann dankenswerterweise richtigzustellen.

Deswegen möchte ich gern ein Beispiel aus der jüngsten deutschlandpolitischen Debatte des Berliner Abgeordnetenhauses bringen, immerhin eines Parlamentes, das für die Deutschland- und Berlin-Politik von sehr großer Bedeutung ist. Da zeigte sich, daß die Koalition im Grunde lieber ein deutschlandpolitisches Monopol behalten möchte. Möchten Sie das nicht auch, Herr Bahr? Ich hatte gelegentlich den Eindruck, als ich Ihnen zuhörte. Wenn dann ein Oppositionspolitiker, wie es seine Aufgabe ist, eine kritische Rückfrage stellt, dann gilt das als »Zeichen fortdauernder verstockter Unbelehrbarkeit«. Würdigt aber die Opposition ein Stück Deutschlandpolitik als Fortschritt und als positive Entwicklung – was ist es dann? –: eine taktisch begründete, verdammungswürdige Kreidefresserei.

(Beifall bei der CDU/CSU)

Das ist so ähnlich gesagt worden – nachzulesen im Protokoll des Berliner Abgeordnetenhauses. Haben wir das wirklich untereinander nötig? Ich meine, nein.

Was wir brauchen, ist kritische Überprüfung, gegenseitige kritische Anfragen. Aber die Bemühung um Klärung und damit die Bemühung um einen Grundkonsens in der Deutschlandpolitik.

Ich möchte eine solche Rückfrage stellen – an die Adresse der Sozialdemokratischen Partei –, die sich mit dem Verhältnis von Deutschland- und Friedenspolitik befaßt. Vor zwei Wochen sagte der Berliner Regierende Bürgermeister bei der »American Council on Germany« in New York, das Gleichgewicht sei entscheidende Bedingung für den Frieden, zugleich sei das Gleichgewicht wesentliche Ursache dafür, daß die deutsche Teilung fortbestehe. – Wie? Was soll das denn heißen: Gleichgewicht ist entscheidend für Frieden, Gleichgewicht ist ursächlich für Teilung? Ist denn Friedenspolitik Teilungspolitik?

(Dr. Schäfer [Tübingen] [SPD]: Joi, joi! – Zuruf des Abg. Dr. Ehmke [SPD]

– Ja, bitte, wenn es geklärt wird, dann ist es ja gut. Lieber Herr Schäfer, hören Sie doch erst einmal zu. –

(Kittelmann [CDU/CSU]: Das fällt ihm schwer!)

Leben denn Frieden und Teilung voneinander? Setzt sich also der dem Vorwurf aus, den Frieden zu gefährden, der eine Politik zur Überwindung der trennenden Gräben und Mauern in Europa unterstützt?

(Beifall bei der CDU/CSU)

Das wäre ein gefährlicher Trugschluß. Der kann schwerlich gemeint sein, und der sollte auch hier geklärt werden. Die erste Anfrage öffentlicher Art, die der Regierende Bürgermeister in Berlin hierzu bekommen hat, ist überdies nicht aus den Reihen der Opposition, sondern aus den Reihen der Koalition gekommen.

Denn in der Tat: Unsere Politik zielt auf Überwindung der Trennung. Dies geschieht ausschließlich mit friedlichen Mitteln. Wir bedürfen dafür des Friedens, auch des Friedens in einem größeren, über die beiden deutschen Teilstaaten hinausweisenden Rahmen. Nicht zuletzt deshalb suchen wir als Deutsche Einfluß auf die internationale Lage, und zwar Einfluß im Sinne des Friedens.

Mit anderen Worten: Eine Deutschlandpolitik, die der Überwindung der Gräben dient und die Ausdruck des Gefühls der Zusammengehörigkeit der Deutschen ist, ist für uns wesentlicher Motor, um eine friedensfestigende Wirkung auf die internationalen Beziehungen anzustreben. Hätten wir nicht das elementare Bedürfnis, die Teilung Schritt für Schritt zu überwinden, und wären wir ohne besondere Zusammengehörigkeit über die Blockgrenzen hinweg, so wären unser Wille und wohl auch unsere Kraft, in Richtung auf den Frieden zu wirken, in Wahrheit schwächer und nicht stärker.

(Beifall bei der CDU/CSU)

Also: Gleichgewicht ist Voraussetzung für den Frieden; das stimmt. Aber Gleichgewicht und damit Frieden ist nicht Ursache dafür, daß die Teilung fortbesteht. Vielmehr brauchen wir Frieden, um die Trennung von Stadt, Land und Kontinent schrittweise zu überwinden und damit dem Frieden Stück für Stück das zu geben, was ihn ausmacht, nämlich seinen substantiellen Inhalt menschlicher Gerechtigkeit.

(Beifall bei der CDU/CSU und bei Abgeordneten der FDP)

Vom Zusammenhang von Deutschlandpolitik und internationaler Lage nun zurück zu der Frage: Was macht – zusammengefaßt – die Besonderheit der deutschen Lage aus? Ich nenne fünf Punkte: Erstens. Wir sind in der Bundesrepublik Deutschland verantwortlich für die gesicherte Lebensfähigkeit des zu uns gehörenden Berlin. Zweitens. Wir sind Anwalt für die menschlichen Freiheitsrechte überall im geteilten Deutschland. Drittens. Die politische Führung der DDR hat ein vitales Interesse daran, die bestehenden wirtschaftlichen Beziehungen zu uns aufrechtzuerhalten und sie durch neue, große Projekte zu steigern. Viertens. In den Bevölkerungen beider deutscher Teilstaaten ist ein Bewußtsein der Zusammengehörigkeit lebendig, das sich auf die deutsche Nation als ganzer bezieht. Fünftens. Deshalb befindet sich unter allen Deutschen eine besonders tiefverwurzelte Überzeugung von der Notwendigkeit, den Frieden zu bewahren.

Immer wieder haben deutsche Regierungsvertreter in diesen krisenhaften letzten Monaten – vor allem in Amerika – auf unsere besondere Lage hingewiesen. Gewiß, das ist ihre Pflicht. Auch deutsche Bündnispolitik dient der Vertretung deutscher Interessen und wirbt folglich bei den Partnern um Verständnis für unsere Gegebenheiten.

Andererseits sind aber nun auch tiefgehende Mißverständnisse ausgelöst worden. Denn den einerseits in ihrer Führungsrolle und andererseits durch die Geiselnahme in Teheran besonders bedrängten Amerikanern erschien dies zuweilen als mangelnde Unterstützung für die gemeinsame Sache. Nicht nur uns gegenüber notorisch übelgesonnene Journalisten, die es, wie jeder weiß, natürlich auch in Amerika gibt, sondern der überwiegende Teil der amerikanischen politischen Öffentlichkeit wurde den Verdacht nicht los, wir beriefen uns auf eine besondere Lage, weil wir in Wahrheit Sonderinteressen verfolgten und daher die sowjetische Politik durch eine Sonderbrille betrachteten, um daraus im Bündnis für uns eine Sonderrolle in Anspruch zu nehmen.

Das deutsch-amerikanische Verhältnis steht seit Monaten unter starker Belastung. Neben ständigen Versicherungen unveränderter Solidarität gibt es beunruhigende Zeichen fortdauernder Distanzierung. Klaus Harpprecht, einst enger Mitarbeiter des damaligen Bundeskanzlers Brandt, hat sie jüngst in einem großen Aufsatz in der »Zeit« zusammengefaßt. Ich teile nicht seinen Pessimismus, mit dem er endet. Aber ich meine, wir müssen sehen, daß es diese Stimmen gibt, damit wir unsere Aufgaben besser erkennen.

Der Bundeskanzler und das Presse- und Informationsamt der Bundesregierung pflegen mit Entrüstung auf den Verdacht zu reagieren, daß sie nicht treu zum Bündnis, zu Amerika stünden. Gewiß, der Bundeskanzler hat auch ein Recht, sich darauf zu berufen, daß bedeutsame Schritte im Bündnis wesentlich mit auf seine Initiative zurückgehen. Er war es ja vor allem als Verteidigungsminister, der eine verstärkte Abwehrkraft gegen sowjetische konventionelle Überlegenheit, das heißt gegen Panzer, gefordert hat. Dies führte schließlich zur Entwicklung der Neutronenwaffe, die freilich durch ihre Kommentierung in sozialdemokratischen Kreisen als Perversion des menschlichen Denkens

(Zurufe von der CDU/CSU: Bahr!)

nicht gerade einen leichteren Weg hatte.

(Beifall bei der CDU/CSU)

Als Bundeskanzler hat er im Herbst 1977 in seiner Londoner Rede auf die dringende Lösungsbedürftigkeit des Grauzonenproblems hingewiesen, mit Recht, wie ich meine. Nicht er hat also damit begonnen, den Doppelbeschluß der NATO zur Nachrüstung und zu Rüstungsverhandlungen zu relativieren. Nein, er hat ihn auf den Weg gebracht.

Ich zweifle gar nicht daran, daß der Bundeskanzler in vielen Konferenzen und Gesprächen der Überzeugung von der unveränderten Notwendigkeit des Atlantischen Bündnisses Ausdruck verleiht. Nur ist auch ernst zu nehmen, was – wiederum in der »Zeit« – Gerd Bucerius vor drei Wochen in einem sehr nachdenklichen Artikel geschrieben hat. Er führte aus, daß wir alle von einer tiefen Friedenssehnsucht gekennzeichnet sind. Er zitierte bedeutende, international bekannte deutsche Geister, die weniger mit außenpolitischen Sachargumenten, sondern mehr mit Gefühlen an diese Friedenssehnsucht appellieren und davon sprechen, niemand bedrohe uns. Dann zog Bucerius den Schluß daraus und sagte:

Wie kann man es Helmut Schmidt übelnehmen, daß er im Wahlkampf die Sehnsucht des Volkes zu erfüllen trachtet?

In der Tat, der Bundeskanzler hat in Wahlversammlungen an die Friedenssehnsucht, die wir alle haben, appelliert, wie wir es alle tun. Aber da hörte ich dann einmal aus einer Fernsehnachricht über eine solche Sendung, wie er sagte: »Wir wollen uns da heraushalten«. Auch das wird in Amerika gehört. Bei uns aber wirkt es nicht wie eine notwendige Aufklärung über die Abhängigkeiten, in die die deutsche Außenpolitik nun einmal eingebettet ist, sondern es wirkt wie eine Ablenkung.

Wir können uns da nicht heraushalten! Die Lage, in der wir leben, ist in hohem Grade gefahrvoll. Um so wichtiger ist es, sich über den Charakter der Gefahren zu verständigen.

Nun meine ich: So krisenhaft die Situation im Iran ist, so grausam die Kampfhandlungen in Afghanistan, so ungelöst die Probleme im Nahen Osten –, das, was uns primär bedroht, ist nicht ein unmittelbar bevorstehender neuer Weltkrieg, sondern es sind langfristige schwer terminierbare Veränderungen. Es ist eine von Jahr zu Jahr zunehmende, schleichende Verschiebung der Macht, vor allem eine Waffenentwicklung, die mehr und mehr zu einer Versuchung werden könnte, atomare Erstschläge auszulösen oder auf andere Weise außerhalb menschlicher Kontrolle zu geraten. Als Folge von beidem sind es eine wachsende Abhängigkeit, ein fortschreitender Verlust in der Fähigkeit zum selbstbestimmten Handeln für uns und für Länder vergleichbarer Größenordnung.

(Beifall bei der CDU/CSU)

Das Atlantische Bündnis hatte ein klares Konzept auf der Basis des Harmel-Planes: Sicherheitspolitik durch gemeinsame Verteidigungsbereitschaft und durch gemeinsame Anstrengungen zum Gewaltverzicht, zur Rüstungskontrolle, zur

Entspannung. Herr Bundesaußenminister, Sie wissen ja, aus welcher Phase dieser Harmel-Plan stammt und von welcher Partei der damalige Bundeskanzler kam.

Mehr als eine Dekade ist seither vergangen. Die Sowjetunion hat diese Zeit genutzt. Sie hat militärisch gewaltig aufgeholt und den Westen auf wichtigen Gebieten überholt. Zugleich hat sie Machtverschiebungen auf Gebieten gesucht, von denen sie wußte, daß der Westen nicht wußte, wie er darauf reagieren sollte.

In dieser Dekade sind aber nicht nur Stärken, sondern Schwächen der Sowjetunion deutlicher hervorgetreten. Die Stärke liegt, wie gesagt, im militärischen Bereich. Hier hat sie gewaltige Fortschritte gemacht. In den anderen Bereichen dagegen – und zwar nicht nur beim Nationalitätenproblem und in der Ideologie, sondern auch in der Wirtschaft, der Wissenschaft und der Technologie – sind die Schwächen des sowjetischen Systems nicht beseitigt worden. Sie haben sich im Gegenteil eher noch verschärft.

(Damm [CDU/CSU]: Wir gleichen sie aus!)

In dieser Lage genügt es nach meiner Überzeugung für den Westen nicht – ich spreche hier nicht von gesicherten Erkenntnissen, sondern ich stelle nur Fragen, von denen ich meine, daß sie gestellt werden müssen –, sich gegenüber der Sowjetunion um eine Wiederherstellung des Gleichgewichts zu bemühen und auf Fortschritte in der Rüstungskontrolle und Rüstungsbegrenzung zu drängen, so wichtig diese auch sind. Wenn wir alle anderen Felder in den Ost-West-Beziehungen national aufsplittern, oder gemeinsam einfrieren,

(Dr. Kohl [CDU/CSU]: Sehr gut!)

wenn dadurch also die Schwierigkeiten der Sowjetunion an ihren Schwächepunkten zunehmen, wird uns Moskau gewiß nicht mit den gewünschten Abrüstungsschritten antworten. Im Gegenteil, die Sowjetunion wird immer wieder auf das Gebiet ausweichen, auf dem sie allein Erfolgserlebnisse kennt, nämlich auf das militärische.

Wir brauchen also im Westen ein umfassendes Konzept. Um es zu entwickeln, brauchen wir Zeit. Diese Zeit müssen wir uns nehmen. Es wäre ganz falsch, wenn wir uns statt dessen selber unter Zeitdruck setzten, wenn wir mit der autosuggestiven Vorstellung arbeiteten, wir lebten im Juli 1914, und das einzige, was wir dann noch tun könnten, sei, die Krise zu managen.

(Beifall bei der CDU/CSU)

Herr Bundeskanzler, Sie haben in einer früheren Bundestagsrede diese Äußerung näher erläutert, und das war auch gut und notwendig. Natürlich ist ein Management notwendig; aber was wir vor allem brauchen, sind die Kraft und der Atem, um ein gemeinsames langfristiges Handeln zu entwickeln. Denn eines hat doch die Afghanistankrise überdeutlich gezeigt: daß ein dafür erforderliches Konzept innerhalb des Bündnisses zur Zeit auf beiden Seiten des Atlantiks nicht vorhanden ist. In ein solches Konzept müßten selbstverständlich auch die Probleme der Dritten Welt in vollem Umfang einbezogen werden.

Wir Deutsche, die wir ein besonderes Interesse am Frieden haben, müssen gerade deshalb mit aller Kraft an der Übereinstimmung mit den Vereinigten Staaten arbeiten. Ich plädiere dafür nicht deshalb so nachdrücklich, weil ich eine tatsächliche oder eine angebliche Reserve der amerikanischen Politik gegenüber einer Fortsetzung von Entspannung nach Europa importieren möchte. Vielmehr bin ich davon überzeugt, daß jeder Versuch der Deutschen oder der Franzosen oder anderer Europäer, eine Arbeitsteilung des Westens in der Weise herbeiführen, daß die Entspannung dezentralisiert, daß sie regionalisiert wird und daß wir als europäische Macht den Versuch machen, sie in Europa allein fortzusetzen, zum Scheitern verurteilt wäre.

(Damm [CDU/CSU]: Sehr richtig!)

Die Alternative, vor der wir stehen, lautet: entweder Entspannung unter führender Mitwirkung der Amerikaner oder aber eine europaisolierte und dann im Laufe der Zeit von der Sowjetunion dominierte politische Situation, die nicht mehr den Namen »Entspannung« verdiente. Das Atlantische Bündnis würde sie auf die Dauer nicht überleben.

(Beifall bei der CDU/CSU)

Das ist es, meine Damen und Herren, was nach meiner Überzeugung unter anderem gesagt werden muß, wenn es um die Frage geht: Was macht die besondere Lage der Deutschen aus, und welche Auswirkungen hat sie auf die internationale Politik?

Es entspricht – ich komme damit zum Schluß, Herr Präsi-dent – unserem freien Gemeinwesen, daß es jedem deut-schen Bürger und jeder Bürgerin selbst überlassen ist, wie sie den heutigen Tag begehen, ob sie dieser Debatte folgen, ob sie eine der zahlreichen Veranstaltungen besuchen, ob sie den Tag vielleicht zu einem Besuch in der DDR benutzen und damit Kontakt aufnehmen und vertiefen oder ob sie den freien Tag benutzen, um sich im Grünen der Freiheit zu erfreuen, die sie haben und die nicht alle haben. Wir aber im freien deutschen Parlament, wir, die wir registrieren, daß ringsum um uns Deutsche herum die Frage lebendig bleibt, ob eigentlich eine Überwindung der Trennung der Deutschen gefährlich, ob sie wünschenswert oder ob sie vielleicht ein-fach illusionär wäre, wir tragen vor allem anderen die Verant-wortung dafür, daß die Zusammengehörigkeit der Deutschen lebendig bleibt, daß sie unsere Politik leitet und daß sie unser Motor ist, nicht ein Motor von Gefahren für unsere Nach-barn, sondern ein Motor für einen vertieften Frieden, einen Frieden, dessen Vorrang das Schicksal der Menschen, dessen Vorrang die Menschenwürde ist und dessen Vorrang daher auch unseren Nachbarn in der langen Frist zugute kommen würde.

(Anhaltender Beifall bei der CDU/CSU und Beifall bei Abgeordneten der FDP)

Teil III

Berlin –
Grenze oder Mitte?

Was Preußen heute bedeutet

Seit der zweiten Hälfte der siebziger Jahre hatte in der DDR die Beschäftigung mit politischen und kulturellen Entwicklungen der Geschichte fühlbar zugenommen. Auch in der Bundesrepublik Deutschland gab es dafür Anzeichen, wie die Ausstellungen über die Stauffer in Stuttgart und die Wittelsbacher in München zeigen.

Dietrich Stobbe entwickelte die Idee einer Preußen-Ausstellung in Berlin. Damit leitete er einen qualitativ neuen Schritt ein, denn das Thema Preußen lud nicht zu einer musealen Rückbesinnung ohne Gegenwartsbezug ein. Vielmehr war damit ein historisches Thema aufgerufen, welches zwar nicht im politischen, aber im geistigen Sinne eine unverminderte Aktualität besitzt und eben deshalb bisher in Ost und West ängstlich und zu Unrecht tabuisiert worden war. Es entfaltete rasch seine grenzüberschreitende Bedeutung.

Da ich im Frühsommer 1981 zum Regierenden Bürgermeister von Berlin gewählt worden war, fiel mir die Aufgabe zu, die Ausstellung am 15. August 1981 in der Philharmonie zu eröffnen, und zwar mit der folgenden kurzen Ansprache:

Am Anfang dieses Jahres ließ eine Wochenzeitung zahlreichen Schülern in großen deutschen Städten die Frage vorlegen: »Wer war der Alte Fritz?« Eine dreizehnjährige Schülerin aus Hamburg antwortete: »Ich glaube, er hat die Schule erfunden.« Ganz so war es ja wohl nicht. Da kam ein dreizehnjähriger Schüler aus München der Wahrheit einen halben Schritt näher: »Sein Vater wollte ihn töten. Da ist er nach Amerika gegangen und ist dort sehr reich geworden.«

An den Geschichtskenntnissen läßt sich also noch manches verbessern, wie man sieht. Wie dem auch sei: Der Anstoß zur Preußenausstellung hat etwas in Bewegung gebracht, was alle Erwartungen übertroffen hat. Bereits die Vorbereitung hat eine ungeahnte Breite und Tiefe gewonnen.

Seit dem Beginn der Arbeiten sind Veröffentlichungen aller Art zum Thema Preußen in großer Zahl erschienen. Jeder von uns ist davon berührt. Jeder hat schon im Vorfeld seinen Horizont erweitern können. Jeder hatte schon Gelegenheit, sich an einem Streit zum Thema zu beteiligen. Viele haben davon Gebrauch gemacht.

Dies alles beweist: Preußen ist zwar längst Geschichte geworden, aber eine Geschichte, die eine Spur tief in den Weg zu unserer Gegenwart eingegraben hat.

Es gehörte Mut dazu, diese allzulang verdrängte Spur zur Diskussion zu stellen. Diesen Mut hat mein Vorvorgänger im Amt des Regierenden Bürgermeisters von Berlin, Dietrich Stobbe, bewiesen. Er hat den Anstoß zur Ausstellung gegeben. Er hat damit uns allen – und besonders uns in Berlin – einen großen Dienst erwiesen. Dafür gilt ihm unser Dank.

Es ist gut, daß die neue Diskussion um Preußen von Berlin ausgeht. Berlin ist von Preußen in anderer Weise und vielleicht noch stärker betroffen als andere ehemalige deutsche Residenzen von ihren Staaten und Mächten. Berlin wird bis in die jüngste Geschichte haftbar gemacht für Preußen und das, was ihm zu Recht oder Unrecht nachgesagt wird.

Wenige Tage nach dem Ende des Zweiten Weltkrieges las man in einer der größten Zeitungen der westlichen Welt das folgende Zitat:»Die Alliierten, die die absoluten Herren Deutschlands sind, könnten Berlin sehr wohl das Schicksal Karthagos zufügen – als ein dramatisches Merkmal des Endes des preußischen Militarismus, der sich von Berlin aus gleich einer bösen Seuche über Deutschland verbreitete und Deutschland in seinen gegenwärtigen Zustand der Zerstörung und Scham brachte. Die Deutschen würden es verstehen, wenn die Hauptstadt Friedrichs des Großen von der Erdoberfläche weggewischt würde, so daß nicht einmal Trümmer, nicht einmal Ruinen übrig blieben.«(»New York Times« vom 11. Mai 1945)

Nein, das hätten die Deutschen nicht verstanden, und mit Recht nicht. Berlin erlitt nicht das Schicksal Karthagos. Dafür ist ihm eine andere in der Geschichte einmalige Last auferlegt worden. Und was von Preußen geblieben ist, das wird vor allem mit Berlin verbunden. Deshalb haben wir hier in Berlin ein ganz besonderes Interesse daran, zur Klärung des Verständnisses von Preußen beizutragen. Aber die Wirkung dieses Unterfangens ist nicht auf Berlin beschränkt. Sie wird auch für Deutschland und Europa im Ganzen von Bedeutung sein.

Ein Streit um Preußen zwischen Ost und West?

Preußen existiert nicht mehr, und keine politische Fantasie verleitet zur Annahme, es werde wiedererstehen.

Preußen befand sich auch eher im Gegensatz als im Einklang mit Nation und Reich. Preußen entstand, als das Römische Reich Deutscher Nation seine Kraft aufgebracht hatte. Und als zweihundert Jahre später die Deutsche Nation zur politischen Einheit fand, löste sich Preußen im Deutschen Reich auf. Es geht nicht darum, das Ende Preußens noch einmal notariell zu fixieren. Aber es ist für uns selbst wichtig, Preußen nicht einfach mit der Deutschen Nation gleichzusetzen. Wer die Schattenseiten deutscher Geschichte Preußen anlastet, weicht der Frage aus, die die deutsche Geschichte an uns stellt. Die letzten hundert Jahre unserer Geschichte standen nicht im Zeichen der preußischen Staatsidee, sondern der nationalen. Davon müssen wir im geteilten Land und im geteilten Berlin ausgehen. Kein heutiger deutscher Staat ist Nachfolgestaat des alten Preußen.

Preußen ist also in seiner Existenz abgeschlossen. Dennoch sind Ideen lebendig geblieben, die das Leben Preußens und unser Verhältnis zu ihnen ausmachen. Dies wird uns die Ausstellung vermitteln. Sie kann nicht selbst Geschichte schreiben. Aber sie kann helfen, durch Widerspruch oder Zustimmung in unseren Gedanken zu klären, was Preußen für uns heute bedeutet.

Beschäftigung mit Geschichte ist immer beeinflußt von Kämpfen und Zielen der Gegenwart. Sie ist dem politischen, sozialen und ideologischen Streit der heutigen Zeit ausgesetzt. So geben manche westdeutschen Veröffentlichungen über Preußen mehr Auskunft über den Autor und seinen Standort in den Meinungsverschiedenheiten der Bundesrepublik Deutschland als über Preußen.

Auch in der geistigen Auseinandersetzung zwischen den beiden deutschen Staaten ist Preußen ein Streitgegenstand. In der DDR beansprucht man gern den preußischen Humanismus für sich, um uns im Westen den preußischen Militarismus zu überlassen. Man liebt es, das Erbe ideologisch nach seinen reaktionären und progressiven Kapiteln auseinanderzusortieren. Freilich machen auch wir es uns recht leicht, wenn wir anmerken, daß nicht die Ehrenkompanie in Bonn, wohl aber die Wache am Mahnmal unter den Linden den preußischen Stechschritt exerziert.

Zur aufgeregten Entrüstung über dies alles besteht kein Grund. Im Gegenteil: Je mehr die Geschichte selbst zur Sprache kommt, desto mehr wird sie zum wertvollen, frei verfügbaren Besitz der Bevölkerung. Fortschritt und Reaktion haben zumeist nicht nur miteinander gekämpft, sondern waren nur allzu oft auch miteinander verflochten. Um so mehr hat die Geschichte eine kritische Aufgabe gegenüber der Gegenwart und nicht eine Beweisrolle für Ideologien der heutigen Zeit.

Wir brauchen also vor einem Streit um Preußen keine Angst zu haben. Er ist ein neues Zeichen notwendiger geistiger Auseinandersetzung mit der eigenen Vergangenheit, die tief in die Gegenwart hineinwirkt.

Zwischen West und Ost ist er ein Zeichen lebendiger Zusammengehörigkeit. Besitzansprüche und Schuldzuweisungen bilden nur den Vordergrund der Diskussion. Dahinter steht, daß Preußen als Geschichtssymbol grenzüberschreitend weiterwirkt.

Bei uns im Westen ist dieser Streit Ausdruck dafür, daß um die geistige Verfassung von Staat und Gesellschaft und Bürger gerungen wird. Das ist gut so. Sicher brauchen wir Konsens in den zentralen Werten und Zielen des Gemeinwesens. Aber Streit ist nicht der Gegensatz, sondern eine notwendige Vorstufe des Konsenses.

Preußische Tugenden

Nicht der Preußische Staat, die preußischen Eigenschaften bilden heute Hauptthema der Auseinandersetzungen um Preußen.

Pflicht, Ordnung und Disziplin gelten als preußische Eigenschaften, weil der Preußische Staat sie in besonderem Maße hervorbrachte. Durch diese Eigenschaften wurde Preußen groß.

Aber eben diese Eigenschaften werden heute auch verstanden als Quelle von Mißbrauch, ja von Verbrechen bis zum

Holocaust. Unvergeßlich hat Hanna Arendt beschrieben, wie Eichmann sich im Prozeß über die »Endlösung der Judenfrage« damit verteidigte, nur seine Pflicht getan zu haben, wie ein preußischer Beamter.

Preußischem Denken war noch fremd, daß Pflicht, Ordnung und Disziplin gut und böse eingesetzt werden können. Tatsächlich aber sind sie zur Perversion geeignet. Diese Erkenntnis dürfen wir nie wieder vergessen.

Darüber hinaus aber dürfen wir nicht verlernen, daß preußische Eigenschaften auch gut eingesetzt werden können. In unserer Zeit besteht keine Gefahr eines Übermaßes an Disziplin, Pflichtgefühl und Gemeinschaftsdienst. Heute herrscht weit eher ein Mangel an der Fähigkeit, sich selbst nicht so wichtig zu nehmen, sondern sich zugunsten von anderen zurückzustellen. Die Lehren aus dem nationalsozialistischen Mißbrauch preußischer Tugenden mußten gezogen werden. Aber für die Krankheiten unserer heutigen Zeit müssen wir eigene Lehren entwickeln. Dazu gehört, Tugenden nicht deshalb zu verteufeln, weil der Teufel bewiesen hat, daß er sie mißbrauchen kann. Dazu gehört auch eine Bereitschaft, von Preußen im Guten zu lernen.

Das Preußische Militär ist Vergangenheit. Noch heute aber gibt es die preußische Literatur. Sie enthält die Beschreibungen eindrucksvoller Gestalten, deren Kraft nicht auf äußerer Macht beruhte und auch nicht auf Recht und Gesetz als absolut gesetzte und kalt vollzogene Prinzipien. Wir finden diese Personen von Herzenskraft und innerem Maß vor allem in Frauengestalten, zum Beispiel in Fontanes Epos »Vor dem Sturm« oder bei Kleist.

Im »Prinz von Homburg« wendet sich Natalie gegen den Großen Kurfürsten, der den Prinzen und Sieger von Fehrbellin in unerbittlicher Rechtsanwendung vor Gericht stellen will. Sie spricht aus, worum es in der Auseinandersetzung im Kern geht:

»Erst, weil er siegt, ihn kränzen, dann enthaupten, das fordert die Geschichte nicht von Dir; das wäre so erhaben, lieber Onkel, daß man es fast unmenschlich nennen könnte.«

Damit stellt sie nicht das Prinzip, sondern das menschliche Schicksal in den Mittelpunkt. Sie verkennt dabei keineswegs den Rang und den Wert von Recht und Gesetz, von Ordnung und Pflicht. Aber sie erkennt, daß darauf allein kein Staat zu bauen ist, den seine Bürger lieben könnten. Sie setzt dem Prinzip von Staat und Gesetz die Forderung entgegen, daß über allem das Gebot der Menschlichkeit zu stehen habe.

Solche Frauengestalten unterliegen oft in der Auseinandersetzung den Männern, die die preußische Staatsraison vertreten. Und dennoch sind sie unbezweifelbar preußisch in ihrem Pflichtbewußtsein, in der Zurücksetzung der eigenen Person und in der Unbeirrbarkeit, mit der sie der Menschlichkeit dienen.

Die Preußische Geschichte hat uns eben nicht nur Friedrich den Großen als Vorbild gegeben, den, nachdem er gerade in Schlesien eingefallen war, Voltaire mit den Worten rühmte: »Noch nie war der klarste und solideste Verstand mit so viel Anmut geschmückt«, und nicht nur die großen Reformen.

Preußen hat uns auch Frauengestalten gegeben, in denen das Wesentliche fortwirkt. An uns liegt es, sie zu erkennen, an ihnen, uns dabei zu helfen, wie Emmi Bonhoeffer es vorbildlich tat am 20. Juli dieses Jahres mit ihrem Bericht über den Widerstand gegen Hitler.

Es sind nicht die preußischen Eigenschaften, die gut oder böse sind. Wir selbst sind die Instanz, die darüber entscheidet, ob sie sich verhängnisvoll oder segensreich auswirken. Es kommt auf die Ziele an, die wir setzen und für die wir preußische Tugenden einsetzen. Und es kommt auf den geschichtlichen Zusammenhang an.

Von einem deutschen Beamten Unbestechlichkeit zu fordern, ist immer notwendig, aber nicht so vordringlich. Nicht zuletzt Preußen verdanken wir, daß wir in dieser Hinsicht einiges gelernt haben. In manchen jungen Staaten, die um ihre Existenz ringen, gehört der Kampf gegen Korruption zum Lebensalltag. Dort kann der unbestechliche Bahnhofsvorsteher und der treuhänderische Landrat, wie er in Preußen, wenn auch nicht nur dort, anzutreffen war, noch immer eine Aufgabe als Vorbild erfüllen.

Auch uns hier in Berlin kann preußische Geschichte viel geben. Es gibt eine Gefahr des Auseinanderfallens der Gesellschaft in unserer Stadt: daß man sich isoliert oder nur einer Gruppe angehört, einer sozialen Schicht, einer Altersgruppe, einer Nationalität und daß man nur zuletzt und zufällig auch

Berliner ist. Um gegen solche Gefahren wieder größeren Gemeinsinn zu entwickeln, dazu genügen nicht edle Gefühle. Dazu brauchen wir ein Pflichtbewußtsein gegenüber dieser Stadt und wir brauchen wechselseitige Toleranz, für die Preußen in seiner Blüte auch sprichwörtlich geworden ist.

Auch in diesem Sinn wenden wir uns Preußen und seiner Ausstellung zu. Ich habe die Ehre, sie heute zu eröffnen.

Die Mauer wird keinen Bestand haben

Am 13. August 1981 jährte sich der Tag des Mauerbaus zum 20. Mal. Aus diesem Anlaß führte der Senat von Berlin im Plenarsaal des Abgeordnetenhauses eine Veranstaltung durch, auf der ich eine Ansprache hielt.

Sechs Wochen vorher hatte ich im Namen des neugewählten Senats meine Regierungserklärung abgegeben. In der Aussprache zeichnete sich die Möglichkeit einer Zusammenarbeit der Parteien im Bereich der Deutschlandpolitik ab. Dies war ein wichtiger Schritt in der ganzen Berliner Nachkriegsgeschichte. Die Ansprache zum 13. August bot Anlaß, dies für Berlin zu befestigen und über Berlin hinaus wirksam werden zu lassen.

»August 61 – Deine Sicherheit«, mit diesem Plakattext auf Litfaßsäulen gedenkt heute die Ostberliner Führung ihres Mauerbaues vor zwanzig Jahren. Der 13. August wird drüben im Jubiläumsjahr nicht mehr wie bisher kleingehalten, sondern zum Fest der Propaganda und Paraden umgewandelt. Er wird zum geschichtlichen Wendepunkt erklärt. Der Bau der Mauer, so heißt es bei der SED, sei die große Tat für den Frieden gewesen. Er habe den westlichen Wirtschaftskrieg beendet, die politische Entwicklung der DDR konsolidiert und den Markstein auf dem Wege vom Kalten Krieg zur Entspannung gesetzt: ohne den Mauerbau hätte es keine Vertragspolitik, kein Berliner Viermächte-Abkommen und keine Konferenz von Helsinki gegeben. Der heimliche Gründungstag der DDR – so nennen Beobachter in Ostberlin den 13. August. Dies dürfte der Auffassung der heutigen SED-Führung ziemlich nahekommen.

Die Mauer hat Geschichte gemacht, das ist wahr. Sie wird weiter Geschichte machen, solange sie steht. Aber nicht als ein willfähriges Instrument im Machtgeschiebe politischer Führung, sondern umgekehrt, weil Menschen niemals aufhören werden, sich gegen diesen Ausdruck politischer Perversion aufzulehnen. Die Mauer ist das Bauwerk gegen Menschen schlechthin. Sie ist die versteinerte Absage der Politik an die Menschlichkeit. Dennoch und eben deshalb ist sie, solange sie steht, der tägliche Beweis, daß die Zusammengehörigkeit lebt, die sie vergessen machen will.

Nun haben wir uns im Laufe der Geschichte schon oft an veränderte Lebensbedingungen gewöhnt, die gestern noch als unerträglich galten. Dynastien und Allianzen, Grenzen, Staaten und Verfassungen haben sich immer wieder gewandelt, und man hat sich im Laufe der Zeit damit abgefunden.

Wird dies nicht schließlich auch für die Mauer in Berlin gelten? Haben wir uns nicht schon heute hüben und drüben praktisch darauf eingerichtet? Denken junge Menschen im Jahre 1981 über die Mauer nicht ganz anders als ihre älteren Mitbürger, welche die persönlichen Erlebnisse an jenem schrecklichen Sonntag im August 1961 nie vergessen können?

Inzwischen ist die Spaltung der Stadt technisch und optisch immer perfekter geworden. Die Treppchen für die Besucher stehen auf beiden Seiten aufgestellt wie in einem Zeughaus. An den vielen abseits liegenden Stellen der Mauer ist auf unserer Seite eine Art Großstadtidyll entstanden: kein Lärm, keine Durchgangsstraße, ein scheinbar natürlicher Spielplatz für kleine Kinder, ein ausgesparter Lebensraum buchstäblich am ungestörten Rand der Gesellschaft.

Das alles ist wahr. Wir reden heute auch nicht mehr dieselbe Sprache wie vor zwanzig Jahren. Der Senat von Berlin hat zur heutigen Veranstaltung eingeladen, nicht um den klirrenden Festlichkeiten der Parteiführung in Ostberlin unsere Anklage und Verurteilung entgegenzusetzen, wie es das Abgeordnetenhaus von Berlin am frühen Abend des 13. August 1961 eindrucksvoll getan hat. Wir sind hier vielmehr heute, zwanzig Jahre später, versammelt, weil wir es allen Deutschen und allen freiheitsliebenden Menschen schuldig sind, nüchtern darüber Rechenschaft abzulegen, wie es zum Mauerbau gekommen ist, was die letzten zwanzig Jahre bewirkt haben und was die Zukunft von uns erfordert.

Die Mauer und ihre Folgen haben schon genug Streit und Leid über Menschen in Ost und West gebracht. Unsere Sache heute ist es nicht, aufzutrumpfen oder zu resignieren, sondern in Erkenntnis der wirklichen Lage unsere Aufgabe für die Zukunft verantwortlich zu bestimmen.

Chrustschow: »Die Mauer ist eine häßliche Sache«.

Im Rückblick sind die Gründe für den Mauerbau rasch genannt. Die SED scheute nicht länger vor dem weltweiten Verlust an Glaubwürdigkeit zurück, um den fortgesetzten Verlust an Menschen aus dem eigenen Machtbereich zu unterbinden. Die Bevölkerung der DDR sollte mit physischer Endgültigkeit gezwungen werden, sich mit dem Unvermeidlichen abzufinden und einzurichten. Die Konsolidierung des eigenen Staates war das Ziel der SED. Zugleich sollte den West-Berlinern die Möglichkeit zu weiteren Besuchen in Ostberlin genommen werden.

Die Gründe der Sowjetunion lagen im Rahmen ihrer Berlin-Offensive, die sie mit dem Chruschtschow-Ultimatum vom 27. November 1958 gegen den Viermächte-Status der Stadt und vor allem gegen die Präsenz der Westmächte in Berlin eröffnet hatte. Die Alliierten waren darauf nicht eingegangen. Kurz vor dem Mauerbau waren die bekannten drei »Essentials« verkündigt worden, mit denen der Westen sich erneut zur eigenen Präsenz in Berlin bekannt und sich für die Freiheit und Lebensfähigkeit West-Berlins verbürgt hatte.

Der Zugriff auf Berlin (West) war damit abgewehrt. Aber die tatsächliche, alleinige Verfügungsgewalt Moskaus in Ostberlin blieb davon unberührt, unbeschadet des seit Kriegsende geführten Streites der vier Siegermächte über die Bedeutung des Viermächte-Status für ganz Berlin. Der Mauerbau sollte nach sowjetischer Absicht also auch den gegenseitigen Respekt der Großmächte vor ihren Einflußsphären beweisen, und er tat es. Über förmliche Proteste ging die Reaktion des Westens nicht hinaus.

Der Bau der Mauer war ein Schachzug politischer Strategie. Aber seinen Bürostrategen fehlte die Phantasie, um seine tief erregenden Auswirkungen auf die Menschen vorherzusehen. Viele Millionen Deutsche und die Mehrzahl der Berliner waren in ihrem persönlichsten Leben davon betroffen. Im ohnmächtigen Zorn reagierten sie auf die gewaltsame Trennung ihrer Familien, ihrer Freundschaften und Lebensexistenzen. Voller Entsetzen mußten sie mit ansehen, wie mitten durch ihre Stadt Barrikaden und Stacheldraht gezogen wurden, wie langsam eine Mauer emporwuchs, wie die Menschen nicht mehr miteinander sprechen, sondern sich nur noch über die Sperren hinweg zuwinken konnten, bis auch dies von bewaffneten Deutschen verhindert wurde, und wie Verzweifelte durch den Sprung aus einem Fenster versuchten, dem Eingemauertwerden zu entkommen und dabei in den Tod stürzten.

Die Menschen verstanden nicht die abstrakten Spielregeln des atomaren Patts. Neben dem Zorn über die Unmenschlichkeit der kommunistischen Machthaber stand das Unverständnis über die Untätigkeit des Westens. Viele Politiker hatten die moralische und menschliche Wirkung der Mauer in unbegreiflicher Weise unterschätzt. Hier war ein Mittel eingesetzt worden, das so sehr in die Tiefe menschlicher Gefühle vorstieß, daß es in Wahrheit kein Instrument der Konsolidierung darstellen konnte. So ist es trotz großer weltpolitischer Veränderungen, und obwohl inzwischen fast eine ganze neue Generation herangewachsen ist, geblieben. Die Berliner in beiden Teilen der Stadt leben seit zwanzig Jahren mit der Mauer, aber sie gewöhnen sich nicht daran. Wie hätte dies auch ein denkender und fühlender Mensch erwarten können?

Chruschtschow selbst hat dies offenbar schon frühzeitig erkannt. Dem deutschen Botschafter hat er nach dessen Bericht gesagt: »Ich weiß, die Mauer ist eine häßliche Sache. Sie wird eines Tages wieder verschwinden. Allerdings erst dann, wenn die Gründe fortgefallen sind, die zu ihrer Errichtung geführt haben.« (Zitiert aus Hans Kroll, »Lebenserinnerungen eines Botschafters«)

Die folgende Zeit war durch Suche nach politischen Antworten auf die neue Lage gekennzeichnet. Zwei Jahre nach dem Mauerbau brachte der damalige Leiter des Berliner Presse- und Informationsamtes, Egon Bahr, in Tutzing die Formel des Wandels durch Annäherung auf. Die Mauer, so sagte er, sei ein Zeichen der Schwäche, der Angst und des Selbsterhaltungstriebes des kommunistischen Regimes. Wenn wir von Westen her ihm diese Sorgen nähmen und das Risiko erträglich machten, könnte dies Grenze und Mauer auflokkern. Auf unserer Seite könnten wir für eine solche Politik genug Selbstbewußtsein haben.

Es folgten die Passierscheinregelungen der Jahre 1963 bis 1966, die Friedensnote des Außenministers Schröder, der

Entspannungsplan der NATO im Harmel-Bericht von 1968, die Gewaltverzichtsverhandlungen des Bundeskanzlers Kiesinger mit den Vertretern der Sowjetunion, die ersten SALT-Fühler der Supermächte und die Ostvertragspolitik am Anfang der siebziger Jahre. In drei Wochen jährt sich zum zehnten Mal die Unterzeichnung des Viermächte-Abkommens von Berlin vom 3. September 1971. Es diente nach westlicher Absicht dem Ziel, die Lage um Berlin zu entschärfen, die freien Verbindungswege zwischen Berlin und Westdeutschland zu sichern, den Bewegungsspielraum für die West-Berliner auch in Richtung Ostberlin und DDR wieder zu erweitern und das Lebensgefühl der Deutschen im anderen Teil etwas zu erleichtern. Als konstitutiver politischer Bestandteil des Berlin-Abkommens der Vier Mächte kamen die Transitregelung in den Westen und die Besuchsregelung in den Osten hinzu. Alles zusammen entsprach dem Ziel, die Teilung, solange sie dauert, für die Menschen erträglicher und insbesondere die Mauer durchlässiger zu machen.

Wir sind für die wesentlichen Erleichterungen dankbar, die das Abkommen gebracht hat. Sie sind vor allem den Berlinern zugute gekommen. Unser Dank richtet sich insonderheit auch an unsere Schutzmächte, unter deren Verantwortung die Berliner Folgevereinbarungen über den Reise- und Besuchsverkehr geschlossen wurden. Der Senat von Berlin weiß sich unverändert dem Ziel verpflichtet, das Viermächte-Abkommen voll einzuhalten und anzuwenden.

Deutschlandpolitische Zusammenarbeit muß
von Berlin ausgehen.

Heute, zwanzig Jahre nach dem Mauerbau, zehn Jahre nach der Unterzeichnung des Berlin-Abkommens, stagnieren die Ost-West-Beziehungen. Dafür gibt es globale, regionale und innenpolitische Gründe.

Auf das sicherheitspolitische Gebiet hat die Entspannung bisher nicht wirksam übergegriffen. Trotz wichtiger Begrenzungen im interkontinentalen strategischen Waffenbereich ist die Rüstung praktisch unbehindert geblieben. Bei den europäischen Reichweiten und Gefechtsfeldwaffen hat sich während des letzten Jahrzehnts das Gleichgewicht nachhaltig zu

Lasten des Westens verändert. Ohne Gleichgewicht aber bleibt Entspannung illusorisch.

Den Anstrengungen des Westens auf Wiederherstellung des Gleichgewichts – Nachrüstung nur, wenn Abrüstungsverhandlungen erfolglos bleiben – begegnet die Sowjetunion mit politischem Druck, vor allem gegenüber den Deutschen im Westen: sie hätten den Hauptgewinn der Entspannungsdekade gehabt, so argumentiert Moskau; sie seien wegen der exponierten deutschen Lage, wegen Berlins und wegen der Beziehungen zwischen den beiden deutschen Staaten stärker als alle anderen an Frieden gebunden. Deshalb sei es ihr Interesse, vom amerikanischen ostpolitischen Kurs und von den NATO-Beschlüssen vom Dezember 1979 abzurücken. Hinzu kommt, daß alle Regierungen in Ost und West in hohem Maß – wenn auch aus nicht vergleichbaren Gründen – überwiegend mit innenpolitischen Problemen beschäftigt sind. Im Westen sind es, mit Unterschieden von Land zu Land, die Probleme der Arbeitslosigkeit, Inflation, Energiepreissteigerungen, Leistungsbilanzdefiziten und übersteigerter öffentlicher Verschuldung. Westliche Gesellschaften haben sich daran gewöhnt, über die eigenen Verhältnisse zu leben, ohne daß die politischen Parteien ihren Bevölkerungen die ihnen erkennbare Wahrheit über die Entwicklung rechtzeitig gesagt hätten.

Hinzu kommt in einigen westlichen Ländern und speziell bei uns in Deutschland die Unart der politischen Parteien, eine Aufgabe wichtiger zu nehmen als alle anderen: nämlich den Kampf der Parteien untereinander. Man gewinnt oft den Eindruck, als sei dies das einzige, was viele ihrer Vertreter richtig gelernt hätten. Daß Regierungen und Oppositionen um die Macht kämpfen, und daß sie im Wettbewerb um den besten Weg miteinander kritisch konkurrieren, ist der Sinn des demokratischen Systems. Aber daß jedes gesellschaftliche oder internationale Problem primär zur Munition im Parteienstreit verwendet wird, überzeugt die Bürger immer weniger und schwächt die Handlungskraft des Gemeinwesens nach innen und außen.

Dies gilt auch für die Berlin-, die Deutschland- und die Ostpolitik. Die Schutzmächte können unsere Interessen um so wirkungsvoller vertreten, je weniger wir sie durch innenpolitischen Streit verunsichern. Die Deutschen in der DDR wollen nicht wissen, wer von uns immer schon Recht gehabt hat und wer sich für den besseren Patrioten hält, sondern ob wir es miteinander fertig bringen, ihre Lage zu sehen und bessern zu helfen.

Der Senat wird alles in seinen Kräften Stehende tun, um zu einer festeren deutschland- und ostpolitischen Zusammenarbeit über Parteigrenzen hinweg zu kommen. Dies gilt nicht nur für das Verhältnis von Senat und Bundesregierung, wie es in der Nachkriegszeit ohne Rücksicht auf Parteienkonstellation immer war.

Berlin ist der gegebene Platz, mit dem Willen zur Gemeinsamkeit Ernst zu machen und dann vorauszudenken und voranzugehen. Die innere Lage in den Staaten des Warschauer Paktes hat ernste Auswirkungen auf die Ost-West-Beziehungen. Für die SED ist es auch zwanzig Jahre nach dem Mauerbau eine ungelöste Aufgabe, die eigene Bevölkerung, zumal die junge Generation, national oder ideologisch zu stabilisieren. Die mit der Vertragspolitik stark gestiegene Zahl der Westbesucher, wirtschaftliche Schwierigkeiten und schließlich die Sorge vor den Auswirkungen des polnischen Experiments, nämlich eine kommunistische Einheitspartei auf den Boden einer pluralistischen Basisdemokratie zu stellen – das alles hat, anders als in den sechziger Jahren prognostiziert, der SED die Sorgen nicht genommen, sondern neu begründet.

Die Folge davon ist ein schwerer Rückfall, der uns vor allem in Berlin betrifft: zur unmenschlichen Steinmauer gegen die Ostberliner und die DDR-Bürger fügte die SED im Oktober 1980 die Finanzmauer gegen die West-Berliner und Westdeutschen hinzu. Betroffen davon sind alle Deutschen in Ost und West.

Die Erhöhung und Ausweitung der Mindestumtauschpflicht, die die DDR mit Wirkung vom 13. Oktober 1980 verfügt hat, hat den Reise- und Besucherverkehr schwer beeinträchtigt. Nach wie vor beträgt der Rückgang der Berliner Besucher mehr als fünfzig Prozent gegenüber dem Zeitraum vor der Erhöhung und Ausweitung. Besonders betroffen sind Rentner, Jugendliche und Kinder. Diese Maßnahme ist nicht nur unsozial. Sie verletzt auch die Geschäftsgrundlage der mit der DDR am 20. Dezember 1971 geschlossenen Vereinbarung über den Reise- und Besuchsverkehr. Die Mindestumtauschregelung der DDR widerspricht dem erklärten Ziel des Viermächte-Abkommens, den Reise- und Besuchsverkehr zu erleichtern und zu verbessern. Wie kein anderes Ereignis während der letzten zwanzig Jahre hat sie in Berlin die Entspannung in Frage gestellt. Der Senat von Berlin fordert deshalb die Rücknahme der Mindestumtauschanordnung der DDR vom 9. Oktober 1980.

Das freie Berlin ist eine Insel, aber kein Käfig

Seit zwanzig Jahren hat der Mauerbau auch innerhalb des westlichen Teils unserer Stadt tiefe Spuren gezogen. Für den Standortausgleich wurden mit der maßgeblichen Unterstützung durch alle im Bundestag vertretenen Parteien Maßnahmen in Kraft gesetzt, die die Lebensfähigkeit in Freiheit sichern. Wir haben unsere stadtpolitischen großen Aufgaben und Probleme. Sie zu vertiefen ist nicht Sache der heutigen Veranstaltung.

Aber der 13. August bietet besonderen Grund, klar zum Ausdruck zu bringen, daß wir nicht ausschließlich auf uns allein zurückgeworfen und mit uns selbst beschäftigt sind. Was wir denken und tun, was wir versäumen oder schaffen, hat in hohem Maß seine Auswirkungen für unser Land und für unseren Kontinent. Daran werden wir gemessen, daran messen wir uns selbst.

Das freie Berlin ist eine Insel, aber kein Käfig. Dies gilt in erster Linie für die Ost-West-Politik, deren geographischen und politischen Kern die Deutschlandpolitik bildet. Europa ist geteilt. Die Spaltung geht mitten durch Deutschland und Berlin hindurch. Mehr als allen anderen liegt uns an zweierlei: am Ziel, die Spaltung zu überwinden, und am Weg des Friedens. Die Aufgaben für Berlin, für die Beziehungen der beiden deutschen Teilstaaten und für das europäische Ost-West-Verhältnis sind voneinander untrennbar. Es gibt keine Berlin- und Deutschlandpolitik, die sich mit Aussicht auf dauerhaften Erfolg von der politischen Großwetterlage in Europa unabhängig machen könnte.

Für den Weg des Friedens mit dem Ziel, daß in Europa die

trennenden Gräben langsam zugeschüttet werden, hat der Harmel-Plan des atlantischen Bündnisses schon vor dreizehn Jahren zutreffend eine Politik gefordert, die die Entspannungsbemühungen mit der Verteidigungsbereitschaft als untrennbare Bestandteile europäischer Sicherheit verbindet.

Nirgends wird dies klarer als in Berlin. Die Entspannung, um die es uns vordringlich geht, ist immer europäische Politik. Auch lokal ist sie nur dann von Bestand, wenn sie sich auf die europäische Lage im ganzen bezieht. Auch die Sicherheit, ohne welche die Entspannung auf eine Rutschbahn in Richtung Unterwerfung geriete, können wir nicht allein und lokal gewährleisten. Sie bleibt an das Bündnis mit seiner Führungsmacht Amerika geknüpft.

Die Berliner wissen das besonders gut. Der gesamteuropäische Zusammenhang von Entspannungs- und Sicherheitspolitik zeigt uns täglich von neuem, wie wenig isoliert wir in Berlin sind. Wir leben hier nicht in einer Nische am Rand der Geschichte, sondern in der Mitte der großen politischen Entwicklungen. In diesem Rahmen nutzen wir unsere besondere Erfahrung und Lage und bringen unsere Stimme zu Gehör.

Trotz der heutigen Spaltung entstammen beide deutschen Teilstaaten derselben Geschichte. Beide haften für sie, ob sie es wollen oder nicht. Denn beide tragen an den andauernden Folgen, wenn auch der Preis für die Menschen in Ost und West ganz unvergleichbar ist.

Berlin ist der Platz, der die deutsche Geschichte dieses Jahrhunderts mit den durch sie ausgelösten Machtfolgen nicht in ein Museum verbannt, sondern sie bis auf den heutigen Tag mitten auf seinen Straßen zeigt. Die Mauer ist ihr deutlichster Ausdruck.

Die Auseinandersetzung mit dieser Geschichte ist in ein neues Stadium lebhafter Beschäftigung und Konkurrenz getreten. Das geschieht oft allzu spürbar mit der Absicht, gegenwärtige politische Ziele durch Argumente aus der Geschichte zu stärken und dabei die Geschichte ein wenig zu sortieren. Ein Wissenschaftler in der DDR sagte neulich: »Unsere Kultur vollbringt ein großes Reinigungswerk an reaktionären Verfälschungen des geschichtlichen Erbes.« Gewiß ist, daß die Öffnung für die eigene Geschichte zur Verantwortung für Gegenwart und Zukunft gehört. Wir hatten sie im ganzen

Deutschland allzu lange verdrängt. Daran trug freilich die Mauer keine Schuld, so wenig sie es heute vermag, die Ideen und Auseinandersetzungen voneinander abzuschirmen, die uns heute auf beiden Seiten der Mauer bewegen.

Die Geschichte lehrt uns nicht, wie wir unsere heutigen Aufgaben lösen können. Aber sie hilft uns, besser zu verstehen, wer wir sind.

Eine Sortierung nach willkommenen und nach unbequemen Kapiteln der eigenen Geschichte erlaubt sie uns in keinem Teil Berlins oder Deutschlands. Die Farben des alten Preußen waren schwarz und weiß. Die Geschichte hat nicht je eine dieser Farben auf je einen deutschen Teilstaat vererbt. In Berlin wissen dies die Menschen, und zwar in beiden Teilen unserer Stadt. Es ist unsere gemeinsame Geschichte mit ihren gegenwärtigen Folgen, die uns – allen propagandistischen Untertönen zum Trotz – zu sagen veranlaßt: die Deutschen haben eine besondere Pflicht und ein besonderes Interesse am Frieden. Von deutschem Boden soll kein Krieg mehr ausgehen, auf deutschem Boden sollen die Waffen schweigen. Dazu gehört, daß an den Trennungslinien auf deutschem Boden, und das heißt für alle Berliner vor allem an der Mauer, nicht mehr geschossen wird.

Die Deutschen in der DDR tragen den schwereren Teil unserer Geschichte

Zur Friedensaufgabe gehört unsere Rolle in der Allianz. Das Bündnis mit den USA hat hier in Berlin seine Wurzel. Die gemeinsame Überzeugung von der Freiheit und Würde des Menschen hat alsbald nach dem Kriegsende in der Zeit der Blockade aus Gegnern Freunde gemacht. Auf diesem festen Grund stehen wir. Wir wissen, was es für Amerikaner bedeutet, sich hier zu engagieren. In diesem Saal vor dem Abgeordnetenhaus und dem Senat von Berlin hat es der amerikanische Vizepräsident Lyndon B. Johnson im Namen seines Präsidenten am 19. August 1961 mit den Worten bekräftigt:

»Für das Überleben und die schöpferische Zukunft dieser Stadt haben die Amerikaner in der Tat das verbürgt, was unsere Vorfahren bei der Schaffung der Vereinigten Staaten verbürgt haben: unser Leben, unser Gut und unsere heilige Ehre.«

Aus ihrer unmittelbaren Verantwortung und ihrem Augenschein in Berlin verstehen unsere hiesigen amerikanischen Freunde und Besucher auch besser unser vitales Interesse an einer Entspannung, die nicht statisches Einfrieren bedeutet, sondern friedliche Weiterentwicklung.

Wir drängen auf Gespräche, die dem Ziel dienen sollen, militärische Auseinandersetzungen jeglicher Art zu vermeiden und auch nach der subjektiven Einschätzung aller Beteiligten ein annäherndes Machtgleichgewicht zu erlangen. Wir freien Deutschen sind nicht Vermittler oder Verhandlungsagenten, sondern Bündnispartner, die unter Freien ihre Stimme erheben, wie es ihrer verantwortlichen Sicht entspricht.

Berlin: Lobby in Bonn für die Deutschen in der DDR

Wir sind zu Gesprächen und Kontakten bereit, wo immer sie der friedlichen Weiterentwicklung für die Menschen dienen können. Dies gilt insbesondere auch dort, wo es möglich ist, parallele Interessen trotz unterschiedlicher Voraussetzungen und Ziele über die Trennungslinien hinweg zu entfalten.

Im Umgang zwischen den deutschen Teilstaaten bedeutet dies, sich nicht allein an abwehrenden und abgrenzenden ideologischen Kerndogmen festzubeißen, sondern dennoch zugängliche konkrete Themen fortzuentwickeln.

Die Ziele, die die beiden Seiten anstreben, liegen auf verschiedenen Ebenen. Die Preise, die von beiden Seiten zu zahlen sind, sind schwer vergleichbar. Dennoch müssen sie offen genannt, diskutiert und vor allem öffentlich verständlich gemacht werden.

Der DDR liegt unverändert an wirtschaftlichen Abmachungen. Diese Interessenlage wird zwar stets der gesamtpolitischen Lage untergeordnet, hat sich aber allen blockinternen und weltpolitischen Verhärtungen zum Trotz nicht prinzipiell verändert. Unsere wichtigsten Ziele sind und bleiben demgegenüber, menschenwürdige Freiheitsrechte.

Es ist nicht meine Aufgabe, die Themen hier im einzelnen

aufzuzählen und zu begründen. Notwendig aber sind zwei Hinweise:

Gesprächsthemen und Vereinbarungen zwischen den beiden deutschen Seiten beziehen sich oft auf Berlin. Wir sind im freien Teil der Stadt für die Förderung aller der Verhandlungsgegenstände dankbar, die unserem hiesigen freien Leben zugute kommen. Dazu gehören, neben den vordringlichen Fragen des Reise- und Besucherverkehrs, die Themen des Energieverbunds, des Verkehrs mit den verschiedensten Verkehrsmitteln, des Gewässerschutzes, der wirtschaftlichen Verbindungen und andere.

Wir wissen aber, daß innerdeutsche Beziehungen sich nicht in Verbesserungen für Westdeutsche und West-Berliner erschöpfen dürfen. Im Mittelpunkt stehen vielmehr die Belange der von der Teilung besonders betroffenen Deutschen in der DDR und in Ostberlin. Verbesserungen für uns in West-Berlin sind daher immer auch am Maßstab zu messen, inwieweit sie mindestens mittelbar zugleich auch positive Auswirkungen auf der anderen Seite haben.

Oft und mit Recht wird in unserer Öffentlichkeit nach der Höhe und dem Verbleib finanzieller Leistungen der westlichen Seite bei solchen Abmachungen gefragt.

Dabei gilt es aber auch stets, im Auge zu behalten, daß die großen finanziellen Gesamtleistungen, die aus öffentlichen und privaten Quellen jährlich aus Westdeutschland in die DDR fließen, einen Faktor von wachsender Bedeutung nicht nur als politische Plangröße, sondern für das Leben drüben überhaupt ausmachen, einen verklammernden Faktor.

Wenn wir in Zeiten einer besonders angespannten Haushaltslage schärfer als früher nachrechnen, ob finanzielle Leistungen wirklich auch den Menschen zugute kommen, so ist das nur recht und billig. Nur eines dürfen wir auf westlicher Seite nicht, nämlich einfach sagen: wir müssen sparen, und wir haben für diese Verwendungszwecke zur Zeit kein Geld, zumal bei den schwierigen Haushaltsverhandlungen keine Lobby darauf drängt. Es wäre für unsere Landsleute drüben ganz und gar unerträglich, wenn sie den Eindruck gewinnen müßten, daß wir jeden innenpolitischen Ausgabendruck ernster nehmen, als die materiellen Verpflichtungen, mit denen wir einen Beitrag für die Deutschen leisten können, denen die gemeinsame Geschichte den schwereren Teil zugeschanzt hat als uns. Für solche Verpflichtungen aus dem freien Teil Deutschlands sind wir in Berlin die berufene Lobby, weil wir vor Augen haben, worum es geht.

Der Wind der Veränderung weht über den Eisernen Vorhang hinweg

Im »Neuen Deutschland«, dem Zentralorgan der SED, war vor einigen Tagen zum Thema des 13. August unter anderem der Satz zu lesen: »Dabei fragt die Jugend von heute oftmals anders, als es die Väter gestern taten, und sie hat Anspruch auf Antworten, mit denen nicht nur Wissensdurst gestillt wird«. Wie wahr! Keiner in Ost und West wird sich dieser Bewährungsprobe entziehen können.

Zum nötigen Realismus bei solchen Antworten gehört es auch, an die Einsicht zu denken, die der amerikanische Präsident Kennedy hier in Berlin am 26. Juni 1963 in der Freien Universität vortrug: »Der Wind der Veränderung weht über den Eisernen Vorhang und die übrige Welt hinweg«. Wir sind alle nicht mehr dieselben wie damals. Das gilt für uns hier, aber auch für den Sozialismus drüben. Er hat sich mit seinen Zielen, Dogmen und Mitteln nicht bewegt, aber die Menschen tun es. Kein Ereignis der letzten zwanzig Jahre ist spur- und folgenlos an ihnen vorübergegangen.

Eltern und Kinder, Geschwister und Freunde, Berufskollegen, Wissenschaftler, Künstler und Sportler, Dienste der Kirchen – alles lebt weiter in derselben Stadt. Die Mauer hat die Verbindungen nachhaltig verändert. Aber sie hat sie nicht abtöten können. Die Verbindungen sind sogar immer wieder neu entstanden, aus der Natur der Sache und vor allem des Menschen selbst. Es sind die ganz natürlichen Bedingungen und Interessen des Lebens, die Luft, das Wasser, die Familie, die Technik, der Nahverkehr, die Ideen, die Gefahren, der Frieden, die keine Mauer trennen kann. Die Mauer ist gegen die Natur, gegen den Menschen, gegen das Leben. Deshalb vertrauen wir auf den Wert und Sinn unseres Zieles, die Teilung der geschichtlichen Perspektive zu überwinden und sie erträglich zu machen, solange sie andauert.

Wir werden niemandem erlauben, Abgrenzung und Mauern dazu zu benutzen, um Konfrontation und Gefahr in unserer Zeit zu erhöhen. Aber wir werden auch niemals verschweigen, daß der Frieden einen Inhalt hat: die Achtung vor der einmaligen Würde eines jeden Menschen.

Die Mauer erinnert uns täglich daran, daß Stadt, Land und Kontinent geteilt sind. Ohne daß sie es will, beweist sie uns täglich aber auch, daß wir zusammengehören, und zwar über sie hinweg. Sie wird keinen Bestand haben. Die Freiheit und Würde des Menschen verpflichten uns. Sie werden sich als stärker erweisen.

Berliner Beitrag zur Lage der Nation

Bundestagsrede am 9. September 1982

Die alljährliche Diskussion im Deutschen Bundestag zur Lage der Nation fand 1982 später als sonst statt. Der Verschiebung bis in den Frühherbst lagen die anhaltenden und anwachsenden Schwierigkeiten in der sozial-liberalen Koalition zugrunde.

In der Debatte hatten zunächst Bundeskanzler Schmidt, Oppositionsführer Kohl, SPD-Parteivorsitzender Brandt und sodann Außenminister Genscher gesprochen. Alle hatten sich mehr mit der Lage der Koalition als der der Nation befaßt. Im Mittelpunkt der Aufmerksamkeit stand die Rede Genschers. Die zweite Hälfte seiner Ausführungen war allseits als das erste öffentliche unwiderrufliche Signal dafür verstanden worden, daß der Parteivorsitzende der FDP den Koalitionswechsel zur Union für unumgänglich und unmittelbar bevorstehend hielt. Tatsächlich wurde Helmut Kohl drei Wochen später, am 1. Oktober, von der neuen Koalition zum Bundeskanzler gewählt.

In der außergewöhnlichen und gereizten Atmosphäre am 9. September wurde ich von der Bundesratsbank aus als nächster Redner nach Genscher aufgerufen. Mir fiel damit die Aufgabe zu, die Debatte in Richtung auf den eigentlichen Tagesordnungspunkt, nämlich die Lage der Nation, hinzuführen. Mit meiner Einleitungsbemerkung spielte ich darauf an, daß der Berliner Senat damals noch ohne Koalition regierte, obwohl die Mehrzahl der FDP-Mitglieder des Berliner Abgeordnetenhauses den Senat mitgewählt hatte und ihn praktisch unterstützte.

Herr Präsident! Meine Damen und Herren! Den Ausführungen des Herrn Bundesaußenministers – insbesondere in dem zweiten Teil seiner Rede – habe ich mit großer Aufmerksamkeit zugehört. Es steht mir in meiner Funktion nicht zu, dies hier zu kommentieren. Vielleicht darf ich hinzufügen, daß ich an der Stelle, an die ich gestellt bin, mit Koalitionen auch keine Erfahrung habe.

(Heiterkeit)

Ich darf mich für die Gelegenheit bedanken, von Berlin aus

einen Beitrag zur Debatte über die Lage der Nation zu leisten. Sie, Herr Bundeskanzler, haben ebenso wie die anderen Redner auf die äußere und innere Lage Berlins Bezug genommen. Das ist gut und notwendig und ich danke allen dafür.

In der Tat, die Lage Berlins ist wesentlicher Bestandteil des ganzen Themas, das heute zur Debatte steht. Damit sind die gegenwärtige Lage und die Zukunftsperspektiven der Deutschen in der geteilten und abgetrennten Stadt gemeint. Weiter ist Berlin als Seismograph der Ost-West-Beziehungen gemeint. Es wäre ein Irrtum zu glauben, diese Rolle sei vorbei. Schließlich und vor allem aber ist Berlin der zentrale Orientierungspunkt für die offene deutsche Frage, für die Lage der Nation im Ganzen.

(Beifall bei der CDU/CSU)

Erlauben Sie mir, zuerst etwas zu diesem letzten Aspekt, zu dem Kernstück des heutigen Themas, zu sagen und später auf Berlin zurückzukommen. Ich tue es zunächst mit einem etwas größeren Abstand von unserer Tagesperspektive, als dies im allgemeinen und als es bisher auch in dieser Debatte geschehen ist.

Die Lage der Nation – das ist primär die Frage nach dem Bewußtsein und den Zielen der Deutschen selbst, der Deutschen in Ost und West. Aber es ist auch die Frage nach dem Einfluß und den Zielen der Außenwelt auf uns Deutsche, die wir in der Mitte Europas leben. Zu keiner Zeit konnte sich das Bewußtsein der Deutschen von ihrer Identität und ihrer natürlichen Entwicklung so vollziehen wie bei der Mehrzahl der anderen europäischen Völker. Denn mehr als die anderen sind und bleiben wir von nahen und fernen Nachbarn und Mächten umgeben. Sie alle haben ein vitales Interesse daran, welche politische Gestalt die Mitte Europas annimmt. Kenntnis und Verständnis der Geschichte sind deshalb für uns eine reale politische Lebensnotwendigkeit. Denn sie lehren uns: Es ist unsere geographische Lage der kontinentalen Mitte, die unsere Entwicklung stets entscheidend geprägt hat und sie weiter bestimmen wird. Die Frage nach der deutschen Identität und nach der deutschen Nation hat uns auf dieser Welt noch nie allein gehört.

Der Einfluß der Mächte von außen hat allzuoft und allzulange Ohnmacht in der Mitte, Ohnmacht bei den Deutschen erzeugt. Zwei Anläufe hat das 20. Jahrhundert gebracht, zwei Anläufe der Deutschen, um aus diesem Einfluß der Mächte auf die Mitte des Kontinents auszubrechen: Das Kaiserreich strebte an seinem Ende nach Vormacht, und Hitler suchte eine Weltmachtrolle für die Deutschen.

Als Ergebnis stand am Ende der beiden Weltkriege die Teilung. Die Mächte, die heute auf Europas Mitte einwirken, sind nicht mehr das europäische Konzert des 19. Jahrhunderts, vielmehr sind es die beiden führenden Weltmächte mit ihren Systemen und Bündnissen. Sie sind es, die den maßgeblichen Einfluß gewonnen haben.

Begonnen hat es als eine gemeinsame Kontrollfunktion verbündeter Sieger über die zukünftige Gestalt Deutschlands und Zentraleuropas. Die Frage einer permanenten Teilung Deutschlands war unter den Siegern offen. Dann aber hat sich der Charakter der Dauerabgrenzung zwischen den beiden Machtbereichen mitten in Deutschland eingestellt. Er schwankt zwischen Konfrontation und Kooperation. Er läßt bis heute nicht erkennen, wie die Folgen dieser Abgrenzung, nämlich die Teilung Europas, Deutschlands und der Stadt Berlin, je überwunden werden sollen.

Aber das alles hat an der Lage von uns Deutschen in der Mitte Europas gar nichts geändert. Die beiden bisherigen Lehren unseres Jahrhunderts, also das Scheitern der Ausbruchsversuche aus dem Einfluß der Mächte und als Ergebnis die Teilung, widersprechen der geopolitischen Natur der Dinge. Denn die Mitte ist keine Grenze; auf die Dauer eignet sie sich dafür nicht.

(Beifall bei der CDU/CSU)

Unsere Phantasie reicht zwar nicht aus, uns die Machtkonstellation auszumalen, die eine neue europäische Architektur ohne alte, überlebte Staatengebilde hervorbringt und die die Grenze überwindet, die durch die Mitte verläuft. Die Teilung ist also, geschichtlich gesehen, mehr als eine Momentaufnahme. Aber wer sie zum Dauerzustand erklärt, hat die geschichtliche Wahrheit wahrscheinlich nicht auf seiner Seite. Die Mitte des Kontinents taugt auf die Dauer für ein Großreich ebenso wenig wie für eine Grenze. Der Einfluß von außen und die Ziele, die von außen bei uns verfolgt werden, führen ebenso wie unsere eigenen Vorstellungen zu immer neuen Entwicklungen.

Das Wahrscheinliche für die Mitte ist der Wandel, ist die Veränderung. Die bisherigen Antworten, die uns das 20. Jahrhundert auf die Gestalt Zentraleuropas gegeben hat, sind nicht die endgültigen und nicht die letzten. Historisch gesehen, werden sie nicht von Bestand sein.

Als ich auf dem Wege hierher jemanden traf und ihm sagte, wir würden hier im Deutschen Bundestag über die Lage der deutschen Nation diskutieren, da lautete seine Antwort: Eure Sorgen möchte ich haben! Die meisten Deutschen – und da machen die Politiker keine Ausnahme – sind mit drängenden Tagesfragen beschäftigt, mit wenig Bezügen zu diesen Grundgedanken nach den langfristigen Entwicklungen der deutschen Nation: am wenigsten in Westdeutschland, stärker in Berlin, auf eigene Weise am stärksten in der DDR. Unsere Sorgen sind geprägt von Arbeitslosigkeit und sozialer Sicherung. Wir denken an Koalitionen und Bündnispolitik. Wir denken an den Wettbewerb der Systeme zwischen Ost und West. Vor allem denken wir auch an Fragen des Friedens.

Unsere Aufgabe heute aber ist es zu prüfen, wie wir mit unseren vordringlichen Tagesthemen bewußt oder unbewußt auf die langfristige historische Entwicklung einwirken. Denn ich meine, wir haben allen Grund, nicht die Augen so lange zuzuhalten, bis wir plötzlich aufwachen und erstaunt feststellen, in welche Richtung inzwischen die offene deutsche Frage abgewandert ist, ohne daß wir es gemerkt haben und ohne daß wir wissen, durch wen.

Blicken wir zunächst in die DDR. Für sie hatten die siebziger Jahre ambivalente Folgen. Einerseits war es für die DDR-Führung natürlich positiv, das Ziel erreicht zu haben, um das es ihr vor allem ging, nämlich die internationale Anerkennung, die Mitgliedschaft in den Vereinten Nationen, die Präsenz der Botschafter vor allem aus dem Westen. Auf der anderen Seite ist das für die DDR nicht alles leicht zu verkraften. Es gibt zwei deutsche Staaten, aber zwei Staaten deutscher Nationalität. Es sind keine fremdnationalen Staaten. Sie haben besondere Beziehungen, auch wenn dies im Einzelfall strittig ist. Die gemeinsame nationale Frage der beiden ist in den Verträgen nicht gelöst. Aber sie ist angesprochen. Die vielen West-Ost-Besucher und die Berichterstattung von Westkorrespondenten aus der und in die DDR tun ihre Wirkung.

Besondere Beziehungen zum westdeutschen Staat widersprechen einerseits der offiziellen Doktrin; andererseits bringen sie nicht nur wirtschaftliche, sondern auch politisch bedeutsame Ansatzpunkte. Sie nützen gelegentlich, um nicht in alles und jedes uniform einbezogen zu werden, was der Warschauer Pakt so mit sich bringt.

Hauptaufgabe der SED ist es, ihre Stabilität im Rahmen des umfassenden Machtanspruchs der Parteiführung zu sichern. Dazu gehört aus ihrer Sicht, die Anziehungskraft des anderen deutschen Staates einzuschränken, aber mit der eigenen Bevölkerung ein Mindestmaß an Übereinstimmung zu finden. Dieser Bevölkerung sollen Felder für die Identifizierung mit der DDR als dem eigenen Staat geboten werden.

Für das letzte gibt es vor allem drei Ansatzpunkte. Einer davon ist die wirtschaftliche Tüchtigkeit der DDR im Vergleich zu den eigenen Bundesgenossen. Dies hat der SED Fortschritte, aber auch Schwierigkeiten gebracht. Denn gerade der wirtschaftliche Vergleich läßt sich nicht auf die Richtung nach Osten beschränken. Wer den Lebensstandard betont, löst neue Begehrlichkeiten in westlicher Richtung, das heißt in Richtung auf den anderen deutschen Staat, aus. Man denke nur an die Probleme der SED mit den Westgeldkonten.

Ein zweites Feld sind die Beziehungen zu den Kirchen, vor allem zur evangelischen Kirche. Sie sind die einzigen großen gesellschaftlichen Organisationen in der DDR mit eigener landesweiter Infrastruktur, ohne kommunistisch zu sein.

Dies ist ein wichtiges und empfindliches Gebiet. Da gibt es Öffnungen und Rückschläge, Zusammenarbeit und Mißtrauen. Ständiger Konfliktherd zwischen Kirche und staatlicher Führung ist die Erziehung. Wie kann man denn gleichzeitig zum Frieden erziehen – was dem Auftrag der Kirche entspricht – und Feindbilder vorbereiten, wie es die Parteiideologie verlangt?

Allzu groß ist der Widerspruch, einerseits westliche Gruppen des »Frieden schaffen ohne Waffen« zu unterstützen, gleichzeitig zu Hause zu sagen, der Friede müsse bewaffnet sein. »Schwerter zu Pflugscharen«, das ist zum Symbol eines Konflikts geworden, dessen Entwicklung wir ernst nehmen müssen, wenngleich wir wissen, daß niemand versuchen sollte, ihn von hier aus zu mißbrauchen. Wir haben und wir suchen keinen Einfluß auf ihn. Die Aufgaben der Kirchen in der DDR könnten von unseren Ratschlägen mehr Schaden nehmen als Nutzen ziehen.

Ein dritter, besonders interessanter Punkt ist die Öffnung in Richtung auf Geist, Kultur und Geschichte. Noch Anfang der siebziger Jahre hatte die SED die DDR als die sozialistische Nation deklariert und eine gemeinsame deutsche Nationalität geleugnet. Zur Abgrenzung gegen uns und zur Verankerung der Deutschen in der DDR hatte dies aber nicht die beabsichtigte Wirkung. Bereits 1974 sprach die SED-Führung daher von einem Doppelbegriff, nämlich Staatsbürgerschaft der DDR und deutsche Nationalität. Die Versuche, das Wort »deutsch« aus Überschriften und Texten auszusondern, traten wieder in den Hintergrund. Statt dessen wurden Geist, Kultur und Geschichte zu einem neuen Feld für die Legitimierung der DDR und die Identifizierung der eigenen Bevölkerung.

Bemerkenswert sind die jüngsten Anstrengungen der DDR, die Auseinandersetzung mit der deutschen Geschichte zu fördern. Aus der zunächst recht platten ideologischen Klasseninterpretation der Geschichte ist inzwischen etwas mehr geworden. Neben Thomas Münzer und Karl Marx sind Martin Luther, Friedrich der Große, von Honecker selbst so bezeichnet, und nicht nur die preußischen Reformer, sondern auch die Königin Luise getreten. Die Geschichtsschreibung der DDR beschränkt sich nicht mehr auf die Geschichte der DDR und auf die von ihr als progressiv diagnostizierten Vorgänge in der Vergangenheit, vielmehr schließt sie, wie ein führender DDR-Historiker es formuliert, die ganze deutsche Geschichte seit der Entstehung des deutschen Volkes als ethnischer Einheit mit ein.

Der SED dient die Debatte um die deutsche Geschichte als Fortsetzung der geistigen Auseinandersetzung um die Frage nach der deutschen Nation. Es findet eine Aneignung der deutschen Nationalgeschichte statt, ein Anspruch auf die ganze deutsche Geschichte, beinahe ein Alleinvertretungsanspruch. Dahinter steht das Bewußtsein, daß es sich um Politik handelt, wenn es um die Geschichte geht. Wer die Geschichte hat, hat möglicherweise auch die Zukunft.

Bei uns gibt es Leute, die darauf einfach nur mit Erschrekken reagieren. Warum eigentlich? Gewiß, die Geschichte wird drüben als ein unverzichtbares Reservoir für die Legitimierung der DDR benutzt und der eigenen Bevölkerung zur Verankerung ihres Bewußtseins in der DDR angeboten. Aber ich meine, es wäre kurzsichtig, zu glauben, dies alles diene nur der Abgrenzung gegen uns und dies alles werde in diesem Sinne auch erfolgreich sein.

Was zunächst die Abgrenzung betrifft: Hierzu muß man die Entwicklung im Warschauer Pakt im Ganzen im Auge haben. Auch dort, nicht nur in der Atlantischen Gemeinschaft, gibt es Schwierigkeiten. Die dortige Führungsmacht hat ihre blockinternen Grundsätze, auf deren Einhaltung sie bedacht ist. Aber auch sie kommt nicht darum herum, zuzulassen, daß sich alle Volksdemokratien im Rahmen des Möglichen um nationale Identität bemühen. Das ist noch keine echte Pluralisierung. Auch verläuft die Entwicklung mit höchst wechselndem Erfolg. Aber sie ist ein wichtiger, für uns relevanter Faktor.

Bekannt sind die Schwierigkeiten der SED im Vergleich zu den Schwesterparteien. Sie hat für die DDR die nationale Alternative, nämlich uns, die Bundesrepublik Deutschland, ständig vor Augen. Dennoch sind nicht nur wir die Gemeinten, wenn nationale Identität ein Gegenstand der Anstrengung in der DDR wird. Auch innerhalb des Paktes will man als DDR gegenüber den Partnern unterscheidungsfähig sein. Sodann: Wer sich wirklich ernsthaft auf die Geschichte einläßt, den führt sie, ob er es will oder nicht, Schritt für Schritt von der Oberfläche zu den tieferen Wurzeln. Je mehr die geistige, die kulturelle und die historische Beschäftigung sozusagen amtlich freigegeben und mit Material angereichert wird, desto mehr entfaltet sie ihr Eigenleben.

Im Zuge der Vorbereitung auf das Luther-Jahr 1983 häufen sich jetzt die Tagungen und Publikationen. In diesen Tagen ist gerade eine Biographie für junge Leute in der DDR über Martin Luther erschienen. Der Titel lautet: »Martin Luther – Reformator und Rebell – Seine Leistung als führender Ideologe der frühbürgerlichen Revolution«. – Luther hält nun einmal Überraschungen für jeden bereit, der sich mit ihm befaßt. Die SED-Interpretation, insbesondere von Luthers sprachlichem, kulturellem und sozialem Einfluß, wird manchen Widerspruch auslösen; langweilig ist sie jedoch nicht.

Luther hat im übrigen nicht nur Spaltungen nach sich gezogen. Vielmehr hat er im Zeichen der Sprache auch zusammengeführt, und das wird hier nicht verborgen bleiben.

Im übrigen: Welchen Grund haben wir im Westen, die Beschäftigung mit Tradition und Geschichte, wie sie drüben stattfindet, geringzuachten? Gerade weil Themen und Materialien dieser Art drüben bis vor kurzem der öffentlichen Erörterung unzugänglich waren, kann man heute, da die Tabuisierung zurückgeht, nun eine sehr intensive Beschäftigung der Menschen mit diesen Fragen feststellen, ja eine stärkere und intensivere Beschäftigung als bei vielen Menschen in unserem Teil Deutschlands. Also: Nicht erschrecken, sondern lernen und sich stellen, die Herausforderung annehmen!

(Beifall bei allen Fraktionen)

Bei aller Zurückhaltung, die wir wahren müssen, wenn wir ein Urteil über das fällen wollen, was die Menschen in der DDR in ihrem Innern bewegt – Zurückhaltung, weil die Information nicht flächendeckend ist und weil es natürlich unterschiedliche Meinungen drüben gibt –, darf man sagen: Die Menschen drüben haben manchmal eine klarere Vorstellung von ihrer Identität als manch einer bei uns. Sie fühlen sich – zumal die Mehrheit, die nie etwas anderes erlebt hat – als DDR-Bürger. Sie fühlen sich aber als DDR-Bürger und als Deutsche. Daß sie Deutsche sind, empfinden sie als etwas ganz Natürliches. Dies geht über ihre Staatsbürgerschaft hinaus, auch wenn sie diese mehr rechtliche Charakterisierung ihrer Existenz nicht diskreditiert sehen wollen. In ihrem Verhältnis zu uns gehen sie natürlich davon aus, daß wir wie sie Deutsche sind. Das heißt vor allem: Wenn jemand bei uns meint, wir seien die Deutschen, im Gegensatz zu ihnen, dann allerdings tritt er ihnen zu nahe. »Deutschland gegen DDR«, wie es zuweilen im Sport und anderwärts hieß, das ist ein wahres Unding.

(Beifall bei allen Fraktionen)

Belehrung brauchen sie von unserer Seite wahrlich nicht. Wo sie erfolgt, wirkt sie oft umgekehrt als beabsichtigt. Die DDR-Bürger sind aber natürlich lebhaft an uns interessiert.

Wie bekannt, ist der Einfluß der Medien drüben stark. Man kann sogar hören, das Bild über uns sei dort positiver, wo unser Fernsehen nicht hinreicht. Die Frage, ob dies mehr an uns oder mehr an unserem Fernsehen liegt, lasse ich offen.

(Heiterkeit und Zustimmung bei der CDU/CSU)

Unsere Schwierigkeiten, wie man sie drüben sieht, unser materieller Egoismus, unser Leben in der Gegenwart auf Kosten der Zukunft – das alles wird drüben kritisch registriert. Das heißt aber nicht, daß die Distanz zu uns wächst. Vielmehr wünscht man sich uns, wie Reinhard Henkys das ausdrückt, als eine Bereicherung des eigenen Deutschseins. Man möchte, daß wir gut sind und kräftig und Ansehen haben.

Eines jedenfalls läßt sich kaum übersehen: Wir sind im Leben der Menschen in der DDR mehr gegenwärtig als umgekehrt. An einem Tag wie heute darf nicht verschwiegen werden, daß es zu den Problemen der innerdeutschen Beziehungen im menschlichen wie auch im politischen Sinne gehört: Es können zwar mehr Menschen von West nach Ost Besuchsreisen machen als umgekehrt, aber die Aufmerksamkeit, die geistige Auseinandersetzung und die Erwartung in Richtung auf den anderen Teil sind zumeist stärker von Ost nach West. Wir haben allen Grund, daraus zu lernen und gleichzuziehen.

(Beifall bei der CDU/CSU, der FDP und Abgeordneten der SPD)

Was die innerdeutschen Beziehungen im engeren politischen Sinn betrifft, so ist die derzeitige Lage belastet. Zwar gibt es Verhandlungsgegenstände – die Bundesregierung hat sie in ihrem Lagebericht genannt; die Themen sind wichtig, uns in Berlin liegt an ihnen; ich nenne nur Gewässerschutz, Erdgas, S-Bahn und andere mehr –, aber es fehlt zur Zeit eine langfristige Perspektive für die Gespräche. Es ist auch nicht vorstellbar, wie wir sie erreichen, wenn nicht eingehalten wird, was verabredet war.

(Beifall bei der CDU/CSU)

Die Erhöhung und Erweiterung des Mindestumtausches im Reise- und Besuchsverkehr ist abredewidrig. Sie bedarf der Rücknahme,

(Beifall bei der CDU/CSU)

wenn es für die Menschen glaubwürdig sein soll, daß auch der DDR an Entspannung gelegen ist. Auch gemeinsame friedenspolitische Aktionen, wie die DDR sie immer wieder fordert, bedürfen zunächst ihrer Fundierung im Respekt vor den Menschenrechten; denn diese sind Bestandteil des Friedens.

(Beifall bei der CDU/CSU)

In dieser Lage gilt es, die Dinge zwischen den beiden deutschen Staaten beim Namen zu nennen. Es geht nicht darum, wie ich meine, Hin- und Herreisen zu unterlassen oder Reisen von Politikern zu unterbinden; gegenseitiger Sprechboykott nützt niemandem. Wichtig vielmehr ist, sich zu treffen und dann aber auch ernsthaft und verantwortlich miteinander zu reden. Dabei haben wir einerseits unsere Grundüberzeugung nicht aus Gründen atmosphärischer Rücksicht zu verschweigen. Auch ist es, was die wechselseitigen Verhandlungen betrifft, nicht gut, den Mund zunächst recht voll zu nehmen, ohne im entscheidenden Moment dazu zu stehen. Jeder, der die Verhandlungen dieses Jahres erlebt hat, weiß, wovon die Rede ist.

(Beifall bei der CDU/CSU – Kittelmann [CDU/CSU]:
Swing!)

Auf der anderen Seite aber gilt es, ernsthaft aufeinander zu hören. Jede der beiden Seiten hat nicht nur ihre Ziele, sondern auch ihre Schwierigkeiten. Das letzte Jahrzehnt ist an beiden Seiten nicht spurlos vorübergegangen.

Es gibt auch im Charakter unserer amtlichen Beziehungen untereinander Veränderungen. Die Beziehungen unter uns sind anders als die, die jeder von uns mit Dritten hat. Es gibt Momente, in denen sich zeigt, daß dies im beiderseitigen Interesse liegt. Jeder hat es in seinem täglichen Lebensbereich und in seinem nachbarlichen Umkreis mit Problemen zu tun, die diesen Schluß rechtfertigen. Deshalb geht es darum, den Kontakt nicht abreißen zu lassen, klar zu sprechen und behutsam zu sein.

In unserem Teil Deutschlands stehen – ich sagte es schon – neben Arbeitslosigkeit und Haushaltssorgen Fragen der Allianz und der Sicherheitspolitik im Vordergrund. Täglich berichten die Zeitungen von den Schwierigkeiten im Bündnis. Die Vereinigten Staaten denken immer stärker an die globalen Sicherheitsinteressen. Briten diskutieren über Schwächen in ihrer Navy, und schon schreibt die »Times«: Zuviel Truppen am Rhein.

Die Meinungsverschiedenheiten des Bündnisses über die Ostpolitik sind damit eng verbunden. Dabei geraten strittige Positionen oft in unhaltbare Extreme. Niemand wird die Sowjetunion mit einem Embargo in die Knie zwingen. Richard Nixon bekennt sich, wie ich glaube, ganz mit Recht zu der Überzeugung, daß ökonomischer Druck von außen für sich allein die Repression im Innern eher wachsen läßt, als sie zu verkleinern.

(Löffler [SPD]: Sehr richtig!)

Eine Diktatur, so meint Nixon, wird durch äußere Konfrontation eher gestärkt als geschwächt. Umgekehrt aber wird Zusammenarbeit auf der ganzen Linie auch das Sowjet-System nicht in seinen Grundzügen ändern. Aber es ist und bleibt eine Illusion, zu glauben, wir könnten auf dem Gebiet der Sicherheit, also in Richtung Rüstungskontrolle, Rüstungsbegrenzung und Abrüstung, Verhandlungserfolge mit der Sowjetunion erzielen, wenn alle anderen Gebiete, an denen sie vital interessiert ist, aus den Beziehungen eliminiert bleiben.

(Sehr gut! bei der SPD)

Maßgeblich für unsere Ostpolitik muß die untrennbare Doppelorientierung nach dem Harmel-Plan bleiben, das heißt die konzeptionelle Verbindung von Verteidigungsbereitschaft und Entspannung. Wir werden nicht müde werden, das aus Berlin immer wieder zu betonen. Der sowjetischen Vorstellung von der friedlichen Koexistenz als der wirksamsten Form des internationalen Klassenkampfes gilt es unser Harmel-Konzept entgegenzustellen. Danach bedeutet Entspannung nicht automatisch mehr Friede oder gar Bequemlichkeit für uns im Westen, sondern die friedliche Auseinandersetzung zwischen den Systemen, und zwar im Sinne eines Wandels, wie wir ihn anstreben.

Aber auch wir Deutsche haben die Diskussionsgrundlage im Bündnis nicht immer geradezu erleichtert. Allzu viele bei uns haben sich dem Versuch verschrieben, den konzeptionellen Zusammenhang von Verteidigungsbereitschaft und Entspannung aufzulösen. Allzu viele meinen, wir müßten das heutige Verteidigungskonzept des Bündnisses, vor allem das der Amerikaner, in Zweifel ziehen, und folglich müßten wir mit der Entspannung allein in die Zukunft marschieren.

(Kittelmann [CDU/CSU]: Träumer!)

Wie sollen die Amerikaner das anders verstehen als so, daß der eine die Kohlen aus dem Keller holt, damit sich der andere am Ofen daran wärmen kann?

Wir alle nehmen ernst, was innerhalb und außerhalb von Friedensbewegungen und Kirchentagen an Sorgen zur Sicherheit im atomarischen Zeitalter zum Ausdruck kommt. Die gegenseitige Abschreckung sichert den Frieden, indem sie die Vernichtung dessen anzudrohen vermag, was sie schützen soll, nämlich Leben überhaupt. Wirksam ist die Abschreckung nur, wenn sie fähig ist, diese Drohung wahr zu machen. Aber ausführen kann sie die Drohung nur um den Preis der Selbstvernichtung.

Wir alle wissen ganz gut: Wirklich verarbeitet und akzeptiert haben die meisten Menschen dieses paradoxe Denksystem als solches nicht. Aber sie haben sich an die Erfahrung gewöhnt, daß die gegenseitige Abschreckung bisher tatsächlich funktioniert. Es ist sehr leicht, die Paradoxie zu verdammen. Ungleich schwerer ist es, ein anderes wirkungsvolles Mittel zur Sicherung des Friedens zu schaffen, es sei denn einen Frieden der gesicherten Unterwerfung.

(Beifall bei der CDU/CSU)

Ich will diese Thematik hier nicht weiter vertiefen. Aber wir müssen sie auch in Beziehung zur Lage der Nation sehen; denn darüber gibt es keinen Zweifel: Die Friedensdiskussion hat neue Bewegung auch in die offene deutsche Frage gebracht.

Es ist ja erstaunlich, wie schnell die Argumentationen manchmal wechseln. Da hieß es vor kurzem: Frieden ist die Priorität Nr. 1. Ihre Bedingung ist die Verteidigungsbereitschaft. Diese erfordert das Gleichgewicht. Das Gleichgewicht hält die Teilung aufrecht. Also ist Teilung Bedingung des Friedens.

Heute hört man: Die Teilung ist Folge des Gleichgewichts, welches zu immer neuen Rüstungsspiralen führt. Diese gefährden den Frieden. Wem es um den Frieden geht, der muß sich gegen sie und folglich am Ende auch gegen die Teilung wenden.

»Die deutsche Einheit kommt bestimmt« – so heißt das Buch von Wolfgang Venohr mit einer Reihe von Beiträgen von Autoren von rechts bis links. Sie alle stellen aus sicherheitspolitischen Gründen die deutsche Frage neu. Wo ist denn – so fragen sie – die Gleichgewichts- und Friedensfunktion der deutschen Spaltung?

(Sehr gut! bei der CDU/CSU)

Die Grün-Alternativen, bisher auf Fragen der Ökologie, des staatlichen Gewaltmonopols und anderer innerer Themen konzentriert, beginnen, sich unter dem Aspekt des Friedens erstmals der deutschen Frage systematischer anzunehmen. Sie bekennen sich dazu, daß Frieden in Europa mit den deutschen Zuständen – und damit ist die Teilung unter Einfluß der Mächte gemeint – unvereinbar sei. Sie bekennen sich zur grundsätzlichen Bedeutung der deutschen Frage.

Der Begründungszwang in der Sicherheitspolitik hat zugenommen. Das ist heilsam. Es ist ihr nicht gut bekommen, daß sie allzulange Vorbehaltsgut »kosmischer« Geheimhaltung blieb. Jede Anstrengung, Sicherheit nicht auf höherem, sondern auf niedrigerem Rüstungsniveau zu suchen, ist ebenso notwendig, wie jede neue Einsicht in die deutsche Frage willkommen ist.

Nur: Es hilft natürlich niemandem, gewachsenen Verwicklungen und Schwierigkeiten mit einer illusionistischen Leugnung der Realität zu überspingen. Es ist eine Illusion zu glauben, einseitige Abrüstungsvorleistungen führten automatisch zu mehr Sicherheit. Auch darf die Individualethik mit der Sozialethik nicht ständig in einen Topf geworfen werden. Dem Recht des einzelnen auf Wehrdienstverweigerung aus Gewissensgründen steht die Pflicht der politischen Führung gegenüber, für den Schutz des Landes und der Freiheit seiner Bürger zu sorgen.

Antworten auf die offene deutsche Frage werden noch lange auf sich warten lassen. Der Warschauer Pakt wird die DDR aus seinem Bündnis nicht einfach nur deshalb entlassen, weil die Alternativen bei uns sich davon eine friedensverstärkende Wirkung versprechen.

(Dr. Diederich [Berlin] [SPD]: Sehr richtig!)

Aber die Diskussion zeigt, wie lebendig die deutsche Frage ist.

Die deutsche Lage konzentriert sich im Brennpunkt Berlin. Berlin ist Mitte und Grenze. Mitte, das bedeutet Anziehung. Dies führt zu erwünschtem, manchmal auch zu unerwünschtem Zuzug und Einfluß. Zugleich bedeutet sie die Chance zur friedlichen Entwicklung. Grenze dagegen bedeutet – wenn sie zu ist – Ausdünnung. Abgeschlossene Grenzregionen sind immer von Auszehrung bedroht. Beides, die Gefahren und die Chancen, betrifft nicht nur die Berliner, sondern alle Deutschen. Deshalb melden wir uns aus Berlin hier zu Wort. Es geht nicht um Lokalpolitik.

Unsere inneren Probleme sind dem Bundestag bekannt. Er hat mit ihnen zu tun. Entscheidend ist unsere soziale und wirtschaftliche Lebensfähigkeit. Die Arbeitslosigkeit stellt uns vor die größte Bewährungsprobe. Statistisch liegt sie in Berlin ein Prozent über dem Bundesdurchschnitt. Es gibt Bundesländer mit höheren Quoten. Aber dieses Bild ist gänzlich trügerisch; denn das Kernstück der Beschäftigung in Berlin, das verarbeitende Gewerbe – also Industrie und verarbeitendes Handwerk –, hat in den letzten elf Jahren um fünfunddreißig Prozent abgenommen. Diese Zahl ist die entscheidende. Sie ist ohne Beispiel und ohne Parallele im gesamten Bundesgebiet. Nur durch eine weit überproportionale Zunahme der Beschäftigung im öffentlichen Dienst konnte ein gewisser Ausgleich erzielt werden.

Es ist keineswegs so, daß in Berlin Betriebe quasi automatisch unrentabel werden und deshalb Stillegungen und Abwanderungen nach sich ziehen. Vielmehr sind zu viele Entscheidungszentren abgewandert.

(Beifall bei der CDU/CSU und bei Abgeordneten der SPD)

Zurück bleiben allzuoft nur die sogenannten verlängerten Werkbänke. Die Maßnahmen der fernen Hauptverwaltungen haben den Berliner Arbeitsmarkt immer wieder einseitig und nachhaltig belastet. Hier Abhilfe zu schaffen ist eine Frage der Lebensfähigkeit.

Wir Berliner sind uns der Aufgabe voll bewußt, von uns aus alles in unseren Kräften Stehende zu tun, was wir selbst für die Lebensfähigkeit beitragen können. Dies geschieht unter anderem durch unsere Initiative zur Reform der Berlin-Förderung, durch einen Sparhaushalt mit gesteigerten investiven Anteilen, nachfragewirksam am Arbeitsmarkt, durch 4000 zusätzliche Ausbildungsplätze – eine Maßnahme ohne Parallele im Bundesgebiet –, durch Anpassung der Tarife für öffentliche Leistungen, so unpopulär dies auch ist, durch ein Strukturprogramm für kleinere und mittlere Unternehmen, durch eine arbeitsplatzwirksame Verbindung der hochleistungsfähigen Berliner Forschung mit der Wirtschaft.

Aber Berlin bleibt auf Verständnis, Unterstützung und Zusammenarbeit dringend angewiesen. Dies gilt für die Bundesregierung ebenso wie für den Bundesgesetzgeber. Ich bin dankbar für die Bereitschaft des Bundeskanzlers zur Berliner Herbstkonferenz mit Sozialpartnern und Leitungen großer privater und öffentlicher Unternehmen.

Unsere Anstrengungen für die Berliner Wirtschaft wären auf Sand gebaut, insbesondere unsere Anstrengungen für die kleineren und mittleren Betriebe, wenn nicht bei den großen Unternehmen, den privaten und den Bundesunternehmen, eine Wende in der Einstellung Berlin gegenüber eintritt.

(Beifall bei der CDU/CSU und der SPD)

Die AEG mit allem, was sie uns in den letzten zwanzig Jahren beschert hat, ist dafür ein warnendes Beispiel. Ich will auf die Einzelheiten der Auseinandersetzung über die AEG hier nicht eingehen. Wir haben gestern im Abgeordnetenhaus darüber eine vierstündige Aussprache gehabt.

Den Bundestag bitte ich, sich bei seinen Entscheidungen über Berlin-Hilfe und Berlin-Förderung der tiefgehenden Strukturprobleme bewußt zu bleiben, die eine zur Auszehrung tendierende, eine isolierte, eine eingeschlossene Grenzlage laufend hervorbringt. Unsere Rahmenbedingungen bedürfen immer wieder der gemeinsamen Anstrengungen. Wir brauchen sie so, wie auch das leistungsfähigste Schiff die Schleuse braucht, um vorgegebene Höhenunterschiede zu überwinden. Wer glaubt, man könne Berlin allein nach kaufmännischen Gesichtspunkten rentabel machen, der hat die Lage Berlins so wenig erkannt wie seine politische Funktion für Deutschland im ganzen.

(Beifall bei der CDU/CSU)

Aber Berlin ist nicht nur Problem, Berlin ist auch Chance und Signal. Dies gilt für die Herausforderungen, vor denen wir im Innern der Stadt stehen. Ich kann dies nicht vertiefen, sondern nur andeuten. Es gilt etwa für die konfliktreichen und dennoch hoffnungsvollen Auseinandersetzungen zwischen alten und jungen Mitbürgern, für das langsame Zusammenwachsen mit den Ausländern, das wir unseren eigenen humanen Prinzipien absolut schuldig sind und das nur gelingen kann, wenn die Zahl der Ausländer nicht weiter wächst, sowie für neue Wege, wenn Produktivitätsfortschritt ohne Wachstum nachhaltig das Angebot an Arbeitsplätzen drosselt.

Vor allem aber ist es die Rolle Berlins in der Deutschlandpolitik und in den Ost-West-Beziehungen. Berlin ist der Platz, der die deutsche Geschichte dieses Jahrhunderts nicht in ein Museum verbannen kann, sondern sie bis auf den heutigen Tag mitten auf seinen Straßen zeigt. Die Mauer ist ihr deutlichster Ausdruck. Aber sie ist nicht ihr Endpunkt. Die Deutschen in der DDR wissen es sehr gut, daß viel Deutschlandpolitik der Lebensfähigkeit und der Sicherheit Berlins dient.

(Löffler [SPD]: Noch einmal! [zur CDU/CSU] Noch einmal ganz langsam für diese Fraktion! – Gegenrufe von der CDU/CSU)

Aber sie wissen sehr gut, daß es nicht nur dieser dient. Mittelbar und unmittelbar kommen die Bindungen Berlins an den Bund auch den Deutschen in der DDR zugute. Sie haben ein Interesse an der Lebensfähigkeit Berlins, die Menschen in der DDR, weil sie mit ihrer eigenen zu tun hat. Die Erfahrung der Deutschen drüben ist es, daß viele Westdeutsche die DDR nicht besuchen würden, wenn es Berlin nicht gäbe. Ohne Berlin hätten die Westdeutschen nur einen Bruchteil ihrer Kenntnisse und ihres Bewußtseins vom Leben der Menschen in der DDR, von ihren Fragen und Hoffnungen. Die Existenz Berlins mindert die menschliche, die kulturelle und die wirtschaftliche Abgrenzung zwischen den beiden deutschen Teilen.

Das ist nicht unser Verdienst in Berlin. Aber es ist unsere Aufgabe, die wir für alle Deutschen wahrnehmen. Nirgends ist der untrennbare Zusammenhang von innerer Lebensfähigkeit und äußerer Existenz so stark wie bei uns in Berlin. Wir Berliner suchen weder Krisen noch Heldenrollen. Die innere Kraft, die wir unter den erschwerten Bedingungen unserer Lage für unsere Aufgabe brauchen, gewinnen wir aus der Perspektive für die Zukunft.

Deshalb bringen wir als Berliner zur Lage der Nation ein, was wir im geteilten Berlin empfinden und was wir im anderen Teil der Stadt und im anderen Teil Deutschlands erleben.

Den Weg in die Zukunft kennt niemand. Um so weniger wollen wir als Berliner unsere Rolle anmaßend verstehen. Aber es ist unsere Aufgabe, Gewissen zu sein für die offene deutsche Frage, für die Zusammengehörigkeit der Deutschen; denn in der historischen Dimension wird die Teilung keinen Bestand haben. Die Menschen, die in der Mitte leben, sind zur Trennung nicht geschaffen. Ihr Wille, die Teilung Europas, Deutschlands und Berlins in Frieden und im Dienste des Friedens zu überwinden, ist stärker. Die Mitte kann auf die Dauer nicht Grenze bleiben.

(Beifall bei allen Fraktionen – Bundeskanzler Schmidt begibt sich zur Bundesratsbank und reicht dem Regierenden Bürgermeister Dr. von Weizsäcker die Hand.)

Berlin ist Treuhänderin der deutschen Geschichte

Aus Anlaß der Verlagspräsentation des ersten Bandes eines sechsteiligen Werkes über »Die Deutschen und ihre Nation« hielt ich am 16. September 1982 im Berliner Reichstagsgebäude eine kurze Ansprache. Sie ist inhaltlich als Ergänzung und Fortführung meiner Bundestagsrede vom 9. September 1982 zur Lage der Nation zu verstehen.

Die Zeit nach dem Zweiten Weltkrieg hat uns Deutsche zunächst in einen Tiefschlaf versetzt, was unser Bewußtsein von der Geschichte anlangt. Manche haben es Heilschlaf genannt. Ob das historisch und psychoanalytisch eine zutreffende Beschreibung ist, lasse ich offen.

Die Nation – das Selbstverständliche?

Adolf Muschg, der Schweizer, hat unter dem Thema ›Wenn ich Deutscher wäre . . .‹ bemerkenswerte Worte gesprochen:
›Es ist eins, glaube ich, die Quittung der Geschichte zu unterschreiben als ehrlicher Schuldner. Es ist ein anderes, zugleich aus der eigenen Geschichte auszutreten. Es ist eins, daß die eigene Nation nie mehr das Letzte sein darf. Darf sie darum nie das Selbstverständliche sein?‹
Das Selbstverständliche war freilich die Nation für die Deutschen nie. Zu keiner Zeit konnte sich ihr Selbstbewußtsein von Nation und Identität so relativ unangefochten entwickeln wie bei der Mehrzahl der anderen europäischen Völker. Denn sie leben in der Mitte des Kontinents, umgeben von vielen Nachbarn, und unter dem Einfluß starker Mächte, die alle vital interessiert sind an der Gestalt dieser Mitte.
Die Frage nach ihrer Identität und Nation hat den Deutschen noch nie allein gehört.

Die deutsche Frage ist älter als die gegenwärtige Teilung

Immer war die Gestalt der kontinentalen Mitte umstritten. Einzig dauerhaft an dieser Gestalt ist ihr Wandel. So kommt es, daß man jede Phase unserer Geschichte eine Ausnahme nennen kann. Keine Antwort, die die Geschichte bisher auf die Frage nach der deutschen Nation gegeben hat, ist die letzte. Keine hat endgültigen Charakter.

Bismarck, so scheint es, kam einer typischen Lösung am nächsten. Aber seine Kunst, alle Mächte gleichzeitig zum Stillhalten zu zwingen, erforderte alsbald überdimensionierte Einsicht nach innen und außen. Nur allzu rasch verkannten die Nachfolgenden den höchst prekären Charakter dieses Versuchs. Man wollte sich hinwegsetzen über den Einfluß von außen. Aus Angst vor neuer Ohnmacht strebte man nach Vormacht. Man versuchte, auszubrechen aus den Bedrohungen der Mittellage, zunächst fahrlässig, dann vorsätzlich. Am Ende zweier Weltkriege stand die Teilung. Der Versuchung zur Übermacht war die Machtlosigkeit gefolgt.

Die Sieger ventilierten mancherlei Teilungspläne. Einige davon kann man noch heute am Ort der Potsdamer Konferenz von 1945 – im Cäcilienhof, an den Wänden – besichtigen. Einer sah zum Beispiel eine Aufteilung in ein Nord- und Südreich mit den Hauptstädten Berlin und Wien vor. Es ist zwar nutzlos, aber reizvoll sich vorzustellen, wie dieser Plan die Verfestigung des alsbald entstehenden Ost-West-Gegensatzes mindestens geographisch nicht begünstigt hätte.

Aber dann einigten sich die Sieger anders. Sie nahmen ihre vier Zonen an sich und ließen die Frage einer Dauerteilung zunächst offen. Im Vordergrund stand bei ihnen die gemeinsame Kontrollfunktion über die Gestalt der Mitte Europas.

Verschwunden ist diese Funktion bis zum heutigen Tage nicht. Nur wurde sie alsbald überlagert von der Abgrenzung zwischen den beiden großen Weltmächten mit ihren Systemen und Bündnissen. Daraus ist eine Teilung Europas, Deutschlands und Berlins geworden. Es läßt sich nicht erkennen, wie sie je überwunden werden soll. An diese Gegebenheiten haben sich die Deutschen, wie es scheint, gewöhnt.

In der Bundesrepublik Deutschland entstand ein westliches Bewußtsein, geprägt durch die westliche Demokratie, das Europa der Sechs bis Zwölf, das Atlantische Bündnis. Virginia schien so nahegerückt zu sein wie Sachsen in die Ferne.

In der DDR entwickelte sich kein entsprechendes östliches Lebensgefühl. Kasachstan rückte niemals näher als Rheinland-Pfalz. Aber auch die große Mehrzahl der heute in der DDR lebenden Deutschen hat bewußt nie etwas anderes erlebt als den heutigen Zustand der Teilung. Und das tut seine Wirkung.

Das Ausland ist offenbar zufrieden mit jener bekannten Bemerkung eines französischen Ministers: ›Ich liebe Deutschland so sehr, daß mir zwei Deutschlands lieber sind als eines‹. Um noch einmal Adolf Muschg zu zitieren: Man sei sich unter allen Nachbarn einig, daß an den offenbar allseitigen Kriegsgewinnen der Teilung Deutschlands nicht gerührt werden dürfe. Man sei jedem Deutschen und seinen Regierungen heimlich dankbar, wenn sie auch nicht daran rührten. ›Es ist ja wirklich sehr nett von den Deutschen, daß sie für niemand mehr ein Problem sein wollen, ein für allemal.‹

Aber dann fragt er selbst danach, ob das denn alles stimme und gesund sei. – Es stimmt nicht.

Die Bürger der DDR leben mit ihrer Staatsangehörigkeit. Was sollen sie auch anderes tun? Aber das hindert sie nicht daran, sich als Deutsche zu fühlen, so wie sie auch uns als Deutsche empfinden. Amtliche Versuche, es ihnen zu verwehren, erweisen sich als untauglich und treten in den Hintergrund.

Bei uns herrscht mehr Selbstgenügsamkeit und weniger Perspektive. Wir leben stärker in unseren aktuellen Fragen. Aber auch diese entwickeln oft, ohne daß wir es vorher merken, ihre Beziehung zur deutschen Frage. Sie zeigen unmittelbarer als alle amtlichen Deklamationen, daß diese deutsche Frage offen ist.

Neue Bewegung entsteht in ihr durch die Friedensdiskussion. In der Spaltung Deutschlands haben früher viele die Bedingung dafür gesehen, den Frieden im Gleichgewicht aufrechterhalten zu können. Heute entdecken sie darin eine Bedrohung des Friedens.

Kann die Mitte auf Dauer Grenze sein?

Dieses und andere Symptome deuten nicht darauf hin, daß wir am Vorabend veränderter politischer Konstellationen in der Mitte Europas stünden. Unsere Phantasie reicht nicht aus, um uns eine neue europäische Architektur auszumalen, in der sich politisch oder gar staatlich neue Antworten auf die deutsche Frage abzeichneten.

Solche neuen Symptome sollte die öffentliche Meinung im Ausland zu keiner realitätsfernen Überbewertung verleiten. Weder die Deutschen selbst noch die auf sie einwirkenden Mächte sind mit einer Neutralisierung oder mit anderen vergleichbaren politischen Veränderungen der Mitte unseres Kontinents beschäftigt.

Dennoch bleibt wahr und tritt wieder deutlicher hervor, daß die Mitte auf die Dauer zur Grenze nicht taugt. Und wenn wir nicht wissen, wie die Grenze aufzuheben sei, dann öffnen sich mehr Menschen als früher der Erfahrung einer verbindenden Aufgabe um diese Grenze herum, dagegen nicht einer trennenden. Dies ist nicht allein und nicht einmal primär eine politische Aufgabe, sondern eine geistige, eine kulturelle im weitesten Sinn, eine menschliche. Letzten Endes sind alle genannten Bereiche aufeinander bezogen. Daß wir dies erkennen, dafür sorgt vor allem diejenige Disziplin, die uns heute hier zusammenführt: die Geschichte. Es hat lange gedauert, bis wir Deutschen in der Nachkriegszeit wieder aufnahmefähig wurden für Geschichte und vor allem für Zeitgeschichte. Überdies haben auch nicht immer alle Historiker und Verleger dazu beigetragen, Aufnahmefähigkeit hervorzubringen, zu steigern und zu belohnen. Solche Hemmungen galt und gilt es zu überwinden. Denn gerade unsere Mittellage in Europa bringt immer wieder Spannungen in der Gegenwart und Sorgen vor der Zukunft hervor. Ohne Einsicht in die geschichtlich aufweisbare Bedingtheit unserer Lage können wir sie nicht verstehen. Die Geschichte ist für uns lebenswichtig. Sie entläßt uns nicht. Sie holt uns ein, auch wenn wir versuchen, eine Zeitlang ohne sie zu leben. Denn, wie Bismarck sagt: ›Die geschichtliche Logik ist noch genauer in ihren Revisionen als unsere Oberrechnungskammern‹.

Berichte von Rechnungshöfen sind unbeliebt, vor allem

bei Politikern. Das Werk, das uns heute angekündigt wird, wird auch nicht bequem sein. Aber es ist uns willkommen. Denn wir brauchen es.

Besonders willkommen ist es uns in Berlin. Wir haben in Berlin gute Museen. Wir wollen ein weiteres besonders wichtiges Museum schaffen, ein Museum der Deutschen Geschichte. Berlin ist dafür so gut geeignet, weil es die Deutsche Geschichte gar nicht ins Museum zu verbannen vermag. Wie keine andere Stätte erlebt und erleidet Berlin täglich die Deutsche Geschichte mit ihren Schicksalswegen. Deshalb können wir hier ganz ohne Pathos sagen: Berlin ist Treuhänderin der Deutschen Geschichte, Treuhänderin der Deutschen und ihrer Nation.

Berlin ist Mitte und Grenze zugleich. Diese Grenze ist mit Leid und Unrecht verknüpft. Aber die Einsicht der Geschichte wird uns in der Kraft bestärken, an dieser Grenze die verbindende Hoffnung zu finden, die uns und unseren Nachbarn zum Frieden verhilft.

Die Lebenskraft Berlins als Voraussetzung für die Erfüllung seiner nationalen Aufgabe

Die bisherigen Beiträge im dritten Teil dieses Buches sprechen von der äußeren Lage Berlins. Sie behandeln die nationale Aufgabe der Stadt, also das, was von Berlin aus für alle Deutschen zu geschehen hat.

Wichtigste Voraussetzung dafür, daß diese nationale Aufgabe verantwortlich wahrgenommen werden kann, ist die wirtschaftliche und soziale Lebenskraft in der Stadt selbst. Im Vordergrund steht die Überwindung der Arbeitslosigkeit. Ferner geht es um die Integration der Ausländer und um eine differenzierende Sozialpolitik, die den Bedürftigen hilft und zugleich zur Selbst- und Nachbarschaftshilfe anregt.

Die Tagesarbeit in Berlin ist primär diesen Aufgaben gewidmet. Vor dem Berliner Abgeordnetenhaus sprach ich hierüber ausführlich am 9. Juni 1983. Die Rede folgt hier in gekürzter Form.

Die tägliche praktische Arbeit in Berlin läßt uns zu keinem Zeitpunkt die langfristige Perspektive der zukünftigen Struktur Zentraleuropas aus dem Auge verlieren. Das eine bedingt das andere.

Unsere Hauptaufgabe in Berlin ist die Lage am Arbeitsmarkt. Die Situation ist nach wie vor ernst. Sie wird es noch längere Zeit bleiben. Niemand besitzt ein Mittel, dies zu ändern. Aber es gilt, die Weichen für eine nachhaltige, langfristig wirksame Strukturverbesserung zu stellen und in der Zwischenzeit die Härten der Lage – so gut es mit allen verfügbaren Mitteln geht – abzufangen. Dies ist es, was der Senat tut, und zwar durch seine Maßnahmen auf den Gebieten Wirtschaftspolitik, Haushaltspolitik und Sozialpolitik.

Wir befinden uns noch immer in der hartnäckigsten Rezession der Nachkriegszeit. Berlin kann sich so wenig wie andere Ballungsgebiete aus ihr ausklammern. Die Rezession trifft zusammen mit den spezifischen Strukturschwächen, die den Berliner Arbeitsmarkt seit Jahrzehnten kennzeichnen. Diese

Schwächen haben, wie jedermann weiß, einen Verlust an Arbeitsplätzen in Berlin mit sich gebracht, der vor allem im verarbeitenden Gewerbe völlig ohne Beispiel im übrigen Bundesgebiet ist. Berlin hat in den letzten zwanzig Jahren knapp fünfzig Prozent seiner Arbeitsplätze in Industrie und verarbeitendem Handwerk eingebüßt.

Auf diese Wiese sind in der Nachkriegszeit hochwertige Berliner Arbeitsplätze verlorengegangen. Es gab zuviel Produktion in stagnierenden oder schrumpfenden Märkten, dagegen zu wenig im Wachstumsbereich. Anstrengungen in Richtung auf den Anschluß an die technologischen Spitzengruppen wurden verpaßt. Konjunkturelle Schlüsselindustrien wie die Automobilbranche blieben schwach vertreten. Insgesamt wurde die Qualität vernachlässigt. Die Berliner »verlängerten Werkbänke« sind durch das Vordringen der Schwellenländer in den Domänen der Industrieländer besonders gefährdet und können aus der Sicht von Großunternehmen am ehesten abgebaut werden. Dies hat Berlin schweren Schaden zugefügt.

Uns alle treibt die Ungeduld. Der Senat gibt sich, zusammen mit allen Verantwortlichen, voll darüber Rechenschaft, was langanhaltende Arbeitslosigkeit bedeuten kann. Sie ist in der Lage, ein Menschenleben zu zerstören und eine Demokratie zu ruinieren. Es ist nur allzu verständlich, wenn dies Unruhe auslöst, Fragen nach der Brauchbarkeit unseres wirtschaftlichen Systems aufwirft und schließlich zum Glauben an rasch wirksame Patentrezepte verführt.

Aber damit kommen wir nicht weiter. Eine bessere Zukunft für den Berliner Arbeitsmarkt ist möglich, aber nicht auf Abkürzungswegen. Die strukturellen Schwächen sind im Laufe von mehr als zwei Jahrzehnten entstanden. Ihre Überwindung erfordert einen Zeitraum, der sich nicht nach Monaten, auch nicht nach der Frist einer Legislaturperiode bemißt. Wer in der öffentlichen Diskussion ernstgenommen werden will, muß aufhören, kurzfristig wirksame Programme zu versprechen. Er trägt damit nur zu gesteigerter Unruhe, aber nicht zur Besserung der Lage bei.

Die Stärkung der wirtschaftlichen Lebensfähigkeit

Der einzige Weg für den Berliner Arbeitsmarkt ist die Modernisierung der Berliner Wirtschaft. Es gilt, ihr zu helfen, zu auswärtiger Konkurrenz aufzuschließen und in wichtigen Schlüsselbereichen in eine Spitzenposition vorzustoßen.

Professor Krupp, Präsident des Deutschen Instituts für Wirtschaftsforschung, sagte: »Als alte Industriestadt verfügt Berlin über zahlreiche Arbeitsplätze, die der weltwirtschaftlichen Arbeitsteilung und der technischen Entwicklung zum Opfer fallen, die auch auf lange Sicht nicht aufrechterhalten werden können . . . Die Chance Berlins liegt aber darin, alte Arbeitsplätze durch zukunftsträchtige zu ersetzen.« Dies bringt Anpassungsprozesse mit sich, die im Einzelfall schmerzhaft sind und die Zeit erfordern. Aber bei konzentrierter Anstrengung versprechen sie auf die Dauer auch Erfolg.

Der Senat hat notwendige Strukturmaßnahmen eingeleitet. Es geht um die Steigerung der Qualität. Hochwertige Arbeitsplätze werden, wie die Erfahrung lehrt, auf die Dauer viele andere Arbeitsplätze nach sich ziehen. Für die Berliner Wirtschaft wird gelten: Qualität wird in Quantität umschlagen.

Dies ist die wichtigste Perspektive für Berlin. Unsere Stadt bietet günstige Ansatzpunkte. Andere von Strukturproblemen gekennzeichnete Regionen wie etwa das Ruhrgebiet oder das Saarland besitzen sie nicht. Wir werden unsere Ansatzpunkte strukturell nutzen.

Diesem Ziel dient zunächst die Reform der Berlinförderung, die das gesetzliche Instrumentarium zum Ausgleich des Standortnachteils unserer Stadt darstellt. Vorgänger haben darüber diskutiert. Ende der siebziger Jahre wurde die Reform verpaßt. Dieser Senat hat sie geplant und durchgesetzt. Er ist allen dankbar, die dabei mitgewirkt haben.

Die Reform der Berlinförderung ist ein Kompromiß. Wir hätten uns noch bessere Lösungen denken können. Auch gilt es, die Wirkungen der Reform nicht schon nach Wochen, sondern erst nach Jahren zu bewerten. Trotzdem stellen wir die ersten positiven Auswirkungen bereits jetzt fest, überdies wiederum in Übereinstimmung mit dem Präsidenten des DIW. Außerdem zeigt sich die Wirkung auch nicht zuletzt in der Kritik, die in anderen von Arbeitslosigkeit betroffenen

Regionen laut wird. Wir befinden uns mit ihnen im Wettbewerb und haben allen Grund, gerade auch auf diesem Feld als Berliner zusammenzustehen, anstatt untereinander zu streiten.

Es geht vor allem darum, mehr zentrale Unternehmensteile, Vertriebsführungen sowie Forschungs- und Entwicklungsbereiche in den Berliner Industrie- und Dienstleistungsbetrieben entstehen zu lassen.

Von entscheidender Bedeutung ist die Innovationskraft der Unternehmen. Es gilt, sie vor allem bei kleineren und mittleren Unternehmen zu stärken. Das Strukturprogramm des Berliner Senats für neue Arbeitsplätze in Berlin vom Juni 1982 gibt neben der Förderung von Existenzgründungen starken Anreiz insbesondere für mehr Innovation. Hervorzuheben sind außer der Anschubfinanzierung für zukunftsorientierte Technologien in den Bereichen Verkehr und Energie die verbesserte Innovationsfinanzierung durch einen Fonds sowie die Förderung des Technologietransfers durch ein Kapitaltransfer-Programm und das Innovationspraktikum. Der Senat hat hier ein bundesweit bisher einmaliges Pilotprojekt entwickelt, das von der Wirtschaft über Erwarten positiv angenommen und bald aufgestockt werden wird.

Innovation ist in ganz besonderem Maß ein Berliner Thema. Dies gilt nicht nur für die Geschichte der großen industriellen Neuerungen, insbesondere auf dem Gebiet der Telekommunikation und der Datenverarbeitung. Berlin hat vielmehr trotz seiner gewaltigen Substanzverluste, seiner Teilung und seiner isolierten Lage ein Potential im geistigen, wissenschaftlichen und technologischen Bereich behalten und neu ausgebaut, welches seinesgleichen in Deutschland sucht.

Die wissenschaftliche Qualität von Ausbildung und Forschung in Berlin und damit die Wettbewerbsfähigkeit beider Bereiche im überregionalen und internationalen Vergleich ist in den vergangenen zwei Jahren spürbar befestigt und gesteigert worden. Die Zusammenarbeit zwischen Wissenschaft und Wirtschaft, die einer richtungsweisenden Berliner Tradition entspricht und in den sechziger Jahren zum Schaden sowohl des wissenschaftlichen Bereichs als auch der Berliner Wirtschaft weithin abgebrochen war, ist mit besonderem Nachdruck wieder aufgenommen und entscheidend gefördert worden. Ich nenne:

a) den Kooperationsvertrag zwischen dem Massachusetts Insitute of Technology und der Technischen Universität Berlin, der schon im ersten Jahr zum gemeinsamen Programm in der Produktionstechnik, der Zukunft des Automobilbaues und neuen Technologien im Brückenbau geführt hat;

b) das Forschungsinstitut der Gentechnologie,

c) die Intensivierung des Technologietransfers, die von einer Teilnahme dreier Berliner Hochschulen auf der Hannover-Messe bis zur Vorstellung der Broschüre »Forschungsmarkt Berlin« reicht. In Berlin arbeiten viele Tausende Wissenschaftler in einhundertzwanzig Instituten. Ihre Fähigkeiten werden verstärkt genutzt, um neue Produkte zu entwickeln und damit neue Arbeitsplätze zu schaffen.

Neben den kleineren und mittleren Unternehmen ist aber auch das Verhalten der Großunternehmen entscheidend für den Erfolg. Die Wirtschaftskonferenz vom Dezember 1982 ist hier als Wendepunkt für Berlin zu werten.

In intensiver persönlicher Vorarbeit, vor allem durch den Senator für Wirtschaft und Verkehr, sind hier siebzehn Projekte konkret verabredet worden. In der Mehrzahl der Fälle läuft ihre Umsetzung besser und schneller als erwartet. Dies gilt vor allem für die Zusagen der privaten Großunternehmen. Dort, wo bei Bundesunternehmen Schwierigkeiten sichtbar geworden sind, arbeitet der Senat zusammen mit der Bundesregierung daran, die Hindernisse zu überwinden. Über die auf der Konferenz selbst zur Sprache gebrachten Vorhaben hinaus sind weitere vierzig Projekte inzwischen in der Bearbeitung, die in den nächsten zwei Jahren 2400 neue zusätzliche Arbeitsplätze erwarten lassen.

Gegen harte Konkurrenz anderer Großstädte wurde das M-Bahn-Projekt nach Berlin geholt. Die M-Bahn ist nicht allein als Nahverkehrssystem für Berlin interessant, sondern ebenso für den Fernabsatz. Das Interesse gilt einem energiesparenden und besonders umweltfreundlichen Verkehrssystem.

Die positive Resonanz auf der Wirtschaftskonferenz und die Erfolge im Bereich von Forschung und Wissenschaft sind nur möglich geworden, weil sich das Ansehen Berlins in den letzten zwei Jahren spürbar gebessert hat. Die Achtung vor dem Recht ist wiederhergestellt. Das Stadtbild, an dem noch viel zu tun bleibt, ist für die Berliner selbst und die Besucher wieder anziehender geworden. Die Zahl der Touristen und Gäste steigt. Das internationale Gewicht Berlins ist stärker geworden. Das Selbstvertrauen der Berliner im Blick auf die Zukunft ist gewachsen. Der feste Wille der Verantwortlichen aus allen Bereichen, Berlin voranzubringen, wird im In- und Ausland registriert. Es gibt – trotz mancher schriller Töne und nimmermüder Kritik – wieder eine bemerkenswerte grundsätzliche Übereinstimmung in der Stadt.

Dennoch bleibt ein gewaltiges Pensum an Arbeit für die Lebensfähigkeit unserer Stadt zu tun. Die Aufgabe, Unternehmen in Berlin zu stärken und neue Investoren und Interessenten zu finden, zeigt, wie hart der Wettbewerb für Berlin im In-und Ausland ist. Es macht Freude, für Berlin zu werben, wie ich in zahlreichen Vorträgen, Diskussionsveranstaltungen und Betriebsbesuchen immer wieder erfahre. Aber es bleibt auch weiterhin schwer.

Noch immer gibt es Unternehmen, die zwar gern und ohne Risiko in Berlin einkaufen, dabei aber kalkulieren, daß man im Notfall auch auf anderweitige Quellen zurückgreifen könne. Für manche von ihnen ist der Weg noch weit bis zu dem Punkt, Berlin zu einem integralen Bestandteil ihres Produktionskreislaufs und Lieferverbundes zu machen.

Edzard Reuter hat dies vor fünf Wochen in einer eindrucksvollen Ansprache in Berlin geschildert. Sein Appell an die westdeutsche Wirtschaft im Blick auf Berlin zeugte von vorbildlichem Verantwortungsgefühl: Der äußere Schutz von Freiheit und Frieden in Berlin dürfe nicht durch ökonomische Fehler aufs Spiel gesetzt werden. Niemand dürfe glauben, er würde in seiner wirtschaftlichen Betätigung unberührt bleiben, wenn es nicht gelänge, die Lebenskraft Berlins zu erhalten und zu stärken. Berlin, aber, so sagte er, ist der sicherste Platz in Europa.

Solche überzeugten und klarsichtigen Freunde brauchen wir Berliner. Aber es ist unsere eigene Aufgabe, sie zu gewinnen und zu unterstützen. Dies ist der Kern dessen, was wir alle im Senat als unsere ganz persönliche und tägliche Aufgabe empfinden.

Wirtschaftliche und soziale Lebenskraft gehören untrennbar zusammen. Neben den Bemühungen um den Arbeitsmarkt steht für den Senat die Sozialpolitik im Mittelpunkt seiner Aufgaben und Ziele. Angesichts der ungewöhnlich angespannten Haushaltslage steht der demokratische Kerngedanke der sozialen Gerechtigkeit in seiner eigentlichen Bewährungsprobe.

Ziel ist es, daß die Allgemeinheit denjenigen hilft, die sich allein nicht helfen können. Es geht aber nicht darum, daß alle die gleichen Ansprüche an die Allgemeinheit stellen. Gerechtigkeit, soweit sie menschenmöglich ist, muß Chancen und Lebenslagen ausgleichen, aber nicht nivellieren. Entscheidend ist daher die Bedürftigkeit. Die allgemeinen sozialen Leistungen müssen denen wirklich zugute kommen, die darauf angewiesen sind. Die Differenzierung zwischen denen, die die Hilfe brauchen, und den anderen, die sich selber helfen können, ist um der Gerechtigkeit willen ebenso notwendig wie darum, ein zugleich ausreichendes und finanzierbares Niveau der sozialen Leistungen zu sichern.

Das häufig gebrauchte Stichwort von den »Grenzen des Sozialstaats« ist falsch und irreführend. Es geht nicht um Grenzen des Sozialstaats, sondern um »Grenzen des Staates«. Das ist etwas ganz anderes. Nicht die sozialpolitische Hilfe ist falsch; diese ist sogar bitter nötig. Falsch ist dagegen, wenn sich der Staat immer mehr in alle Lebensvorgänge hineindrängt. Das ist nicht sozial. Es ist auf die Dauer weder für den Menschen bekömmlich noch durch die Allgemeinheit finanzierbar.

Um der Gerechtigkeit willen ist es notwendig, den Schwachen zu helfen. Um des Lebenssinnes willen ist es erforderlich, dem Menschen seine Fähigkeit zur Selbstverantwortung und Mitverantwortung zuzumuten, nicht aber sie ihm durch fortschreitende Vergesellschaftung aller Lebensvorgänge abzugewöhnen. Und um der Leistungskraft der Allgemeinheit willen ist es notwendig, die Leistungen auf die Bedürftigen zu konzentrieren.

Das Ziel ist also nicht, den Sozialstaat zu begrenzen, sondern einen gerechten Sozialstaat zu schaffen. Genau dazu muß der Staat im ganzen in seinen Grenzen gehalten werden.

In dieser Debatte werden viele traditionelle Polemiken ausgetauscht. Man wirft sich gegenseitig Besitzstanddenken der Verbandsfunktionäre, soziale Demontage, reaktionäre oder sozialutopische Gesinnung vor. Wir sollten alle miteinander aufpassen, daß uns die Entwicklung im Denken der Menschen gerade auf diesem Gebiet nicht davonläuft.

Neuerdings ist viel von der sogenannten Schattenwirtschaft die Rede. Gemeint ist damit, daß immer mehr Bürger nach Elementen der Eigenarbeit, der Selbsthilfe und freiwilligen Dienstleistung Ausschau halten. Man sucht die eigenen Kräfte einzusetzen, wo man der Zentralisierung, Vergesellschaftung, Arbeitsteilung, aber auch der ständigen Verteuerung von Dienstleistungen entgehen kann. Weniger Staat und mehr eigenverantwortliche Erfüllung stellen sich als Bedürfnisse ein.

Ich meine, dies ist – zumal in einer geistig so lebendigen Stadt wie Berlin – Grund genug, altbekannte Rechts-links-Schemata einmal beiseite zu lassen. Wir sollten uns statt dessen lieber freuen, daß überall an denselben Aufgaben und Tendenzen herumgedacht und -probiert wird. Mit der Subsidiarität, einem zentralen Programmpunkt meiner Partei, wollen wir nicht andere ausschalten, sondern einladen. Ich freue mich, in welchem Sinn zum Beispiel Hans-Jochen Vogel über dieses Thema spricht. Wenn Alternative ihrem eigenen Lebensmodell nachgehen wollen, und zwar im Sinne von Eigenverantwortung, dann interessiert uns dies lebhaft, ohne daß wir sie deshalb auch gleich vor unseren parteipolitischen Wagen spannen wollen. Parteipolitisch würde das nicht gelingen und der Sache nicht nützen. Aber wir können uns doch frei von Hintergedanken untereinander austauschen. Worum es in der Sozialpolitik geht, ist, sowohl dem Menschen zu helfen, der dies braucht, als auch den Bürger zu einer Eigenverantwortung herauszufordern, die er leisten kann und die ihn am Ende mehr befriedigt als der untaugliche Versuch, Gerechtigkeit durch Gleichheit zu ersetzen. So versteht der Senat die Richtung seiner Sozialpolitik.

Was der einzelne, die Familie und die kleine Gruppe leisten können, soll die größere Gemeinschaft ihnen nicht nehmen, sondern ihnen überlassen und zumuten und dabei helfen.

Vorfahrt für die kleinere Gemeinschaft schließt den gesellschaftlichen Vorrang der Familie ein. Sie ist, so oft es auch versucht wurde, durch keine andere Form des Zusammenlebens auch nur annähernd gleichwertig zu ersetzen. Familienpolitik bildet daher einen Schwerpunkt für den Senat. Das bedeutet, insbesondere die unmittelbare Förderung der Familie vorrangig vor der mittelbaren Förderung durch außerfamiliäre Einrichtungen zu behandeln.

Nach jahrelangen bundesweiten Anstrengungen und Kämpfen ist es Berlin als erstem Bundesland gelungen, vom 1. Januar 1983 an ein Familiengeld einzuführen. Es soll die Eltern in der ersten Lebensphase ihres Kindes bei dessen Pflege und Erziehung ermutigen und unterstützen.

Noch immer wird die eigenverantwortliche Kinderbetreuung und -erziehung in ihrer Bedeutung unterschätzt. Schäden, die das Kind durch unzureichende Betreuung und Geborgenheit erleidet, sind später nur schwer aufzufangen. Darüber hinaus belasten sie die Gesellschaft. Die Einführung des Familiengeldes bedeutet keine Ausweitung des Haushaltsvolumens. Es wurde vielmehr durch Konzentration auf wirklich Bedürftige möglich, Mittel zur Finanzierung des Familiengeldes freizumachen. Ich nenne die Einführung einer Einkommensgrenze für Familiengründungsdarlehen und die Beibehaltung der Kostenfreiheit in Kindertagesstätten für die Bedürftigen, aber nicht mehr für alle.

Es geht darum, den Eltern und insbesondere den Frauen eine bessere Wahlmöglichkeit einzuräumen, soweit sie das Bedürfnis empfinden, Kinder in den ersten Jahren selbst zu betreuen, sich aber durch ihre materielle Lage daran gehindert sehen. Es ist weder Aufgabe noch Absicht, die Eltern in ihren freien Entscheidungen zu beeinflussen. Aber sie sollen wenigstens die Möglichkeit zu einer freien Entscheidung haben. Um vor allem die Chancen beruflicher Wiedereingliederung von Frauen zu verbessern, hat der Senat ein Modellprojekt im Krankenpflegebereich eingeleitet.

In Berlin gibt es eine breite Selbsthilfebewegung. Sie gibt dem lange vernachlässigten Gedanken, den Hilfsbedürftigen unmittelbar von Mensch zu Mensch zu helfen, eine neue Dimension. Die 1200 bis 1500 Gruppen zeichnen sich durch große Buntheit und Vielfalt aus. Nicht immer, aber oft ist

Triebfeder die Suche nach Selbständigkeit und Selbstverantwortung. Man möchte im Zusammenleben eine immer spürbarer gewordene funktionale Kühle überwinden. Ohne das Bedürfnis zu haben, es so zu nennen, praktizieren viele Selbsthilfegruppen den Gedanken der Subsidiarität und Toleranz. Der Senat hat sich daher der Förderung von Selbsthilfegruppen zugewendet. Zuschüsse können an freie Trägervereine und Arbeitskreise zur Finanzierung von sozial-, gesundheits- und familienpolitischen Selbsthilfeprojekten gegeben werden. Wir sollten im Land Berlin ein lebhaftes Interesse an dieser Förderung haben. So entscheidend zum Beispiel im Drogenbereich Erziehung, Vorbeugung und harte Strafen für die schamlose Verführung zur Sucht bleiben, so ist dennoch die Therapie unverzichtbar. Wo wären wir im Land Berlin ohne die freiwilligen Gruppen und freien Träger, die in diesem uns so schwer belastenden Bereich die entscheidende Arbeit leisten?

Diesem Gedanken dienen wir auch in anderen Bereichen des Gesundheitswesens. Nach dem Grundsatz »so viel ambulant wie möglich und so viel stationär wie nötig« wurden bisher 48 Sozialstationen geschaffen. Häusliche Krankenpflege wird vermittelt. Der Verbleib des Kranken in seiner vertrauten Umgebung fördert Heilung und Wohlbefinden. Zugleich senkt dies die Kosten im Gesundheitswesen. Gegenwärtig werden täglich durchschnittlich 6000 Patienten von 500 ausgebildeten Krankenpflegekräften in der häuslichen Pflege durch Sozialstationen regelmäßig versorgt. 1981 lag die Zahl der Patienten noch um die knappe Hälfte niedriger.

Der Senat hat die seit 1979 strittige Frage der Pflegesätze für die städtischen Krankenhäuser gelöst. Durch den Abschluß einer Vereinbarung mit den Krankenkassen wurde ein neuer Anfang gemacht. Drohende Einnahmeausfälle und Rückerstattungsansprüche in Höhe von rund einer halben Milliarde DM wurden vermieden. Durch Schließung von nicht mehr benötigten Häusern und Abteilungen konnten jährlich Kosten in Höhe von rund 100 Millionen DM eingespart werden. Die Krankenversorgung ist gewährleistet. Arbeitslos ist niemand geworden. Bis Ende 1983 wird die zunächst umfangreiche Überhangliste abgebaut sein.

Eine schwere Aufgabe stellt die unvermindert notwendige

Reduktion der »Verheimung« dar. Die Ausgangslage, die der Senat vorfand, war im höchsten Grade belastend. Anträge für über 6000 Krankenheimbetten lagen vor, versehen mit Rechtsansprüchen aus einer Vereinbarung eines früheren Senats im Jahre 1978.

Durch Verhandlungen konnte bisher erreicht werden, daß über 2500 Betten nicht errichtet werden, die Jahreskosten von rund 150 Millionen DM hätten entstehen lassen.

Sozialhilfeempfänger werden in Berlin künftig in größerer Zahl zu gemeinnützigen Arbeiten herangezogen. Das Bundessozialhilfegesetz verpflichtet den Träger der Sozialhilfe, für Hilfesuchende, die keine Arbeit finden können, nach Möglichkeit Arbeitsgelegenheiten zu schaffen. Die bisher nur in drei Bezirken befolgte Auflage wird der Senat im ganzen Land Berlin voranbringen. Es geht darum, gemeinnützige Arbeitsplätze vor allem für Sozialhilfeempfänger jüngerer Jahrgänge, die keinen Arbeitslosengeldanspruch haben, aber arbeitsfähig sind, bereitzustellen. Nach der Berliner Sozialhilfestatistik von 1981 haben insgesamt 116000 Personen außerhalb von Einrichtungen Sozialhilfe bezogen. Bei rund 15000 Personen war hierfür der Verlust des Arbeitsplatzes der Grund. Die Zahl ist inzwischen weiter gestiegen.

Niemand möge den Ernst der Entwicklung der Sozial- und Jugendhilfe verkennen. In diesem Jahr gibt das Land Berlin hier 1,73 Milliarden DM aus. Insgesamt sind seit Beginn der siebziger Jahre die Ausgaben für die Sozialhilfe stärker gestiegen als in jedem anderen staatlichen Bereich. Im ganzen Bundesgebiet erhöhten sie sich von 1970 bis 1981 auf das Viereinhalbfache. Pro Bundesbürger wurden 1970 rund 54,– DM für Sozialhilfe aufgewandt. 1981 waren es bereits 240,– DM.

Besonders beunruhigend kommt hinzu: 1970 waren rund vierzig Prozent der Sozialhilfeempfänger sechzig Jahre und älter. Nur dreißig Prozent standen im erwerbsfähigen Alter. Dieses Verhältnis hat sich inzwischen praktisch umgekehrt. Heute sind vierzig Prozent der Empfänger im erwerbsfähigen Alter.

In Berlin kommen auf eintausend Einwohner neunundsiebzig Sozialhilfeempfänger, weit mehr als im Bundesdurchschnitt.

Diese Zahlen dienen nicht der Anklage gegenüber irgend jemandem, zu allerletzt gegenüber den Empfängern der Hilfen. Dennoch sind sie Ausdruck unserer Gesellschaft, den jeder kennen und seiner Politik verantwortlich zugrunde legen muß. Alles, was von der Allgemeinheit geleistet wird, muß irgendwo auch für die Allgemeinheit erarbeitet werden. Die Zahl derer, die diese Arbeit erbringt, darf nicht kleiner werden.

Schutz des Asylrechts durch Abstellung des Mißbrauchs

Die Politik des Senats im Bereich der Asylbewerber weist notwendige und deutliche Erfolge aus. Die Zahl der Asylbewerber, welche Anspruch auf Sozialhilfe haben, ist seit Amtsübernahme des neuen Senats erheblich gesunken. Anfang des Jahres 1982 wurden 18 000 Asylbewerber mit Anspruch auf Sozialhilfe gezählt. Ende März dieses Jahres waren es nur noch 9800.

Der Senat geht davon aus, daß der Kerngedanke des Asylrechts geschützt werden muß. Daher ist seinem Mißbrauch zu wehren. Die Maßnahmen, die der Senat in bezug auf Taschengeld, Wertgutscheine, Unterkunft und Beschäftigung für sozialhilfeberechtigte Asylbewerber ergriffen hat, sind dem Haus bekannt.

Friedliches Zusammenleben mit den ausländischen Mitbürgern

Neben dem Kampf gegen Arbeitslosigkeit gehört die Ausländerpolitik unverändert zu den Schwerpunkten der Regierungsarbeit. Es gibt nicht ein Ausländerproblem schlechthin. Aber es gibt große Schwierigkeiten im praktischen Zusammenleben zwischen Menschen ganz unterschiedlicher Gewohnheiten und kultureller und zivilisatorischer Herkunft.

Der Senat hat die in der Regierungserklärung angekündigte Linie durch konkrete Maßnahmen verdeutlicht. Es geht darum, Ausländern, die rechtmäßig in Berlin leben, Eingewöhnungshilfen aller Art anzubieten. Für Ausländer, die in die alte

Heimat zurückkehren wollen, sind Hilfen bereitgestellt.

Damit die Ausländer, die rechtmäßig bei uns leben, ihre menschenwürdigen Chancen finden und im Laufe einer Generation mit den Einheimischen auch zusammenwachsen können, ist es notwendig, daß die Zahl der Ausländer, die bei uns leben, nicht nennenswert weiter steigt. Seit Mitte 1982 hat es keine Zunahme mehr gegeben. Die Zahl der türkischen Bevölkerung hat sogar ganz geringfügig um 700 abgenommen.

Eine besondere Zielgruppe bilden die jugendlichen Ausländer. Die schulische und berufliche Qualifizierung stehen unverändert im Vordergrund. Erste, wenn auch noch bescheidene Erfolge sind erkennbar. Die Zahl ausländischer Schulabgänger, die die Hauptschule ohne Abschluß verlassen, ist von 1981 auf 1982 um zehn Prozent verbessert worden.

Noch immer gibt es – zumal an Schulen – große Schwierigkeiten und Klagen in bezug auf Überfremdung und negative Auswirkungen auf das Niveau. Aber auch hier gilt es, einmal gemachte Beobachtungen nicht immer für unveränderlich zu halten. Bei meinen drei letzten Schulbesuchen in Kreuzberg erklärten ganz verschiedene Lehrer übereinstimmend, daß in den unteren Klassen türkische Schüler nicht etwa immer bremsen, sondern manchmal Motor für den Unterricht seien. Nach den Gründen gefragt, wurde die Auskunft erteilt: Türkische Schüler in den unteren Klassen kämen oft aus geordneten Familienverhältnissen. Nicht direkte Hilfe bei Hausaufgaben, aber familiäre Gesamtbetreuung helfe den Kindern im Unterricht.

Eine Entwarnung kann im Feld der Ausländerpolitik bisher wahrlich nicht gegeben werden. Viele Berliner leiden wirklich unter der Zusammenballung von Ausländern in ganz bestimmten Gebieten, unter fremden Gewohnheiten und unter unklaren Zukunftsperspektiven. Aber auch viele Ausländer leben im Gefühl der Unsicherheit, das wir ihnen nehmen müssen, damit sie langfristig planen können. Wer nicht weiß, wo er auf die Dauer hingehört, wird auch keine Fähigkeit und Bereitschaft entwickeln, sich einzugliedern. Auch eine ethisch-religiöse Unterweisung für die Ausländer islamischer Religion gilt es einzurichten. Die Hauptgefahr in unserem Teil der Welt ist nicht die gegenseitige Missionierung, sondern weit eher die Säkularisierung oder ein ethisches Vakuum bei jungen Menschen, in welches dann unkontrollierte und in ihren Zielen undurchsichtige Kräfte einströmen.

Berliner haben ihre Schwierigkeiten mit Ausländern. Aber vor dem Vorwurf der Ausländerfeindlichkeit können wir sie guten Gewissens in Schutz nehmen. Wir sind auf dem Weg in der Ausländerpolitik in den letzten zwei Jahren ein Stück weiter gekommen.

Die Ausstrahlung Berlins

Die Folgen des Krieges, die Teilung der Stadt, der besondere Status, die geographische Isolierung, die Strukturschwächen der Wirtschaft und der Bevölkerungsentwicklung als Folge von alldem: Berlin hat unverändert schwer daran zu tragen.

Aber neben allem, was Berlin verloren hat und was es behindert, steht eine ungebrochen große, ja wieder gewachsene Ausstrahlung der Stadt. Wissenschaft und Forschung, die Künste, die Kultur im weitesten Sinn, in einem Wort, der geistige Rang Berlins braucht den Vergleich mit keinem deutschsprachigen Zentrum der Welt zu scheuen. Was wir an Zeit und Kraft und Mitteln in diesen geistigen Rang investieren, dient am Ende auch der wirtschaftlichen und sozialen Lebensfähigkeit Berlins. Wir brauchen die Spitzenposition eines geistigen Zentrums nicht primär um eines elitären Sektors der Gesellschaft willen, sondern für die Anziehungskraft Berlins im ganzen.

Wichtige Fortschritte sind in den letzten zwei Jahren erzielt worden. Sie liegen auf allen Gebieten des geistigen und kulturellen Lebens. Sie erleichtern es nicht nur, Gäste und Besucher für unsere Stadt zu gewinnen, sondern auch neue Berliner Bürger. So wichtig die Bevölkerungsstatistik auch ist, so interpretiert sie sich doch nicht selbst qualitativ. Es ist gerade die qualitätsbezogene Anziehungskraft, die wieder gewachsen ist, bei jung und alt, im In- und Ausland.

Im Zuge eines Jahres, das uns zum 50. Mal an die Machtübernahme des Nationalsozialismus und damit an Krieg und Teilung mit ihren fortdauernden Folgen erinnert, steht Berlin wiederum im Mittelpunkt der Aufmerksamkeit. Zur nationalen Aufgabe, die Berlin durch sein Schicksal und seine geopolitische Lage zu erfüllen hat, gehört auch, die Bedeutung der Geschichte für Gegenwart und Zukunft der Deutschen verständlich zu machen.

Jeder aufmerksame Beobachter spürt, daß bei den Menschen im Westen und noch stärker im Osten der Sinn für die Geschichte und die besondere Lage Deutschlands ausgeprägter wird. Die Geschichte lehrt uns die Ursachen für die Probleme, mit denen wir bis heute zu kämpfen haben. Zugleich gibt sie uns die Perspektive.

Noch nie hat es eine endgültige Antwort auf die politische Struktur Zentraleuropas gegeben. Das frühere Preußen, die Reichsgründung Bismarcks, die Wilhelminischen Versuche nach Ausbruch aus dem europäischen Gleichgewicht, der selbstzerstörerische Griff nach der Weltmacht im Dritten Reich, die Teilung – das alles zeigt die Wechselhaftigkeit und dauernde Veränderung in unserem Teil der Welt. Es wird nie endgültige Antworten auf die Frage nach der politischen Gestalt in der europäischen Mitte geben. In Berlin spürt man: die deutsche Geschichte geht weiter.

CIP-Kurztitelaufnahme der Deutschen Bibliothek

Weizsäcker, Richard von:
Die deutsche Geschichte geht weiter / Richard
von Weizsäcker. - Berlin : Siedler, 1983.
  ISBN 3-88680-084-9

10. Auflage

© 1983 by Wolf Jobst Siedler GmbH Berlin

Satz: Typobauer Filmsatz GmbH, Scharnhausen
Druck und Buchbinder: Mohndruck, Gütersloh
Printed in Germany 1987

ISBN 3-88680-084-9